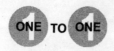

Bilingual Dictionary

English-Latvian
Latvian-English
Dictionary

Compiled by
Julija Baranovska

STAR Foreign Language BOOKS

© Publishers

ISBN : 978 1 908357 48 9

First Edition: 2011
Second Edition: 2014

Published by

STAR Foreign Language BOOKS

a unit of

ibs BOOKS (UK)

Suite 4b, Floor 15, Wembley Point,
1 Harrow Road, Wembley HA9 6DE (U.K.)
E-mail : info@starbooksuk.com
www.foreignlanguagebooks.co.uk

Printed in India at
Star Print-O-Bind, New Delhi-110 020

About this Dictionary

Developments in science and technology today have narrowed down distances between countries, and have made the world a small place. A person living thousands of miles away can learn and understand the culture and lifestyle of another country with ease and without travelling to that country. Languages play an important role as facilitators of communocation in this respect.

To promote such an understanding, **STAR Foreign Language BOOKS** has planned to bring out a series of bilingual dictionaries in which important English words have been translated into other languages, with Roman transliteration in case of languages that have different scripts. This is a humble attempt to bring people of the word closer through the medium of language, thus making communication easy and convenient.

Under this series of *one-to-one dictionaries*, we have published over 40 languages, the list of which has been given in the opening pages. These have all been compiled and edited by teachers and scholars of the relative languages.

Publishers.

Bilingual Dictionaries in this Series

English-Afrikaans / Afrikaans-English	Abraham Venter
English-Albanian / Albanian-English	Theodhora Blushi
English-Amharic / Amharic-English	Girun Asanke
English-Arabic / Arabic-English	Rania-al-Qass
English-Bengali / Bengali-English	Amit Majumdar
English-Bosnian / Bosnian-English	Boris Kazanegra
English-Bulgarian / Bulgarian-English	Vladka Kocheshkova
English-Cantonese / Cantonese-English	Nisa Yang
English-Chinese (Mandarin) / Chinese (Mandarin)-Eng	Y. Shang & R. Yao
English-Croatian / Croatain-English	Vesna Kazanegra
English-Czech / Czech-English	Jindriska Poulova
English-Dari / Dari-English	Amir Khan
English-Estonian / Estonian-English	Lana Haleta
English-Farsi / Farsi-English	Maryam Zaman Khani
English-Gujarati / Gujarati-English	Sujata Basaria
English-Greek / Greek-English	Lina Stergiou
English-Hindi / Hindi-English	Sudhakar Chaturvedi
English-Hungarian / Hungarian-English	Lucy Mallows
English-Korean / Korean-English	Mihee Song
English-Latvian / Latvian-English	Julija Baranovska
English-Lithuanian / Lithuanian-English	Regina Kazakeviciute
English-Marathi / Marathi-English	Sahard Thackerey
English-Nepali / Nepali-English	Anil Mandal
English-Pashto / Pashto-English	Amir Khan
English-Polish / Polish-English	Magdalena Herok
English-Punjabi / Punjabi-English	Teja Singh Chatwal
English-Romanian / Romanian-English	Georgeta Laura Dutulescu
English-Russian / Russian-English	Katerina Volobuyeva
English-Serbian / Serbian-English	Vesna Kazanegra
English-Sinhalese / Sinhalese-English	Naseer Salahudeen
English-Slovak / Slovak-English	Zozana Horvathova
English-Somali / Somali-English	Ali Mohamud Omer
English-Tagalog / Tagalog-English	Jefferson Bantayan
English-Tamil / Tamil-English	Sandhya Mahadevan
English-Thai / Thai-English	Suwan Kaewkongpan
English-Turkish / Turkish-English	Nagme Yazgin
English-Ukrainian / Ukrainian-English	Katerina Volobuyeva
English-Urdu / Urdu-English	S. A. Rahman
English-Vietnamese / Vietnamese-English	Hoa Hoang
English-Yoruba / Yoruba-English	O. A. Temitope

More languages in print

STAR Foreign Language BOOKS

ENGLISH-LATVIAN

A

abolish *v.t.* likvidēt
abound *v.i.* būt pārpilnībā
about *adv* apkārt
about *prep* par
above *adv* augšā
above *prep.* virs
abreast *adv* blakus
abridge *v.t* saīsināt
abridgement *n* saīsinājums
abroad *adv* ārzemēs
abscond *v.i.* slapstīties
absence *n* neierašanās
absent *v.t* neierasties
absent *a* promesošs
absolute *a* absolūts
absolutely *adv* absolūti
absolve *v.t* atbrīvot
absorb *v.t* absorbēt
abstain *v.i.* atturēties
abstract *n* abstrakcija
abstract *a* abstrakts
abstract *v.t* nošķirt
abstraction *n.* abstrakcija
absurd *a* absurds
absurdity *n* bezjēdzība
abundance *n* pārpilnība
abundant *a* pārpilns
abuse *v.t.* apvainot
abuse *n* ļaunprātīga izlietošana
abusive *a* apvainojošs
abutted *v* saskarties
abyss *n* dzelme
academic *a* akadēmisks
academy *n* akadēmija
acarpous *adj.* neauglīgs
accede *v.t.* stāties
accelerate *v.t* paātrināt
acceleration *n* paātrinājums
a *a.* katrs

a *n.* viens
aback *adv.* atpakaļ
abaction *n* aizvešana ar varu
abactor *n* nolaupītajs
abandon *v.t.* pamest
abase *v.t.* pazemot
abasement *n* pazemojums
abash *v.t.* samulsināt
abate *v.t.* pamazināt
abatement *n.* pamazināšana
abbey *n.* klosteris
abbreviate *v.t.* saīsināt
abbreviation *n* saīsinājums
abdicate *v.t.* atteikties
abdication *n* atteikšanās
abdomen *n* vēdera dobums [anat.]
abdominal *a.* vēdera [anat.]
abduct *v.t.* nolaupīt
abduction *n* nolaupīšana
abed *adv.* gultā
aberrance *n.* novirzīšanās no pareizā ceļa
abet *v.t.* kūdīt
abetment *n.* kūdīšana
abeyance *n.* nenoteiktība
abhor *v.t.* sajust riebumu
abhorrence *n.* riebums
abide *v.i.* palikt uzticīgam
abiding *a* pastāvīgs
ability *n* spēja
abject *a.* nožēlojams
ablactate *v.t.* atšķirt bērnu no krūtis
ablactation *n* atšķiršana no krūtis
ablaze *adv.* liesmojošs
able *a* spējīgs
ablepsy *n* aklums [med.]
ablush *adv* pietvīcis
ablution *n* aplaistīšanās
abnegate *v. t.* atsacīties
abnegation *n* pašaizliedzība

abnormal *a* anormāls
aboard *adv* uz klāja
abode *n* mājoklis
abolition *v* likvidēšana
abominable *a* riebīgs
aboriginal *a* aborigēnu
aborigines *n. pl* aborigēni
abort *v.i* nelaikā dzemdēt
abortion *n* aborts
abortive *adv* neizdevies
abrogate *v.t.* anulēt
abrupt *a* aprauts
abruption *n* atraušana
abscess *n* abscess [med.]
absonant *adj* disonējošs
accent *v.t* akcentēt
accent *n* akcents
accept *&* piekrist
acceptable *a* pieņemams
acceptance *n* pieņemšana
access *n* pieeja
accession *n* pieeja
accessory *n* piederumi
accident *n* nelaimes gadījums
accidental *a* nejaušs
accipitral *adj* vērīgs
acclaim *n* skaļa piekrišana
acclaim *v.t* skaļi apsveikt
acclamation *n* ovācijas
acclimatise *v.t* aklimatizēties
accommodate *v.t* izlīdzināt
accommodation *n.* mājvieta
accompaniment *n* akompanements
accompany *v.t.* akompanēt
accomplice *n* līdzdalībnieks
accomplish *v.t.* paveikt
accomplished *a* pabeigts
accomplishment *n.* izpildījums
accord *n.* piekrišana
accord *v.t.* saskaņot
accordingly *adv.* atbilstoši

account *n.* rēķins
account *v.t.* uzskatīt
accountable *a* atbildīgs
accountancy *n.* grāmatvedība
accountant *n.* grāmatvedis
accredit *v.t.* pilnvarot
accrementition *n* akrēcija
accrete *v.t.* saaugt
accrue *v.i.* pieaugt
accumulate *v.t.* uzkrāt
accumulation *n* uzkrāšana
accuracy *n.* precizitāte
accurate *a.* precīzs
accursed *a.* nolādēts
accusation *n* apvainojums
accuse *v.t.* apvainot
accused *n.* apsūdzētais
accustom *v.t.* pieradināties
accustomed *a.* pieradis
ace *n* dūzis
acentric *adj* kam nav centra
acephalous *adj.* bezgalvas-
[zool.]
acephalus *n.* bezgalvas- [zool.]
acetify *v.* pārvērst etiķī
ache *n.* sāpes
ache *v.i.* sāpēt
achieve *v.t.* sasniegt
achievement *n.* sasniegums
achromatic *adj* ahromatisks
acid *n* skābe
acid *a* skābs
acidity *n.* skābums
acknowledge *v.* atzīt
acknowledgement *n.* atzīšana
acne *n* pūtīte
acorn *n.* zīle
acoustic *a* akustisks
acoustics *n.* akustika
acquaint *v.t.* iepazīstināties
acquaintance *n.* paziņa
acquest *n* ieguvums

acquiesce *v.i.* akceptēt
acquiescence *n.* samierināšanās
acquire *v.t.* iegūt
acquirement *n.* iegūšana
acquisition *n.* ieguvums
acquit *v.t.* attaisnot
acquittal *n.* attaisnojums [jur.]
acre *n.* akrs
acreage *n.* zemes platība akros
acrimony *n* dzēlīgums
acrobat *n.* akrobāts
across *adv.* šķērsām
across *prep.* šķērsām pāri
act *n.* akts
act *v.i.* rīkoties
acting *n.* tēlošana
action *n.* darbība
activate *v.t.* aktivizēt
active *a.* aktīvs
activity *n.* aktivitāte
actor *n.* aktieris
actress *n.* aktrise
actual *a.* patiess
actually *adv.* īstenībā
acumen *n.* asa uztvere
acute *a.* akūts
adage *n.* paruna
adamant *a.* dimantciets
adamant *n.* dimantciets akmens
adapt *v.t.* pielāgoties
adaptation *n.* adaptācija
adays *adv* ik dienas
add *v.t.* pielikt
addict *n.* narkotiķis
addict *v.t.* nodoties
addiction *n.* tieksme
addition *n.* pielikums
additional *a.* papildu
addle *adj* sapuvis
address *n.* adrese
address *v.t.* griezties pie kādu
addressee *n.* adresāts

adduce *v.t.* sniegt
adept *n.* lietpratējs
adept *a.* lietpratīgs
adequacy *n.* atbilstība
adequate *a.* atbilstošs
adhere *v.i.* piederēt
adherence *n.* pieķeršanās
adhesion *n.* lipīgums
adhesive *a.* lipīgs
adhesive *n.* plāksteris
adhibit *v.t.* pielietot
adieu *n.* atsveicināšanā
adieu *interj.* sveiki!
adjacent *a.* blakus
adjective *n.* īpašības vārds
adjoin *v.t.* pievienoties
adjourn *v.t.* atlikt uz kadu laiku
adjournment *n.* atlikšana
adjudge *v.t.* atzīsties
adjunct *n.* palīgs
adjuration *n* sirsnīgs lūgums
adjust *v.t.* pielāgoties
adjustment *n.* uzstādīšana
administer *v.t.* pārvaldīt
administration *n.* pārvalde
administrative *a.* administratīvs
administrator *n.* pārvaldnieks
admirable *a.* apbrīnojams
admiral *n.* admirālis
admiration *n.* apbrīna
admire *v.t.* apbrīnot
admissible *a.* pieļaujams
admission *n.* ielaišana
admit *v.t.* ielaist
admittance *n.* iekļūšana
admonish *v.t.* pierunāt
admonition *n.* pierunāšana
adnascent *adj.* uzaugums
ado *n.* satraukums
adobe *n.* nededzināts ķieģelis
adolescence *n.* jaunība
adolescent *a.* jaunietis

adopt *v.t.* adoptēt
adoption *n* adoptēšana
adorable *a.* burvīgs
adoration *n.* dievināšana
adore *v.t.* dievināt
adorn *v.t.* izrotāt
adscititious *adj* papildu
adscript *adj.* dzimtcilvēks
adulation *n* lišķīgi glaimi
adult *a* pieaugušais
adult *n.* pieaugušais
adulterate *v.t.* piejaukt
adulteration *n.* piejaukšana
adultery *n.* laulības pārkāpšana
advance *n.* virzīšanās uz priekšu
advance *v.t.* virzīties uz priekšu
advancement *n.* attīstība
advantage *v.t.* dot priekšroku
advantage *n.* priekšrocība
advantageous *a.* izdevīgs
advent *n.* atnākšana
adventure *n* piedzīvojums
adventurous *a.* pārdrošs
adverb *n.* apstākļa vārds
adverbial *a.* apstākļa
adversary *n.* pretinieks
adverse *a* nelabvēlīgs
adversity *n.* neveiksme
advert *v.* vērst uzmanību
advertise *v.t.* izsludināt
advertisement *n* sludinājums
advice *n* padoms
advisability *n* padomju vēlamība
advisable *a.* ieteicams
advise *v.t.* dot padomu
advocacy *n.* aizstāvēšana
advocate *n* advokāts
advocate *v.t.* aizstāvēt
aerial *n.* antena
aerial *a.* gaisa
aeriform *adj.* gāzveida

aerify *v.t.* pārvērst gāzveida stāvoklī
aerodrome *n* aerodroms
aeronautics *n.pl.* gaisa kuģniecība
aeroplane *n.* lidmašīna
aesthetic *a.* estētisks
aesthetics *n.pl.* estētika
aestival *adj* saistīts ar vasaras mēnešiem
afar *adv.* tālu
affable *a.* laipns
affair *n.* lieta
affect *v.t.* ietekmēt
affectation *n* mākslota izturēšanās
affection *n.* pieķeršanās
affectionate *a.* sirsnīgs
affidavit *n* ar zvērestu apliecināta rakstveida liecība
affiliation *n.* piederība
affinity *n* līdzība
affirm *v.t.* apliecināt
affirmation *n* apliecinājums
affirmative *a* apstiprinošs
affix *v.t.* piestiprināt
afflict *v.t.* sagādāt ciešanas
affliction *n.* liksta
affluence *n.* pieplūdums
affluent *a.* pārpilns
afford *v.t.* atļauties
afforest *v.t.* apmežot
affray *n* sadursme
affront *v.t.* atklāti apvainot
affront *n* atklāts apvainojums
afield *adv.* tīrumā
aflame *adv.* ugunīs
afloat *adv.* peldošā stāvoklī
afoot *adv.* kājām
afore *prep.* priekšā
afraid *a.* nobijies
afresh *adv.* no jauna

after *prep.* pēc
after *conj.* pēc tam kad
after *a* sekojošs
after *adv* vēlāk
afterwards *adv.* vēlāk
again *adv.* atkal
against *prep.* pretēji
agamist *n* laulības pretinieks
agape *adv.*, muti iepletis
agaze *adv* izbrīnā
age *n.* vecums
aged *a.* sasniedzis zināmu ve-
cumu
agency *n.* aģentūra
agenda *n.* darba kārtība
agent *n* aģents
aggravate *v.t.* pasliktināt
aggravation *n.* pasliktināšana
aggregate *v.t.* sakopot
aggression *n* agresija
aggressive *a.* agresīvs
aggressor *n.* agresors
aggrieve *v.t.* sarūgtināt
aghast *a.* šausmu pārņemts
agile *a.* veikls
agility *n.* veiklība
agist *v.t.* aplikt ar nodokli
agitate *v.t.* sakratīt
agitation *n* uzbudinājums
aglow *adv.* liesmās
agnus *n* Agnus
ago *adv.* pirms
agog *adj.* iekarsis
agonist *n* kāds pretrunā ar sevi
agonize *v.t.* mocīties agonijā
agony *n.* agonija
agoraphobia *n.* bailes no pūles
un plašas laukumas
agrarian *a.* agrārs
agree *v.i.* piekrist
agreeable *a.* patīkams
agreement *n.* vienošanās

agricultural *a* lauksaimniecības
agriculture *n* lauksaimniecība
agriculturist *n.* zemkopis
agronomy *n.* lauksaimniecība
ague *n* malārija [med.]
ahead *adv.* priekšā
aheap *adv* kaudzē
aid *v.t* palīdzēt
aid *n* palīdzība
aigrette *n* spalvu pušķis
ail *v.t.* sāpināt
ailment *n.* neveselība
aim *n.* mērķis
aim *v.i.* tēmēt
air *n* gaiss
aircraft *n.* lidmašīna
airy *a.* gaisa
ajar *adv.* pusvirus
akin *a.* radniecīgs
alacrious *adj* līksms
alacrity *n.* rosība
alamort *adj.* nāvīgi nospiests
alarm *v.t* sacelt trauksmi
alarm *n* trauksme
alas *interj.* ak vai!
albeit *conj.* kaut gan
albion *n* albiona
album *n.* albums
albumen *n* olas baltums
alchemy *n.* alķīmija
alcohol *n* alkohols
ale *n* alus
alegar *n* iesalotas dzīres
alert *a.* modrs
alertness *n.* modrība
algebra *n.* algebra
alias *adv.* citā vārdā
alias *n.* pieņemts vārds
alibi *n.* alibi
alien *a.* ārzemju
alienate *v.t.* atsvešināt
aliferous *adj.* spārnots ar
spārniem

alight *v.i.* nokāpt
align *v.t.* nostādīt rindā
alignment *n.* nolīdzināšana
alike *adv* līdzīgi
alike *a.* līdzīgs
aliment *n.* atbalsts
alimony *n.* alimenti
aliquot *adv.* alikvotās
alive *a* dzīvs
alkali *n* sārms [ķīm.]
all *adv* pilnīgi
all *pron* visi
all *a.* viss
all *n* viss
allay *v.t.* norimt
allegation *n.* liecība [jur.]
allege *v.t.* liecināt
allegiance *n.* lojalitāte
allegorical *a.* alegorisks
allegory *n.* alegorija
allergy *n.* alerģija [med.]
alleviate *v.t.* atvieglot
alleviation *n.* atvieglināšana
alley *n.* aleja
alliance *n.* savienība
alligator *n* aligators [zool.]
alliterate *v.* akcentēt izmantojot aliterāciju [lit.]
alliteration *n.* aliterācija
allocate *v.t.* iedalīt
allocation *n.* iedalīšana
allot *v.t.* izlozēt
allotment *n.* iedalīšana
allow *v.t.* pieļaut
allowance *n.* izmaksa
alloy *n.* sakausēt
allude *v.i.* minēt
allure *v.t.* vilināt
allurement *n* vilinājums
allusion *n* mājiens
allusive *a.* norādošs
ally *v.t.* apvienoties

ally *n.* sabiedrotais
almanac *n.* almanahs
almighty *a.* visspēcīgs
almond *n.* mandeļkoks
almost *adv.* gandrīz
alms *n.* pabalsts
aloft *adv.* augšā
alone *a.* viens pats
along *prep.* gar
along *adv.* visā garumā
aloof *adv.* atstatu
aloud *adv.* skaļi
alp *n.* kalna virsotne
alpha *n* alfa
alphabet *n.* alfabēts
alphabetical *a.* alfabētisks
alpinist *n* alpīnists
already *adv.* jau
also *adv.* arī
altar *n.* altarīs
alter *v.t.* izmainīt
alteration *n* pārtaisīšana
altercation *n.* disputs
alternate *a.* mainīgs
alternate *v.t.* mainīt
alternative *n.* alternatīva
alternative *a.* alternatīvs
although *conj.* kaut gan
altimeter *n* altimetrs
altitude *n.* augstums
alto *n* alts
altogether *adv.* kopā
aluminium *n.* alumīnijs
alumna *n* absolvente
alveary *n* bišu strops
alvine *adj.* fekāliju
always *adv* vienmēr
am *v* būt
amalgam *n* amalgama [ķīm.]
amalgamate *v.t.* sakausēt
amalgamation *n* sakausēšana
amass *v.t.* vākt

amateur *n.* amatieris
amatory *adj* mīlas
amaurosis *n* redzes zuduma
amaze *v.t.* pārsteigt
amazement *n.* pārsteigums
ambassador *n.* vēstnesis
amberite *n.* viena no fosilo sveķu šķirnem
ambient *adj.* aptverošs
ambiguity *n.* neskaidrība
ambiguous *a.* divdomīgs
ambition *n.* godkāre
ambitious *a.* godkārīgs
ambry *n.* glabātava
ambulance *n.* ātrās palīdzības transports
ambulant *adj* izbraukuma
ambulate *v.t* klīst
ambush *n.* paslēptuve
ameliorate *v.t.* uzlabot
amelioration *n.* uzlabojums
amen *interj.* āmen!
amenable *a* atbildīgs
amend *v.t.* labot
amendment *n.* labošana
amends *n.pl.* kompensācija
amenorrhoea *n* amenoreja
amiability *n.* laipnība
amiable *a.* laipns
amicable *adj.* labvēlīgs
amid *prep.* starp
amiss *adv.* nevietā
amity *n.* draudzīgas attiecības
ammunition *n.* munīcija
amnesia *n* atmiņas zaudēšana
amnesty *n.* amnestija
among *prep.* vidū
amongst *prep.* starp
amoral *a.* amorāls
amorous *a.* iemīlējies
amount *v.* dot iznākumā
amount *v.i* līdzināties

amount *n* summa
amour *n* mīlestība
ampere *n* ampērs [el.]
amphibious *adj* abinieku [zool.]
amphitheatre *n* amfitēatris
ample *a.* plašs
amplification *n* paplašināšana
amplifier *n* pastiprinātājs
amplify *v.t.* paplašināt
amuck *adv.* zaudēt savaldīšanos
amulet *n.* amulets
amuse *v.t.* uzjautrināt
amusement *n* izklaidēšanās
an *art* nenoteiktas artikuls
anabaptism *n* viena no Protestantu kustībam
anachronism *n* anahronisms
anaclisis *n* psiholoģiska atkarība no citiem [med]
anadem *n* vainags
anaemia *n* anēmija [med.]
anaesthesia *n* anestēzija [med.]
anaesthetic *n.* anestezējošs līdzeklis [med.]
anal *adj.* tūpļa [anat.]
analogous *a.* analogs
analogy *n.* analoģija
analyse *v.t.* analizēt
analysis *n.* analīze
analyst *n* analītiķis
analytical *a* analītisks
anamnesis *n* anamnēzē
anamorphous *adj* amorfs
anarchism *n.* anarhisms
anarchist *n* anarhists
anarchy *n* anarhija
anatomy *n.* anatomija
ancestor *n.* priekštecis
ancestral *a.* senču
ancestry *n.* izcelšanās
anchor *n.* enkurs
anchorage *n* noenkurošanās vieta

ancient *a.* sens
ancon *n* stūra iekavas
and *conj.* un
androphagi *n.* kanibāls
anecdote *n.* anekdote
anemometer *n* anemometrs
anew *adv.* no jauna
anfractuous *adj* līkumains
angel *n* eņģelis
anger *n.* dusmas
angina *n* angīna [med.]
angle *n.* leņķis
angle *n* viedoklis
angry *a.* dusmīgs
anguish *n.* ciešanas
angular *a.* stūrains
anigh *adv.* tuvu
animal *n.* dzīvnieks
animate *v.t.* atdzīvināt
animate *a.* jūsmas pilns
animation *n* aizrautība
animosity *n* naids
animus *n* ļauns
aniseed *n* anīsa sēkla
ankle *n.* potīte
anklet *n* kājas sprādze
annalist *n.* hronists
annals *n.pl.* annāles
annectant *adj.* integrējošs starp
divām vai vairākām sugām
annex *v.t.* pievienot ar varu
annexation *n* pievienošana
annihilate *v.t.* iznīcināt
annihilation *n* iznīcināšana
anniversary *n.* jubileja
announce *v.t.* izziņot
announcement *n.* paziņojums
annoy *v.t.* kaitināt
annoyance *n.* sapīkums
annual *a.* gadskārtējs
annuitant *n* ikgadējas rentes
saņēmējs

annuity *n.* ikgadēja rente
annul *v.t.* anulēt
annulet *n* gredzentiņš
anoint *v.t.* ieeļļot
anomalous *a* anomāls
anomaly *n* anomālija
anon *adv.* drīz
anonymity *n.* anonimitāte
anonymity *n.* anonimitāti
anonymous *a.* anonīms
another *a* cits
answer *n* atbilde
answer *v.t* atbildēt
answerable *a.* atbilstošs
ant *n* skudra
antacid *adj.* skābi neitralizējošs
[med.]
antagonism *n* antagonisms
antagonist *n.* antagonists
antagonize *v.t.* darboties pretī
antarctic *a.* antarktisks
antecede *v.t.* notikt pirms kaut kā
antecedent *a.* iepriekšējs
antecedent *n.* iepriekšējs noti-
kums
antedate *n* atpakaļejošs datums
antelope *n.* antilope
antenatal *adj.* pirmsdzemdību
antennae *n.* antena
antenuptial *adj.* pirmslaulības
anthem *n* himna
anthology *n.* antoloģija
anthropoid *adj.* cilvēkveidīgs
anti *pref.* anti
anti-aircraft *a.* pretgaisa
antic *n* ķēmošanās
anticardium *n* kuņģa bedre Epi-
gastrium [med.]
anticipate *v.t.* paredzēt
anticipation *n.* paredzējums
antidote *n.* pretinde
antinomy *n.* pretruna

antipathy *n.* antipātija
antiphony *n.* atsaucīga dziedāšana divas nodaļās
antipodes *n.* antipodi
antiquarian *n* antikvārs
antiquarian *a.* senlaicīgs
antiquary *n.* antīku lietu pazinējs
antiquated *a.* novecojis
antique *a.* sens
antiquity *n.* antikvitātes
antiseptic *a.* antiseptisks
antiseptic *n.* antiseptisks līdzeklis
antitheist *n* ateists
antithesis *n.* antitēze
antler *n.* brieža rags
antonym *n.* antonīms
anus *n.* tūplis [anat.]
anvil *n.* lakta
anxiety *a* nemiers
anxious *a.* norūpējies
any *a.* jebkurš
any *adv.* kaut cik
anyhow *adv.* kaut kā
apace *adv.* ātri
apart *adv.* sānis
apartment *n.* istaba
apathy *n.* apātija
ape *v.t.* ķēmoties pakaļ
ape *n* pērtiķis
aperture *n.* caurums
apex *n.* virsotne
aphorism *n* aforisms
apiary *n.* drava
apiculture *n.* biškopība
apish *a.* pērtiķim līdzīgs
apnoea *n* apnoja
apologize *v.i.* atvainoties
apologue *n* morāls stāstījums
apology *n.* atvainošanās
apostle *n.* apustulis
apostrophe *n.* apostrofs
apotheosis *n.* apoteoze

apparatus *n.* aparāts
apparel *n.* apģērbs
apparel *v.t.* ietērpt
apparent *a.* acīm redzams
appeal *v.t.* apelēt
appeal *n.* uzsaukums
appear *v.i.* izspiesties
appearance *n* ierašanās
appease *v.t.* nomierināt
appellant *n.* pārsūdzētājs
append *v.t.* pielikt
appendage *n.* pielikums
appendicitis *n.* apendicīts [med.]
appendix *n.* apendikss
appendix *n.* pielikums
appetence *n.* instinktīva tieksme
appetent *adj.* alkojošs
appetite *n.* apetīte
appetite *n.* tieksme
appetizer *n* garšviela
applaud *v.t.* aplaudēt
applause *n.* aplausi
apple *n.* ābols
appliance *n.* ierīce
applicable *a.* pielietojams
applicant *n.* kandidāts
application *n.* iesniegums
apply *v.t.* pielietot
appoint *v.t.* iecelt
appointment *n.* norunāta tikšanās
apportion *v.t.* sadalīt
apposite *a.* noderīgs
apposite *adj* piemērots
appositely *adv* starp citu
appraise *v.t.* novērtēt
appreciable *a.* novērtējams
appreciate *v.t.* novērtēt
appreciation *n.* atzinīgs spriedums
apprehend *v.t.* aizturēt
apprehend *v.t.* paredzēt
apprehension *n.* priekšstats

apprehensive *a.* nobažījies
apprentice *n.* māceklis
apprise *v.t.* paziņot
approach *n.* pieeja
approach *v.t.* tuvoties
approbate *v.t* atzīt par labu
approbation *n.* aprobācija
appropriate *a.* atbilstošs
appropriate *v.t.* piesavināties
appropriation *n.* asignējums
approval *n.* atzīšana
approve *v.t.* apstiprināt
approximate *a.* aptuveni atbilst
appurtenance *n* piederums
apricot *n.* aprikoze
apron *n.* priekšauts
apt *a.* piemērots
aptitude *n.* spējas
aquarium *n.* akvārijs
aquarius *n.* ūdensvīrs
aqueduct *n* akvedukts
arable *adj* arams
arbiter *n.* arbitrs
arbitrary *a.* patvaļīgs
arbitrate *v.t.* izšķirt šķīrējtiesā
arbitration *n.* šķīrējtiesa
arbitrator *n.* šķīrējtiesnesis
arc *n.* loks
arcade *n* arkāde
arch *n.* arka
arch *v.t.* veidot arku
arch *a* viltīgs
archaic *a.* arhaisks
archangel *n* erceņģelis
archbishop *n.* arhibīskaps
archer *n* strēlnieks
architect *n.* arhitekts
architecture *n.* arhitektūra
archives *n.pl.* arhīvs
arctic *n* arktisks
ardent *a.* kaislīgs
ardour *n.* dedzība

arduous *a.* grūts
area *n* apgabals
areca *n* tropu palma
arefaction *n* žāvēšanas stāvoklis
arena *n* arēna
argil *n* podnieku māls
argue *v.t.* apspriest
argument *n.* arguments
argute *adj* ass
arid *adj.* izkaltis
aries *n* auns
aright *adv* pareizi
aright *adv.* pareizi
arise *v.i.* rasties
aristocracy *n.* aristokrātija
aristocrat *n.* aristokrāts
aristophanes *n* Atēnu komēdiju
   dramaturgs
arithmetic *n.* aritmētika
arithmetical *a.* aritmētisks
ark *n* lāde
arm *v.t.* apbruņoties
arm *n.* roka
armada *n.* armāda
armament *n.* bruņošanās
armature *n.* apbruņojums
armistice *n.* kara darbības
   izbeigšana
armlet *a* rokassprādze
armour *n.* bruņas
armoury *n.* ieroču noliktava
army *n.* armija
around *prep.* apkārt
around *adv* visapkārt
arouse *v.t.* modināt
arraign *v.* apsūdzēt
arrange *v.t.* iekārtot
arrangement *n.* sakārtojums
arrant *n.* nelabojams
array *v.t.* nostādīt kaujas ierindā
array *n.* pulks
arrears *n.pl.* parāds

arrest *v.t.* apturēt
arrest *n.* arests
arrival *n.* iebraukšana
arrive *v.i.* ierasties
arrogance *n.* augstprātība
arrogant *a.* augstprātīgs
arrow *n* bulta
arrowroot *n.* arorūts
arsenal *n.* arsenāls
arsenic *n* arsēns [ķīm.]
arson *n* ļaunprātīga dedzināšana
art *n.* māksla
artery *n.* artērija
artful *a.* viltīgs
arthritis *n* artrīts
artichoke *n.* artišoks
article *n* priekšmets
article *n* raksts
articulate *a.* posmains
artifice *n.* viltība
artificial *a.* mākslīgs
artillery *n.* artilērija
artisan *n.* amatnieks
artist *n.* mākslinieks
artistic *a.* māksliniecisks
artless *a.* nemākslots
as *conj.* jo
as *adv.* kā
as *conj.* kad
asafoetida *n.* skarba gumija no pētersīļu augiem
asbestos *n.* azbests
ascend *v.t.* uzkāpt
ascent *n.* uzkāpšana
ascertain *v.t.* konstatēt
ascetic *a.* askētisks
ascetic *n.* askēts
ascribe *v.t.* attiecināt
ash *n.* osis
ashamed *a.* nokaunējies
ashore *adv.* krastā
aside *adv.* malā

aside *n.* sānis
asinine *adj.* ēzeļa
ask *v.t.* jautāt
asleep *a* guļošs
asleep *adv.* miegā
aspect *n.* izskats
asperse *v.* apslacīt
aspirant *n.* kandidāts
aspiration *n.* tiekšanās
aspire *v.t.* tiekties
ass *n.* dibens
assail *v.* uzbrukt
assassin *n.* slepkava
assassinate *v.t.* nogalināt
assassination *n* slepkavība
assault *v.t.* uzbrukt
assault *n.* uzbrukums
assemble *v.t.* sanākt kopā
assembly *n.* sapulce
assent *n.* piekrišana
assent *v.i.* piekrist
assert *v.t.* apgalvot
assess *v.t.* noteikt
assessment *n.* novērtējums
asset *n.* vērtība
assibilate *v.* skanēt svilpojoši
assign *v.t.* piešķirt
assignee *n.* pilnvarotais
assimilate *v.* pielīdzināties
assimilation *n* asimilācija
assist *v.t.* atbalstīt
assistance *n.* atbalsts
assistant *n.* asistents
associate *a.* apvienots
associate *v.t.* asociēties
associate *n.* kompanjons
association *n.* asociācija
assoil *v.t.* attaisnot
assort *v.t.* šķirot
assuage *v.t.* nomierināt
assume *v.t.* uzņemties
assumption *n.* pieņēmums

assurance *n*. pašpārliecība
assure *v.t.* pārliecināt
astatic *adj.* nestabils
asterisk *n*. zvaigznīte
asterism *n*. konstelācijas
asteroid *adj.* asteroids
asthma *n*. astma [med.]
astir *adv.* kustībā
astonish *v.t.* pārsteigt
astonishment *n*. pārsteigums
astound *v.t* radīt izbrīnu
astray *adv.*, nomaldīties
astrologer *n*. astrologs
astrology *n*. astroloģija
astronaut *n*. kosmonauts
astronomer *n*. astronoms
astronomy *n*. astronomija
asunder *adv.* gabalos
asylum *n* patvērums
at *prep.* pie
atheism *n* ateisms
atheist *n* ateists
athirst *adj.* izslāpis
athlete *n*. atlēts
athletic *a*. atlētisks
athletics *n*. stiprs
athwart *prep.* šķērsām
atlas *n*. atlass
atmosphere *n*. atmosfēra
atoll *n*. koraļļu sala
atom *n*. atoms
atomic *a*. atomu
atone *v.i.* izpirkt
atonement *n*. izlīdzinājums
atrocious *a*. nežēlīgs
atrocity *n* zvēriskums
attach *v.t.* piestiprināt
attache *n*. atašejs
attachment *n*. piestiprināšana
attack *v.t.* uzbrukt
attack *n*. uzbrukums
attain *v.t.* sasniegt

attainment *n*. sasniegums
attaint *v.t.* izraidīt
attempt *n*. mēģinājums
attempt *v.t.* mēģināt
attend *v.t.* apmeklēt
attendance *n*. pakalpojums
attendant *n*. apkalpotājs
attention *n*. uzmanība
attentive *a*. uzmanīgs
attest *v.t.* liecināt
attire *v.t.* greznot
attire *n*. grezns tērps
attitude *n*. attieksme
attorney *n*. advokāts
attract *v.t.* valdzināt
attraction *n*. pievilcība
attractive *a*. pievilcīgs
attribute *n*. attiecināt
attribute *v.t.* raksturīga pazīme
auction *v.t.* pārdot ūtrupē
auction *n* ūtrupe
audible *a* dzirdams
audience *n*. publika
audit *n*. norēķinu pārbaude
audit *v.t.* pārbaudīt
auditive *adj.* dzirdes
auditor *n*. revidents
auditorium *n*. auditorija
auger *n*. svārpsts [tehn.]
aught *n*. kaut kas
augment *v.t.* palielināt
augmentation *n*. palielināšanās
August *n*. Augusts
august *a* cēls
aunt *n*. tante
auriform *adj.* auss formā
aurilave *n*. aurilave
aurora *n* ausma
auspicate *v.t.* pareģot
auspice *n*. šefība
auspicious *a*. daudzsološs
austere *a*. bargs

authentic *a.* autentisks
author *n.* autors
authoritative *a.* autoritatīvs
authority *n.* autoritāte
authorize *v.t.* sankcionēt
autobiography *n.* autobiogrāfija
autocracy *n* patvaldība
autocrat *n* patvaldnieks
autocratic *a* patvarīgs
autograph *n.* autogrāfs
automatic *a.* automātisks
automobile *n.* automobilis
autonomous *a* autonoms
autumn *n.* rudens
auxiliary *n.* palīgs
auxiliary *a.* papildu
avail *v.t.* būt noderīgam
available *a* pieejams
avale *v.t.* nonākt lejā
avarice *n.* mantrausība
avenge *v.t.* atriebt
avenue *n.* aleja
average *v.t.* dot caurmērā
average *a.* vidējais
average *n.* vidējais lielums
averse *a.* negribīgs
aversion *n.* antipātija
avert *v.t.* novērst
aviary *n.* putnu māja
aviation *n.* aviācija
aviator *n.* aviators
avid *adj.* alkatīgs
avidity *adj* kārs
avidly *adv* alkatīgi
avoid *v.t.* izvairīties
avoidance *n.* izvairīšanās
avow *v.t.* atklāti atzīt
avulsion *n.* atraušana
await *v.t.* sagaidīt
awake *a* nomodā
awake *v.t.* pamosties
award *n.* apbalvojums

award *v.t.* apbalvot
aware *a.* kas zina
away *adv.* projām
awe *n.* bijība
awful *a.* šausmīgs
awhile *adv.* uz laiku
awkward *a.* neveikls
axe *n.* cirvis
axis *n.* ass
axle *n.* ass [tehn.]

B

babble *n.* lalināšana
babble *v.i.* lalināt
babe *n.* bērns
babel *n* kņada
baboon *n.* paviāns [zool.]
baby *n.* zīdainis
bachelor *n.* vecpuisis
back *adv.* atpakaļ
back *n.* mugurpuse
backbite *v.t.* apmelot
backbone *n.* mugurkauls
background *n.* fons
backhand *n.* slīps rokraksts
backslide *v.i.* atkrist no ticības
backward *adv.* atpakaļ
backward *a.* atpakaļejošs
bacon *n.* bekons
bacteria *n.* baktērija
bad *a.* slikts
badge *n.* zīme
badger *n.* āpsis
badly *adv.* slikti
badminton *n.* badmintons
baffle *v. t.* izjaukt
bag *n.* maiss
bag *v. i.* bāzt maisā

baggage *n.* bagāža
bagpipe *n.* dūdas
bail *v. t.* atbrīvot pret galvojumu
bail *n.* galvojums
bailable *a.* atbrīvojams pret galvojumu
bailiff *n.* tiesas izpildītājs
bait *n* ēsma
bait *v.t.* uzspraust ēsmu
baкe *v.t.* cept
baker *n.* maiznieks
bakery *n* maiznīca
balance *v.t.* līdzsvarot
balance *n.* līdzsvars
balcony *n.* balkons
bald *a.* plikgalvains
bale *n.* baķis
bale *v.t.* iesaiņot
baleen *n.* vaļu bārda
baleful *a.* briesmīgs
ball *n.* balle
ball *n.* bumba
ballad *n.* balāde
ballet *sn.* balets
balloon *n.* gaisa balons
ballot *v.i.* balsot
ballot *n* vēlēšanu biļetens
balm *n.* balzams
balsam *n.* balzams
bam *n.* bam
bamboo *n.* bambuss
ban *n.* aizliegums
ban *n* izraidīšana trimdā
banal *a.* banāls
banana *n.* banāns
band *n.* grupa
band *n.* lente
bandage *~n.* pārsējums
bandage *v.t* pārsiet
bandit *n.* bandīts
bang *v.t.* aizcirst
bang *n.* klaudziens

bangle *n.* rokassprādze
banish *v.t.* izstumt
banishment *n.* izraidīšana
banjo *n.* bandžo
bank *n.* banka
bank *n.* krasts
bank *v.t.* noguldīt bankā
bank *v.t.* uzbērt valni
banker *n.* baņķieris
bankrupt *n.* bankrotētājs
bankruptcy *n.* bankrots
banner *n.* karogs
banquet *n.* dzīres
banquet *v.t.* rīkot banketu
bantam *n.* pundurvista
banter *n.* ķircināšanās
banter *v.t.* ķircināt
bantling *n.* bērnelis
banyan *n.* banjans [bot.]
baptism *n.* kristības
baptize *+v.t.* kristīt
bar *v.t* aizbultēt
bar *n.* barjera
bar *n.* bārs
barb *n.* dzelonis
barbarian *n.* barbars
barbarian *a.* barbaru
barbarism *n.* barbarisms
barbarity *n* necilvēcība
barbarous *a.* barbarisks
barbed *a.* dzeloņains
barber *n.* bārddzinis
bard *n.* dziesminieks
bard *n.* zirga bruņas
bare *v.t.* atsegt
bare *a.* kails
barely *adv.* tikko
bargain *n.* izdevīgs pirkums
bargain *v.t.* kaulēties
barge *n.* liellaiva
bark *n.* barka
bark *v.t.* noplēst mizu

barley *n.* mieži
barn *n.* šķūnis
barnacles *n* brilles
barometer *n* barometrs
barouche *n.* četrvietīga kariete
barrack *n.* baraka
barrage *n.* aizsprostojums
barrator *ns.* sūdzībnieks
barrel *n.* muca
barren *a* neauglīgs
barricade *n.* barikāde
barrier *n.* barjera
barrister *n.* advokāts
barter1 *v.t.* mainīt
barter2 *n.* preču maiņa
barton *n.* ferma
basal *adj.* pamata
base *n.* atbalsta punkts
base *v.t.* pamatot
base *a.* zemisks
baseless *a.* nepamatots
basement *n.* fundaments
bashful *a.* kautrīgs
basic *a.* pamata
basil *n.* baziliks
basin *n.* bļoda
basis *n.* pamats
bask *v.i.* gozēties
basket *n.* grozs
bass *n.* lūks
bastard *n.* ārlaulības bērns
bastard *a* ārlaulības
bat *n* sikspārnis
bat *v. i* sist ar nūju
bat *n* solis
batch *n* cepiens
bath *n* vanna
bathe *v. t* peldēties
baton *n* steks
batsman *n.* sitējs
battalion *n* bataljons
battery *n* baterija

battle *v. i.* cīnīties
battle *n* kauja
bawd *n.* neķītras lamas
bawl *n.i.* bļāviens
bawn *n.* aploks
bay *n.* lauri
bay *n.* rējiens
bay *n* līcis
bayard *n.* brīnum zirgs
bayonet *n* durklis
be *pref.* ir
be *v.t.* būt
beach *n* pludmale
beacon *n* signāluguns
bead *n* lodīte
beadle *n.* tiesas sulainis
beak *n* knābis
beaker *n* kauss
beam *v. i* izstarot
beam *n* sija
bean *n.* pupa
bear *v.t* izturēt
bear *n* lācis
beard *n* bārda
bearing *n* radīšana
beast *n* lops
beastly *a* pretīgs
beat *v. t.* sist
beat *n* sitiens
beautiful *a* skaists
beautify *v. t* izdaiļot
beauty *n* skaistums
beaver *n* bebrs
because *conj.* tādēļ ka
beck *n.* mājiens
beckon *v.t.* pamāt ar roku
beckon *v. t* aicināt
become *v. i* pieklāties
becoming *a* piemērots
bed *n* gulta
bedding *n.* gultas piederumi
bedevil *v. t* apsēst

bedight *a* tērpts
bed-time *n.* gulētiešanas laiks
bee *n.* bite
beech *n.* dižskābardis
beef *n* liellopu gaļa
beehive *n.* bišu strops
beer *n* alus
beet *n* biete
beetle *n* vabole
befall *v. t* notikt
before *conj* iekāms
before *prep* pirms
before *adv.* priekšā
beforehand *adv.* iepriekš,
befriend *v. t.* draudzīgi izturēties
beg *v. t.* izlūgties
beget *v. t* radīt
beggar *n* ubags
begin *v.t.* sākt
beginning *n.* sākums
begird *v.t.* apjozt
beguile *v. t* maldināt
behalf *n* kāda labā
behave *v. i.* uzvesties
behaviour *n* uzvešanās
behead *v. t.* nocirst galvu
behind *prep* aiz
behind *adv* aizmugurē
behold *v. t* redzēt
being *n* eksistence
belabour *v. t* dauzīt
belated *adj.* nosebojies
belch *v. t* atraugāties
belch *n* atraugas
belief *n* ticība
believe *v. t* ticēt
bell *n* zvans
belle *n* skaistule
bellicose *a* kareivīgs
belligerency *n* karastāvoklis
belligerent *a* karojošā puse
belligerent *n* karojošs

bellow *v. i* baurot
bellows *n.* plēšas
belly *n* kuņģis
belong *v. i* piederēt
belongings *n.* mantas
beloved *n* mīļotā
beloved *a* mīļotais
below *adv* apakšā
below *prep* zem
belt *n* josta
belvedere *n* Belvedere
bemask *v. t* slēpties
bemire *v. t* notraipīt
bemuse *v. t* pārsteigt
bench *n* sols
bend *v. t* liekt
bend *n* līkums
beneath *adv* apakšā
beneath *prep* zem
benefaction *n.* labdarība
benefice *n* beneficija
beneficial *a* labvēlīgs
benefit *n* labdarība
benefit *v. t.* palīdzēt
benevolence *n* labvēlība
benevolent *a* labvēlīgs
benight *a* nakts pārsteigts
benign *adj* labs
benignly *adv* labvēlīgi
benison *n* svētība
bent *n* smilga
bequeath *v. t.* novēlēt
bereave *v. t.* atņemt
bereavement *n* smags
zaudējums
berth *n* guļamtīkls
beside *prep.* blakus
besides *prep* bez
besides *adv* turklāt
besiege *v. t* ielenkt
beslaver *v. t* nosiekalo
bestow *v. t* novietot

bestrew *v. t* apkaisīt
bet *n* derības
bet *v.i* saderēt
betel *n* beteles
betray *v.t.* nodot
betrayal *n* nodevība
betroth *v. t* saderināt
betrothal *n.* saderināšanās
better *v. t* izlabot
better *adv.* labāk
better *a* labāks
betterment *n* uzlabošanās
between *prep* starp
beverage *n* dzēriens
bewail *v. t* apraudāt
beware *v.i.* piesargāties
bewilder *v. t* mulsināt
bewitch *v.t* apburt
beyond *prep.* aiz
beyond *adv.* pāri
bi *pref* kas notiek divreiz
biangular *adj.* ar diviem leņķiem
   vai stūriem
bias *n* aizspriedums
bias *adv* šķērsām
biaxial *adj* divasu
bibber *n* dzērājs
bible *n* bībele
bibliographer *n* bibliogrāfs
bibliography +*n* bibliogrāfija
bicentenary *adj* divsimtgadu
biceps *n* bicepss [anat.]
bicker *v. t* ķildoties
bicycle *n.* divritenis
bid *v.t* likt
bid *n* solīšana
bidder *n* solītājs
bide *v. t* pieslieties
biennial *adj* divu gadu
bier *n* līķu nestuves
big *a* liels
bigamy *n* bigamija

bight *n* upes līkums
bigot *n* virves cilpa
bigotry *n* fanātisms
bilateral *adj* divpusējs
bile *n* dusmas
bilingual *a* divvalodu
bilk *v. t.* krāpt
bill *n* banknote
bill *n* likumprojekts
bill *n* rēķins
billion *n* biljons
billow *v.i* bangnot
billow *n* liels vilnis
bimenasl *adj* reizi divos mēnešos
bimonthly *adj.* reizi divos
   mēnešos
binary *adj* binārs
bind *v.t* siet
binding *a* saistošs
binoculars *n.* binoklis
biographer *n* biogrāfs
biography *n* biogrāfija
biologist *n* biologs
biology *n* bioloģija
bioscope *n* kinofilmu projektors
biped *n* divkājis
birch *n.* bērzs
bird *n* putns
birdlime *n* bismuts
birth *n.* dzimšana
biscuit *n* cepums
bisect *v. t* pārgreizt uz pusēm
bisexual *adj.* divdzimumu
bishop *n* bīskaps
bison *n* bizons [zool.]
bisque *n* vēžu zupa
bit *n* gabaliņš
bitch *n* kuce
bite *v. t.* iekost
bite *n* kodiens
bitter *a* rūgts
bi-weekly *adj* divām nedēļām

bizarre *adj* savāds
blab *v. t. & i* pļāpāt
black *a* melns
blacken *v. t.* kļūt melnam
blackmail *n* šantāža
blackmail *v.t* šantažēt
blacksmith *n* kalējs
bladder *n* pūslis [anat.]
blade *n.* asmens
blain *n* furunkuls
blame *n* vaina
blame *v. t* vainot
blanch *v. t. & i* balināt
bland *adj.* mīlīgs
blank *n* tukša vieta
blank *a* tukšs
blanket *n* sega
blare *v. t* skaļi taurēt
blast *n* sprādziens
blast *v.i* uzspridzināt
blaze *n* liesma
blaze *v.i* aizsvilties
bleach *v. t* balinātājs
blear *v. t* aizmiglot
blear *a* neskaidrs
bleat *n* blēšana
bleat *v. i* blēt
bleb *n* tulzna
bleed *v. i* asiņot
blemish *n* vaina
blend *n* maisījums
blend *v. t* samaisīt
bless *v. t* svētīt
blether *v. i* runāt
blight *n* kukaiņi-parazīti
blind *a* akls
blindage *n* blindāža
blindfold *v. t* aizsiet acis
blindness *n* aklums
blink *v. t. & i* mirgot
bliss *n* svētlaime
blister *n* tulzna

blizzard *n* sniegputenis
bloc *n* bloks
block *v.t* bloķēt
block *n* klucis
blockade *n* blokāde
blockhead *n* muļķis
blood *n* asins
bloodshed *n* bloodshead
bloody *a* asiņains
bloom *v.i.* ziedēt
bloom *n* zieds
blossom *n* ziedēšana
blossom *v.i* ziedēt
blot *n.* traips
blot *v. t* notraipīt
blouse *n* blūze
blow *v.i.* pūst
blow *n* sitiens
blue *n* zila krāsa
blue *a* zils
bluff *n* blefs
bluff *v. t* iebiedēt
blunder *v.i* iet nedroši
blunder *n* rupja kļūda
blunt *a* truls
blur *n* traips
blurt *v. t* izpļāpāt
blush *v.i* sarkt
blush *n* sārtums
boar *n* kuilis
board *v. t.* apšūt
board *n* dēlis
boast *v.i* lielīties
boast *n* plātīšanās
boat *v.i* braukt ar laivu
boat *n* laiva
bodice *n* ņieburs
bodily *adv.* personīgi
bodily *a* miesas
body *n* ķermeņa
bodyguard *n.* miesassargs
bog *n* purvs

bogle *n* spoks
bogus *a* viltots
boil *n* vārīšanās
boil *v.i.* vārīt
boiler *n* katls
bold *a.* plikpaurains
bold *a.* drosmīgs
bolt *v. t* atsijāt
bolt *n* siets
bomb *n* rokas granāta
bomb *v. t* bombardēt
bombard *v. t* apbērt
bombardment *n* bombardēšana
bomber *n* granātu metējs
bonafide *adv* patiesi
bonafide *a* patiess
bond *n* saistības
bondage *n* verdzība
bone *n.* kauls
bonfire *n* ugunskurs
bonnet *n* motora pārsegs
bonus *n* prēmija
book *n* grāmata
book *v. t.* pasūtīt
bookish *a.* mācīts
book-keeper *n* grāmatvedis
booklet *n* brošūra
book-mark *n.* grāmatu zīme
book-seller *n* grāmatu pārdevējs
book-worm *n* grāmatu tārps
boon *n* labdarība
boor *n* lempis
boost *n* atbalsts
boost *v. t* palielināt
boot *n* bagāžas kaste
boot *n* zābaks
booth *n* kabīne
booty *n* laupījums
booze *v. i* dzert
border *n* robeža
border *v.t* robežot
bore *v. t* urbt

bore *n* urbums
born *v.* dzimis
born rich *adj.* dzimis bagāts
borne *adj.* aprobežots
borrow *v. t* patapināt
bosom *n* krūtis
boss *n* uzņēmējs
botany *n* botānika
botch *v. t* uzlikt ielāpu
both *a* abi
both *adv* abi divi
both...and *conj* gan...gan
bother *v. t* apgrūtināt
botheration *interj.* sasodīts!
bottle *n* pudele
bottom *n* apakšējā daļa
bough *n* zars
boulder *n* laukakmens
bouncer *n* lielībnieks
bound *n.* robeža
boundary *n* robeža
bountiful *a* devīgs
bounty *n* devība
bouquet *n* puķu pušķis
bout *n* reize
bow *v. t* liekties
bow *n* palocīšanās
bow *n* varavīksne
bowels *n.* zarnas
bower *n* lapene
bowl *n* kauss
bowl *v.i* ripināt
box *n* kārba
boxing *n* bokss
boy *n* zēns
boycott *v. t.* boikotēt
boycott *n* boikots
boyhood *n* zēna gadi
brace *v* sasiet
brace *n* sastiprinājums
bracelet *n* rokassprādze
brag *n* lielīšanās

brag v. i lielīties
braille n neredzīgo raksts
brain n smadzenes
brake n bremze
brake v. t bremzēt
branch n filiāle
branch n zars
brand n fabrikas marka
brandy n brendijs
brangle v. t ķildoties
brass n. misiņš
brave a drosmīgs
bravery n drosme
brawl n kautiņš
brawl v.i. ķildoties
bray n brēciens
bray v. i brēkt
breach n likuma pārkāpšana
bread n maize
breadth n platums
break v. t izlauzt
break n starpbrīdis
breakage n avārija
breakdown n sabrukums
breakfast n brokastis
breakneck n bīstams
breast n krūtis
breath n elpa
breathe v. i. elpot
breeches n. bikses
breed v.t izaudzēt
breed n šķirne
breeze n viegls vējš
breviary n. saīsinājums
brevity n īsums
brew v. t. brūvēt
brewery n alusdarītava
bribe n kukulis
bribe v. t. piekukuļot
brick n ķieģelis
bride n līgava
bridegroom n. līgavainis

bridge n tilts
bridle n iemaukti
brief a. īslaicīgs
brief n kopsavilkums
brigade n. brigāde
brigadier n brigadieris
bright a spilgts
brighten v. t spodrināt,
brilliance n spožums
brilliant a spīdošs
brim n trauka mala
brine n sālsūdens
bring v. t atnest
brinjal n baklažāns
brink n. kraujas mala
brisk adj ņiprs
bristle n sari
british adj angļ
brittle a. trausls
broad a plats
broadcast n radiopārraide
broadcast v. t translēt
brocade n brokāds
broccoli n. brokoļi
brochure n brošūra
broker n komisionārs
bronze n. bronza
bronze v bronzēt
brood n perējums
brook n. strauts
broom n slota
broth n zupa
brothel n bordeli
brother n brālis
brotherhood n brālība
brow n uzacs
brown n brūna krāsa
brown a brūns
browse n meklēt
bruise n zilums
bruit n baumas
brush n suka

brustle v. t rosīties
brutal a brutāls
brute n lops
bubble n burbulis
bucket n spainis
buckle n sprādze
bud n pumpurs
budge v. i. & n pakustēties
budget n budžets
buff n bifeļāda
buffalo n. bizons [zool.]
buffoon n āksts
bug n. blakts
bugle n rags
build n augums
build v. t būvēt
building n celtne
bulb n. spuldze
bulk n vairums
bulky a liela izmēra
bull n bullis
bull's eye n mērķa centrs
bulldog n buldogs
bullet n lode
bulletin n biļetens
bullock n kastrēts vērsis
bully v. t. iebiedēt
bully n lielībnieks
bulwark n valnis
bumper n. buferis
bumpy adj nelīdzens
bunch n ķekars
bundle n saišķis
bungalow n bungalo
bungle v pavirši strādāt
bungle n slikts
bunk n mukšana
bunker n bunkurs
buoy n boja
buoyancy n peldspējas
burden n šlogs
burden v. t uzvelt nastu

burdensome a apgrūtinošs
Bureacracy n. birokrātija
bureau n. birojs
bureaucrat n birokrāts
burglar n kramplauzis
burglary n zādzība
burial n apbedīšanas
burke v. t noklusēt
burn n apdegums
burn v. t degt
burrow n ala
burst v. i. sprāgt
burst n žūpošana
bury v. t. apbedīt
bus n autobuss
bush n krūms
business n bizness
businessman n biznesmenis
bustle v. t steigties
busy a nodarbināts
but conj. bet
but prep izņemot
butcher n miesnieks
butcher v. t slepkavot
butter n sviests
butter v. t uzziest sviestu
butterfly n tauriņš
buttermilk n paniņas
buttocks n sēžamvieta
button n poga
button v. t. pogāt
buy v. t. pirkt
buyer n. pircējs
buzz v. i dīkt
buzz n. sanēšana
by adv blakus
by prep pie
bye-bye interj. paliec sveiks!
by-election n pēc vēlēšanām
bylaw, bye-law n vietējo varas
    orgānu lēmums
bypass n apvedceļš

by-product *n* blakusprodukts
byre *n* kūts
byword *n* paruna

cab *n.* taksometrs
cabaret *n.* kabarejs
cabbage *n.* kāposti
cabin *n.* kabīne
cabinet *n.* kastīte
cable *n.* kabelis
cable *v. t.* pietauvot
cache *n* provianta slēptuve
cachet *n* zīmogs
cackle *v. i* kladzināt
cactus *n.* kaktuss
cad *n* nekauņa
cadet *n.* kadets
cadge *v. i* ubagot
cadmium *n* kadmijs [ķīm.]
cafe *n.* kafejnīca
cage *n.* būris
Cain *n* Kains
cake *n.* kūka
calamity *n.* nelaime
calcium *n* kalcijs [ķīm.]
calculate *v. t.* kalkulēt
calculation *n.* aprēķināšana
calculator *n* kalkulators
calendar *n.* kalendārs
calf *n.* teļš
call *v. t.* saukt
call *n.* sauciens
caller *n* apmeklētājs
calligraphy *n* kaligrāfija
calling *n.* saukšana
callous *a.* bezjūtīgs
callow *adj* neapspalvojies

calm *n.* miers
calm *v. t.* nomierināt
calm *adj* kluss
calmative *adj* nomierinošs
līdzeklis
calorie *n.* kalorija
calumniate *v. t.* apmelot
camel *n.* kamielis
camera *n.* fotoaparāts
camlet *n* apģērba gabals izgatav-
ots no camlet auduma
camp *v. i.* dzīvot nometnē
camp *n.* nometne
campaign *n.* kampaņa
camphor *n.* kampars
can *v.* būt iespējamam
can *v. t.* drīkstēt
can *n.* kanna
canal *n.* kanāls
canard *n* nepamatotas baumas
cancel *v. t.* atsaukt
cancellation *n* izsvītrošana
cancer *n.* vēzis
candid *a.* atklāts
candidate *n.* kandidāts
candle *n.* svece
candour *n.* atklātība
candy *v. t.* iecukurot
candy *n.* konfektes
cane *v. t.* sist ar nūju
cane *n.* spieķis
canister *n.* skārda kārba
cannon *n.* lielgabals
cannonade *n. v. & t* kanonāde
canon *n* kanons
canopy *n.* baldahīns
canteen *n.* ēdnīca
canter *n* rikšot
canton *n* kantons
cantonment *n.* mītnēs
canvas *n.* audekls
canvass *v. t.* vākt balsis

cap v. t. uzlikt cepuri
cap n. cepure
capability n. spējas
capable a. spējīgs
capacious a. ietilpīgs
capacity n. kapacitāte
cape n. apmetnis
capital n. kapitāls
capital a. pamata
capitalist n. kapitālists
capitulate v. t kapitulēt
caprice n. kaprīze
capricious a. kaprīzs
capricorn n mežāzis [astr.]
capsicum n jebkura no dažādām
  tropu ģintij
capsize v. i. apgāzt
capsular adj kapsulārā
captain n. kapteinis
captaincy n. kapteiņa pakāpe
caption n. arests
captivate v. t. valdzināt
captive a. notverts
captive n. gūsteknis
captivity n. gūsts
capture n. notveršana
capture v. t. notvert
car n. automobilis
carat n. karāts
caravan n. karavāna
carbide n. karbīds [ķīm.]
carbon n. ogleklis [ķīm.]
card v kārst
card n. kartīte
cardamom n. kardamons
cardboard n. kartons
cardiac adjs sirds
cardinal n. kardināls
cardinal a. kardināls
care v. i. rūpēties
care n. rūpes
career n. karjera

careful a rūpīgs
careless a. neuzmanīgs
caress v. t. glāstīt
cargo n. krava
caricature n. karikatūra
carious adj kariozs [med.]
carl n zemnieks
carnage n masu slepkavošana
carnival n karnevāls
carol n slavas dziesma
carpal adj delnas [anat.]
carpenter n. namdaris
carpentry n. namdara amats
carpet n. grīdsega
carriage n. rati
carrier n. nesējs
carrot n. burkāns
carry v izturēties
carry v. t. vest
cart n. pajūgs
cartage n. pārvadāšana ar
  pajūgiem
carton n kartona kārba
cartoon n. karikatūra
cartridge n. kasetne
carve v. t. izgriezt
cascade n. kaskāde
case n. gadījums
cash v. t. iekasēt naudu pret čeku
cash n. skaidra nauda
cashier n. kasieris
casing n. apvalks
cask n muca
casket n šķirstiņš
cassette n. kasete
cast v. t. mest
cast n. metiens
caste n kasta
castigate v. t. sodīt
casting n liešana
cast-iron n čuguna
castle n. pils

castor oil *n.* rīcineļļa
casual *a.* gadījuma rakstura
casualty *n.* nelaimes gadījums
cat *n.* kaķis
catalogue *n.* katalogs
cataract *n.* katarakta
catch *n.* ķeršana
catch *v. t.* ķert
categorical *a.* kategorisks
category *n.* kategorija
cater *v. i* piegādāt
caterpillar *n* kāpurs
cathedral *n.* katedrāle
catholic *n* katolis
catholic *a.* katoļu
cattle *n.* liellopi
cauliflower *n.* ziedu kāposti
causal *adj.* cēlonisks
causality *n* cēlonība
cause *v.t* izraisīt
cause *n.* cēloni
causeway *n* dambis
caustic *a.* kodīgs
caution *v. t.* brīdināt
caution *n.* piesardzība
cautious *a.* piesardzīgs
cavalry *n.* jātnieki
cave *n.* ala
cavern *n.* kaverna
cavil *v. t* pieķerties sīkumiem
cavity *n.* dobums
caw *v. i.* ķērkt
caw *n.* ķērkšana
cease *v. i.* beigt
ceaseless *~a.* nepārtraukts
cedar *n.* ciedrs
ceiling *n.* griesti
celebrate *v. t. & i.* svinēt
celebration *n.* svinēšana
celebrity *n* popularitāte
celestial *adj* dievišķīgs
celibacy *n.* bezlaulība

celibacy *n.* celibāts
cell *n.* kamer
cell *n* šūna
cellar *n* pagraba telpas
cellular *adj* celulās [biol.]
cement *v. t.* cementēt
cement *n.* cements
cemetery *n.* kapsēta
cense *v. t* kvēpināt vīraku
censer *n* vīraka kvēpināmais
   trauk
censor *v. t.* cenzēt
censor *n.* cenzors
censorious *adj* stingrs
censorship *n.* cenzūra
censure *v. t.* norāt
censure *n.* rājiens
census *n.* iedzīvotāju skaitīšana
cent *n* cents
centenarian *n* simt gadu vecs
centenary *n.* simtgadu jubileja
centennial *adj.* simtgadu atceres
   diena
center *n* centrs
centigrade *a.* simtgrādu
centipede *n.* simtkājis [zool.]
central *a.* centrāls
centre *n* centrs
centrifugal *adj.* centrifugāls
centuple *n. & adj* simtkārtīgs
century *n.* gadsimts
ceramics *n* keramika
cerated *adj.* pārklāts ar vasku
cereal *a* graudu
cereal *n.* labības augi
cerebral *adj* smadzeņu [anat.]
ceremonial *a.* ceremoniāls
ceremonious *a.* svinīgs
ceremony *n.* ceremonija
certain *a* noteikts
certainly *adv.* protams
certainty *n.* drošība

certificate *n.* apliecība
certify *v. t.* apliecināt
cerumen *n* ausu sērs
cesspool *n.* atkritumu bedre
chain *n* ķēde
chair *n.* krēsl
chairman *n* priekšsēdētājs
chaise *n* pasta rati
challenge *v. t.* izaicināt
challenge *n.* izaicinājums
chamber *n.* pieņemamās telpas
chamberlain *n* galma
  pārvaldnieks
champion *n.* čempions
champion *v. t.* cīnīties
chance *n.* gadījums
chancellor *n.* kanclers
chancery *n* augstākā tiesa
change *n.* maiņa
change *v. t.* mainīt
channel *n* kanāls
chant *v* dziedāt
chant *n* dziesma
chaos *n.* haoss
chaotic *adv.* haotisks
chapel *n.* kapela
chapter *n.* nodaļa
character *n.* raksturs
charge *v* apsūdzēt
charge *n* apsūdzība
charge *n.* lādiņš
charge *v. t.* pielādēt
chariot *n* kaujas rati
charitable *a.* žēlsirdīgs
charity *n.* labdarība
charm *n* amulets
charm *n.* burvība
charm2 *v. t.* apburt
chart *n.* diagramma
charter *n* harta
chase *n.* pakaļdzīšanās
chase *v. t.* dzīties pakaļ

chaste *a.* nevainīgs
chastity *n.* nevainība
chat1 *n.* tērzēšana
chat2 *v. i.* pļāpāt
chatter *v. t.* čivināšana
chauffeur *n.* šoferis
cheap *a* lēts
cheapen *v. t.* pazemināt cenu
cheat *n.* krāpšana
cheat *v. t.* krāpt
check *n* pārbaude
check *v. t.* pārbaudīt
checkmate *n* pilnīgi sagraut
cheek *n* vaigs
cheep *v. i* pīkstēt
cheer *n.* ovācija
cheer *v. t.* uzmundrināt
cheerful *a.* jautrs
cheerless *a* skumjš
cheese *n.* siers
chemical *n.* ķimikālijas
chemical *a.* ķīmisko
chemise *n* krekls
chemist *n.* ķīmiķis
chemistry *n.* ķīmija
cheque *n.* čeks
cherish *v. t.* lolot
cheroot *n* cigārs ar apgrieztiem
  galiem
chess *n.* šahs
chest *n* krūtis
chestnut *n.* kastanis
chevalier *n* kavalieris
chew *v. t* košļāt
chicken *n.* cālis
chide *v. t.* pārmest
chief *a.* galvenais
chieftain *n.* virsaitis
child *n* bērns
childhood *n.* bērnība
childish *a.* bērnišķīgs
chiliad *n.* stūkstotis

chill *n.* vēsums
chilli *n.* čilli
chilly *a* salīgs
chimney *n.* skurstenis
chimpanzee *n.* šimpanze
chin *n.* zods
China *n.* Ķīna
chirp *v.i.* čiepstēt
chirp *n* čirkstēšana
chisel *v. t.* strādāt ar kaltu
chisel *n* kalts
chit *n.* knauķis
chivalrous *a.* bruņniecisks
chivalry *n.* bruņniecība
chlorine *n* hlors
chloroform *n* hloroforms
chocolate *n* šokolāde
choice *n.* izvēle
choir *n* koris
choke *v. t.* aizrīties
cholera *n.* holera
choose *v. t.* izvēlēties
chop *v. t* cirst
chord *n.* akords
choroid *n* dzīslenē
chorus *n.* koris
Christ *n.* Kristus
Christendom *n.* Kristīgā pasaule
Christian *n* Kristietis
Christian *a.* kristīgs
Christianity *n.* Kristietība
Christmas *n* Ziemassvētki
chrome *n* hroms
chronic *a.* hronisks
chronicle *n.* hronika
chronograph *n* hronogrāfs
chronology *n.* hronoloģija
chuckle *v. i* nosmieties
chum *n* biedrs
church *n.* baznīca
churchyard *n.* kapsēta
churl *n* sīkstulis

churn *n.* mente
churn *v. t. & i.* putot
cigar *n.* cigārs
cigarette *n.* cigarete
cinema *n.* kino
cinnabar *n* cinobrs
cinnamon *n* kanēlis
cipher, cipher *n.* šifra
circle *n.* aplis
circuit *n.* riņķojums
circular *n.* apkārtraksts
circular *a* riņķveidīgs
circulate *v. i.* cirkulēt
circulation *n* apgrozībā
circumference *n.* apkārtmērs
circumfluence *n.* apskalojošs
circumspect *adj.* piesardzīgs
circumstance *n* apstākļi
circus *n.* cirks
citadel *n.* citadele
cite *v. t* citēt
citizen *n* pilsonis
citizenship *n* pilsonība
citric *adj.* citrona
city *n* pilsētas
civic *a* pilsoņa
civics *n* pilsoniskā izglītība
civil *a* pilsoniskās
civilian *n* civilā
civilization *n.* civilizācija
civilize *v. t* civilizēt
clack *n. & v. i* čalas
claim *v. t* ierosināt prasību
claim *n* prasība
claimant *n* prasītājs
clamber *v. i* rāpties
clamour *v. i.* klaigāt
clamour *n* klaigas
clamp *n* skava
clandestine *adj.* nelegālu
clandestine *n* slepens
clap *v. i.* aplaudēt

clap *n* grāviens
clarification *n* skaidrojums
clarify *v. t* noskaidrot
clarion *n.* taure
clarity *n* skaidrība
clash *v. t.* nonākt konfliktā
clash *n.* sadursme
clasp *n* sasprādzēt
class *n* klase
classic *n* klasiķis
classic *a* klasisks
classical *a* klasisks
classification *n* klasifikācija
classify *v. t* klasificēt
clause *n* klauzula
claw *n* nags
clay *n* māls
clean *v. t* tīrīt
clean *a* tīrs
cleanliness *n* tīrība
cleanse *v. t* iztīrīt
clear *a* skaidrs
clear *v. t* notīrīt
clearance *n* iztīrīšana
clearly *adv* skaidri
cleft *n* plaisa
clergy *n* garīdznieki
clerical *a* kancelejisks
clerk *n* ierēdnis
clever *a.* gudrs
clew *n.* kamols
click *n.* noklikšķēšana
client *n..* klients
cliff *n.* klints
climate *n.* klimats
climax *n.* kulminācijas punkts
climb *v.i* kāpt
climb1 *n.* uzkāpšana
cling *v. i.* piekļauties
clinic *n.* klīnika
clink *n.* skandināt
cloak *n.* apmetnis

clock *n.* pulkstenis
clod *n.* pīšļi
cloister *n.* klosteris
close *v. t* slēgt
close *a.* tuvu
close *n.* noslēgšana
closet *n.* skapis
closure *n.* slēgšana
clot *n.* receklis
clot *v. t* sarecēt
cloth *n* audums
clothe *v. t* ietērpt
clothes *n.* apģērbs
clothing *n* drēbes
cloud *v* apmākties
cloud *n.* mākonis
cloudy *a* mākoņains
clove *n* krustnagliņa
clown *n* klauns
club *n* klubs
clue *n* pavediens
clumsy *a* neveikls
cluster *v. i.* augt pudurā
cluster *n* čemurs
clutch *n* perējums
clutter *v. t* nekārtīgi samest
coach *n* treneris
coachman *n* kučieris
coal *n* ogļu
coalition *n* koalīcija
coarse *a* rupjš
coast *n* piekraste
coat *n* mētelis
coating *n* kārta
coax *v. t* pierunāt
cobalt *n* kobalts
cobbler *n* kurpnieks
cobra *n* kobra
cobweb *n* zirnekļa tīkls
cocaine *n* kokaīns
cock *n* gailis
cocker *v. t* lutināt

cockle v. i burzīties
cock-pit n. kubriks
cockroach n prusaks
coconut n kokosrieksts
code n kods
co-education n. kopapmācība
coefficient n. koeficients
coefficient a veicinošs
coexist v. i koeksistēt
coexistence n līdzāspastāvēšana
coffee n kafija
coffin n zārks
cog n izcilnis
cogent adj. pārliecinošs
cognate adj radniecisks
cognizance n apzina
cohabit v. t dzīvot kopā
coherent a sakarīgs
cohesive adj saliedēta
coif n kipa
coin n monēta
coinage n nauda
coincide v. i sakrist
coir n kokosšķiedras
coke v. t koksēt
cold a auksts
cold n saaukstēšanās
collaborate v. i sadarboties
collaboration n sadarbībā
collapse v. i sabrukums
collar n apkakle
colleague n kolēģis
collect v. t savākt
collection n savākšanas
collective a kolektīvo
collector n kolektors
college n koledža
collide v. i. sadurties
collision n sadursme
collusion n vienošanās
colon n kols
colon n resnā zarna

colonel n. pulkvedis
colonial a koloniju
colony n kolonija
colour v. t nosarkt
colour n krāsu
colter n arkla nazis
column n ailē
coma n. koma
comb n ķemme
combat v. t. cīnīties
combat1 n cīņa
combatant a. kaujas
combatant1 n kaujinieks
combination n kombinācija
combine v. t apvienot
come v. i. nākt
comedian n. komiķis
comedy n. komēdija
comet n komēta
comfit n. iecukuroti augļi
comfort v. t mierināt
comfort1 n. komforta
comfortable a ērts
comic n komiķis
comic a komisks
comical a smieklīgs
comma n komats
command n komanda
command v. t komandēt
commandant n komandants
commander n komandieris
commemorate v. t. svinēt
commemoration n. piemiņas
commence v. t sākt
commencement n sākums
commend v. t lielīt
commendable a. slavējams
commendation n uzslava
comment n komentāri
comment v. i komentēt
commentary n komentārs
commentator n komentators

35

commerce *n* tirdzniecība
commercial *a* tirdzniecības
commiserate *v. t* izteikt līdzjūtību
commission *n.* komisijas maksa
commissioner *n.* komisārs
commissure *n.* savienojumvieta
commit *v. t.* izdarīt
committee *n* komiteja
commodity *n.* patēriņa
priekšmets
common *a.* kopējo
commoner *n.* vienkāršās tautas
pārstāvis
commonplace *a.* parasts
commonwealth *n.* federācija
commotion *n* saviļņojums
communal *a* sabiedrisks
commune *v. t* komūna
communicate *v. t* sazināties
communication *n.*
komunikācijas
communiqué *n.* Komunikē
communism *n* komunisms
community *n.* kopiena
commute *v. t* apmainīt
commute *v* regulāri braukāt
compact *a.* kompakts
compact *n.* vienošanās
companion *n.* biedrs
company *n.* uzņēmums
comparative *a* salīdzinošs
compare *v. t* salīdzināt
comparison *n* salīdzinājums
compartment *n.* nodalījums
compass *n* busole
compassion *n* līdzjūtība
compel *v. t* piespiest
compensate *v.t* kompensēt
compensation *n* kompensācija
compete *v. i* konkurēt
competence *n* kompetence
competent *a.* kompetents

competition *n.* konkurence
competitive *a* konkurējošs
compile *v. t* sastādīt
complacent *adj.* pašapmierināts
complain *v. i* sūdzēties
complaint *n* sūdzība
complaisance *n.* pakalpība
complaisant *adj.* pakalpīgs
complement *n* papildināt
complementary *a* papildu
complete *a* pilnīga
complete *v. t* pabeigt
completion *n* pabeigšana
complex *n* komplekss
complex *a* sarežģīts
complexion *n* viedoklis
compliance *n.* piekāpība
compliant *adj.* piekāpīgs
complicate *v. t* sarežģīt
complication *n.* komplikācija
compliment *v. t* izteikt atzinību
compliment *n.* kompliments
comply *v. i* atbilst
component *adj.* sastādošs
compose *v. t* sacerēt
composition *n* sastāvs
compositor *n* burtlicis
compost *n* komposts
composure *n.* savaldība
compound *v* sajaukt
compound *a* salikts
compound *n* savienojums
compounder *n.* sastāvets no
divām vai vairākām daļām
comprehend *v. t* saprast
comprehension *n* izpratne
comprehensive *a* aptverošs
compress *v. t.* saspiest
compromise *v. t* kompromitēt
compromise *n* kompromiss
compulsion *n* piespiešana
compulsory *a* piespiedu

compunction *n.* nožēla
computation *n.* aprēķināšana
compute *v.t.* rēķināt
comrade *n.* biedrs
conation *n.* tieksme vēlēšanāi
concave *adj.* ieliekts
conceal *v. t.* noklusēt
concede *v.t.* piekāpties
conceit *n* iedomība
conceive *v. t* iedomāties
concentrate *v. t* koncentrāts
concentration *n.* koncentrācijas
concept *n* jēdziens
conception *n* koncepcija
concern *v. t* attiekties
concern *n* bažas
concert *n.* koncerts
concert2 *v. t* vienoties
concession *n* koncesija
conch *n.* gliemene
conciliate *v.t.* samierināt
concise *a* īss
conclude *v. t* noslēgt
conclusion *n.* secinājums
conclusive *a* pārliecinošs
concoct *v. t* savārīt
concoction *n.* novārījums
concord *n.* saticība
concrescence *n.* saaugums
concrete *n* betons
concrete *a* betona
concrete *v. t* betonēt
concubine *n* konkubīne
conculcate *v.t.* mīdīt ar kājām
condemn *v. t.* nosodīt
condemnation *n* nosodīšana
condense *v. t* kondensēt
condite *v.t.* saglabāt
condition *n* stāvoklis
conditional *a* nosacījumu
condole *v. i.* just līdzi
condolence *n* līdzjūtība

condonation *n.* sociālās normas
conduct *n* izturēšanās
conduct *v. t* vadīt
conductor *n* diriģents
cone *n.* konuss
confectioner *n* konditors
confectionery *n* konditorejas
  izstrādājumi
confer *v. i* piešķirt
conference *n* konference
confess *v. t.* atzīties
confession *n* atzīšanās
confidant *n* līdzzinātājs
confide *v. i* uzticēties
confidence *n* pārliecība
confident *a.* pārliecināts
confidential *a.* konfidenciāls
confine *v. t* ierobežot
confinement *n.* ieslodzījums
confirm *v. t* apstiprināt
confirmation *n* apstiprinājums
confiscate *v. t* konfiscēt
confiscation *n* konfiskācija
conflict *n.* konflikts
conflict *v. i* nonākt konfliktā
confluence *n* drūzma
confluent *adj.* saplūstošs
conformity *n.* atbilstības
conformity *n.* pakļaušanās
confraternity *n.* brālība
confrontation *n.* konfrontācija
confuse *v. t* sajaukt
confusion *n* apjukums
confute *v.t.* atspēkot
conge *n.* ceremoniāla atvadīšanās
congenial *a* konģeniāls
congratulate *v. t* apsveikt
congratulation *n* apsveikums
congress *n* kongress
conjecture *n* minējums
conjecture *v. t* pieņemt
conjugal *a* laulības

conjugate *v.t. & i.* kopoties
conjunct *adj.* savienots
conjunctiva *n.* konjunktīva
conjuncture *n.* konjunktūra
conjure *v.t.* apvārdot
conjure *v.i.* rādīt trikus
connect *v. t.* savienot
connection *n* savienojums
connivance *n.* iecietība
conquer *v. t* iekarot
conquest *n* uzvara
conscience *n* sirdsapziņa
conscious *a* kas apzinās
consecrate *v.t.* veltīt
consecutive *adj.* kārtas
consecutively *adv* secīgi
consensus *n.* vienprātība
consent *v. i* piekrist
consent *n.* piekrišana
consent3 *v.t.* dot piekrišanu
consequence *n* sekas
consequent *a* izrietošs
conservative *n* konservats
conservative *a* konservatīvs
conserve *v. t* saglabāt
consider *v. t* apsvērt
considerable *a* ievērojams
considerate *a.* saudzīgs
consideration *n* ievērošana
considering *prep.* ņemot vērā
consign *v. t.* atdot
consign *v.t.* nosūtīt
consignment *n.* sūtījums
consist *v. i* sastāvēt
consistence,-cy *n.* konsistence
consistent *a* konsekventu
consolation *n* mierinājums
console *v. t* mierināt
consolidate *v. t.* nostiprināt
consolidation *n* konsolidācijas
consonance *n.* harmonija
consonant *n.* līdzskanis

consort *n.* saieties
conspectus *n.* konspekts
conspicuous *a.* uzkrītošs
conspiracy *n.* sazvērestība
conspirator *n.* konspirators
conspire *v. i.* konspirēt
constable *n* policists
constant *a* konstante
constellation *n.* zvaigznājs
constipation *n.* aizcietējums
constituency *n* vēlēšanu iecirknis
constituent *n.* vēlētājs
constituent *adj.* vēlētāju
constitute *v. t* izveidot
constitution *n* konstitūcija
constrict *v.t.* savilkt
construct *v. t.* būvēt
construction *n* celtniecības
consult *v. t* konsultēties
consultation *n* konsultācijas
consume *v. t* patērēt
consumption *n* patērēšana
consumption *n* patēriņš
contact *n.* saskare
contact *v. t* sazinieties ar
contagious *a* lipīgs
contain *v.t.* satur
contaminate *v.t.* piesārņot
contemplate *v. t* vērot
contemplation *n* pārdomas
contemporary *a* mūsdienu
contempt *n* nicināšana
contemptuous *a* nicinošs
contend *v. i* apgalvot
content *a.* apmierināts
content *v. t* apmierināt
content *n.* būtība
content *n* saturs
contention *n* apgalvojums
contentment *n* apmierinājums
contest *n.* izcīņa

contest v. t konkurss
context n konteksts
continent n kontinents
continental a savaldīgs
contingency n. nejaušība
continual adj. nepārtraukti
continuation n. turpinājums
continue v. i. turpināt
continuity n secība
continuous a nepārtraukts
contour n kontūra apveids
contra pref. pretēji
contraception n. kontracepcija
contract n līgums
contract v. t noslēgt līgumu
contractor n darbuzņēmējs
contradict v. t apstrīdēt
contradiction n pretruna
contrapose v.t. novietot
  pretstatījumā
contrary a pretējs
contrast n kontrasts
contrast v. t nostādīt pretī
contribute v. t dot ieguldījumu
contribution n ieguldījums
control n kontrole
control v. t kontrolēt
controller n. kontrolieris
controversy n strīds
contuse v.t. kontuzēt
conundrum n. mīkla
convene v. t sasaukt
convenience n. ērtība
convenient a ērts
convent n klosteris
convention n. konvencija
conversant adj. kompetents
conversant a zinošs
conversation n saruna
converse v.t. sarunāties
conversion n pārvēršana
convert v. t konvertēt

convert n pārbēdzējs
convey v. t. pārvadāt
conveyance n pārvadāšana
convict v. t. atzīt par vainīgu
convict n notiesātais
conviction n pārliecība
convince v. t pārliecināt
convivial adj. jautrs
convocation n. sasaukšana
convoke v.t. sasaukt
convolve v.t. sagriezt
coo n mīlīga sarunāšanās
coo v. i dūdot
cook v. t gatavot
cook n pavārs
cooker n plīts
cool a vēss
cool v. i. atdzist
cooler n dzesinātājs
coolie n kūlijs
co-operate v. i sadarboties
co-operation n sadarbība
co-operative a kooperatīvs
co-ordinate a. saskaņots
co-ordinate v. t koordinēt
co-ordination n koordinācija
coot n. muļķis
co-partner n līdzīpašnieks
cope v. i tikt galā
coper n. tirgotājs
copper n vara
coppice n. jaunaudze
copulate v.i. kopoties
copy n kopija
copy v. t kopēt
coral n korallis
corbel n. izvirzījums
cord v sasiet ar auklu
cord n virve
cordate adj. sirdsveidīgs
cordial a sirds
core n. kodols

coriander *n.* koriandrs
Corinth *n.* Corinth
cork *n.* korķis
cormorant *n.* jūraskraukļu
corn *n* kukurūza
cornea *n* radzenes
corner *n* stūris
cornet *n.* kornets
cornicle *n.* radziņš
coronation *n* kronēšana
coronet *n.* diadēma
corporal *a* miesas
corporate *adj.* uzņēmumu
corporation *n* korporācija
corps *n* korpuss
corpse *n* līķis
correct *v. t* labot
correct *a* pareizs
correction *n* labojums
correlate *v.t.* savstarpēji saistīties
correlation *n.* korelācija
correspond *v. i* atbilst
correspondence *n.* korespon-
dence
correspondent *n.* korespondents
corridor *n.* koridors
corroborate *v.t.* apstiprināt
corrosive *adj.* kodīgs
corrupt *v. t.* samaitāt
corrupt *a.* sabojāts
corruption *n.* korupcija
cosmetic *a.* kosmētikas
cosmetic *n.* kosmētisks līdzeklis
cosmic *adj.* kosmisks
cost *n.* cena
cost *v.t.* izmaksāt
costal *adj.* ribu
costly *a.* dārgs
costume *n.* kostīms
cosy *a.* mājīgs
cot *n.* gultiņa
cote *n.* kūts

cottage *n* kotedža
cotton *n.* kokvilna
couch *n.* dīvāns
cough *n.* klepus
cough *v. i.* klepot
council *n.* padome
councillor *n.* padomnieks
counsel *v. t.* dot padomu
counsel *n.* padoms
counsellor *n.* konsultants
count *v. t.* skaitīt
count *n.* skaits
countenance *n.* sejas izteiksme
counter *v. t* darboties pretī
counter *n.* skaitītājs
counteract *v.t.* darboties pretī
countercharge *n.* pretsūdzība
counterfeit *v.t.* viltot
counterfeit *a.* viltots
counterfeiter *n.* viltotājs
countermand *v.t.* dot pretpavēli
counterpart *n.* dublikāts
countersign *v. t.* apstiprināt
countess *n.* grāfiene
countless *a.* neskaitāms
country *n.* valsts
county *n.* apgabals
coup *n.* sitiens
couple *n* pāris
couple *v. t* sakabināt
couplet *n.* kupleja
coupon *n.* kupons
courage *n.* drosme
courageous *a.* drosmīgs
courier *n.* kurjers
course *n.* gaita
course *n.* kurss
course *v* tecēt
court *v. t.* glaimot
court *n.* tiesa
courteous *a.* pieklājīgs
courtesan *n.* kurtizāne

courtesy *n.* pieklājība
courtier *n.* galminieks
courtship *n.* uzmanības
  parādīšana
courtyard *n.* sēta
cousin *n.* brālēns
covenant *n.* derība
cover *v. t.* segt
cover *n.* vāks
coverlet *n.* pārklājs
covet *v.t.* tīkot
cow *n.* govs
cow *v. t.* iebiedēt
coward *n.* gļēvulis
cowardice *n.* gļēvulība
cower *v.i.* sarauties
cozy *n* sildāmais
crab *n* krabis
crack *v. i* krakšķēt
crack *n* plaisa
cracker *n* sausiņš
crackle *v.t.* sprakšķēt
cradle *n* šūpulis
craft *n* amatniecība
craftsman *n* amatnieks
crafty *a* veikls
cram *v. t* piestūķēt
crambo *n.* Crambo
crane *n* celtnis
crash *n* avārija
crash *v. i* sabrukt
crass *adj.* rupjš
crate *n.* redeļu kaste
crave *v.t.* alkt
craw *n.* guza
crawl *n* rāpošana
crawl *v. t* rāpot
craze *n* trakums
crazy *a* traks
creak *v. i* čīkstēt
creak *n* čīkstoņa
cream *n* krējums

crease *n* krunka
create *v. t* izveidot
creation *n* radīšana
creative *adj.* radošs
creator *n* radītājs
creature *n* radījums
credible *a* ticams
credit *n* kredīts
creditable *a* slavējams
creditor *n* kreditors
credulity *adj.* lētticība
creed *n.* ticība
creed *n* pārliecība
creek *n.* grīva
creep *v. i* rāpot
creeper *n* staipeknis
cremate *v. t* kremēt
cremation *n* kremācija
crest *n* cekuls
crew *n.* ekipāža
crib *n.* bērnu gultiņa
cricket *n* krikets
crime *n* noziegums
criminal *a* krimināls
criminal *n* noziedznieks
crimp *n* vervētājs
crimple *v.t.* burzīt
crimson *n* tumši sarkana krāsa
cringe *v. i.* verdziski izdabāt
cripple *n* kroplis
crisis *n* krīze
crisp *a* kraukšķīgs
criterion *n* kritērijs
critic *n* kritiķis
critical *a* kritisks
criticism *n* kritika
criticize *v. t* kritizēt
croak *n.* kurkstēšana
crockery *n.* māla trauki
crocodile *n* krokodils
croesus *n.* Krēzs
crook *v.* saliekt

crook *n* spieķis
crooked *a* negodīgs
crop *n* raža
cross *a* dusmīgs
cross *n* krusts
cross *v. t* šķērsot
crossing *n.* šķērsojums
crotchet *n.* āķis
crouch *v. i.* pieliekties
crow *v. i* dziedāt
crow *n* vārna
crowd *n* pūlis
crown *v. t* kronēt
crown *n* kronis
crucial *adj.* izšķirošs
crude *a* jēls
cruel *a* cietsirdīgs
cruelty *n* nežēlība
cruise *v.i.* kreisēt
cruiser *n* kreiseris
crumb *n* drupata
crumble *v. t* drupināt
crump *n* stiprs sitiens
crusade *n* karagājiens
crush *v. t* sasmalcināt
crust *n.* garoza
crutch *n* kruķis
cry *n* raudas
cry *v. i* raudāt
cry *n* sauciens
cryptography *n.* kriptogrāfija
crystal *n* kristāls
cub *n* mazulis
cube *n* kubs
cubical *a* kubisks
cubiform *adj.* kubveidīgs
cuckold *n.* ragnesis
cuckoo *n* dzeguze
cucumber *n* gurķis
cudgel *n* runga
cue *n* bižele
cuff *n* aproce

cuff *v. t* pļaukāt
cuisine *n.* virtuve
cullet *n.* stikla atkritumi
  piemēroti pārkausēšanai
culminate *v.i.* kulminēt
culpable *a* vainīgs
culprit *n* vaininieks
cult *n* kults
cultivate *v. t* audzēt
cultrate *adj.* ass un smails
cultural *a* kultūras
culture *n* kultūra
culvert *n.* drenāžas caurule
cunning *n* viltība
cunning *a* viltīgs
cup *n.* kauss
cupboard *n* skapis
Cupid *n* Kupidons
cupidity *n* alkatība
curable *a* ārstējams
curative *a* dziedinošs
curb *v. t* iegrožot
curb *n* laužņi
curcuma *n.* Kurkumu
curd *n* biezpiens
cure *n* ārstēšana
cure *v. t.* izārstēt
curfew *n* policijas stunda
curiosity *n* ziņkārība
curious *a* rūpīgs
curl *n.* sproga
currant *n.* jāņogas
currency *n* valūta
current *n* strāva
current *a* pašreizējais
curriculum *n* mācību programma
curse *n* lāsts
curse *v. t* nolādēt
cursory *a* paviršs
curt *a* lakonisks
curtail *v. t* samazināt

curtain *n* aizkars
curve *n* līkne
curve *v. t* izliekt
cushion *n* dīvānspilvens
cushion *v. t* noklusēt
custard *n* olu krēms
custodian *n* aizbildnis
custody *v* apsardzība
custom *n.* ieraža
customary *a* paražu
customer *n* klients
cut *n* grieziens
cut *v. t* griezt
cutis *n.* kas sastāv no dermās un
   epidermas
cuvette *n.* kivetē
cycle *n* cikls
cyclic *a* ciklisks
cyclist *n* velosipēdists
cyclone *n.* ciklons
cylinder *n* cilindrs
cynic *n* ciniķis
cynic *a* cinisks
cypher *n* šifrs
cypress *n* ciprese
cyst *n* cista

D

dabble *v. i.* plunčāties
dacoit *n.* bandīts
dacoity *n.* bruņota laupīšana
dad, daddy *n* tētis
daffodil *n.* narcise
daft *adj.* ākstīgs
dagger *n.* duncis
daily *a* diennakts
daily *n.* katru dienu
daily *adv.* ik dienas

dainty *a.* gards
dainty *n.* gardums
dairy *n* pienotava
dais *n.* paaugstinājums zāles galā
daisy *n* margrietiņa
dale *n* ieleja
dam *n* dambis
damage *v. t.* sabojāt
damage *n.* bojājums
dame *n.* dāma
damn *v. t.* nopelt
damnation *n.* nopelšana
damp *v. t.* apslāpēt
damp *a* mitrs
damp *n* mitrums
damsel *n.* jaunava
dance *n* deja
dance *v. t.* dejot
dandelion *n.* pienene
dandle *v.t.* ucināt
dandruff *n* blaugznas
dandy *n* švīts
danger *n.* briesmas
dangerous *a* bīstams
dangle *v. t* vilināt
dank *adj.* drēgns
dap *v.i.* mest pret zemi
dare *v. i.* uzdrīkstēties
daring *n.* pārdrošība
daring *a* pārdrošs
dark *n* tumsa
dark *a* tumšs
darkle *v.i.* satumst
darling *n* dārgais
darling *a* mīļš
dart *n.* šautra
dash *n* domuzīme
dash *v. i.* mest
date *v. t* datēt
date *n* datums
date *v* novecot
daub *n.* mālu java

43

daub *v. t.* smērēt
daughter *n* meita
daunt *v. t* iebiedēt
dauntless *a* bezbailīgs
dawdle *v.i.* kvernēt
dawdle *n* slaists
dawn *n* ausma
dawn *v. i.* aust
day *n* diena
daze *n* apmulsuma
daze *v. t* apstulbināt
dazzle *v. t.* apžilbināt
dazzle *n* žilbinoša gaisma
deacon *n.* diakons
dead *a* mirušais
deadlock *n* strupceļš
deadly *a* nāvīga
deaf *a* kurls
deal *n* darījums
deal *v. i* aplūkot
dealer *n* tirgotājs
dealing *n.* rīcība
dean *n.* dekāns
dear *a* dārgs
dear *a* mīļotais
dearth *n* trūkums
death *n* nāve
debar *v. t.* izslēgt
debase *v. t.* viltot
debate *v. t.* diskutēt
debate *n.* diskusija
debauch *n* izvirtība
debauch *v. t.* samaitāt
debauchee *n* uzdzīvotājs
debauchery *n* dzīrošana
debility *n* vājums
debit *n* debets
debit *v. t* ierakstīt debetā
debris *n* gruveši
debt *n* parāds
debtor *n* parādnieks
decade *n* gadu desmits

decadent *a* dekadentisks
decamp *v. i* slepus aizmukt
decay *v. i* trūdēt
decay *n* pagrimums
decease *n* nāve
decease *v. i* nomirt
deceit *n* krāpšana
deceive *v. t* maldināt
december *n* Decembris
decency *n* pieklājība
decennary *n.* desmit gadi
decent *a* pieklājīgs
deception *n* maldināšana
decide *v. t* nolemt
decimal *a* decimāls
decimate *v.t.* decimēt
decision *n* lēmums
decisive *a* izšķirošs
deck *n* klājs
deck *v. t* izgreznot
declaration *n* deklarācija
declare *v. t.* atzīt
decline *n* panīkums
decline *v. t.* atteikties
declivous *adj.* slīps
decompose *v. t.* sadalīties
decomposition *n.* sadalīšanās
decontrol *v.t.* atcelt kontroli
decorate *v. t* izrotāt
decoration *n* apdare
decorum *n* pieklājība
decrease *n* mazināšanās
decrease *v. t* samazināt
decree *n* dekrēts
decree *v. i* izdot dekrētu
decrement *n.* samazināšanās
dedicate *v. t.* veltīt
dedication *n* veltījums
deduct *v.t.* atskaitīt
deed *n* akts
deem *v.i.* uzskatīt
deep *a.* dziļš

deer *n* briedis
defamation *n* neslavas celšana
defame *v. t.* apmelot
default *n.* saistību nepildīšana
defeat *n* sakāve
defeat *v. t.* sakaut
defect *n* defekts
defence *n* aizsardzība
defend *v. t* aizstāvēt
defendant *n* apsūdzētais
defensive *adv.* aizsardzības
deference *n* cieņa
defiance *n* izaicinājums
deficient *adj.* nepilnīgs
deficit *n* deficīts
defile *n.* šaurs kalnu ceļš
define *v. t* noteikt
definite *a* noteikts
definition *n* definīcija
deflation *n.* deflācija
deflect *v.t.* novirzīt
deflect *v.i.* novirzīties
deft *adj.* izveicīgs
degrade *v. t* samazināt
degree *n* grāds
degree *n* pakāpe
dehort *v.t.* atrunāt
deist *n.* kas tic deismā
deity *n.* dievība
deject *v. t* nomākt
dejection *n* nomāktība
delay *n* aizkavēšana
delay *v.t. & i.* aizkavēt
delegate *n* delegāts
delegate *v. t* deleģēt
delegation *n* delegācija
delete *v. t* izdzēst
delibate *v.t.* garšot
deliberate *a* iepriekš nodomāts
deliberate *v. i* apspriest
deliberation *n* apspriešana
delicate *a* delikāts

delicious *a* garšīgs
delight *n* sajūsma
delight *v. t.* sajūsmināties
deliver *v. t* piegādāt
delivery *n* piegāde
delta *n* delta
delude *v.t.* maldināt
delusion *n.* maldīgs priekšstats
demand *n* pieprasījums
demand *v. t* pieprasīt
demarcation *n.* demarkācija
demented *adj.* vājprātīgs
demerit *n* vaina
democracy *n* demokrātija
democratic *a* demokrātisks
demolish *v. t.* sagraut
demon *n.* dēmons
demonetized *adj.*
demonetizējušas
demonstrate *v. t* pierādīt
demonstration *n.* demonstrācija
demoralize *v. t.* demoralizēt
demur *n* iebildums
demur *v. t* iebilst
demurrage *n.* dīkstāvi
den *n* miga
dengue *n.* tropu drudzis
denial *n* noliegums
denote *v. i* norādīt
denounce *v. t* apsūdzēt
dense *a* blīvs
density *n* blīvums
dentist *n* zobārsts
denude *v.t.* laupīt
denunciation *n.* denonsēšana
deny *v. t.* noliegt
depart *v. i.* aizbraukt
department *n* nodaļa
departure *n* izbraukšana
depauperate *v.t.* novest
nabadzībā
depend *v. i.* būt atkarīgam

dependant *n* apgādājamais
dependence *n* atkarība
dependent *a* atkarīgs
depict *v. t.* attēlot
deplorable *a* nožēlojams
deploy *v.t.* nostādīt rindā
deponent *n.* liecinieks
deport *v.t.* deportēt
depose *v. t* gāzt
deposit *n.* noguldījums
deposit *v. t* noguldīt
depot *n* depo
depreciate *v.t.i.* zaudēt vērtību
depredate *v.t.* izlaupīt
depress *v. t* nomākt
depression *n* depresija
deprive *v. t* atņemt
depth *n* dziļums
deputation *n* delegācija
depute *v. t* deleģēt
deputy *n* deputāts
derail *v. t.* noskriet no sliedēm
derive *v. t.* iegūt
descend *v. i.* nolaisties
descendant *n* pēcnācējs
descent *n.* nolaišanās
describe *v. t* aprakstīt
description *n* apraksts
descriptive *a* aprakstošs
desert *v. t.* dezertēt
desert *n* tuksnesis
deserve *v. t.* pelnīt
design *n.* dizains
design *v. t.* konstruēt
desirable *a* vēlams
desire *n* vēlēšanās
desire *v.t* vēlēties
desirous *a* karojošs
desk *n* rakstāmgalds
despair *n* izmisums
despair *v. i* izmist
desperate *a* izmisis

despicable *a* nicināms
despise *v. t* nicināt
despot *n* despots
destination *n* galamērķis
destiny *n* liktenis
destroy *v. t* iznīcināt
destruction *n* iznīcināšana
detach *v. t* atraisīt
detachment *n* atdalīšana
detail *n* detaļa
detail *v. t* sīki izstāstīt
detain *v. t* aizturēt
detect *v. t* atklāt
detective *a* detektīvs
detective *n.* detektīvs
determination *n.* noteikšana
determine *v. t* noteikt
dethrone *v. t* gāzt no troņa
develop *v. t.* attīstīt
development *n.* attīstība
deviate *v. i* novirzīties
deviation *n* novirzīšanās
device *n* ierīce
devil *n* velns
devise *v. t* izdomāt
devoid *a* tukšs
devote *v. t* veltīt
devotee *n* entuziasts
devotion *n* pieķeršanās
devour *v. t* rīt
dew *n.* rasa
diabetes *n* diabēts
diagnose *v. t* uzstādīt diagnozi
diagnosis *n* diagnoze
diagram *n* diagramma
dial *n.* ciparnīca
dialect *n* dialekts
dialogue *n* dialogs
diameter *n* diametrs
diamond *n* dimants
diarrhoea *n* caureja
diary *n* dienasgrāmata

dice *v. i.* spēlēt ar kauliņiem
dice *n.* spēļu kauliņi
dictate *v. t* diktēt
dictation *n* diktāts
dictator *n* diktators
diction *n* izteiksmes
dictionary *n* vārdnīca
dictum *n* aforisms
didactic *a* didaktiskais
die *v. i* mirt
die *n* spiedogs
diet *n* diēta
differ *v. i* atšķirties
difference *n* starpība
different *a* atšķirīgs
difficult *a* grūts
difficulty *n* grūtības
dig *v.t.* rakt
dig *n* zobgalība
digest *v. t.* sagremot
digest *n.* krājums
digestion *n* gremošana
digit *n* cipars
dignify *v.t* godināt
dignity *n* cieņa
dilemma *n* dilemma
diligence *n* centība
diligent *a* centīgs
dilute *v. t* atšķaidīt
dilute *a* atšķaidīts
dim *a* blāvs
dim *v. t* aptumšot
dimension *n* dimensija
diminish *v. t* samazināt
din *n* troksnis
dine *v. t.* pusdienot
dinner *n* vakariņas
dip *v. t* iegremdēt
dip *n.* iemērkšana
diploma *n* diploms
diplomacy *n* diplomātija
diplomat *n* diplomāts

diplomatic *a* diplomātijas
dire *a* šausmīgs
direct *a* tiešs
direct *v. t* virzīt
direction *n* virziens
director *n.* direktors
directory *n* direkcija
dirt *n* netīrumi
dirty *a* netīrs
disability *n* nespēja
disable *v. t* padarīt nespējīgu
disabled *a* invalīds
disabled *a* nespējīgs
disadvantage *n* neizdevīgs
 stāvoklis
disagree *v. i* nepiekrist
disagreeable *a.* nepatīkams
disagreement *n.* domstarpības
disappear *v. i* izzust
disappearance *n* izzušana
disappoint *v. t.* pievilt
disapproval *n* nepiekrišana
disapprove *v. t* neatzīt
disarm *v. t* atbruņot
disarmament *n.* atbruņošanās
disaster *n* nelaime
disastrous *a* postošs
disc *n.* disks
discard *v. t* izmest
discharge *v. t* atbrīvot
discharge *n.* izkraušana
disciple *n* māceklis
discipline *n* disciplīna
disclose *v. t* atklāt
discomfort *n* diskomforts
disconnect *v. t* atvienot
discontent *n* neapmierinātība
discontinue *v. t* izbeigt
discord *n* disonanse
discount *n* atlaide
discourage *v. t.* atrunāt
discourse *n* diskurss

discourteous *a* nepieklājīgs
discover *v. t* atklāt
discovery *n.* atklāšana
discretion *n* piesardzība
discriminate *v. t.* diskriminēt
discrimination *n* diskriminācija
discuss *v. t.* apspriest
disdain *v. t.* nicināt
disdain *n* nievājums
disease *n* slimība
disguise *v. t* noslēpt
disguise *n* pārģērbšanās
dish *n* ēdiens
dishearten *v. t* atņemt drosmi
dishonest *a* negodīgs
dishonesty *n.* negodīgums
dishonour *v. t* darīt kaunu
dishonour *n* negods
dislike *n* antipātija
dislike *v. t* neieredzēt
disloyal *a* neuzticams
dismiss *v. t.* atlaist
dismissal *n* atlaišana
disobey *v. t* nepaklausīt
disorder *n* sajukums
disparity *n* nevienādība
dispensary *n* aptieka
disperse *v. t* izklīst
displace *v. t* pārvietot
display *n* displejs
display *v. t* izrādīt
displease *v. t* nepatikt
displeasure *n* neapmierinātība
disposal *n* likvidēšana
dispose *v. t* izmantot
disprove *v. t* atspēkot
dispute *n* strīds
dispute *v. i* apstrīdēt
disqualification *n*
   diskvalifikācija
disqualify *v. t.* diskvalificēt
disquiet *n* satraukums

disregard *n* ignorēšana
disregard *v. t* neievērot
disrepute *n* slikta slava
disrespect *n* necieņa
disrupt *v. t* sagraut
dissatisfaction *n* neapmierinātība
dissatisfy *v. t.* neapmierināt
dissect *v. t* preparēt
dissection *n* sagriešana
dissimilar *a* atšķirīgs
dissolve *v.t* izšķīst
dissuade *v. t* atrunāt
distance *n* attālums
distant *a* tāls
distil *v. t* destilēt
distillery *n* spirta dedzinātavas
distinct *a* atšķirīgs un noteikts
distinction *n* izšķirība
distinguish *v. i* atšķirt
distort *v. t* izkropļot
distress *n* sāpes
distress *v. t* sāpināt
distribute *v. t* sadalīt
distribution *n* izdalīšana
district *n* rajons
distrust *n* neuzticēšanās
distrust *v. t.* turēt aizdomās
disturb *v. t* traucēt
ditch *v.t.* atstāt nelaimē
ditch *n* tranšeja
ditto *n.* minētais
dive *v. i* nirt
dive *n* niršana
diverse *a* daudzveidīga
divert *v. t* novirzīt
divide *v. t* sadalīt
divine *a* dievišķīgs
divinity *n* dievišķība
division *n* nodaļa
divorce *n* šķiršanās
divorce *v. t* šķirt
divulge *v. t* izpaust

do *v. t* darīt
docile *a* paklausīgs
dock *n.* doks
doctor *n* ārsts
doctorate *n* doktora grāds
doctrine *n* doktrīna
document *n* dokuments
dodge *n* izvairīšanās
dodge *v. t* izvairīties
doe *n* stirna
dog *n* suns
dog *v. t* dzīties pakaļ
dogma *n* dogma
dogmatic *a* dogmatisks
doll *n* lelle
dollar *n* dolārs
domain *n* domēns
dome *n* kupols
domestic *a* mājas
domestic *n* mājkalpotāja
domicile *n* juridiskā adrese
dominant *a* dominējošs
dominate *v. t* dominēt
domination *n* dominēšana
dominion *n* valdīšana
donate *v. t* ziedot
donation *n.* ziedojums
donkey *n* ēzelis
donor *n* donors
doom *n* liktenis
doom *v. t.* notiesāt
door *n* durvis
dose *n* deva
dot *v. t* likt punktu
dot *n* punkts
double *a* divkāršs
double *n* divkāršs
double *v. t.* divkāršot
doubt *n* šaubas
doubt *v. i* šaubīties
dough *n* mīkla
dove *n* balodis

down *v. t* nolaist
down *prep* lejup pa
down *adv* uz leju
downfall *n* krišana
downpour *n* lietus gāze
downright *a* godīgs
downright *adv* pilnīgi
downward *a* lejupejošs
downward *adv* uz leju
downwards *adv* uz leju
dowry *n* pūrs
doze *n.* snauda
doze *v. i* snaust
dozen *n* ducis
draft *v. t* skicēt
draft *n* uzmetums
draftsman *n* Atzinuma
  sagatavotājs
drag *n* šķērslis
drag *v. t* vilkt
dragon *n* pūķis
drain *v. t* notecēt
drain *n* noteka
drainage *n* drenāža
dram *n* drahma
drama *n* drāma
dramatic *a* dramatisks
dramatist *n* dramaturgs
draper *n* manufaktūras preču
  tirgotājs
drastic *a* radikāls
draught *n* caurvējš
draw *n* izloze
draw *v.t* uzzīmēt
drawback *n* atmaksas
drawer *n* atvilktne
drawing *n* zīmējums
drawing-room *n* viesistaba
dread *n* bailes
dread *v.t* bīties
dread *a* briesmīgs
dream *n* sapnis

dream *v. i.* sapņot
drench *v. t* mērcēt
dress *n* kleita
dress *v. t* ģērbties
dressing *n* mērce
drill *n* urbis
drill *v. t.* urbt
drink *n* dzēriens
drink *v. t* dzert
drip *n* pilēšana
drip *v. i* pilēt
drive *n* piedziņa
drive *v. t* vadīt
driver *n* vadītājs
drizzle *n* smalks lietus
drizzle *v. i* līņāt
drop *v. i* pazemināties
drop *n* piliens
drought *n* sausums
drown *v.i* noslīcināt
drug *n* narkotiska viela
drug *n* zāles
druggist *n* aptiekārs
drum *n* bungas
drum *v.i.* sist bungas
drunkard *a* dzērājs
dry *v. i.* nožūt
dry *a* sauss
dual *n.* duālis
duck *v.i.* pietupties
duck *n* pīle
due *n* parāds
due *a* pienācīgs
due *adv* taisni
duel *n* duelis
duke *n* hercogs
dull *v. t.* padarīt neasu
dull *adj* garlaicīgs
duly *adv* pienācīgi
dumb *adj* mēms
dunce *n* muļķis
dung *n* mēsli

duplicate *v. t* dublēt
duplicate *n* dublikāts
duplicate *adj* dubults
duplicity *a* divkosība
durable *adj* izturīgs
duration *n* ilgums
during *prep* laikā
duskiness *n* krēsla
dust *v.t.* apkaisīt
dust *n* putekļi
dutiful *adj* apzinīgs
duty *n* pienākums
dwarf *n* punduris
dwell *v.i.* pakavēties
dwelling *n* uzturēšanās vieta
dwindle *v. t* samazināties
dye *v* krāsot
dye *n* krāsviela
dynamic *adj* dinamisks
dynamics *n* dinamika
dynamite *n* dinamīts
dynamo *n* dinamo
dynasty *n* dinastija
dysentery *n* dizentērija

each *pron.* katrs
eager *adj* dedzīgs
eagle *n* ērglis
ear *n* auss
early *adv* agri
early *a* agrs
earn *a* nopelnīt
earnest *n* ķīla
earth *n* zeme
earthly *adj* zemes
earthquake *n* zemestrīce
ease *v. t* atvieglot

ease *n* vieglums
east *n* Austrumi
east *adv* uz austrumiem
easter *a* Lieldienas
eastern *a* austrumu
easy *adv* viegli
easy *adj* viegls
eat *v* ēst
eatable *n* ēdamais
eatable *a* ēdams
ebb *v. i* mazināties
ebb *n* bēgums
ebony *n* melnkoks
echo *v. t* atbalsot
echo *n* atbalss
eclipse *n* aptumsums
economic *a* ekonomikas
economical *adj* ekonomisks
economics *n* ekonomika
economy *n* ekonomija
edge *a* mala
edible *n* pārtika
edifice *n* celtne
edit *n* rediģēt
edition *n* izdevums
editor *a* redaktors
editorial *n* ievadraksts
editorial *adj* redaktora
educate *n* izglītot
education *n* izglītība
efface *v* izdzēst
effect *n* ietekme
effect *v. t* izpildīt
effective *a* efektīvs
effeminate *v* padarīt par
   sievišķīgu
efficacy *n* iedarbība
efficiency *n* efektivitāte
efficient *adj* iedarbīgs
effigy *n* attēls
effort *n* pūles
egg *n* ola

ego *n* es
egotism *n* egotisms
eight *num* astoņi
eighteen *num* astoņpadsmit
eighty *num* astoņdesmit
either *adv.* arī
either *pron* kā viens, tā otrs
eject *v. t* izgrūst
elaborate *v. t.* rūpīgi izstrādāt
elaborate *adj* rūpīgi izstrādāts
elapse *v* paiet
elapsed *adj* pagājis
elastic *adj* elastīgs
elbow *n* elkonis
elder *n* vecene
elder *a* vecākais
elderly *adj* padzīvojis
elect *v* ievēlēt
election *n* vēlēšanas
electorate *n* vēlētāji
electric *adj* elektrības
electricity *n* elektrība
electrify *n* elektrizēt
elegance *n* elegance
elegant *adj* elegants
elegy *n* elēģija
element *n* elements
elementary *adj* vienkāršs
elephant *n* zilonis
elevate *v* pacelt
elevation *n* pacēlums
eleven *n* vienpadsmit
elf *n* elfs
eligible *adj* piemērots
eliminate *v* likvidēt
elimination *n* izslēgšana
elope *v* paslēpties
eloquence *a* daiļrunība
eloquent *a* daiļrunīgs
else *pron* cits
else *adv* vēl
elucidate *v. t* izskaidrot

elude *v* izvairīties
elusion *n* izvairīšanās
elusive *adj* nenotverams
emancipation *n* emancipācija
embalm *n* iebalzamēt
embankment *v. t* krastmala
embark *v. t* uzsākt
embarrass *v.t.* apgrūtināt
embassy *n* vēstniecība
embitter *v. t.* sarūgtināt
emblem *n* emblēma
embodiment *n* iemiesojums
embody *v. t.* iekļaut
embolden *v. t.* iedrošināt
embrace *v* apskaut
embrace *n* apskāviens
embroidery *n* izšūšana
embryo *n* embrijs
emerald *n* smaragds
emerge *v. t.* rasties
emergency *n* kritisks stāvoklis
eminence *n* paaugstinājums
eminent *adj* ievērojams
emissary *n* emisārs
emit *v* izstarot
emolument *n* peļņa
emotion *n* emocija
emotional *adj* emocionāls
emperor *n* ķeizars
emphasis *n* uzsvars
emphasize *v* uzsvērt
emphatic *adj* izcelts
empire *n* impērija
employ *n* nodarbošanās
employee *n* darbinieks
employer *n* darba devējs
employment *n* darba
empower *v* pilnvarot
empress *n* imperatore
empty *n* tara
empty *adj* tukšs
empty *v* iztukšot

emulate *v. i* sacensties
enable *v. t* dot iespēju
enact *v* tēlot
enamel *v. t* emaljēt
enamour *v. t* apburt
encase *v. t* iesaiņot
enchant *v. t.* apburt
encircle *v. t* apņemt
enclose *v* pievienot
enclosure *n* iežogojums
encompass *v* apņemt
encounter *v. t* nejauši sastapt
encounter *n* sadursme
encourage *v. i* veicināt
encroach *v. t.* ielauzties
encumber *v* apgrūtināt
encyclopaedia *n* enciklopēdija
end *n.* beigas
end *v. t.* izbeigt
endanger *v.t* apdraudēt
endear *n.* padarīt mīļu
endearment *n* glāsts
endeavour *v.i* censties
endeavour *n* pūles
endorse *v. t* apstiprināt
endow *v* piešķirt
endurable *adj* izturams
endurance *n* izturība
endure *v* paciest
enemy *n* ienaidnieks
energetic *adj* enerģisks
energy *n* enerģija
enfeeble *v. t.* novājināt
enforce *v.t.* uzspiest
enfranchise *v. t* dot vēlēšanu tiesības
engage *v* uzsākt
engagement *n* saderināšanās
engine *n* motors
engineer *n* inženieris
English *adj* angļu
engrave *v.t* iegravēt

engross v.t aizņemt
engulf v aprīt
enigma n mīkla
enjoy v baudīt
enjoyment n bauda
enlarge v. t. palielināt
enlighten v. t izglītot
enlist v. t. savervēt
enliven v atdzīvināt
enmity v. t. ienaids
ennoble v padarīt cildenāku
enormous a milzīgs
enough adv pietiekami
enough adj pietiekams
enrage v. t satracināt
enrapture v. t sajūsmināt
enrich v. t papildināt
enrol v. t uzņemt
enshrine v.t. noglabāt kā
    dārgumu
enslave v.i verdzināt
ensue v. t rasties
ensure v. t nodrošināt
entangle v. t sapīties
enter v ienākt
enterprise v. t uzņēmums
entertain v lolot
entertainment n izklaide
enthrone v sēdināt tronī
enthusiasm n entuziasms
enthusiastic adj sajūsmināts
entice v pavedināt
entire adj pilnīgs
entirely adv. pilnīgi
entitle v dot tiesības
entity n. būtība
entomology n. entomoloģija
entrails n iekšas
entrance n ieeja
entrap v. t. ievilināt
entreat v ļoti lūgt
entreaty n lūgšanās

entrust v uzticēt
entry n ieraksts
enumerate v. t uzskaitīt
envelop v apņemt
envelope n aploksne
enviable a apskaužams
envious a skaudīgs
environment n vide
envy v apskaust
envy n skaudība
epic adj episks
epidemic n epidēmija
epigram n epigramma
epilepsy n epilepsija
epilogue n epilogs
episode n epizode
epitaph n epitāfija
epoch n laikmets
equal n līdzinieks
equal a vienlīdzīgs
equal v. t pielīdzināt
equality n vienlīdzība
equalize v. t. nolīdzināt
equate v. t vienādot
equation n vienādojums
equator n ekvators
equilateral a vienādsānu
equip v. t apgādāt
equipment n iekārta
equitable a taisnīgs
equivalent a līdzvērtīgs
equivocal a divdomīgs
era n laikmets
eradicate v. t iznīcināt
erase v. t izdzēst
erect v uzcelt
erect a taisns
erect v. t uzcelt
erection n erekcija
erode v. t graut
erosion n erozija
erotic a erotisks

err v. i grēkot
errand n uzdevums
erroneous a kļūdains
error n kļūda
erupt v. i izlauzties
eruption n izvirdums
escape v.i aizbēgt
escape n bēgšana
escort n eskorts
escort v. t pavadīt
especial a speciāls
essay n. eseja
essay v. t. pārbaudīt
essayist n esejists
essence n būtība
essential a būtisks
establish v. t. nodibināt
establishment n uzņēmums
estate n īpašums
esteem n cieņa
esteem v. t uzskatīt
estimate n. novērtējums
estimate v. t novērtēt
estimation n spriedums
etcetera adv utt
eternal adj mūžīgs
eternity n mūžība
ether n ēteris
ethical a ētikas
ethics n. ētika
etiquette n etiķete
etymology n. etimoloģija
eunuch n einuhs
evacuate v. t evakuēt
evacuation n evakuācija
evade v. t izvairīties
evaluate v. t novērtēt
evaporate v. i iztvaikot
evasion n izvairīšanās
even v. t izlīdzināt
even adv pat
even a vienmērīgs

evening n vakars
event n notikums
eventually adv. beidzot
ever adv kādreiz
evergreen a mūžam zaļojošs
evergreen n mūžam zaļojošs augs
everlasting a. mūžīgs
every a ik
evict v. t izlikt
eviction n izlikšana
evidence n pierādījums
evident a. skaidrs
evil a ļauns
evil n ļaunums
evoke v. t izraisīt
evolution n attīstība
evolve v.t attīstīt
ewe n avs
exact a precīzs
exaggerate v. t. pārspīlēt
exaggeration n. pārspīlēšana
exalt v. t pacilāt
examination n. eksāmens
examine v. t pārbaudīt
examinee n eksaminējamais
examiner n eksaminētājs
example n piemērs
excavate v. t. rakt
excavation n. ekskavācija
exceed v.t pārsniegt
excel v.i izcelties
excellence n. izcilība
excellency n ekselence
excellent a. lielisks
except prep izņemot
except v. t izņemt
exception n izņēmums
excess n pārpalikums
excess a virsnormas
exchange v. t apmainīties
exchange n maiņa

excise *n* akcīze
excite *v. t* satraukt
exclaim *v.i* iesaukties
exclamation *n* iekliegšanās
exclude *v. t* izslēgt
exclusive *a* ekskluzīvs
excommunicate *v. t.* nošķirt no baznīcas
excursion *n.* ekskursija
excuse *n* attaisnojums
excuse *v.t* attaisnot
execute *v. t* izpildīt
execution *n* izpildīšana
executioner *n.* bende
exempt *v. t.* atbrīvot
exempt *adj* atbrīvots
exercise *v. t* izlietot
exercise *n.* vingrinājums
exhaust *v. t.* iztukšot
exhaust *v. t.* novārdzināt
exhibit *n.* eksponāts
exhibit *v. t* eksponēt
exhibition *n.* izstāde
exile *v. t* izsūtīt
exile *n.* trimda
exist *v. i* pastāvēt
existence *n* pastāvēšana
exit *n.* izeja
expand *v.t.* paplašināt
expansion *n.* izplešanās
expatiate *v. t.* plaši izrunāties
expatriate *v* ekspatriēt
expect *v. t* gaidīt
expectation *n.* cerības
expedient *a* noderīgs
expedite *v. t.* paātrināt
expedition *n* ekspedīcija
expel *v. t.* izraidīt
expend *v. t* iztērēt
expenditure *n* izdevumi
expense *n.* izdevumi
expensive *a* dārgs

experience *v. t.* piedzīvot
experience *n* pieredze
experiment *n* eksperiments
expert *a* prasmīgs
expert *n* eksperts
expire *v.i.* beigties
expiry *n* beigšanās
explain *v. t.* izskaidrot
explanation *n* paskaidrojums
explicit *adj* skaidrs
explode *v. t.* eksplodēt
exploit *v. t* izmantot
exploit *n* varoņdarbs
exploration *n* izpēte
explore *v.t* izpētīt
explosion *n.* sprādziens
explosive *a* sprāgstošs
explosive *n.* sprāgstviela
exponent *n* eksponents
export *v. t.* eksportēt
export *n* eksports
expose *v. t* pakļaut
express *n* ekspresis
express *v. t.* izteikt
express *a* noteikts
expression *n.* izteiksme
expressive *a.* izteiksmīgs
expulsion *n.* izraidīšana
extend *v. t* paplašināt
extent *n.* apjoms
external *a* ārējs
extinct *a* izmiris
extinguish *v.t* dzēst
extol *v. t.* cildināt
extra *n* papildinājums
extract *n* ekstrakts
extract *v. t* izvilkt
extraordinary *a.* ārkārtējs
extravagance *n* izšķērdība
extravagant *a* ekstravagants
extreme *n* ekstrēms
extreme *a* galējs

extremist *n* ekstrēmists
exult *v. i* gavilēt
eye *n* acs
eyeball *n* acs ābols
eyelash *n* skropsta
eyelet *n* cilpiņa
eyewash *n* acu komprese

fable *n.* fabula
fabric *n* audums
fabricate *v.t* ražot
fabrication *n* ražošana
fabulous *a* pasakains
facade *n* fasāde
face *v.t* atzīt
face *n* seja
facet *n* šķautne
facial *a* sejas
facile *a* viegls
facilitate *v.t* atvieglot
facility *n* ierīces
fac-simile *n* faksimils
fact *n* fakts
faction *n* frakcija
factious *a* frakcionārs
factor *n* faktors
factory *n* rūpnīca
faculty *n* fakultāte
fad *n* iedoma
fade *v.i* izbalināt
faggot *n* pediņš
fail *v.i* neizdoties
failure *n* neveiksme
faint *v.i* noģībt
faint *a* vājš
fair *n.* gadatirgus
fair *a* godīgi

fairly *adv.* godīgi
fairy *n* feja
faith *n* ticība
faithful *a* uzticīgs
falcon *n* piekūns
fall *n* krišana
fall *v.i.* krist
fallacy *n* maldi
fallow *n* papuve
false *a* rūsgans
falter *v.i* stomīties
fame *n* slava
familiar *a* pazīstams
family *n* ģimene
famine *n* bads
famous *a* slavens
fan *n* ventilators
fanatic *n* fanātiķis
fanatic *a* fanātisks
fancy *n* fantāzija
fancy *v.t* iedomāties
fantastic *a* fantastisks
far *n* tāliene
far *a* tāls
far *adv.* tālu
farce *n* farss
fare *n* braukšanas maksa
farewell *n* atvadas
farm *n* saimniecība
farmer *n* lauksaimnieks
fascinate *v.t* apburt
fascination *n.* valdzinājums
fashion *n* mode
fashionable *a* moderns
fast *adv* ātri
fast *a* ātrs
fast *n* gavēnis
fast *v.i* gavēt
fasten *v.t* piespraust
fat *a* resns
fat *n* tauki
fatal *a* fatāls

fate *n* liktenis
father *n* tēvs
fathom *n* ass
fathom *v.t* peilēt
fatigue *v.t* nogurdināt
fatigue *n* nogurums
fault *n* vaina
faulty *a* kļūdains
fauna *n* fauna
favour *v.t* atbalstīt
favour1 *n* labvēlība
favourable *a* labvēlīgs
favourite *n* favorīts
favourite *a* iecienīts
fear *v.i* baidīties
fear *n* bailes
fearful *a.* baismīgs
feasible *a* iespējams
feast *v.i* mieloties
feast *n* svētki
feat *n* varoņdarbs
feather *n* spalva
feature *n* iezīme
February *n* Februāris
federal *a* federatīvs
federation *n* federācija
fee *n* maksa
feeble *a* bezspēcīgs
feed *n* barošana
feed *v.t* barot
feel *v.t* justies
feeling *n* sajūta
feign *v.t* izliekties
felicitate *v.t* apsveikt
felicity *n* laime
fell *v.t* gāzt
fellow *n* puisis
female *a* sieviešu
female *n* sieviete
feminine *a* sievišķīgs
fence *v.t* paukot
fence *n* žogs

fend *v.t* atvairīt
ferment *n* ferments
ferment *v.t* rūgt
fermentation *n* fermentācija
ferocious *a* mežonīgs
ferry *v.t* pārcelt
ferry *n* pārvešana
fertile *a* auglīgs
fertility *n* auglība
fertilize *v.t* apaugļot
fertilizer *n* mēslojums
fervent *a* dedzīgs
fervour *n* degsme
festival *n* festivāls
festive *a* svētku
festivity *n* svētki
festoon *n* vītne
fetch *v.t* atnest
fetter *v.t* saistīt
fetter *n* važas
feud *n.* naids
feudal *a* feodāls
fever *n* drudzis
few *adv* maz
fiasco *n* fiasko
fibre *n* šķiedra
fickle *a* svārstīgs
fiction *n* daiļliteratūra
fictitious *a* fiktīvs
fiddle *v.i* spēlēt vijoli
fiddle *n* vijole
fidelity *n* uzticība
field *n* lauks
fiend *n* velns
fierce *a* nikns
fiery *a* ugunīgs
fifteen *num* piecpadsmit
fifty *n.* piecdesmit
fig *n* vīģe
fight *n* cīņa
fight *v.t* cīnīties
figment *n* izdomājums

figurative *a* tēlains
figure *v.t* attēlot
figure *n* skaitlis
file *v.i.* noslīpēt
file *n* fails
file *n* lieta
file *v.t* reģistrēt
file *v.t* sakārtot kartotēka
file *n* vīle
fill *v.t* aizpildīt
film *n* filma
film *v.t* filmēt
filter *v.t* filtrēt
filter *n* filtrs
filth *n* netīrumi
filthy *a* dubļains
fin *n* spura
final *a* galīgs
finance *n* finanses
finance *v.t* finansēt
financial *a* finansu
financier *n* finansists
find *v.t* atrast
fine *v.t* piespriest naudas sodu
fine *a* smalks
fine *n* soda nauda
finger *v.t* ņemt pirkstos
finger *n* pirksts
finish *n* apdare
finish *v.t* pabeigt
finite *a* ierobežots
fir *n* egle
fire *v.t* šaut
fire *n* uguns
firm *n.* firma
firm *a* stingrs
first *n* kaut kas pirmšķirīgs
first *a* pirmais
first *adv* vispirms
fiscal *a* finansu
fish *v.i* makšķerēt
fish *n* zivs

fisherman *n* zvejnieks
fissure *n* plīsums
fist *n* dūre
fistula *n* fistuls
fit *n* lēkme
fit *adj* piemērots
fit *v.t* atbilst
fitful *a* krampjains
fitter *n* montieris
five *num* pieci
fix *v.t* fiksēt
fix *n* kļūmīgs stāvoklis
flabby *a* slābs
flag *n* karogs
flagrant *a* šausmīgs
flame *n* liesma
flame *v.i* liesmot
flannel *n* flanelis
flare *v.i* liesmot
flare *n* uzliesmojums
flash *v.t* uzliesmot
flash *n* zibspuldze
flask *n* kolba
flat *n* dzīvoklis
flat *a* plakans
flatter *v.t* glaimot
flattery *n* glaimi
flavour *n* aromāts
flaw *n* plaisa
flea *n.* blusa
flee *v.i* bēgt
fleece *n* aitas vilna
fleece *v.t* cirpt
fleet *n* flote
flesh *n* miesa
flexible *a* lokans
flicker *n* mirgoņa
flicker *v.t* mirgot
flight *n* lidojums
flimsy *a* neizturīgs
fling *v.t* sviest
flippancy *n* vieglprātība

flirt *v.i* flirtēt
flirt *n* flirts
float *v.i* peldēt
flock *v.i* drūzmēties
flock *n* ganāmpulks
flog *v.t* pērt
flood *v.t* pārplūst
flood *n* plūdi
floor *n* grīda
floor *v.t* nogāzt zemē
flora *n* flora
florist *n* puķu tirgotājs
flour *n* milti
flourish *v.i* plaukt
flow *n* plūsma
flow *v.i* plūst
flower *n* zieds
flowery *a* puķains
fluent *a* plūstošs
fluid *a* šķidrs
fluid *n* šķidrums
flush *v.i* izšļākties
flush *n* pietvīkums
flute *n* flauta
flute *v.i* rievot
flutter *n* laidelēšanās
flutter *v.t* nolidot
fly *v.i* lidot
fly *n* muša
foam *n* putas
foam *v.t* putot
focal *a* fokusa
focus *n* fokuss
focus *v.t* koncentrēt
fodder *n* lopbarība
foe *n* ienaidnieks
fog *n* migla
foil *v.t* aizmiglot
fold *n* ieloce
fold *v.t* salocīt
foliage *n* lapas
follow *v.t* sekot

follower *n* sekotājs
folly *n* neprāts
foment *v.t* sautēt
fond *a* iemīlējies
fondle *v.t* glāstīt
food *n* pārtika
fool *n* muļķis
foolish *a* muļķīgs
foolscap *n* āksta cepure
foot *n* pēda
for *conj.* jo
for *prep* par
forbid *v.t* aizliegt
force *v.t* piespiest
force *n* spēks
forceful *a* spēcīgs
forcible *a* iespaidīgs
forearm *n* apakšdelms
forearm *v.t* priekšlaikus apbruņot
forecast *v.t* paredzēt
forecast *n* prognoze
forefather *n* sencis
forefinger *n* rādītājpirksts
forehead *n* piere
foreign *a* ārzemju
foreigner *n* ārzemnieks
foreknowledge *n.* priekšnojauta
foreleg *n* priekškāja
forelock *n* matu sproga
foreman *n* meistars
foremost *a* galvenais
foremost *adv* vispirms
forenoon *n* priekšpusdiena
forerunner *n* priekštecis
foresee *v.t* paredzēt
foresight *n* tālredzība
forest *n* mežs
forestall *v.t* uzpirkt preces
forester *n* mežsargs
forestry *n* mežkopība
foretell *v.t* pareģot

forethought *n* tālredzība
forever *adv* uz visiem laikiem
forewarn *v.t* iepriekš brīdināt
foreword *n* priekšvārds
forfeit *n* konfiskācija
forfeit *v.t* zaudēt
forfeiture *n* zaudējums
forge *n* smēde
forge *v.t* viltot
forgery *n* viltošana
forget *v.t* aizmirst
forgetful *a* aizmāršīgs
forgive *v.t* piedot
forgo *v.t* atteikties
forlorn *a* bezcerīgs
form *n* veidlapa
form *n* forma
form *v.t.* veidot
formal *a* oficiāls
format *n* formāts
formation *n* veidošana
former *a* bijušais
former *n* formētājs
formerly *adv* agrāk
formidable *a* briesmīgs
formula *n* formula
formulate *v.t* formulēt
forsake *v.t.* pamest
forswear *v.t.* atmest
fort *n.* forts
forte *n.* labas zināšanas
forth *adv.* tālāk
forthcoming *a.* nākamais
forthwith *adv.* nekavējoties
fortify *v.t.* spēcināt
fortitude *n.* rakstura stingrība
fortnight *n.* divās nedēļās
fortress *n.* cietoksnis
fortunate *a.* laimīgs
fortune *n.* laime
forty *num* četrdesmit
forum *n.* forums

forward *v.t* paātrināt
forward *a.* priekšējais
forward *adv* turpmāk
forward *n* uz priekšu
fossil *n.* fosilija
foster *v.t.* veicināt
foul *a.* netīrs
found *v.t.* dibināt
foundation *n.* pamats
founder *n.* dibinātājs
foundry *n.* lietuve
fountain *n.* strūklaka
four *n.* četri
fourteen *n.* četrpadsmit
fowl *n.* putna gaļa
fox *n.* lapsa
frachise *n.* balsstiesības
fraction *n.* daļa
fracture *v.t* lauzt
fracture *n.* lūzums
fragile *a.* trausls
fragment *n.* fragments
fragrance *n.* aromāts
fragrant *a.* tīkams
frail *a.* vārīgs
frame *v.t.* ierāmēt
frame *n* rāmis
frank *a.* atklāts
frantic *a.* izmisīgs
fraternal *a.* brāļa
fraternity *n.* brālība
fratricide *n.* brāļa (vai māsas)
   slepkavība
fraud *n.* krāpšana
fraudulent *a.* krāpniecisks
fraught *a.* pilns
fray *n* sadursme
free *a.* bezmaksas
free *adv* brīvi
freedom *n.* brīvība
freeze *v.i.* iesaldēt
freight *n.* krava

French *a.* franču
French *n* francūzis
frenzy *n.* neprāts
frequency *n.* biežums
frequent *n.* biežs
fresh *a.* svaigs
fret *v.t.* rūgšana
fret *n.* satraukums
friction *n.* berze
Friday *n.* piektdiena
fridge *n.* ledusskapis
friend *n.* draugs
fright *n.* izbailes
frighten *v.t.* baidīt
frigid *a.* ledains
frill *n.* volāns
fringe *v.t* apdarināt
fringe *n.* bārkstis
frivolous *a.* vieglprātīgs
frock *n.* kleita
frog *n.* varde
frolic *n.* jautrība
frolic *v.i.* priecāties
from *prep.* no
front *v.t* būt pagrieztam pret
front *n.* fronte
front *a* priekšējais
frontier *n.* robeža
frost *n.* sals
frown *v.i* saraukt pieri
frown *n.* skatiens
frugal *a.* taupīgs
fruit *n.* augļi
fruitful *a.* auglīgs
frustrate *v.t.* izjaukt
frustration *n.* vilšanās
fry *n* cepetis
fry *v.t.* cept
fuel *n.* degviela

fugitive *n.* bēglis
fugitive *a.* bēgošs
fulfil *v.t.* izpildīt
fulfilment *n.* izpilde
full *adv.* pilnīgi
full *a.* pilns
fullness *n.* pilnība
fully *adv.* pilnīgi
fumble *v.i.* taustīties
fun *n.* jautrība
function *v.i* darboties
function *n.* funkcija
functionary *n.* amatpersona
fund *n.* fonds
fundamental *a.* pamata
funeral *n.* bēres
fungus *n.* sēnīte
funny *adj* smieklīgs
fur *n.* kažokāda
furious *a.* negants
furl *v.t.* satīt
furlong *n.* astotdaļjūdze
furnace *n.* krāsns
furnish *v.t.* mēbelēt
furniture *n.* mēbeles
furrow *n.* vaga
further *adv.* tālāk
further *a* tālāks
further *v.t* veicināt
fury *n.* dusmas
fuse *n* drošinātājs
fuse *v.t.* saplūst
fusion *n.* saplūšana
fuss *v.i* satraukt
fuss *n.* satraukums
futile *a.* velts
futility *n.* veltīgums
future *a.* nākotnes
future *n* nākotne

G

gabble *v.i.* muldēt
gadfly *n.* dundurs
gag *n.* aizbāznis
gag *v.t.* rīstīties
gaiety *n.* jautrība
gain *n* pieaugums
gain *v.t.* iegūt
gainsay *v.t.* noliegt
gait *n.* gaita
galaxy *n.* galaktika
gale *n.* šalts
gallant *a.* galants
gallant *n* pielūdzējs
gallantry *n.* cēlsirdība
gallery *n.* galerija
gallon *n.* galons
gallop *v.t.* aulekšot
gallop *n.* galops
gallows *n.* karātavas
galore *adv.* bagātīgi
galvanize *v.t.* galvanizēt
gamble *n* azarta spēle
gamble *v.i.* riskēt
gambler *n.* kāršu spēlmanis
game *n.* spēle
game *v.i* spēlēt uz naudu
gander *n.* muļķis
gang *n.* banda
gangster *n.* gangsteris
gap *n* plaisa
gape *v.i.* blenzt
garage *n.* garāža
garb *n.* apģērbs
garb *v.t* apģērbt
garbage *n.* atkritumi
garden *n.* dārzs
gardener *n.* dārznieks
gargle *v.i.* skalot

garland *v.t.* rotāt ar vītni
garland *n.* vainags
garlic *n.* ķiploki
garment *n.* apģērbs
garter *n.* prievīte
gas *n.* gāze
gasket *n.* paplāksne
gasp *n.* elsošana
gasp *v.i* elsot
gassy *a.* gāzes
gastric *a.* kuņģa
gate *n.* vārti
gather *v.t.* savākt
gaudy *a.* bezgaumīgs
gauge *n.* mērītājs
gauntlet *n.* bruņu cimds
gay *a.* homoseksuāls
gaze *v.t.* cieši skatīties
gaze *n* ciešs skatiens
gazette *n.* avīze
gear *n.* mehānisms
geld *v.t.* rūnīt
gem *n* dārgakmens
gender *n.* dzimums
general *a.* vispārējs
generally *adv.* parasti
generate *v.t.* radīt
generation *n.* paaudze
generator *n.* ģenerators
generosity *n.* devība
generous *a.* augstsirdīgs
genius *n.* ģēnijs
gentle *a.* maigs
gentleman *n.* džentlmenis
gentry *n.* zemākā muižniecība
genuine *a.* patiess
geographer *n.* ģeogrāfs
geographical *a.* ģeogrāfisks
geography *n.* ģeogrāfija
geological *a.* ģeoloģisks
geologist *n.* ģeologs
geology *n.* ģeoloģija

geometrical *a.* ģeometrisks
geometry *n.* ģeometrija
germ *n.* dīglis
germicide *n.* baktērijas līdzeklis
germinate *v.i.* diedzēt
germination *n.* dīgšana
gerund *n.* gerundijs
gesture *n.* žests
get *v.t.* saņemt
ghastly *a.* šausmīgs
ghost *n.* spoks
giant *n.* gigants
gibbon *n.* gibons
gibe *n* izsmiekls
gibe *v.i.* izsmiet
giddy *a.* reibinošs
gift *n.* dāvana
gifted *a.* apdāvināts
gigantic *a.* gigantisks
giggle *v.i.* ķiķināt
gild *v.t.* apzeltīt
gilt *n* zeltījums
ginger *n.* ingvers
giraffe *n.* žirafe
gird *v.t.* zoboties
girder *n.* sija
girdle *v.t* apjozt
girdle *n.* josta
girl *n.* meitene
girlish *a.* meitenes
gist *n.* būtība
give *v.t.* sniegt
glacier *n.* ledājs
glad *a.* priecīgs
gladden *v.t.* iepriecināt
glamour *n.* šarms
glance *v.i.* mirdzēt
glance *n.* skatiens
gland *n.* dziedzeris
glare *n.* spilgta (žilbinoša) gaisma
glare *v.i* žilbināt

glass *n* glāze
glass *n.* stikls
glaucoma *n.* glaucoma
glaze *n* glazūra
glaze *v.t.* iestiklot
glazier *n.* stiklinieks
glee *n.* līksmība
glide *v.t.* slīdēt
glider *n.* planieris
glimpse *n.* atmirgojums
glitter *v.i.* mirdzēt
glitter *n* mirdzums
global *a.* pasaules
globe *n.* globuss
gloom *n.* drūmums
gloomy *a.* drūms
glorification *n.* glorificēšana
glorify *v.t.* slavināt
glorious *a.* slavens
glory *n.* slava
gloss *n.* spīdums
glossary *n.* glosārijs
glossy *a.* spīdīgs
glove *n.* cimds
glow *v.i.* kvēlot
glow *n* svelme
glucose *n.* glikoze
glue *n.* līme
glut *n* pārpilnība
glut *v.t.* pārsātināt
glutton *n.* rīma
gluttony *n.* ēdelība
glycerine *n.* glicerīns
go *v.i.* iet
goad *n.* bikstāmais
goad *v.t* dzīt
goal *n.* mērķis
goat *n.* kaza
gobble *n.* rīt
goblet *n.* kauss
god *n.* dievs
goddess *n.* dieviete

godhead *n.* dievība
godly *a.* dievbijīgs
godown *n.* preču noliktava
godsend *n.* laimes gadījums
goggles *n.* aizsargbrilles
gold *n.* zelts
golden *a.* zelta
goldsmith *n.* zeltkalis
golf *n.* golfs
gong *n.* gongs
good *a.* labi
good *n* labums
good-bye *interj.* uz redzēšanos
goodness *n.* labsirdība
goodwill *n.* labvēlība
goose *n.* zoss
gooseberry *n.* ērkšķoga
gorgeous *a.* krāšņs
gorilla *n.* gorilla
gospel *n.* Evaņģēlijs
gossip *n.* tenkas
gourd *n.* ķirbis
gout *n.* podagra
govern *v.t.* pārvaldīt
governance *n.* valdīšana
governess *n.* guvernante
government *n.* pārvalde
governor *n.* gubernators
gown *n.* kleita
grab *v.t.* sagrābt
grace *n.* grācija
grace *n* pivilcīgas īpašības
gracious *a.* žēlīgs
gradation *n.* gradācija
grade *n.* pakāpe
gradual *a.* pakāpenisks
graduate *n* absolvents
graduate *v.i.* graduēt
graft *n.* potzars
graft *v.t* uzpotēt
grain *n.* grauds
grammar *n.* gramatika

grammarian *n.* gramatiķis
gramme *n.* grams
gramophone *n.* gramofons
granary *n.* noliktava
grand *a.* liels
grandeur *n.* grandiozitāte
grant *n* dotācija
grant *v.t.* piešķirt
grape *n.* vīnoga
graph *n.* diagramma
graphic *a.* grafisks
grapple *n.* abordāžas kāsis
grapple *v.i.* saķerties
grasp *v.t.* aptvert
grasp *n* uztvere
grass *n* zāle
grate *n.* kratīklis
grate *v.t* rīvēt
grateful *a.* pateicīgs
gratification *n.* iepriecinājums
gratis *adv.* bez maksas
gratitude *n.* pateicība
gratuity *n.* naudas balva
grave *n.* kaps
grave *a.* nopietns
gravitate *v.i.* gravēt
gravitation *n.* gravitācija
gravity *n.* svarīgums
graze *v.i.* ganīties
graze *n* nobrāzums
grease *n* tauki
grease *v.t* ieziest
greasy *a.* taukains
great *a* izcils
great *a* liels
greed *n.* kāre
greedy *a.* mantkārīgs
Greek *n.* grieķis
Greek *a* grieķu
green *a.* zaļš
green *n* maurs
greenery *n.* apstādījumi

greet *v.t.* sveicināt
grenade *n.* granāta
grey *a.* pelēks
greyhound *n.* kurts
grief *n.* skumjas
grievance *n.* sūdzība
grieve *v.t.* apbēdināt
grievous *a.* smags
grind *v.i.* malt
grinder *n.* dzirnaviņas
grip *v.t.* aptvert
grip *n* rokturis
groan *v.i.* stenēt
groan *n* vaids
grocer *n.* pārtikas (bakalejas) preču tirgotājs
grocery *n.* pārtikas veikals
groom *v.t* kopt
groom *n.* līgavainis
groove *v.t* gropēt
groove *n.* rieva
grope *v.t.* taustīties
gross *n.* masa vairumā
gross *a* rupjš
grotesque *a.* grotesks
ground *n.* zeme
group *n.* grupa
group *v.t.* grupēt
grow *v.t.* augt
grower *n.* audzētājs
growl *n* izaugsme
growl *v.i.* ņurdēt
growth *n.* attīstība
grudge *n* īgnums
grudge *v.t.* skaust
grumble *v.i.* kurnēt
grunt *n.* rukšķēšana
grunt *v.i.* rukšķē
guarantee *n.* galvojums
guarantee *v.t* garantēt
guard *v.i.* sargāt
guard *n* sargs

guardian *n.* aizbildnis
guava *n.* gvajave
guerilla *n.* partizāns
guess *n.* minējums
guess *v.i* uzminēt
guest *n.* viesis
guidance *n.* vadība
guide *v.t.* vadīt
guide *n.* pavadonis
guild *n.* ģilde
guile *n.* viltība
guilt *n.* vaina
guilty *a.* vainīgs
guise *n.* maskējums
guitar *n.* ģitāra
gulf *n.* līcis
gull *v.t* apmānīt
gull *n.* kaija
gulp *v.* izdzert
gum *n.* gumija
gun *n.* pistole
gust *n.* brāzma
gutter *n.* noteka
guttural *a.* rīkles
gymnasium *n.* ģimnāzija
gymnast *n.* vingrotājs
gymnastic *a.* vingrošanas
gymnastics *n.* vingrošana

H

habeas corpus *n.* habeas corpus [jur]
habit *n.* ieradums
habitable *a.* apdzīvojams
habitat *n.* dzīves vieta
habitation *n.* mājoklis
habituate *v. t.* pieradināt
hack *v.t.* kapāt

hag *n.* vecene
haggard *a.* noliesējis
haggle *v.i.* kaulēties
hail *v.i* birt
hail *n.* krusa
hail *v.t* uzsaukt
hair *n* mati
hale *a.* veselīgs
half *a* pus
half *n.* puse
hall *n.* zāle
hallmark *n.* pazīme
hallow *v.t.* svētīt
halt *v. t.* apstāties
halt *n* piestātne
halve *v.t.* samazināt uz pusi
hamlet *n.* ciems
hammer *n.* āmurs
hammer *v.t* sist
hand *v.t* pasniegt
hand *n* roka
handbill *n.* skrejlapa
handbook *n.* rokasgrāmata
handcuff *n.* roku dzelži
handcuff *v.t* uzlikt roku dzelžus
handful *n.* sauja
handicap *n* handikaps
handicap *v.t.* līdzsvarot spēkus
handicraft *n.* rokdarbs
handiwork *n.* roku darbs
handkerchief *n.* kabatlakats
handle *v.t* rīkoties
handle *n.* rokturis
handsome *a.* skaists
handy *a.* ērts
hang *v.t.* pakārt
hanker *v.i.* tiekties
haphazard *a.* nejaušs
happen *v.t.* gadīties
happening *n.* notikums
happiness *n.* laime
happy *a.* laimīgs

harass *v.t.* nomocīt
harassment *n.* uzmākšanas
harbour *v.t* noenkuroties ostā
harbour *n.* osta
hard *a.* grūti
harden *v.t.* nocietināt
hardihood *n.* drosme
hardly *adv.* tikko
hardship *n.* grūtība
hardy *adj.* izturīgs
hare *n.* zaķis
harm *v.t* kaitēt
harm *n.* ļaunums
harmonious *a.* harmonisks
harmonium *n.* harmonijs
harmony *n.* harmonija
harness *n.* iejūgs
harness *v.t* iejūgt
harp *n.* arfa
harsh *a.* skarbs
harvest *n.* raža
haste *n.* steiga
hasten *v.i.* steidzināt
hasty *a.* steidzīgs
hat *n.* cepure
hatchet *n.* cirvis
hate *v.t.* ienīst
hate *n.* naids
haughty *a.* lepns
haunt *n* miteklis
haunt *v.t.* spokoties
have *v.t.* būt
haven *n.* patvērums
haverster *n.* pļāvējs
havoc *n.* haoss
hawk *n* vanags
hawker *n* kolportieris
hawthorn *n.* vilkābele
hay *n.* siens
hazard *n.* briesmas
hazard *v.t* riskēt
haze *n.* dūmaka

hazy *a.* dūmakains
he *pron.* viņš
head *n.* galva
head *v.t* virzīties
headache *n.* galvassāpes
heading *n.* virsraksts
headlong *adv.* pārsteidzīgi
headstrong *a.* stūrgalvīgs
heal *v.i.* dziedēt
health *n.* veselība
healthy *a.* veselīgs
heap *n.* kaudze
heap *v.t* sakraut
hear *v.t.* dzirdēt
hearsay *n.* baumas
heart *n.* sirds
hearth *n.* pavards
heartily *adv.* sirsnīgi
heat *v.t* apkurināt
heat *n.* siltums
heave *v.i.* mest
heaven *n.* debesis
heavenly *a.* debešķīgs
hedge *n.* dzīvžogs
hedge *v.t* nodrošināties
heed *n* piesardzība
heed *v.t.* pievērst uzmanību
heel *n.* papēdis
hefty *a.* dūšīgs
height *n.* augstums
heighten *v.t.* pacelt
heinous *a.* briesmīgs
heir *n.* mantinieks
hell *a.* elle
helm *n.* stūre
helmet *n.* ķivere
help *v.t.* palīdzēt
help *n* palīdzība
helpful *a.* noderīgs
helpless *a.* bezpalīdzīgs
helpmate *n.* palīgs
hemisphere *n.* puslode

hemp *n.* kaņepes
hen *n.* vista
hence *adv.* tātad
henceforth *adv.* turpmāk
henceforward *adv.* šā brīža
henchman *n.* piekritējs
henpecked *a.* sievai pakļauts
her *pron.* viņas
herald *v.t* vēstīt
herald *n.* vēstnesis
herb *n.* augs
herculean *a.* milzu-
herd *n.* ganāmpulks
herdsman *n.* gans
here *adv.* šeit
hereabouts *adv.* šeit pat tuvumā
hereafter *adv.* turpmāk
hereditary *n.* iedzimts
heredity *n.* iedzimtība
heritable *a.* mantojams
heritage *n.* mantojums
hermit *n.* eremīts
hermitage *n.* eremīta mītne
hernia *n.* trūce
hero *n.* varonis
heroic *a.* varoņa
heroine *n.* varone
heroism *n.* varonība
herring *n.* siļķe
hesitant *a.* kas vilcinās
hesitate *v.i.* vilcināties
hesitation *n.* vilcināšanās
hew *v.t.* tēst
heyday *n.* ziedonis
hibernation *n.* pārziemošana
hiccup *n.* žagas
hide *n.* āda
hide *v.t* slēpt
hideous *a.* pretīgs
hierarchy *n.* hierarhija
high *a.* augsts
highly *adv.* ļoti

highness *interj.* viņa (viņas, jūsu) augstība
highway *n.* automaģistrāle
hilarious *a.* jautrs
hilarity *n.* jautrība
hill *n.* kalns
hillock *n.* uzkalniņš
him *pron.* viņu
hinder *v.t.* kavēt
hindrance *n.* šķērslis
hint *v.i* dot mājienu
hint *n.* mājiens
hip *n* gurns
hire *v.t* nolīgt
hire *n.* noma
hireling *n.* algotnis
his *pron.* viņa
hiss *n* svilpšana
hiss *v.i* svilpt
historian *n.* vēsturnieks
historic *a.* vēsturisks
historical *a.* vēsturisks
history *n.* vēsture
hit *n* sitiens
hit *v.t.* skart
hitch *n.* aizķeršanās
hither *adv.* šurp
hitherto *adv.* līdz šim laikam
hive *n.* strops
hoarse *a.* aizsmacis
hoax *n.* mānīšana
hoax *v.t* piemānīt
hobby *n.* hobijs
hobby-horse *n.* jājamais zirdziņš
hockey *n.* hokejs
hoist *v.t.* uzvilkt
hold *n.* turēšana
hold *v.t* turēt
hole *n* caurums
hole *v.t* iztaisīt caurumu
holiday *n.* brīvdiena
hollow *n.* dobums

hollow *v.t* izdobt
hollow *a.* tukšs
holocaust *n.* masveida iznīcināšana
holy *a.* svēts
homage *n.* sumināšana
home *n.* māja
homeopathy *n.* homeopātija
homicide *n.* slepkava
homoeopath *n.* homeopāts
homogeneous *a.* homogēns
honest *a.* godīgs
honesty *n.* godīgums
honey *n.* medus
honeycomb *n.* medus kāre
honeymoon *n.* medus mēnesis
honorarium *n.* honorārs
honorary *a.* goda
honour *n.* gods
honour *v. t* cienīt
honourable *a.* goda
hood *n.* kapuce
hoodwink *v.t.* piemānīt
hoof *n.* nags
hook *n.* āķis
hooligan *n.* huligāns
hoot *v.i* brēkt
hoot *n.* kliedziens
hop *n* apinis
hop *v. i* ielēkt
hope *v.t.* cerēt
hope *n* cerība
hopeful *a.* cerību pilns
hopeless *a.* bezcerīgs
horde *n.* orda
horizon *n.* horizonts
horn *n.* rags
hornet *n.* sirsenis
horrible *a.* briesmīgs
horrify *v.t.* šausmināt
horror *n.* šausmas
horse *n.* zirgs

horticulture *n.* dārzkopība
hose *n.* šļūtene
hosiery *n.* zeķes
hospitable *a.* viesmīlīgs
hospital *n.* slimnīca
hospitality *n.* viesmīlība
host *n.* saimnieks
hostage *n.* ķīlnieks
hostel *n.* viesnīca
hostile *a.* ienaidnieka
hostility *n.* naidīgums
hot *a.* karsts
hotchpotch *n.* savārstījums
hotel *n.* viesnīca
hound *n.* nelietis
hour *n.* stunda
house *n* māja
house *v.t* novietot telpās
how *adv.* kā
however *conj* tomēr
however *adv.* vienalga
howl *n* gaudoņa
howl *v.t.* gaudot
hub *n.* rumba
hubbub *n.* kņada
huge *a.* milzīgs
hum *n* dūkšana
hum *v. i* smirdēt
human *a.* cilvēcisks
humane *a.* humāns
humanitarian *a* humanitārs
humanity *n.* cilvēce
humanize *v.t.* padarīt cilvēcīgu
humble *a.* pazemīgs
humdrum *a.* garlaicīgs
humid *a.* mitrs
humidity *n.* mitrums
humiliate *v.t.* pazemot
humiliation *n.* pazemojums
humility *n.* pazemība
humorist *n.* humorists
humorous *a.* humoristisks

humour *n.* humors
hunch *n.* nojauta
hundred *n.* simts
hunger *n* bads
hungry *a.* izsalcis
hunt *n* medības
hunt *v.t.* medīt
hunter *n.* mednieks
huntsman *n.* mednieks
hurdle1 *n.* šķērslis
hurdle2 *v.t* nožogot
hurl *v.t.* mest
hurrah *interj.* urā
hurricane *n.* orkāns
hurry *n* steiga
hurry *v.t.* steigties
hurt *n* ievainojums
hurt *v.t.* ievainot
husband *n* vīrs
husbandry *n.* lopkopība
hush *v.i* apklusināt
hush *n* klusums
husk *n.* miziņa
husky *a.* aizsmacis
hut *n.* būda
hyaena, hyena *n.* hiēna
hybrid *n* hibrīds
hydrogen *n.* ūdeņradis
hygiene *n.* higiēna
hygienic *a.* higiēnisks
hymn *n.* himna
hyperbole *n.* hiperbola
hypnotism *n.* hipnotisms
hypnotize *v.t.* hipnotizēt
hypocrisy *n.* liekulība
hypocrite *n.* liekulis
hypocritical *a.* liekulīgs
hypothesis *n.* hipotēze
hypothetical *a.* hipotētisks
hysteria *n.* histērija
hysterical *a.* histērisks

I

I *pron.* es
ice *n.* ledus
iceberg *n.* aisbergs
icicle *n.* lāsteka
icy *a.* ledains
idea *n.* ideja
ideal *a.* ideāls
ideal *n* ideāls
idealism *n.* ideālisms
idealist *n.* ideālists
idealistic *a.* ideālistisks
idealize *v.t.* idealizēt
identical *a.* identisks
identify *v.t.* identificēt
identity *n.* identitāte
idiocy *n.* idiotisms
idiom *n.* idioma
idiomatic *a.* dialekta-
idiot *n.* idiots
idiotic *a.* idiotisks
idle *a.* brīvs
idleness *n.* slinkums
idler *n.* sliņķis
idol *n.* elks
idolator *n.* elku pielūdzējs
if *conj.* ja
ignoble *a.* zemisks
ignorance *n.* nezināšana
ignorant *a.* nezinošs
ignore *v.t.* ignorēt
ill *a.* slims
ill *n* nelaimes
ill *adv.* slikti
illegal *a.* nelegāls
illegibility *n.* nesalasāmība
illegible *a.* nesalasāms
illegitimate *a.* nelikumīgs
illicit *a.* nelikumīgs

illiteracy *n.* analfabētisms
illiterate *a.* neizglītots cilvēks
illness *n.* slimība
illogical *a.* neloģisks
illuminate *v.t.* apgaismot
illumination *n.* apgaismošana
illusion *n.* ilūzija
illustrate *v.t.* ilustrēt
illustration *n.* ilustrācija
image *n.* attēls
imagery *n.* tēlainība
imaginary *a.* iedomāts
imagination *n.* iztēle
imaginative *a.* tēlains
imagine *v.t.* iedomāties
imitate *v.t.* atdarināt
imitation *n.* imitācija
imitator *n.* atdarinātājs
immaterial *a.* nemateriāls
immature *a.* nenobriedis
immaturity *n.* brieduma trūkums
immeasurable *a.* neizmērojams
immediate *adv* nekavējoties
immemorial *a.* neatminams
immense *a.* milzīgs
immensity *n.* bezgalība
immerse *v.t.* iegremdēt
immersion *n.* iegremdēšana
immigrant *n.* imigrants
immigrate *v.i.* imigrēt
immigration *n.* imigrācija
imminent *a.* nenovēršami
immodest *a.* nekautrīgs
immodesty *n.* nekautrība
immoral *a.* amorāls
immorality *n.* netikumība
immortal *a.* nemirstīgs
immortality *n.* nemirstība
immovable *a.* nekustīgs
immune *a.* imūns
immunity *n.* imunitāte
immunize *v.t.* imunizēt

impact *n.* trieciens
impart *v.t.* piešķirt
impartial *a.* objektīvs
impartiality *n.* objektivitāte
impassable *a.* nepārejams
impasse *n.* strupceļš
impatience *n.* nepacietība
impatient *a.* nepacietīgs
impeach *v.t.* apvainot
impeachment *n.* noniecināšana
impede *v.t.* kavēt
impediment *n.* šķērslis
impenetrable *a.* necaurejams
imperative *a.* pavēles
imperfect *a.* nepilnīgs
imperfection *n.* trūkums
imperial *a.* imperatora
imperialism *n.* imperiālisms
imperil *v.t.* apdraudēt
imperishable *a.* neiznīcīgs
impersonal *a.* bezpersonisks
impersonate *v.t.* uzdoties
impersonation *n.* tēlojums
impertinence *n.* bezkaunība
impertinent *a.* bezkaunīgs
impetuosity *n.* dedzība
impetuous *a.* trauksmains
implement *v.t.* izpildīt
implement *n.* rīks
implicate *v.t.* iepīt
implication *n.* iesaistīšana
implicit *a.* nešaubīgs
implore *v.t.* ļoti lūgt
imply *v.t.* ietvert
impolite *a.* nepieklājīgs
import *v.t.* importēt
import *n.* imports
importance *n.* nozīme
important *a.* svarīgs
impose *v.t.* uzlikt
imposing *a.* iespaidīgs
imposition *n.* uzlikšana

impossibility *n.* neiespējamība
impossible *a.* neiespējams
impostor *n.* viltvārdis
imposture *n.* blēdība
impotence *n.* impotence
impotent *a.* nespēcīgs
impoverish *v.t.* noplicināt
impracticability *n.* neizpildāmība
impracticable *a.* nerealizējams
impress *v.t.* iespaidot
impression *n.* iespaids
impressive *a.* iespaidīgs
imprint *v.t.* iespiesties
imprint *n.* nospiedums
imprison *v.t.* ieslodzīt
improper *a.* nepareizs
impropriety *n.* nepieklājība
improve *v.t.* uzlabot
improvement *n.* uzlabošana
imprudence *n.* pārsteidzība
imprudent *a.* pārsteidzīgs
impulse *n.* impulss
impulsive *a.* impulsīvs
impunity *n.* nesodāmība
impure *a.* nekītrs
impurity *n.* piemaisījums
impute *v.t.* piedēvēt
in *adv.* iekšā
in *prep.* uz
inability *n.* nespēja
inaccurate *a.* neprecīzs
inaction *n.* bezdarbība
inactive *a.* bezdarbīgs
inadmissible *a.* nepieņemams
inanimate *a.* nedzīvs
inapplicable *a.* nav piemērojams
inattentive *a.* neuzmanīgs
inaudible *a.* nedzirdams
inaugural *a.* iestāju
inauguration *n.* inaugurācija
inauspicious *a.* nelaimīgs

inborn *a.* iedzimts
incalculable *a.* nenosakāms
incapable *a.* nespējīgs
incapacity *n.* nespēja
incarnate *v.t.* iemiesot
incarnate *a.* iemiesots
incarnation *n.* iemiesojums
incense *v.t.* kvēpināt vīraku
incense *n.* vīraks
incentive *n.* pamudinājums
inception *n.* uzsākšana
inch *n.* colla
incident *n.* incidents
incidental *a.* nejaušs
incite *v.t.* kūdīt
inclination *n.* tieksme
incline *v.i.* nosvērties
include *v.t.* ietvert
inclusion *n.* ietveršana
inclusive *a.* ietverošs
incoherent *a.* nesakarīgs
income *n.* ienākums
incomparable *a.* nesalīdzināms
incompetent *a.* nekompetents
incomplete *a.* nepilnīgs
inconsiderate *a.* nevērīgs (pret citiem)
inconvenient *a.* neērts
incorporate *v.t.* iekļaut
incorporate *a.* pievienots
incorporation *n.* apvienošanās
incorrect *a.* nepareizs
incorrigible *a.* nelabojams
incorruptible *a.* nepiekukuļojams
increase *n* pieaugums
increase *v.t.* palielināt
incredible *a.* neticams
increment *n.* pieaugums
incriminate *v.t.* inkriminēt
incubate *v.i.* auklēt
inculcate *v.t.* iepotēt

incumbent *n.* mācītājs ar draudzi
incumbent *a* saistošs
incur *v.t.* iedzīvoties
incurable *a.* neārstējams
indebted *a.* parādos
indecency *n.* nepieklājība
indecent *a.* nepieklājīgs
indecision *n.* apņēmības trūkums
indeed *adv.* patiešām
indefensible *a.* neattaisnojams
indefinite *a.* nenoteikts
indemnity *n.* atlīdzība
indentification *n.* identifikācija
independence *n.* neatkarība
independent *a.* neatkarīgs
indescribable *a.* neaprakstāms
index *n.* indekss
Indian *a.* Indijas
indicate *v.t.* norādīt
indication *n.* norādījums
indicative *a.* indikatīvs
indicator *n.* rādītājs
indict *v.t.* izvirzīt apsūdzību (par likuma pārkāpšanu)
indictment *n.* apsūdzības raksts [jur]
indifference *n.* vienaldzība
indifferent *a.* vienaldzīgs
indigenous *a.* iezemiešu
indigestible *a.* nesagremojams
indigestion *n.* gremošanas traucējumi
indignant *a.* sašutis
indignation *n.* sašutums
indigo *n.* indigo
indirect *a.* netiešs
indiscipline *n.* disciplīnas trūkums
indiscreet *a.* neapdomīgs
indiscretion *n.* neapdomība
indiscriminate *a.* neizvēlīgs

indispensable *a.* nepieciešams
indisposed *a.* nevesels
indisputable *a.* neapstrīdams
indistinct *a.* neskaidrs
individual *a.* individuāls
individualism *n.* individuālisms
individuality *n.* individualitāte
indivisible *a.* nedalāms
indolent *a.* laisks
indomitable *a.* nevaldāms
indoor *a.* iekštelpu
indoors *adv.* telpās
induce *v.t.* izraisīt
inducement *n.* pamudinājums
induct *v.t.* nosēdināt
induction *n.* indukcija
indulge *v.t.* dzert
indulgence *n.* indulgence
indulgent *a.* iecietīgs
industrial *a.* rūpniecības
industrious *a.* strādīgs
industry *n.* rūpniecība
ineffective *a.* neiedarbīgs
inert *a.* inerts
inertia *n.* inerce
inevitable *a.* nenovēršams
inexact *a.* neprecīzs
inexorable *a.* nepielūdzams
inexpensive *a.* lēts
inexperience *n.* pieredzes
  trūkums
inexplicable *a.* neizprotams
infallible *a.* nekļūdīgs
infamous *a.* draņķīgs
infamy *n.* kauns
infancy *n.* agra bērnība
infant *n.* zīdainis
infanticide *n.* bērna slepkavība
infantile *a.* bērna
infantry *n.* kājnieki
infatuate *v.t.* apmāt
infatuation *n.* apmātība

infect *v.t.* inficēt
infection *n.* infekcija
infectious *a.* infekcijas
infer *v.t.* secināt
inference *n.* secinājums
inferior *a.* sliktāks
inferiority *n.* pakļautība
infernal *a.* pekles
infinite *a.* bezgalīgs
infinity *n.* bezgalība
infirm *a.* nespēcīgs
infirmity *n.* vārgums
inflame *v.t.* iekaist
inflammable *a.* uzliesmojošs
inflammation *n.* iekaisums
inflammatory *a.* iekaisuma
inflation *n.* inflācija
inflexible *a.* nesaliecams
inflict *v.t.* radīt
influence *n.* ietekme
influence *v.t.* ietekmēt
influential *a.* iespaidīgs
influenza *n.* gripa
influx *n.* pieplūdums
inform *v.t.* informēt
informal *a.* neformāls
information *n.* informācija
informative *a.* informatīvs
informer *n.* denuncētājs
infringe *v.t.* pārkāpt
infringement *n.* pārkāpšana
  (likuma)
infuriate *v.t.* saniknot
infuse *v.t.* uzliet (tēju)
infusion *n.* infūzija
ingrained *a.* ieēdies
ingratitude *n.* nepateicība
ingredient *n.* sastāvdaļa
inhabit *v.t.* apdzīvot
inhabitable *a.* apdzīvojams
inhabitant *n.* iedzīvotājs
inhale *v.i.* ieelpot

inherent *a.* piemītošs
inherit *v.t.* mantot
inheritance *n.* mantojums
inhibit *v.t.* apvaldīt
inhibition *n.* aizliegums
inhospitable *a.* neviesmīlīgs
inhuman *a.* necilvēcīgs
inimical *a.* naidīgs
inimitable *a.* neatdarināms
initial *n.* iniciāļi
initial *a.* sākuma
initial *v.t* parakstīt ar iniciāļiem
initiate *v.t.* uzsākt
initiative *n.* iniciatīva
inject *v.t.* injicēt
injection *n.* injekcija
injudicious *a.* neapdomāts
injunction *n.* rīkojums
injure *v.t.* ievainot
injurious *a.* kaitīgs
injury *n.* ievainojums
injustice *n.* netaisnība
ink *n.* tinte
inkling *n.* nojausma
inland *adv.* zemes vidienē
inland *a.* iekšzemes
in-laws *n.* sievas (vai vīra) radi
inmate *n.* iemītnieks
inmost *a.* visattālākais
inn *n.* krogs
innate *a.* iedzimts
inner *a.* iekšējs
innermost *a.* visdziļākais
innings *n.* valdīšanas laiks
innocence *n.* nevainība
innocent *a.* nevainīgs
innovate *v.t.* ieviest
  jauninājumus
innovation *n.* inovācijas
innovator *n.* novators
innumerable *a.* neskaitāms
inoculate *v.t.* potēt

inoculation *n.* potēšana
inoperative *a.* nefunkcionējošs
inopportune *a.* nelaikā noticis
input *n.* ievade
inquest *n.* izmeklēšana
inquire *v.t.* jautāt
inquiry *n.* izmeklēšana
inquisition *n.* izmeklēšana
inquisitive *a.* ziņkārīgs
insane *a.* ārprātīgs
insanity *n.* ārprāts
insatiable *a.* negausīgs
inscribe *v.t.* ierakstīt
inscription *n.* uzraksts
insect *n.* kukainis
insecticide *n.* līdzeklis pret
  insektiem
insecure *a.* nedrošs
insecurity *n.* nedrošība
insensibility *n.* nejutīgums
insensible *a.* nejutīgs
inseparable *a.* nedalāms
insert *v.t.* ievietot
insertion *n.* ielikšana
inside *adv.* iekšā
inside *a* iekšējs
inside *prep.* iekšpus
inside *n.* iekšpuse
insight *n.* ieskatīšanās
insignificance *n.* nenozīmīgums
insignificant *a.* nenozīmīgs
insincere *a.* nepatiess
insincerity *n.* nepatiesīgums
insinuate *v.t.* likt manīt
insinuation *n.* mājiens
insipid *a.* pliekans
insipidity *n.* sājums
insist *v.t.* pastāvēt
insistence *n.* neatlaidība
insistent *a.* uzstājīgs
insolence *n.* nekaunība
insolent *a.* apvainojošs

74

insoluble *n.* nešķīdināms
insolvency *n.* maksātnespēja
insolvent *a.* maksātnespējīgs
inspect *v.t.* aplūkot
inspection *n.* pārbaude
inspector *n.* inspektors
inspiration *n.* iedvesma
inspire *v.t.* iedvesmot
instability *n.* nestabilitāte
install *v.t.* ierīkot
installation *n.* uzstādīšana
instalment *n.* iemaksa
instance *n.* gadījums
instant *n.* moments
instant *a.* tūlītējs
instantaneous *a.* tūlītējs
instantly *adv.* nekavējoties
instigate *v.t.* kūdīt
instigation *n.* uzkūdīšana
instil *v.t.* iedvest
instinct *n.* instinkts
instinctive *a.* instinktīvs
institute *n.* institūts
institution *n.* iestāde
instruct *v.t.* dot rīkojumus
instruction *n.* norādījums
instructor *n.* instruktors
instrument *n.* instruments
instrumental *a.* instrumentāls
instrumentalist *n.*
  instrumentālists
insubordinate *a.* nepakļāvīgs
insubordination *n.* nepakļāvība
insufficient *a.* nepietiekošs
insular *a.* salas-
insularity *n.* izolētība
insulate *v.t.* izolēt
insulation *n.* izolācija
insulator *n.* izolators
insult *v.t.* aizvainot
insult *n.* apvainojums
insupportable *a.* nepanesams

insurance *n.* apdrošināšana
insure *v.t.* apdrošināt
insurgent *n.* nemiernieks
insurgent *a.* dumpīgs
insurmountable *a.* nepārvarams
insurrection *n.* sacelšanās
intact *a.* neskarts
intangible *a.* netverams
integral *a.* neatņemams
integrity *n.* veselums
intellect *n.* intelekts
intellectual *a.* intelektuāls
intellectual *n.* inteliģence
intelligence *n.* intelekts
intelligent *a.* gudrs
intelligentsia *n.* inteliģence
intelligible *a.* saprotams
intend *v.t.* nodomāt
intense *a.* intensīvs
intensify *v.t.* pastiprināt
intensity *n.* intensitāte
intensive *a.* intensīvs
intent *a.* apņēmies
intent *n.* nodoms
intention *n.* nodoms
intentional *a.* tīšs
intercept *v.t.* pārķert
interception *n.* pārķeršana
interchange *v.* apmainīties
interchange *n.* savstarpēja
  apmaiņa
intercourse *n.* sakari
interdependence *n.* savstarpēja
  atkarība
interdependent *a.* savstarpēji
  atkarīgs
interest *n.* procenti
interested *a.* ieinteresēts
interesting *a.* interesants
interfere *v.i.* iejaukties
interference *n.* iejaukšanās
interim *n.* starplaiks

interior *a.* iekšējais
interior *n.* interjers
interjection *n.* starpsauciens
interlock *v.t.* saķerties
interlude *n.* starpspēle
intermediary *n.* starpnieks
intermediate *a.* starp-
interminable *a.* bezgalīgs
intermingle *v.t.* iejukt
intern *v.t.* internēt
internal *a.* iekšējs
international *a.* starptautisks
interplay *n.* savstarpēja
 iedarbība
interpret *v.t.* interpretēt
interpreter *n.* interpretētājs
interrogate *v.t.* izjautāt
interrogation *n.* pratināšana
interrogative *a.* jautājuma
interrupt *v.t.* pārtraukt
interruption *n.* pārtraukums
intersect *v.t.* krustot
intersection *n.* krustošanās
interval *n.* intervāls
intervene *v.i.* iejaukties
intervention *n.* iejaukšanās
interview *v.t.* intervēt
interview *n.* intervija
intestinal *a.* zarnu
intestine *n.* zarnas
intimacy *n.* intimitāte
intimate *v.t.* darīt zināmu
intimate *a.* intīms
intimation *n.* norādījums
intimidate *v.t.* iebiedēt
intimidation *n.* iebiedēšana
into *prep.* uz (norāda virzienu)
intolerable *a.* neciešams
intolerance *n.* neiecietība
intolerant *a.* neiecietīgs
intoxicant *n.* reibinošs dzēriens
intoxicate *v.t.* reibināt

intoxication *n.* saindēšanās
intransitive *a.* (verb) intransitīvs
intrepid *a.* bezbailīgs
intrepidity *n.* bezbailība
intricate *a.* juceklīgs
intrigue *n* intriga
intrigue *v.t.* intriģēt
intrinsic *a.* iekšējs
introduce *v.t.* iepazīstināt
introduction *n.* ievads
introductory *a.* ievada
introspection *n.* pašanalīze
introspective *a* introspektīvs
intrude *v.t.* traucēt
intrusion *n.* ielaušanās
intuition *n.* intuīcija
intuitive *a.* intuitīvs
invade *v.t.* iebrukt
invalid *a.* nederīgs
invalid *n* invalīds
invalid *a.* nespējīgs
invalidate *v.t.* padarīt nederīgu
invaluable *a.* nenovērtējams
invasion *n.* iebrukums
invective *n.* lamas
invent *v.t.* izgudrot
invention *n.* izgudrojums
inventive *a.* atjautīgs
inventor *n.* izgudrotājs
invert *v.t.* apgāzt
invest *v.t.* ieguldīt
investigate *v.t.* izmeklēt
investigation *n.* izmeklēšana
investment *n.* ieguldījums
invigilate *v.t.* novērot
 eksaminējamos eksāmena laikā
invincible *a.* neuzvarams
inviolable *a.* neaizskarams
invisible *a.* neredzams
invitation *v.* uzaicinājums
invite *v.t.* uzaicināt
invocation *n.* piesaukšana

invoice *n.* pavadzīme
invoke *v.t.* lūgt
involve *v.t.* iesaistīt
inward *a.* vērsts uz iekšpusi
inwards *adv.* uz iekšu
irate *a.* dusmīgs
ire *n.* niknums
Irish *a.* Īrijas
Irish *n.* īru valoda
irksome *a.* apnicīgs
iron *n.* dzelzs
iron *v.t.* gludināt
ironical *a.* ironisks
irony *n.* ironija
irradiate *v.i.* apstarot
irrational *a.* iracionāls skaitlis
irreconcilable *a.* nesamierināms
irrecoverable *a.* neatgūstams
irrefutable *a.* neapstrīdams
irregular *a.* neregulārs
irregularity *n.* neregularitāte
irrelevant *a.* nenozīmīgs
irrespective *a.* neatkarīgs
irresponsible *a.* bezatbildīgs
irrigate *v.t.* apūdeņot
irrigation *n.* apūdeņošana
irritable *a.* uzbudināms
irritant *n.* kairinātājs
irritant *a.* kairinošs
irritate *v.t.* kairināt
irritation *n.* aizkaitinājums
irruption *n.* iebrukums
island *n.* sala
isle *n.* sala
isobar *n.* izobāra
isolate *v.t.* izolēt
isolation *n.* izolēšana
issue *v.i.* izlaist
issue *n.* iztecēšana
it *pron.* tā
Italian *a.* Itālijas
Italian *n.* itālietis

italic *a.* itāļu
italics *n.* kursīvs
itch *n.* nieze
itch *v.i.* niezēt
item *n.* punkts
ivory *n.* ziloņkauls
ivy *n* efeja

jab *n* grūdiens
jab *v.t.* durt
jabber *v.t.* tarkšķēt
jack *n.* domkrats
jack *v.t.* pacelt ar domkratu
jackal *n.* šakālis
jacket *n.* jaka
jade *n.* skuķis
jail *n.* cietums
jailer *n.* cietuma uzraugs
jam *n.* ievārījums
jam *v.t.* saķīlēties
jar *n.* burka
jargon *n.* žargons
jasmine *n.* jasmīns
jaundice *n.* dzeltenā kaite
jaundice *n* žultainums
javelin *n.* šķēps
jaw *n.* spīles
jay *n.* sīlis
jealous *a.* greizsirdīgs
jealousy *n.* greizsirdība
jean *n.* kokvilnas audums
jeer *v.i.* ņirgāties
jelly *n.* želeja
jeopardize *v.t.* pakļaut
    briesmām (riskam)
jeopardy *n.* briesmas
jerk *n.* grūdiens

jerkin *n.* ādas kamzolis
jerky *a.* saraustīts
jersey *n.* trikotāža
jest *v.i.* jokot
jest *n.* joks
jet *n.* strūkla
Jew *n.* Ebrejs
jewel *n.* dārgakmens
jewel *v.t.* izrotāt ar
  dārgakmeņiem
jeweller *n.* juvelieris
jewellery *n.* rotaslietas
jingle *n.* šķindoņa
jingle *v.i.* žvadzēt
job *n.* darbs
jobber *n.* gadījuma darbu
  strādnieks
jobbery *n.* amatnoziegums
jocular *a.* humoristisks
jog *v.t.* lēni skriet
join *v.t.* pievienoties
joiner *n.* sabiedrisks cilvēks
joint *n.* locītava
jointly *adv.* kopīgi
joke *v.i.* jokot
joke *n.* joks
joker *n.* jokdaris
jollity *n.* jautrība
jolly *a.* jautrs
jolt *v.t.* kratīt
jolt *n.* sitiens
jostle *n.* grūdiens
jostle *v.t.* grūstīt
jot *v.t.* īsi pierakstīt
journal *n.* žurnāls
journalism *n.* žurnālistika
journalist *n.* žurnālists
journey *n.* ceļojums
journey *v.i.* ceļot
jovial *a.* dzīvespriecīgs
joviality *n.* jautrība
joy *n.* prieks

joyful, joyous *n.* priecīgs
jubilant *a.* gavilējoša
jubilation *n.* gavilēšana
jubilee *n.* jubileja
judge *v.i.* spriest
judge *n.* tiesnesis
judgement *n.* spriedums
judicature *n.* tiesa
judicial *a.* tiesas
judiciary *n.* tiesneši
judicious *a.* saprātīgs
jug *n.* krūze
juggle *v.t.* žonglēt
juggler *n.* žonglieris
juice *n* sula
juicy *a.* sulīgs
jumble *n.* juceklis
jumble *v.t.* sajukt
jump *n.* lēciens
jump *v.i* lēkt
junction *n.* krustojums
juncture *n.* savienojuma vieta
jungle *n.* džungļi
junior *n.* jaunākais
junior *a.* jaunāks
junk *n.* grabaža
jupiter *n.* Jupiters
jurisdiction *n.* jurisdikcija
jurisprudence *n.* jurisprudence
jurist *n.* jurists
juror *n.* zvērinātais
jury *n.* žūrija
juryman *n.* zvērinātais
just *a.* taisnīgs
just *adv.* tikko
justice *n.* taisnīgums
justifiable *a.* attaisnojams
justification *n.* attaisnošana
justify *v.t.* attaisnot
justly *adv.* pamatoti
jute *n.* džuta
juvenile *a.* jauneklīgs

K

keen *a.* aizrautīgs
keenness *n.* aizrautība
keep *v.t.* uzturēt
keeper *n.* glabātājs
keepsake *n.* piemiņlieta
kennel *n.* suņubūda
kerchief *n.* lakats
kernel *n.* kodols
kerosene *n.* petroleja
ketchup *n.* kečups
kettle *n.* tējkanna
key *n.* atslēga
kick *n.* spēriens
kick *v.t.* spert
kid *n.* mazulis
kidnap *v.t.* nolaupīt
kidney *n.* niere
kill *n.* medīšana
kill *v.t.* nogalināt
kiln *n.* ceplis
kin *n.* cilts
kind *a* laipns
kind *n.* veids
kindergarten *n.* bērnudārzs
kindle *v.t.* iekurt
kindly *adv.* laipni
king *n.* karalis
kingdom *n.* karaļvalsts
kinship *n.* radniecība
kiss *v.t.* skūpstīt
kiss *n.* skūpsts
kit *n.* komplekts
kitchen *n.* virtuve
kite *n.* pūķis
kith *n.* radi un paziņas
kitten *n.* kaķēns
knave *n.* kalps
knavery *n.* blēdība

knee *n.* celis
kneel *v.i.* mesties ceļos
knife *n.* nazis
knight *n.* bruņinieks
knit *v.t.* adīt
knock *v.t.* klauvēt
knot *n.* mezgls
knot *v.t.* sasiet mezglā
know *v.t.* zināt
knowledge *n.* zināšanas

label *n.* etiķete
label *v.t.* uzlīmēt etiķeti
labial *a.* lūpu
laboratory *n.* laboratorija
laborious *a.* darbīgs
labour *v.i.* strādāt
labour *n.* darbaspēks
labourer *n.* algādzis
labyrinth *n.* labirints
lace *v.t.* sašņorēt
lace *n.* mežģīnes
lacerate *v.t.* saplosīt
lachrymose *a.* raudulīgs
lack *v.t.* trūkt
lack *n.* trūkums
lackey *n.* sulainis
lacklustre *a.* nespodrs
laconic *a.* lakonisks
lactate *v.i.* laktāts
lactose *n.* laktoze
lacuna *n.* robs
lacy *a.* mežģīņu
lad *n.* zēns
ladder *n.* kāpnes
lade *v.t.* smelt
ladle *n.* kauss

ladle *v.t.* smelt
lady *n.* kundze
lag *v.i.* nosūtīt katorgā
laggard *n.* tūļa
lagoon *n.* lagūna
lair *n.* midzenis
lake *n.* ezers
lama *n.* lama
lamb *n.* jēra gaļa
lambaste *v.t.* slānīt
lambkin *n.* jēriņš
lame *a.* klibs
lame *v.t.* sakropļot
lament *n.* žēlošanās
lament *v.i.* vaimanāt
lamentable *a.* bēdīgs
lamentation *n.* vaimanas
laminate *v.t.* sadalīt slāņos
lamp *n.* lampa
lampoon *n.* pamflets
lampoon *v.t.* rakstīt pamfletus
lance *v.t.* durt ar šķēpu
lance *n.* pīķis
lancer *n.* ulāns
lancet *a.* lancete
land *v.i.* nolaisties
land *n.* zeme
landing *n.* nolaišanās
landscape *n.* ainava
lane *n.* ceļš
language *n.* valoda
languish *v.i.* nīkuļot
lank *a.* izstīdzējis
lantern *n.* laterna
lap *n.* dzira
lapse *n.* kļūda
lapse *v.i.* zust
lard *n.* speķis
large *a.* plašs
largesse *n.* dāsna velte
lark *n.* cīrulis
lascivious *a.* baudkārs

lash *v* pātagot
lash *n* pletne
lass *n.* meitene
last *adv.* pēdējo reizi
last *v.i.* ilgt
last *n* lāsts
last1 *a.* pēdējais
lasting *a.* ilgstošs
lastly *adv.* beidzot
latch *n.* aizšaujamais
late *a.* vēls
late *adv.* vēlu
lately *adv.* nesen
latent *a.* latents
lath *n.* lata
lathe *n.* virpa
lather *v* ieziepēt
latitude *n.* platums
latrine *n.* ateja (barakā, nometnē)
latter *a.* pēdējais (no diviem minētajiem)
lattice *n.* režģis
laud *n* slava
laud *v.t.* slavināt
laudable *a.* cildināms
laugh *n.* smiekli
laugh *v.i* smieties
laughable *a.* smieklīgs
laughter *n.* smiekli
launch *n.* barkass
launch *v.t.* iedarbināt
launder *v.t.* mazgāt
laundress *n.* veļas mazgātāja
laundry *n.* veļas mazgātava
laureate *n* laureāts
laureate *a.* vainagots ar lauru vainagu
laurel *n.* lauru koks
lava *n.* lava
lavatory *n.* tualete
lavender *n.* lavanda

lavish *a.* izšķērdīgs
lavish *v.t.* izšķiest
law *n.* likums
lawful *a.* likumīgs
lawless *a.* nelikumīgs
lawn *n.* mauriņš
lawyer *n.* advokāts
lax *a.* paviršs
laxative *n.* caurejas zāles
laxative *a* caureju veicinošs
laxity *n.* ļenganums
lay *n* izkārtojums
lay *a.* laicīgs
lay *v.t.* likt
layer *n.* kārta
layman *n.* lajs
laze *v.i.* slaistīties
laziness *n.* slinkums
lazy *n.* slinks
lea *n.* pļava
leach *v.t.* kāst
lead *n.* svins
lead *n.* iniciatīva
lead *v.t.* vest
leaden *a.* svina
leader *n.* līderis
leadership *n.* vadība
leaf *n.* lapa
leaflet *n.* reklāmlapiņa
leafy *a.* kupls
league *n.* līga
leak *v.i.* laist cauri
leak *n.* sūce
leakage *n.* noplūdes
lean *v.i.* liekties
lean *n.* liesums
leap *n* lēciens
leap *v.i.* lēkt
learn *v.i.* mācīties
learned *a.* izglītots
learner *n.* skolēns
learning *n.* mācīšanās

lease *v.t.* iznomāt
lease *n.* noma
least *a.* mazākais
least *adv.* vismaz
leather *n.* āda
leave *n.* atļauja
leave *v.t.* atstāt
lecture *n.* lekcija
lecture *v* lasīt lekciju
lecturer *n.* pasniedzējs
ledger *n.* virsgrāmata
lee *n.* aizvēja puse
leech *n.* dēle
leek *n.* puravs
left *n.* kreisā puse
left *a.* kreisais
leftist *n* kreisās partijas biedrs
leg *n.* kāja
legacy *n.* mantojums
legal *a.* juridisks
legality *n.* likumība
legalize *v.t.* legalizēt
legend *n.* leģenda
legendary *a.* leģendārs
leghorn *n* itāliešu salmi
leghorn *n.* leghornas vista
legible *a.* salasāms
legibly *adv.* salasāmi
legion *n.* leģions
legionary *n.* leģionārs
legislate *v.i.* izdot likumus
legislation *n.* likumdošana
legislative *a.* likumdošanas
legislator *n.* Likumdevējs
legislature *n.* likumdevēja vara
legitimacy *n.* likumība
legitimate *a.* likumīgs
leisure *n.* atpūta
leisure *a* nenodarbināts
leisurely *adv.* lēni
leisurely *a.* nesteidzīgs
lemon *n.* citrons

lemonade *n.* limonāde
lend *v.t.* aizdot
length *n.* garums
lengthen *v.t.* pagarināt
lengthy *a.* garš
lenience, leniency *n.* iecietība
lenient *a.* saudzīgs
lens *n.* objektīvs
lentil *n.* lēca
Leo *n.* Lauva
leonine *a* lauvas
leopard *n.* leopards
leper *n.* lepras slimnieks
leprosy *n.* lepra
leprous *a.* leprozs [med]
less *prep.* bez
less *adv.* mazāk
less *n* mazākais skaits
less *a.* mazāks
lessee *n.* nomnieks
lessen *v.t* samazināt
lesser *a.* mazāks
lesson *n.* mācība
lest *conj.* ka ne
let *v.t.* ļaut
lethal *a.* nāvīgs
lethargic *a.* letarģisks
lethargy *n.* letarģija
letter *n* vēstule
level *a* līdzens
level *n.* līmenis
level *v.t.* nolīdzināt
lever *v.t.* celt ar sviru
lever *n.* svira
leverage *n.* līdzeklis
levity *n.* vieglprātība
levy *n.* ievākšana
levy *v.t.* piedzīt
lewd *a.* netikls
lexicography *n.* leksikogrāfija
lexicon *n.* leksikons
liability *n.* atbildība

liable *a.* atbildīgs
liaison *n.* sadarbības
liar *n.* melis
libel *n.* apmelojums
libel *v.t.* apmelot
liberal *a.* augstsirdīgs
liberalism *n.* liberālisms
liberality *n.* iecietība
liberate *v.t.* atbrīvot
liberation *n.* atbrīvošana
liberator *n.* atbrīvotājs
libertine *n.* netiklis
liberty *n.* brīvība
librarian *n.* bibliotekārs
library *n.* bibliotēka
licence *n.* licence
license *v.t.* atļaut
licensee *n.* atļaujas īpašnieks
licentious *a.* amorāls
lick *v.t.* laizīt
lick *n* laizīšana
lid *n.* vāks
lie *v.i* gulēt
lie *n* novietojums
lie *v.i.* meli
lie *v.i* melot
lien *n.* apgrūtinājums
lieu *adv.* tā vietā
lieutenant *n.* leitnants
life *n* dzīve
lifeless *a.* nedzīvs
lifelong *a.* mūža
lift *n.* lifts
lift *v.t.* pacelt
light *n.* gaisma
light *v.t.* iedegt
light *a* viegls
lighten *v.i.* atvieglot
lightening *n.* zibens
lighter *n.* šķiltavas
lightly *adv.* viegli
lignite *n.* lignīts

like v.t. patikt
like n. kaut kas līdzīgs
like a. līdzīgs
like adv. tāpat
likelihood n. iespēja
likely a. iespējams
liken v.t. pielīdzināt
likeness n. līdzība
likewise adv. tāpat
liking n. patika
lilac n. ceriņi
lily n. lilija
limb n. loceklis
limber n ilkss
limber v.t. padarīt lokanu
(pakļāvīgu)
lime n laims
lime n. kaļķis
lime v.t kaļķot
limelight n. rampas gaisma
limit v.t. limitēt
limit n. robeža
limitation n. ierobežojums
limited a. ierobežots
limitless a. neierobežots
line n. līnija
line v.t. sastāties rindā
line v.t. vilkt līniju
lineage n. raduraksti
linen n. veļa
linger v.i. kavēties
lingo n. profesionāls žargons
lingua franca n. jaukta valoda
lingual a. lingvistisks
linguist n. lingvists
linguistic a. lingvistisks
linguistics n. valodniecība
lining n odere
link n. saite
link v.t saistīt
linseed n. linsēklas
lintel n. pārsedze

lion n lauva
lioness n. lauvene
lip n. lūpa
liquefy v.t. pārvērst šķidrumā
liquid a. šķidrs
liquid n šķidrums
liquidate v.t. likvidēt
liquidation n. likvidācija
liquor n. šķidrums
lisp n šļupstēšana
lisp v.t. šļupstēt
list n. saraksts
list v.t. sastādīt sarakstu
listen v.i. klausīties
listener n. klausītājs
listless a. apātisks
lists n. arēna
literacy n. lasīt un rakstīt prašana
literal a. burtisks
literary a. literārs
literate a. mācīts
literature n. literatūra
litigant n. prāvnieks
litigate v.t. tiesāties
litigation n. tiesāšanās
litre n. litrs
litter v.t. pakaisīt
litter n. pakaiši
litterateur n. literāts
little n. mazums
little adv. mazliet
little a. mazs
littoral a. piekrastes
liturgical a. liturģisks
live v.i. dzīvot
live a. dzīvs
livelihood n. iztika
lively a. dzīvs
liver n. aknas
livery n. livreja
living n dzīve
living a. dzīvs

lizard *n.* ķirzaka
load *v.t.* iekraut
load *n.* slodze
loadstar *n.* Polārzvaigzne
loadstone *n.* magnetīts
loaf *n.* klaips
loaf *v.i.* slinkot
loafer *n.* sliņķis
loan *n.* aizdevums
loan *v.t.* patapināt
loath *a.* negribīgs
loathe *v.t.* nīst
loathsome *a.* pretīgs
lobby *n.* foajē
lobe *n.* daiva
lobster *n.* omārs
local *a.* vietējs
locale *n.* darbības vieta
locality *n.* apvidus
localize *v.t.* lokalizēt
locate *v.t.* izvietot
location *n.* atrašanās vieta
lock *v.t* aizslēgt
lock *n.* atslēga
lock *n* slēdzene
locker *n.* slēdzējs
locket *n.* medaljons
locomotive *n.* lokomotīve
locus *n.* koordinātu punkts
locust *n.* baltā Amerikas akācija
locust *n* sisenis
locution *n.* idioma
lodge *n.* namiņš
lodge *v.t.* novietot
lodging *n.* mītne
loft *n.* bēniņi
lofty *a.* cēls
log *n.* baļķis
logarithm *n.* logaritms
loggerhead *n.* muļķis
logic *n.* loģika
logical *a.* loģisks

logician *n.* loģiķis
loin *n.* ciska
loiter *v.i.* vilcināties
loll *v.i.* vāļāties
lollipop *n.* konfekte
lone *a.* vientuļš
loneliness *n.* vientulība
lonely *a.* vientuļš
lonesome *a.* vientulīgs
long *adv* ilgi
long *v.i* ilgoties
long *a.* garš
longevity *n.* ilgs mūžs
longing *n.* ilgas
longitude *n.* garums
look *n* skatiens
look *v.i* skatīties
loom *n* neskaidras aprises
loom *v.i.* neskaidri iezīmēties
loop *n.* cilpa
loop-hole *n.* izeja
loose *v.t.* atbrīvot
loose *a.* vaļīgs
loosen *v.t.* atraisīt
loot *n.* laupījums
loot *v.i.* laupīt
lop *v.t.* nogriezt
lop *n.* sīki vilnīši
lord *n.* kungs
lordly *a.* kundzisks
lordship *n.* menors
lore *n.* mācība
lorry *n.* kravas automašīna
lose *v.t.* zaudēt
loss *n.* zaudējums
lot *n* liktenis
lot *n.* loze
lotion *n.* losjons
lottery *n.* loterija
lotus *n.* lotoss
loud *a.* skaļš
lounge *v.i.* atlaisties

lounge *n.* atpūtas telpa
louse *n.* uts
lovable *a.* pievilcīgs
love *n* mīlestība
love *v.t.* mīlēt
lovely *a.* jauks
lover *n.* mīļākais
loving *a.* mīlošs
low *adv.* zemu
low *v.i.* baurot
low *n.* viszemākais līmenis
low *a.* zems
lower *v.t.* pazeminat
lowliness *n.* pazemības
lowly *a.* pieticīgs
loyal *a.* lojāls
loyalist *n.* monarhists
loyalty *n.* lojalitāte
lubricant *n.* smērviela
lubricate *v.t.* eļļot
lubrication *n.* eļļošana
lucent *a.* spīdošs
lucerne *n.* lucerna
lucid *a.* gaišs
lucidity *n.* spožums
luck *n.* laime
luckily *adv.* par laimi
luckless *a.* neveiksmīgs
lucky *a.* laimīgs
lucrative *a.* peļņu nesošs
lucre *n.* peļņa
luggage *n.* bagāža
lukewarm *a.* remdens
lull *n.* apsīkšana
lull *v.t.* iemidzināt
lullaby *n.* šūpuļdziesma
luminary *n.* spīdeklis
luminous *a.* spīdošs
lump *v.t.* nešķirot
lump *n.* sacietējums
lunacy *n.* vājprāts
lunar *a.* Mēness

lunatic *n.* ārprātīgais
lunatic *a.* vājprātīgs
lunch *v.i.* brokastot
lunch *n.* pusdienas
lung *n* plauša
lunge *n.* izklupiens
lunge *v.i* turēt (vadāt) pavadā
lurch *v.i.* sasvērties (par kuģi)
lurch *n.* tieksme
lure *n.* kārdinājums
lure *v.t.* kārdināt
lurk *v.i.* uzglūnēt
luscious *a.* salds
lush *a.* sulīgs
lust *n.* iekāre
lustful *a.* saldkaisls
lustre *n.* spīdums
lustrous *a.* spožs
lusty *a.* brašs
lute *n.* cementa java
luxuriance *n.* pārpilnība
luxuriant *a.* krāšņs
luxurious *a.* grezns
luxury *n.* greznība
lynch *v.t.* linčot
lyre *n.* lira
lyric *n.* lirisks dzejolis
lyric *a.* lirisks
lyrical *a.* lirisks

magical *a.* burvju
magician *n.* burvis
magisterial *a.* pavēlošs
magistracy *n.* maģistrāts
magistrate *n.* miertiesnesis
magnanimity *n.* augstsirdība
magnanimous *a.* augstsirdīgs

magnate *n.* magnāts
magnet *n.* magnēts
magnetic *a.* magnētisks
magnetism *n.* magnētisms
magnificent *a.* lielisks
magnify *v.t.* pārspīlēt
magnitude *n.* apjoms
magpie *n.* žagata
mahogany *n.* sarkankoks
mahout *n.* ziloņu dzinējs
maid *n.* kalpone
maiden *n.* jaunava
maiden *a* neprecējusies
mail *n* bruņas
mail *n.* pasts
mail *v.t.* sūtīt pa pastu
main *n* būtība
main *a* galvenais
mainly *adv.* galvenokārt
mainstay *n.* grotmasta balsts
maintain.*v.t.* saglabāt
maintenance *n.* uzturēšana
maize *n.* kukurūza
majestic *a.* majestātisks cēls
majesty *n.* majestātiskums
major *n* majors
major *a.* svarīgākais
majority *n.* vairākums
make *n* modelis
make *v.t.* veikt
maker *n.* izgatavotājs
mal administration *n.* slikta
pārvalde
maladroit *a.* netaktisks
malady *n.* slimība
malaise *n.* vārgums
malaria *n.* malārija
malcontent *a.* neapmierināts
malcontent *n* neapmierināts
cilvēks
male *a.* vīriešu
male *n* vīrietis

malediction *n.* lāsts
malefactor *n.* ļaundaris
maleficent *a.* ļauns
malice *n.* ļaunprātība
malicious *a.* ļaunprātīgs
malign *v.t.* kaitēt
malign *a* ļaundabīgs
malignancy *n.* ļaundabīgums
malignant *a.* ļaundabīgs
malignity *n.* ļaundabīgums
malleable *a.* kaļams
malmsey *n.* malvāzija
malnutrition *n.* nepietiekams
uzturs
malpractice *n.* nepareiza rīcība
malt *n.* iesals
maltreatment *n.* slikta
apiešanās
mamma *n.* māmiņa
mammal *n.* zīdītājs
mammary *a.* krūts-
mammon *n.* mamons
mammoth *n.* mamuts
mammoth *a* milzīgs
man *v.t.* sadūšot
man *n.* cilvēks
manage *v.t.* pārvaldīt
manageable *a.* kontrolējams
management *n.* vadība
manager *n.* menedžeris
managerial *a.* direktora
mandate *n.* mandāts
mandatory *a.* obligāts
mane *n.* krēpes
manful *a.* vīrišķīgs
manganese *n.* mangāns
manger *n.* sile
mangle *v.t.* rullēt
mango *n* mango
manhandle *v.t.* rupji apieties
manhole *n.* lūka
manhood *n.* vīrišķība

mania n mānija
maniac n. maniaks
manicure n. manikīrs
manifest v.t. paziņot
manifest a. skaidrs
manifestation n. manifestācija
manifesto n. manifests
manifold a. neskaitāms
manipulate v.t. manipulēt
manipulation n. manipulācija
mankind n. cilvēce
manlike a. cilvēkam līdzīgs
manliness n vīriškība
manly a. vīriškīgs
manna n. manna
mannequin n. manekens
manner n. izturēšanās
mannerism n. manierīgums
mannerly a. pieklājīgs
manoeuvre v.i. manevrēt
manoeuvre n. manevrs
manor n. muiža
mansion n. liela savrupmāja
mantel n. kamīns
mantle v.t apsegt
mantle n apvalks
manual a. rokas
manual n rokasgrāmata
manufacture n izstrādāšana
manufacture v.t. ražot
manufacturer n ražotājs
manumission n. atbrīvošana no
  verdzības
manumit v.t. atbrīvot no
  verdzības
manure n. mēsli
manure v.t. mēslot
manuscript n. manuskripts
many a. daudz
map v.t. atzīmēt uz kartes
map n karte
mar v.t. sabojāt

marathon n. maratonskrējiens
maraud v.i. izlaupīt
marauder n. marodieris
marble n. marmors
march n. gājiens
march n Marts
march v.i soļot
mare n. ķēve
margarine n. margarīns
margin n. robeža
marginal a. margināls
marigold n. kliņģerīte
marine a. jūras
mariner n. jūrnieks
marionette n. marionete
marital a. laulības
maritime a. jūras
mark v.t atzīmēt
mark n. zīme
marker n. marķieris
market v.t tirgoties
market n tirgus
marketable a. pārdodams
marksman n. labs mērķī šāvējs
marl n. merģelis
marmalade n. marmelāde
maroon v.t izsedināt vientuļa salā
maroon n. kastaņbrūna krāsa
maroon n petarde
marriage n. laulība
marriageable a. pieaudzis
marry v.t. precēties
Mars n Marss
marsh n. purvs
marshal n maršals
marshal v.t sakārtot
marshy a. purvains
marsupial n. somainais
mart n. tirdzniecības centrs
marten n. cauna
martial a. kareivīgs
martinet n. pedants

martyr n. moceklis
martyrdom n. mokas
marvel v.i brīnīties
marvel n. brīnums
marvellous a. brīnišķīgs
mascot n. talismans
masculine a. vīrieša
mash v.t samīcīt
mash n. biezenis
mask n. maska
mask v.t. maskēt
mason n. mūrnieks
masonry n. mūrnieka darbs
masquerade n. maskarāde
mass n. masa
mass v.i sapulcināt
massacre n. slaktiņš
massacre v.t. slepkavot
massage n. masāža
massage v.t. masēt
masseur n. masieris
massive a. masīvs
mast n. masts
master n. meistars
master v.t. pārvaldīt
masterly a. meistarīgs
masterpiece n. meistardarbs
mastery n. meistarība
masticate v.t. košļāt
masturbate v.i. masturbēt
mat n. paklājiņš
matador n . matadors
match v.i. mēroties
match n sērkociņš
match n. mačs
matchless a. nepārspējams
mate n. biedrs
mate n mats
mate v.t. pāroties
mate v.t. pieteikt matu
material a. būtisks
material n materiāls

materialism n. materiālisms
materialize v.t. materializēt
maternal a. mātes
maternity n. mātes stāvoklis
mathematical a. matemātisks
mathematician n. matemātiķis
mathematics n matemātika
matinee n. dienas izrāde
matriarchy n. matriarhāts
matricide n. mātes slepkavība
matriculate v.t. imatrikulēt
matriculation n. imatrikulācija
matrimonial a. laulības
matrimony n. laulība
matrix n matrica
matron n. matrona
matter v.i. būt svarīgam
matter n. jautājums
mattock n. kaplis
mattress n. matracis
mature a. nobriedis
mature v.i nobriest
maturity n. briedums
maudlin a sentimentāli raudulīgs
maul v.t sist ar veseri
maul n. veseris
maulstick n. maikste
maunder v.t. laiski kustēties
mausoleum n. mauzolejs
mawkish a. bezgaršīgs
maxilla n. augšžoklis
maxim n. maksima
maximize v.t. palielināt
maximum n maksimums
maximum a. maksimāls
May n. Maijs
may v varēt
mayor n. mērs
maze n. labirints
me pron. man
mead n. medalus
meadow n. pļava

meagre *a.* kalsns
meal *n.* rupja maluma milti
mealy *a.* bāls
mean *a* skops
mean *a* viduvējs
mean *a.* nekrietns
meander *v.i.* izlocīties
meaning *n.* nozīme
meaningful *a.* jēgpilns
meaningless *a.* nenozīmīgs
meanness *n.* skopums
means *n* līdzeklis
meanwhile *adv.* tikmēr
measles *n* masalas
measurable *a.* izmērījams
measure *v.t* izmērīt
measure *n.* mēraukla
measureless *a.* neizmērojams
measurement *n.* mērīšana
meat *n.* gaļa
mechanic *n.* mehāniķis
mechanical *a.* mehānisks
mechanics *n.* mehānika
mechanism *n.* mehānisms
medal *n.* medaļa
medallist *n.* medaļas saņēmējs
meddle *v.i.* jaukties
median *a.* vidus
mediate *v.i.* būt par starpnieku
mediation *n.* starpniecība
mediation *n.* starpniecība
mediator *n.* starpnieks
medical *a.* medicīnisks
medicament *n.* medikaments
medicinal *a.* ārstniecisks
medicine *n.* zāles
medico *n.* Medicīniski
medieval *a.* viduslaiku
medieval *a.* viduslaiku
mediocre *a.* viduvējs
mediocrity *n.* viduvējība
meditate *v.t.* gudrot

meditative *a.* domīgs
medium *n* medijs
medium *a* vidējs
meek *a.* lēnprātīgs
meet *n.* sapulcēšanās vieta
meet *v.t.* satikties
meeting *n.* sapulce
megalith *n.* monolīts
megalithic *a.* megalītu
megaphone *n.* rupors
melancholia *n.* melanholija
melancholic *a.* melanholisks
melancholy *n.* skumjas
melancholy *adj* skumjš
melee *n.* tuvcīņa
meliorate *v.t.* meliorēt
mellow *a.* trekns
melodious *a.* melodisks
melodrama *n.* melodrāma
melody *n.* melodija
melon *n.* melone
melt *v.i.* kausēt
member *n.* biedrs
membership *n.* piederība
membrane *n.* membrāna
memento *n.* atgādinājums
memoir *n.* memuāri
memorable *a.* neaizmirstams
memorandum *n* memorands
memorial *a* piemiņas
memorial *n.* piemineklis
memory *n.* atmiņa
menace *v.t* draudēt
menace *n* draudi
mend *v.t.* salabot
mendacious *a.* melīgs
menial *n* kalps
menial *a.* verdzisks
meningitis *n.* meningīts
menopause *n.* klimaktērijs
menses *n.* menstruācija
menstrual *a.* menstruāciju

menstruation *n.* menstruācija
mental *a.* garīgs
mentality *n.* mentalitāte
mention *n.* pieminēšana
mention *v.t.* pieminēt
mentor *n.* padomdevējs
menu *n.* ēdienkarte
mercantile *a.* veikalniecisks
mercenary *a.* algots
mercerise *v.t.* merserizēt kokvilnu
merchandise *n.* tirdzniecība
merchant *n.* tirgotājs
merciful *a.* žēlsirdīgs
merciless *adj.* nežēlīgs
mercurial *a.* dzīvsudraba
mercury *n.* dzīvsudrabs
mercury *n* Merkurs
mercy *n.* žēlsirdība
mere *a.* pilnīgs
merge *v.t.* apvienot
merger *n.* apvienošana
meridian *n* meridiāns
meridian *a.* pusdienas
merit *v.t* pelnīt
merit *n.* vērtība
meritorious *a.* teicams
mermaid *n.* sirēna
merman *n.* ūdensvīrs
merriment *n.* jautrība
merry *a* jautrs
mesh *v.t* noķert tīklā
mesh *n.* tīkli
mesmerism *n.* hipnoze
mesmerize *v.t.* savaldzināt
mess *n.* haoss
mess *v.i* sajaukt
message *n.* ziņa
messenger *n.* vēstnesis
messiah *n.* mesija
messrs *n.* firmas līdzīpašnieki (lieto uzrunā)

metabolism *n.* metabolisms
metal *n.* metāls
metallic *a.* metālisks
metallurgy *n.* metalurģija
metamorphosis *n.* metamorfoze
metaphor *n.* metafora
metaphysical *a.* metafiziķis
metaphysics *n.* metafizika
mete *v.t* piešķirt (balvu)
meteor *n.* meteors
meteoric *a.* meteorisks
meteorologist *n.* meteorologs
meteorology *n.* meteoroloģija
meter *n.* metrs
method *n.* metode
methodical *a.* metodisks
metre *n* mērītājs
metre *n.* metrs
metric *a.* metrisks
metrical *a.* metrisks
metropolis *n.* galvaspilsēta
metropolitan *a.* metropolīts
metropolitan *n.* metropolīts
mettle *n.* temperaments
mettlesome *a.* drosmīgs
mew *n.* klaigāšana
mew *v.i.* iesprostot būrī
mezzanine *n.* antresols
mica *n.* vizla
microfilm *n.* mikrofilma
micrometer *n.* mikrometrs
microphone *n.* mikrofons
microscope *n.* mikroskops
microscopic *a.* mikroskopisks
microwave *n.* mikrovilnis
mid *a.* vidus
midday *n.* pusdiena
middle *n* centrs
middle *a.* vidējs
middleman *n.* starpnieks
middling *a.* vidējs
midget *n.* liliputs

midland *n.* zemes iekšiene
midnight *n.* pusnakts
mid-off *n.* izslēgšanas pusē
mid-on *n.* uz borta
midriff *n.* diafragma
midst *n* vidū
midsummer *n.* vasaras vidus
midwife *n.* vecmāte
might *n.* vara
mighty *adj.* varens
migraine *n.* migrēna
migrant *n.* pārceļotājs
migrate *v.i.* migrēt
migration *n.* migrācija
milch *a.* piena
mild *a.* maigs
mildew *n.* miltrasa
mile *n.* jūdze
mileage *n.* attālums jūdzēs
milestone *n.* ceļa (jūdžu) akmens
milestone *n* pagrieziena punkts
milieu *n.* apkārtējā vide
militant *a.* kareivīgs
militant *n* kareivīgs cilvēks
military *n* karaspēks
military *a.* militārs
militate *v.i.* karot
militia *n.* milicija
milk *v.t.* slaukt
milk *n.* piens
milky *a.* piena
mill *v.t.* malt
mill *n.* dzirnavas
millennium *n.* tūkstoš gadu
miller *n.* dzirnavnieks
millet *n.* prosa
milliner *n.* galantērijas preču tirgotājs
milliner *n.* modiste
millinery *n.* galantērijas veikals
million *n.* miljons

millionaire *n.* miljonārs
millipede *n.* daudzkājis
mime *v.i* atdarināt
mime *n.* mīms
mimesis *n.* mīmikrija
mimic *v.t* imitēt
mimic *a.* mīmikas
mimic *n* mīmiķis
mimicry *n* imitēšana
minaret *n.* minarets
mince *v.t.* tipināt
mind *v.t.* paturēt prātā
mind *n.* prāts
mindful *a.* piesardzīgs
mindless *a.* neprātīgs
mine *pron.* mans
mine *n* mīna
miner *n.* ogļracis
mineral *a* minerāl-
mineral *n.* minerāls
mineralogist *n.* mineralogs
mineralogy *n.* mineraloģija
mingle *v.t.* maisīt
miniature *a.* miniatūrs
miniature *n.* miniatūra
minim *n.* pusnots
minimal *a.* minimāls
minimize *v.t.* samazināt
minimum *a* samazināts līdz minimumam
minimum *n.* minimums
minion *n.* mīlulis
minister *v.i.* kalpot
minister *n.* ministrs
ministry *n.* ministru kabinets
mink *n.* ūdele
minor *n* pusaudzis
minor *a.* jaunāks
minority *n.* minoritāte
minster *n.* katedrāle
mint *n* izcelšanās avots
mint *v.t.* kalt

mint *n.* piparmētra
minus *a* negatīvs
minus *n* negatīvs lielums
minus *n* mīnuss
minuscule *n* minuskulis
minute *n.* minūte
minute *a.* sīks
minutely *adv.* precīzi
minx *n.* draiskule
miracle *n.* brīnums
miraculous *a.* brīnumains
mirage *n.* mirāža
mire *v.t.* iestigt muklājā
mire *n.* muklājs
mirror *v.t.* atspoguļot
mirror *n* spogulis
mirth *n.* līksme
mirthful *a.* jautrs
misadventure *n.* nelaimes gadījums
misalliance *n.* mesalliance
misanthrope *n.* mizantrops
misapplication *n.* nepareizs lietojums
misapprehend *v.t.* pārprast
misapprehension *n* pārpratums
misappropriate *v.t.* nelikumīgi piesavināties
misappropriation *n.* piesavināšanās
misbehave *v.i.* slikti uzvesties
misbehaviour *n.* slikta uzvedība
misbelief *n.* maldīšanās
miscalculate *v.t.* pārrēķināties
miscalculation *n.* pārrēķināšanās
miscall *v.t.* nepareizi nosaukt
miscarriage *n.* aborts
miscarry *v.i.* priekšlaicīgi dzemdēt
miscellaneous *a.* dažāds
miscellany *n.* sajaukums
mischance *n.* neizdošanās

mischief *n* ļaunums
mischievous *a.* ļauns
misconceive *v.t.* nepareizi uztvert
misconception *n.* nepareizs priekšstats
misconduct *n.* slikta vadība
misconstrue *v.t.* nepareizi iztulkot
miscreant *n.* ķeceris
misdeed *n.* noziegums
misdemeanour *n.* pārkāpums
misdirect *v.t.* nepareizi norādīt
misdirection *n.* nepareizs norādījums
miser *n.* skopulis
miserable *a.* nožēlojams
miserly *a.* sīkstulīgs
misery *n.* posts
misfire *v.i.* neiet vaļā
misfit *n.* slikti pieguļošs apģērbs
misfortune *n.* nelaime
misgiving *n.* ļauna nojauta
misguide *v.t.* maldināt
mishap *n.* neveiksme
misjudge *v.t.* izveidot nepareizu spriedumu
mislead *v.t.* maldināt
mismanagement *n.* nepareiza vadība
mismatch *v.t.* būt nesaskaņotiem
misnomer *n.* nepareiza lietošana
misplace *v.t.* nolikt nevietā
misprint *n.* iespiedkļūda
misprint *v.t.* nepareizi iespiest
misrepresent *v.t.* sagrozīt
misrule *n.* slikti pārvaldīt
miss *v.t.* palaist garām
miss *n.* jaunkundze
missile *n.* Raķetes
mission *n.* misija
missionary *n.* misionārs
missis, missus *interj* kundze

missive *n.* oficiāla vēstule
mist *n.* migla
mistake *v.t.* kļūdīties
mistake *n.* kļūda
mister *n.* misters
mistletoe *n.* āmuļi
mistreat *v* slikti apieties
mistress *n.* saimniece
mistrust *v.t.* neuzticēties
mistrust *n.* aizdomas
misty *a.* miglains
misunderstand *v.t.* pārprast
misunderstanding *n.* pārpratums
misuse *n.* nepareiza lietošana
misuse *v.t.* nepareizi lietot
mite *n.* ērce
mite *n* ļoti mazs priekšmets
mitigate *v.t.* mīkstināt
mitigation *n.* remdinājums
mitre *n.* deflektors
mitten *n.* dūrainis
mix *v.i* maisījums
mixture *n.* maisījums
moan *v.i.* vaidēt
moan *n.* vaids
moat *n.* aizsarggrāvis
moat *v.t.* norobežot ar
aizsarggrāvi
mob *v.t.* kurnēt
mob *n.* pūlis
mobile *a* kustīgs
mobile *a.* mobils
mobility *n.* kustīgums
mobilize *v.t.* mobilizēt
mock *v.i.* izsmiet
mock *adj* neīsts
mockery *n.* ņirgāšanās
modality *n.* modalitāte
mode *n.* veids
model *v.t.* modelēt
model *n.* modelis
moderate *v.t.* apvaldīt

moderate *a.* mērens
moderation *n.* mērenība
modern *a.* mūsdienu
modernity *n.* laikmetīgums
modernize *v.t.* modernizēt
modest *a.* pieticīgs
modesty *n* pieticība
modicum *n.* mazumiņš
modification *n.* modifikācija
modify *v.t.* grozīt
modulate *v.t.* modulēt
moil *v.i.* nopūlēties
moist *a.* mitrs
moisten *v.t.* samitrināt
moisture *n.* mitrums
molar *a* molārs
molar *n.* dzeroklis
molasses *n* melase
mole *n.* mols
molecular *a.* molekulārs
molecule *n.* molekula
molest *v.t.* uzbāzties
molestation *n.* uzbāšanās
molten *a.* kausēts
moment *n.* moments
momentary *a.* īslaicīgs
momentous *a.* svarīgs
momentum *n.* impulss
monarch *n.* monarhs
monarchy *n.* monarhija
monastery *n.* klosteris
monday *n.* Pirmdiena
monetary *a.* naudas
money *n.* nauda
monger *n.* pārdevējs
mongoose *n.* mangusts
mongrel *a* jauktenis
monitor *n.* monitors
monitory *a.* brīdinošs
monk *n.* mūks
monkey *n.* mērkaķis
monochromatic *a.* monohroma-
tisks

monocle *n.* monoklis
monocular *a.* monokulārs
monogamy *n.* vienlaulība
monogram *n.* monogramma
monograph *n.* monogrāfija
monogyny *n* viensievība
monolith *n.* monolīts
monologue *n.* monologs
monopolist *n.* monopolists
monopolize *v.t.* monopolizēt
monopoly *n.* monopols
monosyllabic *a.* vienzilbīgs
monosyllable *n.* vienzilbes vārds
monotheism *n.* monoteisms
monotheist *n.* monoteists
monotonous *a.* monotons
monotony *n* monotonija
monsoon *n.* musons
monster *n.* briesmonis
monstrous *a.* kroplīgs
month *n.* mēnesis
monthly *adv* ik mēnesi
monthly *n* mēnešraksts
monthly *a.* ikmēneša
monument *n.* piemineklis
monumental *a.* monumentāls
moo *v.i* maut
mood *n.* garastāvoklis
moody *a.* kaprīzs
moon *n.* mēness
moor *v.t* pietauvot
moor *n.* tīrelis
mooring *n.* pastāvīgie enkuri
moot *n.* tautas sapulce
mop *v.t.* uzslaucīt
mop *n.* slota mazgāšanai
mope *v.i.* būt grūtsirdīgam
moral *n.* morāle
moral *a.* morāls
morale *n.* morāle
moralist *n.* morālists
morality *n.* tikumiska uzvedība

moralize *v.t.* moralizēt
morbid *a.* slimīgs
morbidity *n* saslimšanas
gadījumu skaits
more *adv* vēl
more *adv.* vairāk
moreover *adv.* turklāt
morgue *n.* morgs
moribund *a.* mirstošas
morning *n.* rīts
moron *n.* garīgi atpalicis cilvēks
morose *a.* nīgrs
morphia *n.* morfijs
morrow *n.* rītdiena
morsel *n.* kumoss
mortal *n* mirstīgais
mortal *a.* mirstīgs
mortality *n.* mirstība
mortar *v.t.* apmest
mortgage *v.t.* ieķīlāt
mortgage *n.* hipotēka
mortify *v.t.* atmirt
mortuary *n.* kapliča morgs
mosaic *n.* mozaīka
mosque *n.* mošeja
mosquito *n.* ods
moss *n.* sūna
most *n* vairākums
most *adv.* visbiežāk
most *a.* visvairāk
mote *n.* puteklītis
motel *n.* motelis
moth *n.* kode
mother *v.t.* rūpēties kā mātei
mother *n* māte
motherhood *n.* mātes stavoklis
motherly *a.* mātes
motif *n.* motīvs
motion *v.i.* māt
motion *n.* kustība
motionless *a.* nekustīgs
motivate *v* motivēt

motivation *n.* motivācija
motive *n.* motīvs
motley *a.* raibs
motor *a* kustības-
motor *n.* dzinējs
motorist *n.* automobilists
mottle *n.* raibums
motto *n.* devīze
mould *n* augsne
mould *n* kaps
mould *v.t.* sapelēt
mould *n.* pelējums
mouldy *a.* sapelējis
moult *v.i.* mest spalvas
mound *n.* paugurs
mount *n* kartona ietvars
mount *v.t.* uzkāpt
mount *n.* kalns
mountain *n.* kalns
mountaineer *n.* kalnietis
mountainous *a.* kalnains
mourn *v.i.* sērot
mourner *n.* sērotājs
mournful *a* sērīgs
mourning *n.* sēras
mouse *n.* pele
moustache *n.* ūsas
mouth *v.t.* čapstināt muti
mouth *n.* mute
mouthful *n.* kumoss
movable *a.* pārvietojams
movables *n.* kustama manta
move *n.* pārvākšanās
move *v.t.* pārvietot
movement *n.* pārvietošanās
mover *n.* dzinējspēks
movies *n.* kino
mow *v.t.* pļaut
much *adv* ļoti
much *a* daudz
mucilage *n.* gļotas
muck *n.* netīrumi

mucous *a.* gļotains
mucus *n.* gļotas
mud *n.* dubļi
muddle *v.t.* saputrot
muddle *n.* juceklis
muffle *v.t.* ievīstīt
muffler *n.* kaklauts
mug *n.* krūze
mug *v* piešmaukt
muggy *a.* spiedīgs
mulatto *n.* mulats
mulberry *n.* zīdkoks
mule *n.* mūlis
mulish *a.* ietiepīgs
mull *v.t.* apdomāt
mull *n.* tabakdoze
mullah *n.* mulla
mullion *n.* šķirošasloksne starp
logiem
multifarious *a.* dažāds
multiform *n.* daudzveidīgs
multilateral *a.* daudzpusēju
multiparous *a.* produktīvs
multiped *n.* simtkājis
multiple *n* dalāms skaitlis
multiple *a.* daudzkārtīgs
multiplex *a.* multiplekss
multiplicand *n.* reizināmais
multiplication *n.* reizināšana
multiplicity *n.* daudzveidība
multiply *v.t.* reizināt
multitude *n.* liels daudzums
mum *a.* klusējošs
mum *interj* klusu!
mumble *v.i.* murmināt
mummer *n.* kumēdiņu rādītājs
mummy *n* mūmija
mummy *n.* māmiņa
mumps *n.* cūciņa
munch *v.t.* zelēt
mundane *a.* pasaulīgs
municipal *a.* pašvaldības

municipality *n.* municipalitāte
munificent *a.* devīgs
munitions *n.* munīcija
mural *n.* freska
mural *a.* sienas
murder *v.t.* nogalināt
murder *n.* slepkavība
murderer *n.* slepkava
murderous *a.* nāvējošs
murmur *v.t.* čabēt
murmur *n.* sanēšana
muscle *n.* muskulis
muscovite *n.* maskavietis
muscular *a.* muskuļains
muse *v.i.* apcerēt
muse *n* mūza
museum *n.* muzejs
mush *n.* putra
mushroom *n.* sēne
music *n.* mūzika
musical *a.* mūzikls
musician *n.* mūziķis
musk *n.* muskuss
musket *n.* muskete
musketeer *n.* musketieris
muslin *n.* nebalināts audums
must *n* neraudzēta vīnogu sula
must *n.* pelējums
must *v.* vajadzēt
mustache *n.* ūsas
mustang *n.* mustangs
mustard *n.* sinepes
muster *n* sapulcēšanās (apskatei, pārbaudei)
muster *v.t.* izturēt pārbaudi
musty *a.* appelējis
mutation *n.* mutācija
mutative *a.* kas attiecas ģenētiskāi mutācijai
mute *n.* mēmais
mute *a.* mēms
mutilate *v.t.* kropļot

mutilation *n.* sakropļošana
mutinous *a.* dumpīgs
mutiny *v.* *i* dumpoties
mutiny *n.* dumpis
mutter *n* ducināšana
mutter *v.i.* ducināt
mutton *n.* aitas gaļa
mutual *a.* savstarpējs
muzzle *v.t* uzlikt uzpurni
muzzle *n.* purns
my *pron.* mans
myalgia *n.* mialģija
myopia *n.* tuvredzība
myopic *a.* tuvredzīgs
myosis *n.* akūtas infekcijas slimība
myriad *a* neskaitāms
myriad *n.* miriāde
myrrh *n.* mirres
myrtle *n.* mirte
myself *pron.* sevi
mysterious *a.* noslēpumains
mystery *n.* noslēpums
mystic *n* mistiķis
mystic *a.* mistisks
mysticism *n.* misticisms
mystify *v.t.* mistificēt
myth *n.* mīts
mythical *a.* mītisks
mythological *a.* mitoloģisks
mythology *n.* mitoloģija

nab *n* šautenes gailis
nab *v.t.* notvert
nabob *n.* nabobs
nadir *n.* nadirs
nag *v.t.* šķendēties

nag *n.* ponijs
nail *v.t.* iedzīt naglu
nail *n.* nagla
naive *a.* naivs
naivete *n.* naivums
naivety *n.* naivitāte
naked *a.* kails
name *v.t.* nosaukt
name *n.* vārds
namely *adv.* proti
namesake *n.* vārdamāsa
nap *n.* snauda
nap *v.i.* snaust
nap *n* uzkārsums
nape *n.* pakausis
napkin *n.* salvete
narcissism *n.* narcisms
narcissus *n* narcise
narcosis *n.* narkoze
narcotic *n.* narkotika
narrate *v.t.* stāstīt
narration *n.* stāstījums
narrative *a.* stāstījuma-
narrative *n.* stāsts
narrator *n.* stāstītājs
narrow *v.t.* sašaurināt
narrow *a.* šaurs
nasal *a.* deguna
nasal *n* nāsenis
nascent *a.* dzimstošs
nasty *a.* šķebinošs
natal *a.* dzimšanas
nation *n.* tauta
national *a.* Valsts
nationalism *n.* nacionālisms
nationalist *n.* nacionālists
nationality *n.* pilsonība
nationalization *n.*
  nacionalizācija
nationalize *v.t.* nacionalizēt
native *n* vietējais iedzīvotājs
native *a.* dzimtenes

nativity *n.* dzimšana
natural *a.* dabisks
naturalist *n.* naturālısts
naturalize *v.t.* naturalizēt
naturally *adv.* dabiski
nature *n.* daba
naughty *a.* nerātns
nausea *n.* nelaba dūša
nautic(al) *a.* jūras
naval *a.* jūras
nave *n.* joms
navigable *a.* kuģojams
navigate *v.i.* kuģot
navigation *n.* navigācija
navigator *n.* navigators
navy *n.* jūras kara flote
nay *adv.* nē
neap *a.* kristies
near *prep.* pie
near *v.i.* tuvoties
near *adv.* tuvu
near *a.* tuvs
nearly *adv.* gandrīz
neat *a.* glīts
nebula *n.* miglājs
necessary *a* nepieciešams
necessary *n.* nepieciešamība
necessitate *v.t.* prasīt
necessity *n.* nepieciešamība
neck *n.* kakls
necklace *n.* kaklarota
necklet *n.* kaklarota
necromancy *n.* nekromantija
necropolis *n.* kapsēta
nectar *n.* nektārs
need *v.t.* vajadzēt
need *n.* vajadzība
needful *a.* nepieciešams
needle *n.* adata
needless *a.* nevajadzīgs
needs *adv.* nepieciešami
needy *a.* trūcīgs

nefarious *a.* zemisks
negation *n.* noliegums
negative *v.t.* noliegt
negative *n.* noliegums
negative *a.* negatīvs
neglect *v.t.* izturēties nevērīgi
neglect *n* nevērīga izturēšanās
negligence *n.* nolaidība
negligent *a.* nevērīgs
negligible *a.* niecīgs
negotiable *a.* apgrozības spējīgs
negotiate *v.t.* apspriest
negotiation *n.* sarunas
negotiator *n.* sarunu vedējs
negress *n.* nēģeriete
negro *n.* nēģeris
neigh *n.* zviedziens
neigh *v.i.* zviegt
neighbour *n.* kaimiņš
neighbour *v* robežoties
neighbourhood *n.* apkārtne
neighbourly *a.* kaimiņu
neither *conj.* arī ne
nemesis *n.* atmaksa
neolithic *a.* neolīta
neon *n.* neons
nephew *n.* brāļadēls
nepotism *n.* nepotisms
neptune *n.* Neptūns
nerve *n.* nervs
nerve *v* spēcināt
nerveless *a.* slābans
nervous *a.* nervozs
nescience *n.* neziņa
nest *n.* ligzda
nest *v.t.* perēt
nestle *v.i.* saritināties
nestling *n.* putnēns
net *v.t.* ienest tīru peļņu
net *v.t.* mest tīklu
net *a* neto
net *n.* tīkls

nether *a.* apakšējs
nettle *v.t.* kaitināt
nettle *n.* nātre
network *n.* tīkls
neurologist *n.* neirologs
neurology *n.* neiroloģija
neurosis *n.* neiroze
neuter *a.* neitrāls
neuter *n* nekatra dzimte
neutral *a.* bezdzimuma
neutralize *v.t.* neitralizēt
neutron *n.* neitrons
never *adv.* nekad
nevertheless *conj.* tomēr
new *a.* jauns
news *n.* jaunumi
next *adv.* nākošo reizi
next *a.* nākamais
nib *n.* rakstāmspalva
nibble *n* skrubināšana
nibble *v.t.* knibināt
nice *a.* jauks
nicety *n.* sīkumi
niche *n.* niša
nick *v* ierobīt
nick *n.* nelabais
nickel *n.* niķelis
nickname *v.t.* iesaukt
nickname *n.* iesauka
nicotine *n.* nikotīns
niece *n.* brāļameita
niggard *n.* skopulis
niggardly *a.* skopulīgs
nigger *n.* melnādainais
nigh *adv.* gandrīz
nigh *adv.* tuvu
night *n.* nakts
nightie *n.* naktstērps
nightingale *n.* lakstīgala
nightly *adv.* naktī
nightmare *n.* murgs
nihilism *n.* nihilisms

nil *n.* nulle
nimble *a.* izveicīgs
nimbus *n.* oreols
nine *n.* deviņi
nineteen *n.* deviņpadsmit
nineteenth *a.* deviņpadsmitais
ninetieth *a.* deviņdesmitais
ninety *n.* deviņdesmit
ninth *a.* devītais
nip *v.t* kniebt
nipple *n.* dzelksnis
nitrogen *n.* slāpeklis
no *adv.* nav
no *a.* neviens
no *n* noliegums
nobility *n.* muižniecība
noble *n.* augstmanis
noble *a.* cēls
nobleman *n.* augstmanis
nobody *pron.* neviens
nocturnal *a.* nakts
nod *v.i.* plandīties
node *n.* mezgls
noise *n.* troksnis
noisy *a.* trokšņains
nomad *n.* klaidonis
nomadic *a.* nomadu
nomenclature *n.* nomenklatūra
nominal *a.* nomināls
nominate *v.t.* izvirzīt
nomination *n.* iecelšana
nominee *n* kandidāts
non-alignment *n.*
nepievienošanās
nonchalance *n.* bezrūpība
nonchalant *a.* vienaldzīgs
none *adv.* nemaz
none *pron.* neviens
nonentity *n.* nebūtība
nonetheless *adv.* tomēr
nonpareil *n.* nesalīdzināms
nonpareil *a.* lielisks

nonplus *v.t.* samulsināt
nonsense *n.* absurds
nonsensical *a.* aplams
nook *n.* kakts
noon *n.* sānieliņa
noose *n.* cilpa
noose *v.t.* sasiet cilpā
nor *conj* arī ne
norm *n.* norma
norm *n.* paraugs
normal *a.* normāls
normalcy *n.* normalitāte
normalize *v.t.* normalizēt
north *adv.* uz ziemeļiem
north *a* ziemeļu
north *n.* ziemeļi
northerly *adv.* ziemeļu pusē
northerly *a.* ziemeļu
northern *a.* ziemeļu
nose *v.t* ostīt
nose *n.* deguns
nosegay *n.* ziedu pušķis
nosey *a.* ziņkārīgs
nostalgia *n.* ilgas pēc pagājušā
nostril *n.* nāss
nostrum *n.* patentlīdzeklis
nosy *a.* ziņkārīgs
not *adv.* nav
notability *n.* nozīmīgums
notable *a.* ievērojams
notary *n.* notārs
notation *n.* notācija
notch *n.* iecirtums
note *v.t.* atzīmēt
note *n.* piezīme
noteworthy *a.* ievērības cienīgs
nothing *adv.* nemaz
nothing *n.* nekas
notice *v.t.* paziņot
notice *a.* paziņojums
notification *n.* paziņojums
notify *v.t.* paziņot

notion *n.* jēdziens
notional *a.* spekulatīvs
notoriety *n.* slikta slava
notorious *a.* bēdīgi slavens
notwithstanding *conj.* kaut gan
notwithstanding *prep.* neska-
toties uz
notwithstanding *adv.* taču
nought *n.* nulle
noun *n.* lietvārds
nourish *v.t.* barot
nourishment *n.* barība
novel *a.* jauns
novel *n* romāns
novelette *n.* novelete
novelist *n.* romānists
novelty *n.* jaunums
November *n.* Novembris
novice *n.* iesācējs
now *conj.* tagad kad
now *adv.* tagad
nowhere *adv.* nekur
noxious *a.* kaitīgs
nozzle *n.* uzgalis
nuance *n.* nianse
nubile *a.* precību gados
nuclear *a.* kodola
nucleus *n.* kodols
nude *a.* kails
nude` *n* pliknis
nudge *n* dunka
nudge *v.t.* iedunkāt
nudity *n.* kailums
nugget *n.* tīrradnis
nuisance *n.* nepatīkams gadījums
null *a.* nenozīmīgs
nullification *n.* atsaukums
nullify *v.t.* anulēt
numb *a.* sastindzis
number *v.t.* skaitīt
number *n.* skaits
numberless *a.* neskaitāms

numeral *a.* skaitļa vārds
numeral *n* skaitlis
numerator *n.* skaitītājs
numerical *a.* skaitļa
numerous *a.* lielā skatā
nun *n.* mūķene
nunnery *n.* sieviešu klosteris
nuptial *a.* kāzu
nuptials *n.* laulības
nurse *v.t* ārstēt
nurse *n.* medmāsa
nursery *n.* mazbērnu novietne
nurture *v.t.* barot
nurture *n.* barošana
nut *n* rieksts
nut *n* švīts
nutrition *n.* uzturs
nutritious *a.* barojoša
nutritive *a.* barības
nuzzle *v.* ostīt
nylon *n.* neilons
nymph *n.* nimfa

oak *n.* ozols
oar *n.* airis
oarsman *n.* airētājs
oasis *n.* oāze
oat *n.* auzas
oath *n.* zvērests
obduracy *n.* stūrgalvība
obdurate *a.* ietiepīgs
obedience *n.* paklausība
obedient *a.* paklausīgs
obeisance *n.* paklanīšanās
obesity *n.* brangums
obey *v.t.* paklausīt
obituary *a.* miršanas

object *v.t.* iebilst
object *n.* mērķis
objection *n.* iebildums
objectionable *a.* nosodāms
objective *n.* mērķis
objective *a.* mērķtiecīgs
oblation *n.* ziedošana
obligation *n.* pienākums
obligatory *a.* obligāts
oblige *v.t.* piespiest
oblique *a.* šķībs
obliterate *v.t.* iznīcināt
obliteration *n.* iznīcināšana
oblivion *n.* aizmiršana
oblivious *a.* izklaidīgs
oblong *a.* garens
oblong *n.* iegarens priekšmets
obnoxious *a.* nepatīkams
obscene *a.* neķītrs
obscenity *n.* neķītrība
obscure *v.t.* aptumšot
obscure *a.* neskaidrs
obscurity *n.* tumsa
observance *n.* ievērošana
observant *a.* uzmanīgs
observation *n.* novērošana
observatory *n.* observatorija
observe *v.t.* ievērot
obsess *v.t.* sagrābt
obsession *n.* apsēstība
obsolete *a.* novecojis
obstacle *n.* šķērslis
obstinacy *n.* šķērslis
obstinate *a.* ietiepīgs
obstruct *v.t.* kavēt
obstruction *n.* obstrukcija
obstructive *a.* kavējošs
obtain *v.t.* iegūt
obtainable *a.* iegūstams
obtuse *a.* plats
obvious *a.* skaidrs
occasion *v.t* radīt

occasion *n.* gadījums
occasional *a.* laiku pa laikam
 notiekošs
occasionally *adv.* laika par
 laikam
occident *n.* Rietumi
occidental *a.* rietumu
occult *a.* mistisks
occupancy *n.* okupācija
occupant *n.* okupants
occupation *n* nodarbošanās
occupation *n.* okupācija
occupier *n.* okupants
occupy *v.t.* okupēt
occur *v.i.* rasties
occurrence *n.* notikums
ocean *n.* okeāns
oceanic *a.* okeāna
octagon *n.* astoņstūris
octangular *a.* astoņstūra
octave *n.* oktāva
october *n.* Oktobris
octogenarian *a.* astoņdesmit
 gadu vecs
octroi *n.* dāvinājuma
ocular *a.* okulārs
oculist *n.* acu ārsts
odd *a.* savāds
oddity *n.* dīvainība
odds *n.* izredzes
ode *n.* oda
odious *a.* riebīgs
odium *n.* naids
odorous *a.* smaržīgs
odour *n.* smarža
offence *n.* nodarījums
offend *v.t.* aizskart
offender *n.* likumpārkāpējs
offensive *n* uzbrukums
offensive *a.* apvainojošs
offer *n* piedāvājums
offer *v.t.* piedāvāt

offering *n.* upuris
office *n.* birojs
officer *n.* virsnieks
official *n* ierēdnis
official *a.* oficiāls
officially *adv.* oficiāli
officiate *v.i.* pildīt
officious *a.* uzbāzīgs
offing *n.* selga
offset *n* kompensācija
offset *n* atlīdzība
offshoot *n.* atvase
offspring *n.* pēcnācējs
oft *adv.* bieži
often *adv.* bieži
ogle *v.t.* koķetēt
ogle *n* sirsnīgs skatiens
oil *n.* eļļa
oil *v.t* ieeļļot
oily *a.* eļļains
ointment *n.* ziede
old *a.* vecs
oligarchy *n.* oligarhija
olive *n.* olīva
olympiad *n.* olimpiāde
omega *n.* omega
omelette *n.* omlete
omen *n.* pazīme
omen *v* vēstīt
ominous *a.* draudošs
omission *n.* izlaidums
omit *v.t.* izlaist
omnipotence *n.* visvarenība
omnipotent *a.* visvarens
omnipresence *n.* visuresme
omnipresent *a.* visuresošs
omniscience *n.* Dieva Gudrības
omniscient *a.* viszinošs
on *prep.* pie
on *prep.* uz
on *adv.* uz priekšu
once *adv.* vienreiz

one *pron.* kāds
one *a.* viens
oneness *n.* tāpatība
onerous *a.* apgrūtinošs
onion *n.* sīpols
onlooker *n.* novērotājs
only *conj.* ja ne
only *adv.* tikai
only *a.* vienīgais
onrush *n.* uzplūdi
onset *n.* sākums
onslaught *n.* uzbrukums
onus *n.* atbildība
onward *a.* uz priekšu ejošs
onwards *adv.* uz priekšu
ooze *v.i.* sūkties
ooze *n.* sūkšanās
opacity *n.* necaurredzamība
opal *n.* opāls
opaque *a.* necaurredzams
open *v.t.* atvērt
open *a.* atvērts
opening *n.* atvēršanas
openly *adv.* atklāti
opera *n.* opera
operate *v.t.* darboties
operation *n.* operācija
operative *a.* operatīvs
operator *n.* operators
opine *v.t.* domāt
opinion *n.* uzskats
opium *n.* opijs
opponent *n.* pretinieks
opportune *a.* izdevīgs
opportunism *n.* oportūnisms
opportunity *n.* iespēja
oppose *v.t.* pretoties
opposite *a.* pretējs
opposition *n.* opozīcija
oppress *v.t.* apspiest
oppression *n.* apspiešana
oppressive *a.* nomācošs

oppressor *n.* apspiedējs
opt *v.i.* izvēlēties
optic *a.* redzes
optician *n.* optiķis
optimism *n.* optimisms
optimist *n.* optimists
optimistic *a.* optimistisks
optimum *a* optimāls
optimum *n.* vislabākie apstākļi
option *n.* izvēle
optional *a.* pēc izvēles
opulence *n.* bagātība
opulent *a.* bagāts
oracle *n.* orākuls
oracular *a.* pravietisks
oral *a.* mutes
orally *adv.* mutiski
orange *a* oranžs
orange *n.* apelsīns
oration *n.* svinīga runa
orator *n.* orators
oratorical *a.* oratorisks
oratory *n.* retorikas
orb *n.* orbīta
orbit *n.* orbīta
orchard *n.* augļu dārzs
orchestra *n.* orķestris
orchestral *a.* orķestra
ordeal *n.* smags pārbaudījums
order *v.t* norīkot
order *v* pasūtīt
order *n.* rīkojums
orderly *n.* sanitārs
orderly *a.* kārtīgs
ordinance *n.* rīkojums
ordinarily *adv.* parasti
ordinary *a.* ikdienišķs
ordnance *n.* arsenāls
ore *n.* rūda
organ *n.* orgāns
organic *a.* organisks
organism *n.* organisms

organization *n.* organizācija
organize *v.t.* organizēt
orient *v.t.* orientēt
orient *n.* Austrumi
oriental *n* austrumu iedzīvotājs
oriental *a.* austrumu-
orientate *v.t.* orientēt
origin *n.* izcelšanās
original *n* pirmavots
original *a.* oriģināls
originality *n.* oriģinalitāte
originate *v.t.* rasties
originator *n.* iniciators
ornament *v.t.* izrotāt
ornament *n.* ornaments
ornamental *a.* dekoratīvs
ornamentation *n.* ornaments
orphan *v.t* padarīt par bāreni
orphan *n.* bārenis
orphanage *n.* sērdienība
orthodox *a.* ortodoksāls
orthodoxy *n.* pareizticība
oscillate *v.i.* oscilēt
oscillation *n.* svārstība
ossify *v.t.* pārkauloties
ostracize *v.t.* izraidīt trimdā
ostrich *n.* strauss
other *adv* citādi
other *a.* cits
otherwise *adv.* pretējā gadījumā
otter *n.* ūdrs
ottoman *n.* osmanis
ounce *n.* unce
our *pron.* mūsu
oust *v.t.* izspiest
out *adv.* ārā
out *v* izdzīt
out *n* izlaidums
outbalance *v.t.* būt smagākam
outbid *v.t.* pārspēt
outbreak *n.* izcelšanās
outburst *n.* uzliesmojums

outcast *a* izraidīts

outcast *n.* izstumtais

outcome *n.* rezultāts

outcry *v* iekliegties

outcry *n* izsauciens

outdated *a.* novecojis

outdo *v.t.* pārspēt

outdoor *a.* ārā

outer *a.* ārējs

outfit *v.t* ietērpt

outfit *n.* piederumi

outgrow *v.t.* pāraugt

outhouse *n.* saimniecības ēka

outing *n.* izbrauciens

outlandish *a.* ārzemniecisks

outlaw *v.t* pasludināt ārpus likuma

outlaw *n.* izstumtais

outline *v.t.* vilkt kontūras

outline *n.* kontūra

outlive *v.i.* pārdzīvot

outlook *n.* perspektīva

outmoded *a.* vecmodīgs

outnumber *v.t.* pārspēt skaita ziņā

outpatient *n.* ambulatorisks slimnieks

outpost *n.* priekšpostenis

output *n.* jauda

outrage *v.t.* pielietot varmācību

outrage *n.* varmācība

outright *a* tiešs

outright *adv.* tieši

outrun *v.t.* noskriet

outset *n.* sākums

outshine *v.t.* izcelties

outside *n* āriene

outside *prep* ārpus

outside *adv* no ārpuses

outside *a.* ārpuses

outsider *n.* savrupnieks

outsize *a.* liela izmēra-

outskirts *n.pl.* priekšpilsēta

outspoken *a.* vaļsirdīgs

outstanding *a.* izcils

outward *adv* uz āru

outward *a.* ārējais

outwardly *adv.* ārēji

outwards *adv* uz āru

outweigh *v.t.* būt smagākam

outwit *v.t.* pārspēt viltībā

oval *n* ovāls

oval *a.* ovāls

ovary *n.* olnīca

ovation *n.* ovācija

oven *n.* krāsns

over *n* pārlidošana

over *adv* vairāk

over *prep.* vairāk nekā

overact *v.t.* tēlot pārspīlēti

overall *a* vispārīgs

overall *n.* uzsvārcis

overawe *v.t.* iebaidīt

overboard *adv.* pār bortu

overburden *v.t.* pārslogot

overcast *a.* apmācies

overcharge *n* pārak augsta cena

overcharge *v.t.* pārlādēt

overcoat *n.* mētelis

overcome *v.t.* pārvarēt

overdo *v.t.* pārspīlēt

overdose *v.t.* pārdozēt

overdose *n.* pārāk liela deva

overdraft *n.* bankas kredīta pārsniegšana

overdraw *v.t.* pārspīlēt

overdue *a.* nokavēts

overhaul *n.* pamatīga pārbaude

overhaul *v.t.* pamatīgi apskatīt

overhear *v.t.* slepus noklausīties

overjoyed *a* sajūsmināts

overlap *n* pārlaidums

overlap *v.t.* daļēji sakrist

overleaf *adv.* nākamajā lappusē

overload *n* pārslodze
overload *v.t.* pārslogot
overlook *v.t.* noskaust
overnight *a* iepriekšējā vakara
overnight *adv.* pa nakti
overpower *v.t.* pārspēt
overrate *v.t.* pārvērtēt
overrule *v.t.* noraidīt
overrun *v.t* pārsniegt
oversee *v.t.* uzraudzīt
overseer *n.* uzraugs
overshadow *v.t.* aizēnot
oversight *n.* pārskatīšanās
overt *a.* atklāts
overtake *v.t.* pārsteigt
overthrow *n* neveiksme
overthrow *v.t.* gāzt
overtime *n* virsstundas
overtime *adv.* virs darba laika
overture *n.* uvertīra
overwhelm *v.t.* apbērt
overwork *n.* pārslodze
overwork *v.i.* pārstrādāties
owe *v.t* būt parādā
owl *n.* pūce
own *v.t.* piederēt
own *a.* paša
owner *n.* īpašnieks
ownership *n.* īpašuma tiesības
ox *n.* vērsis
oxygen *n.* skābeklis
oyster *n.* austere

pace *v.i.* soļot
pace *n* gaita
pacific *a.* miermīlīgs
pacify *v.t.* nomierināt

pack *v.t.* iepakot
pack *n.* komplekts
package *n.* paka
packet *n.* paciņa
packing *n.* iesaiņošana
pact *n.* līgums
pad *v.t.* polsterēt
pad *n.* paliktnis
padding *n.* polsterējums
paddle *n* dubļi
paddle *v.i.* bradāt
paddy *n.* īrs
page *v.t.* numurēt lappuses
page *n.* lappuse
pageant *n.* grezna izrāde
pageantry *n.* āriškība
pagoda *n.* pagoda
pail *n.* spainis
pain *v.t.* sāpēt
pain *n.* sāpes
painful *a.* sāpīgs
painstaking *a.* cītīgs
paint *v.t.* krāsot
paint *n.* krāsa
painter *n.* gleznotājs
painting *n.* glezna
pair *n.* pāris
pair *v.t.* sakārtot pa pāriem
pal *n.* draugs
palace *n.* pils
palanquin *n.* palankins
palatable *a.* garšīgs
palatal *a.* palatāls
palate *n.* aukslējas
palatial *a.* pilsveidīgs
pale *a* bāls
pale *v.i.* nobālēt
pale *n.* stabs
palette *n.* palete
palm *v.t.* glāstīt
palm *n.* palma
palm *n.* plauksta**

palmist *n.* hiromants
palmistry *n.* hiromantija
palpable *a.* taustāms
palpitate *v.i.* pukstēt
palpitation *n.* paātrināta sirdsdarbība
palsy *n.* paralīze
paltry *a.* niecīgs
pamper *v.t.* lutināt
pamphlet *n.* brošūra
pamphleteer *n.* pamfletists
panacea *n.* panaceja
pandemonium *n.* elle
pane *n.* rūts
panegyric *n.* panegiriks
panel *v.t.* apšūt ar paneļiem
panel *n.* panelis
pang *n.* pēkšņas sāpes
panic *n.* panika
panorama *n.* panorāma
pant *n.* elsas
pant *v.i.* elst
pantaloon *n.* āksts
pantheism *n.* panteisms
pantheist *n.* panteists
panther *n.* panteris
pantomime *n.* pantomīma
pantry *n.* pieliekamais
papacy *n.* pāvesta amats
papal *a.* pāvesta
paper *n.* papīrs
par *n.* paragrāfs
parable *n.* parabola
parachute *n.* izpletnis
parachutist *n.* izpletņlēcējs
parade *v.t.* soļot parādē
parade *n.* parāde
paradise *n.* paradīze
paradox *n.* paradokss
paradoxical *a.* paradoksāli
paraffin *n.* parafīns
paragon *n.* paraugs

paragraph *n.* punkts
parallel *v.t.* vilkt paralēli
parallel *n.* paralēle
parallelism *n.* paralēlisms
parallelogram *n.* paralelograms
paralyse *v.t.* paralizēt
paralysis *n.* paralīze
paralytic *a.* paralītisks
paramount *n.* pats svarīgākais
paramour *n.* mīļākais
paraphernalia *n. pl* piederumi
paraphrase *v.t.* parafrāzēt
paraphrase *n.* parafrāze
parasite *n.* parazīts
parcel *v.t.* iesaiņot
parcel *n* zemes gabals
parcel *n.* pasta sūtījums
parch *v.t.* kaltēt
pardon *n.* piedošana
pardon *v.t.* apžēlot
pardonable *a.* piedodams
parent *n.* vecāks
parentage *n.* izcelšanās
parental *a.* vecāku
parenthesis *n.* pārtraukums
parish *n.* pagasts
parity *n.* paritāte
park *v.t.* novietot
park *n.* parks
parlance *n.* runas maniere
parley *v.i* vest sarunas
parley *n.* saruna
parliament *n.* parlaments
parliamentarian *n.* parlamenta loceklis
parliamentary *a.* parlamenta
parlour *n.* viesistaba
parody *v.t.* sacerēt parodiju
parody *n.* parodija
parole *v.t.* atbrīvot (apcietināto) pret godavārdu (vai galvojumu)

parole *n.* parole
parricide *n.* dzimtenes nodev js
parricide *n.* tēva slepkava
parrot *n.* papagailis
parry *n.* atvairīšana
parry *v.t.* atsist
parson *n.* mācītājs
part *v.t.* šķirties
part *n.* daļa
partake *v.i.* piedalīties
partial *a.* daļējs
partiality *n.* objektivitātes trūkums
participant *n.* dalībnieks
participate *v.i.* piedalīties
participation *n.* līdzdalība
particle *a.* daļiņa
particular *n.* sīkums
particular *a.* īpašs
partisan *n* partizānsks
partisan *n.* piekritējs
partition *v.t.* atdalīt
partition *n.* nodalīšana
partner *n.* partneris
partnership *n.* sabiedrība
party *n.* partija
party *n* pulciņš
pass *n* pāreja
pass *v.i.* iet
passage *n.* fragments
passenger *n.* pasažieris
passion *n.* aizraušanās
passionate *a.* kaislīgs
passive *a.* pasīvs
passport *n.* pase
past *n.* pagātne
past *prep.* pāri
past *a.* pagājis
paste *v.t.* līmēt
paste *n.* pasta
pastel *n.* pastelis
pastime *n.* spēle

pastoral *a.* pastorāle
pasture *v.t.* ganīt
pasture *n.* ganības
pat *adv* īstā laikā
pat *n* kāja
pat *v.t.* viegli uzsist
patch *n* plāksteris
patch *v.t.* lāpīt
patent *v.t.* patentēt
patent *n* patents
patent *a.* patentēts
paternal *a.* tēva
path *n.* taka
pathetic *a.* patētisks
pathos *n.* patoss
patience *n.* pacietība
patient *n* pacients
patient *a.* pacietīgs
patricide *n.* tēva slepkava
patrimony *n.* patrimonijs
patriot *n.* patriots
patriotic *a.* patriotisks
patriotism *n.* patriotisms
patrol *n* patruļa
patrol *v.i.* apstaigāt
patron *n.* patrons
patronage *n.* patronāža
patronize *v.t.* aizstāvēt
pattern *n.* modelis
paucity *n.* neliels skaits
pauper *n.* ubags
pause *v.i.* apstāties
pause *n.* pauze
pave *v.t.* bruģēt
pavement *n.* bruģis
pavilion *n.* paviljons
paw *v.t.* aiztikt ar ķepu
paw *n.* ķepa
pay *n* atalgojums
pay *v.t.* maksāt
payable *a.* maksājams
payee *n.* naudas saņēmējs

payment *n.* maksājums
pea *n.* zirnis
peace *n.* miers
peaceable *a.* mierīgs
peaceful *a.* miermīlīgs
peach *n.* persiks
peacock *n.* pāvs
peahen *n.* pāvu mātīte
peak *n.* virsotne
pear *n.* bumbieris
pearl *n.* pērle
peasant *n.* zemnieks
peasantry *n.* zemniecība
pebble *n.* oļi
peck *v.i.* knābt
peck *n.* knābiens
peculiar *a.* īpatnējs
peculiarity *n.* raksturīga īpašība
pecuniary *a.* naudas
pedagogue *n.* pedagogs
pedagogy *n.* pedagoģija
pedal *v.t.* nospiest pedāli
pedal *n.* pedālis
pedant *n.* pedants
pedantic *n.* pedantisks
pedantry *n.* pedantisms
pedestal *n.* pjedestāls
pedestrian *n.* gājējs
pedigree *n.* ģenealoģija
peel *n.* miza
peel *v.t.* mizot
peep *n* pīkstiens
peep *v.i.* palūrēt
peer *n.* vienādranga
peerless *a.* nesalīdzināms
peg *v.t.* iesist tapu
peg *n.* tapa
pelf *n.* nauda
pell-mell *adv.* juceklīgi
pen *v.t.* sacerēt
pen *n.* pildspalva
penal *a.* soda

penalize *v.t.* sodīt
penalty *n.* sods
pencil *v.t.* rakstīt ar zīmuli
pencil *n.* zīmulis
pending *prep.* līdz
pending *a* neizlemts
pendulum *n.* svārsts
penetrate *v.t.* izspiesties
penetration *n.* iespiešanās
penis *n.* penis
penniless *a.* bez naudas
penny *n.* penijs
pension *v.t.* piešķirt pensiju
pension *n.* pensija
pensioner *n.* pensionārs
pensive *a.* domīgs
pentagon *n* Pentagons
pentagon *n.* piecstūris
peon *n.* laukstrādnieks
people *v.t.* apdzīvot
people *n.* cilvēki
pepper *n.* pipari
pepper *v.t.* piparot
per *prep.* par
per cent *n* procents
perambulator *n.* perambulators
perceive *v.t.* uztvert
percentage *n.* procenti
perceptible *adj* uztverams
perception *n.* uztvere
perceptive *a.* uztveres
perch *v.i.* uzrāpties
perch *n.* asaris
perennial *a* veselu gadu ilgstošs
perennial *n* ziemcietis
perennial *a.* pastāvīgs
perfect *a.* nevainojams
perfect *v.t.* uzlabot
perfection *n.* pilnība
perfidy *n.* neuzticība
perforate *v.t.* perforēt
perforce *adv.* gribot negribot

perform *v.t.* uzstāties
performance *n.* uzstāšanās
performer *n.* izpildītājs
perfume *v.t.* iesmaržot
perfume *n.* smaržas
perhaps *adv.* iespējams
peril *v.t.* apdraudēt
peril *n.* bīstamība
perilous *a.* riskants
period *n* mēnešreizes
period *n.* periods
periodical *a.* periodiski
periodical *n.* periodisks izdevums
periphery *n.* perifērija
perish *v.i.* iet bojā
perishable *a.* iznīcīgs
perjure *v.i.* dot nepatiesu liecību
perjury *n.* zvēresta laušana
permanence *n.* pastāvība
permanent *a.* pastāvīgs
permissibie *a.* pieļaujamais
permission *n.* atļauja
permit *n.* atļauja
permit *v.t.* atļaut
permutation *n.* pārmainīšana
pernicious *a.* bīstams
perpendicular *a.* perpendikulārs
perpendicular *n.* perpendikulārs
perpetual *a.* mūžīgs
perpetuate *v.t.* iemūžināt
perplex *v.t.* sarežģīt
perplexity *n.* samulsums
persecute *v.t.* vajāt
persecution *n.* vajāšana
perseverance *n.* neatlaidība
persevere *v.i.* būt neatlaidīgam
persist *v.i.* pastāvēt uz savu
persistence *n.* neatlaidība
persistent *a.* pastāvīgs
person *n.* persona
personage *n.* svarīga persona

personal *a.* personisks
personality *n.* personība
personification *n.* personifikācija
personify *v.t.* iemiesot
personnel *n.* štats
perspective *n.* perspektīva
perspiration *n.* svīšana
perspire *v.i.* svīst
persuade *v.t.* pārliecināt
persuasion *n.* pārliecināšana
pertain *v.i.* attiekties
pertinent *a.* piemērots
perturb *v.t.* uzbudināt
perusal *n.* caurskatīšana
peruse *v.t.* rūpīgi izlasīt
pervade *v.t.* izplatīties
perverse *a.* pretdabisks
perversion *n.* perversitāte
perversity *n.* ļaunprātība
pervert *v.t.* sagrozīt
pessimism *n.* pesimisms
pessimist *n.* pesimists
pessimistic *a.* pesimistisks
pest *n.* parazīts
pesticide *n.* pesticīds
pestilence *n.* epidēmija
pet *v.t.* apmīļot
pet *n.* mīlulis
petal *n.* ziedlapa
petition *v.t.* iesniegt lūgumu
petition *n.* petīcija
petitioner *n.* prasītājs
petrol *n.* benzīns
petroleum *n.* nafta
petticoat *n.* apakšsvārki
petty *a.* niecīgs
petulance *n.* īgnums
petulant *a.* īgns
phantom *n.* spoks
pharmacy *n.* aptieka
phase *n.* fāze
phenomenal *a.* fenomenāls

phenomenon *n.* parādība
phial *n.* pudelīte
philanthropic *a.* filantropisks
philanthropist *n.* filantrops
philanthropy *n.* filantropija
philological *a.* filoloģisks
philologist *n.* filologs
philology *n.* filoloģija
philosopher *n.* filozofs
philosophical *a.* filozofisks
philosophy *n.* filozofija
phone *n.* telefons
phonetic *a.* fonētisks
phonetics *n.* fonētika
phosphate *n.* fosfāts
phosphorus *n.* fosfors
photo *n* foto
photograph *n* fotogrāfija
photograph *v.t.* fotografēt
photographer *n.* fotogrāfs
photographic *a.* foto-
photography *n.* fotografēšana
phrase *v.t.* izteikt
phrase *n.* frāze
phraseology *n.* frazeoloģija
physic *v.t.* ārstēt
physic *n.* ārstniecība
physical *a.* fizisks
physician *n.* ārsts
physicist *n.* fiziķis
physics *n.* fizika
physiognomy *n.* ģīmis
physique *n.* ķermeņa uzbūve
pianist *n.* pianists
piano *n.* klavieres
pick *n.* izvēle
pick *v.t.* lasīt
picket *v.t.* patrulēt
picket *n.* miets
pickle *v.t* skābēt
pickle *n.* marināde
picnic *v.i.* izbraukt [zaļumos]

picnic *n.* pikniks
picture *v.t.* attēlot
picture *n.* attēls
picturesque *a.* gleznains
piece *n.* gabals
piece *v.t.* lāpīt
pierce *v.t.* izurbt
piety *n.* dievbijība
pig *n.* cūka
pigeon *n.* balodis
pigmy *n.* pigmejs
pile *v.t.* uzkrāt
pile *n.* kaudze
piles *n.* pāļi
pilfer *v.t.* zagt
pilgrim *n.* svētceļnieks
pilgrimage *n.* svētceļojums
pill *n.* tablete
pillar *n.* pīlārs
pillow *v.t.* likt uz spilvena
pillow *n* spilvens
pilot *v.t.* vadīt
pilot *n.* pilots
pimple *n.* pūtīte
pin *v.t.* piespraust
pin *n.* muca
pinch *n* cirtnis
pinch *v.t.* saspiest
pine *v.i.* vārgt
pine *n.* priede
pineapple *n.* ananass
pink *n* neļķe
pink *n.* sārts
pinkish *a.* rozā
pinnacle *n.* Pinnacle
pinnacle *n* smaile
pioneer *v.t.* būt celmlauzim
pioneer *n.* pionieris
pious *a.* dievbijīgs
pipe *n.* caurule
pipe *n* stabule
piquant *a.* pikants

piracy *n.* pirātisms
pirate *v.t* laupīt
pirate *n.* pirāts
pistol *n.* pistole
piston *n.* virzulis
pit *v.t.* ierakt bedrē
pit *n.* bedre
pitch *n.* piķis
pitch *v.t.* uzstādīt
pitcher *n.* krūka
piteous *a.* žēls
pitfall *n.* vilku bedre
pitiable *a.* nožēlojams
pitiful *a.* žēls
pitiless *a.* nesaudzīgs
pitman *n.* ogļracis
pittance *n.* niecīgs daudzums
pity *v.t.* žēlot
pity *n.* žēlums
pivot *v.t.* griezties
pivot *n.* vira
place *v.t.* izvietot
place *n.* vieta
placid *a.* mierīgs
plague *v* ievazāt mēri
plague *n* sērga
plain *a.* līdzens
plain *n.* līdzenums
plaintiff *n.* prasītājs
plan *v.t.* plānot
plan *n.* plāns
plane *n* ēvele
plane *a.* gludināt
plane *v.t.* gluds
plane *n.* plakne
planet *n.* planēta
planetary *a.* planētas
plank *v.t.* apšūt ar dēļiem
plank *n.* planka
plant *n.* augs
plant *v.t.* stādīt
plantain *n.* ceļmalīte

plantation *n.* plantācija
plaster *v.t.* uzlipināt plāksteri
plaster *n.* ģipsis
plate *v.t.* galvanizēt
plate *n.* plate
plateau *n.* plato
platform *n.* platforma
platonic *a.* platonisks
platoon *n.* vads
play *v.i.* spēlēt
play *n.* spēle
player *n.* spēlētājs
plea *n.* lūgums
plead *v.i.* aizbildināties
pleader *n.* advokāts
pleasant *a.* patīkams
pleasantry *n.* joks
please *v.t.* iepriecināt
please *interj* lūdzu
pleasure *n.* bauda
plebiscite *n.* plebiscīts
pledge *v.t.* ieķīlāt
pledge *n.* ķīla
plenty *n.* pārpilnība
plight *n.* solījums
plod *v.i.* lēni vilkties
plot *v.t.* dzīt intrigas
plot *n.* plāns
plough *v.i* art
plough *n.* arkls
ploughman *n.* arājs
pluck *n* plūkšana
pluck *v.t.* apzagt
plug *v.t.* aizkorķēt
plug *n.* kontaktdakša
plum *n.* plūme
plumber *n.* santehniķis
plunder *n* laupīšana
plunder *v.t.* izlaupīt
plunge *n* niršana
plunge *v.t.* ienirt
plural *a.* daudzskaitlis

plurality *n.* daudzveidība
plus *a.* papildu
plus *n* pluss
ply *n* ieloce
ply *v.t.* rīkoties (ar)
pneumonia *n* pneimonija
pocket *v.t.* ielikt kabatā
pocket *n.* kabata
pod *n.* pāksts
poem *n.* dzejolis
poesy *n.* poēzija
poet *n.* dzejnieks
poetaster *n.* rīmju kalējs
poetess *n.* dzejniece
poetic *a.* dzejas
poetics *n.* poētika
poetry *n.* dzeja
poignancy *n.* sīvums
poignant *a.* kodīgs
point *n* jēga
point *v.t.* norādīt
point *n.* punkts
poise *n* stāja
poise *v.t.* vērtēt
poison *v.t.* noindēt
poison *n.* inde
poisonous *a.* indīgs
poke *n.* kule
poke *v.t.* pabāzt
polar *n.* polārs
pole *n* kārts
pole *n.* pols
police *n.* policija
policeman *n.* policists
policy *n.* politika
polish *n* pulēšana
polish *v.t.* spodrināt
polite *a.* pieklājīgs
politeness *n.* pieklājība
politic *a.* gudrs
political *a.* politisks
politician *n.* politiķis

politics *n.* politika
polity *n.* valsts iekārta
poll *v.t.* skaitīt balsis
poll *n.* balsošana
pollen *n.* putekšņi
pollute *v.t.* apgānīt
pollution *n.* piesārņojums
polo *n.* polo
polygamous *a.* poligamijas
polygamy *n.* poligamija
polyglot *a.* daudzvalodu
polyglot *n.* poliglots
polytechnic *n.* politehnikums
polytechnic *a.* politehnisks
polytheism *n.* politeisms
polytheist *n.* politeists
polytheistic *a.* dievkalpot vairāk
  nekā vienām dievam
pomp *n.* greznums
pomposity *n.* pompa
pompous *a.* pompozs
pond *n.* dīķis
ponder *v.t.* apdomāt
pony *n.* ponijs
poor *a.* slikts
pop *n* paukšķis
pop *v.i.* sprāgt
pope *n.* pāvests
poplar *n.* papele
poplin *n.* poplīns
populace *n.* tauta
popular *a.* populārs
popularity *n.* popularitāte
popularize *v.t.* popularizēt
populate *v.t.* apdzīvot
population *n.* iedzīvotāji
populous *a.* biezi apdzīvots
porcelain *n.* porcelāns
porch *n.* lievenis
pore *n.* pora
pork *n.* cūkgaļa
porridge *n.* putra

port *n.* osta
portable *a.* portatīvs
portage *n.* valka
portal *n.* portāls
portend *v.t.* pareģot
porter *n.* porteris
portfolio *n.* portfelis
portico *n.* portiks
portion *n* porcija
portion *v.t.* sadalīt daļās
portrait *n.* portrets
portraiture *n.* portretu
  glezniecība
portray *v.t.* attēlot
portrayal *n.* attēlošana
pose *v.i.* nostādīt pozā
pose *n.* poza
position *v.t.* novietot
position *n.* stāvoklis
positive *a.* pozitīvs
possess *v.t.* piemīt
possession *n.* īpašums
possibility *n.* iespēja
possible *a.* iespējams
post *v.t.* norīkot darbā
post *v.t.* nosūtīt
post *n.* pasta
post *v* uzlīmēt
post *n* vieta
postage *n.* pasta izdevumi
postal *a.* pasta
post-date *v.t.* datēt ar iepriekšēju
  datumu
poster *n.* plakāts
posterity *n.* pēcteči
posthumous *a.* pēcnāves
postman *n.* pastnieks
postmaster *n.* pasta priekšnieks
post-mortem *n.* autopsija
post-mortem *a.* pēcnāves
post-office *n.* Pasta
postpone *v.t.* atlikt

postponement *n.* atlikšana
postscript *n.* postskripts
posture *n.* poza
pot *v.t.* ielikt katla

pot *n.* pods
potash *n.* potašs
potassium *n.* kālijs
potato *n.* kartupeļi
potency *n.* potence
potent *a.* potents
potential *n.* iespēja
potential *a.* potenciāls
potentiality *n.* potencialitāte
potter *n.* podnieks
pottery *n.* keramika
pouch *n.* kabata
poultry *n.* mājputni
pounce *n* sandaraks
pounce *v.i.* uzklupt
pound *n.* mārciņa
pound *v.t.* sasmalcināt
pour *v.i.* ieliet
poverty *n.* nabadzība
powder *v.t.* pūderēties
powder *n.* pulveris
power *n.* jauda
powerful *a.* spēcīgs
practicability *n.* praktiskums
practicable *a.* realizējams
practical *a.* praktisks
practice *n.* prakse
practise *v.t.* praktizēt
practitioner *n.* speciālists
pragmatic *a.* praktisks
pragmatism *n.* pragmatisms
praise *v.t.* slavēt
praise *n.* uzslava
praiseworthy *a.* slavējams
prank *n.* palaidnība
prattle *n.* pļāpāšana
prattle *v.i.* triekt

pray v.i. ļoti lūgt
prayer n. lūgšana
preach v.i. sludināt
preacher n. sludinātājs
preamble n. preambula
precaution n. piesardzība
precautionary a. aizsardzības
precede v. ievadīt
precedence n. prioritāte
precedent n. precedents
precept n. pamācība
preceptor n. skolotājs
precious a. vērtīgs
precis n. konspekts
precise n. precīzs
precision n. precizitāte
precursor n. priekštecis
predecessor n. priekšgājējs
predestination n. predestinācija
predetermine v.t. pierunāt
predicament n. nepatīkams
stāvoklis
predicate n. izteicējs
predict v.t. prognozēt
prediction n. pareģošana
predominance n. pārsvars
predominant a. dominējošs
predominate v.i. dominēt
pre-eminence n. pārākums
pre-eminent a. izcilāks
preface v.t. iesākt
preface n. priekšvārds
prefect n. prefekts
prefer v.t. dot priekšroku
preference n. priekšroka
preferential a. priekšrocības
prefix v.t. pievienot
prefix n. prefikss
pregnancy n. grūtniecība
pregnant a. grūtniecības stāvoklī
prehistoric a. aizvēsturisks
prejudice n. aizspriedums

prelate n. mācītājs
preliminary n iestāju
pārbaudījums
preliminary a. sagatavošanas-
prelude v.t. iesākt
prelude n. ievads
premarital a. pirmslaulības
premature a. pāragrs
premeditate v.t. iepriekš izdomāt
premeditation n. iepriekšējs
nodoms
premier a. pirmais
premier n premjerministrs
premiere n. pirmizrāde
premium n. piemaksa
premonition n. brīdinājums
preoccupation n. rūpes
preoccupy v.t. iepriekšaizņemt
preparation n. sagatavošana
preparatory a. sagatavošanas-
prepare v.t. sagatavot
preponderance n. pārsvars
preponderate v.i. dominēt
preposition n. prievārds
prerequisite a. obligāts
prerequisite n priekšnoteikums,
prerogative n. prerogatīva
prescience n. paredzējums
prescribe v.t. noteikt
prescription n. recepte
presence n. klātbūtne
present n. dāvana
present v.t. dāvināt
present a. klātesošs
presentation n. uzrādīšana
presently adv. šobrīd
preservation n. saglabāšana
preservative a. konservējošs
preservative n. konservējošs
līdzeklis
preserve n. konservi
preserve v.t. saglabāt

preside *v.i.* vadīt
president *n.* priekšsēdētājs
presidential *a.* prezidenta
press *v.t.* nospiest
press *n* prese
pressure *n.* spiediens
pressurize *v.t.* uzturēt
paaugstinātu spiedienu
prestige *n.* prestižs
prestigious *a.* prestiža-
presume *v.t.* pieņemt
presumption *n.* pieņēmums
presuppose *v.t.* iepriekš pieņemt
presupposition *n.* pieņēmums
pretence *n.* izlikšanās
pretend *v.t.* izlikties
pretension *n.* pretenzija
pretentious *a.* dižmanīgs
pretext *n* iegansts
prettiness *n.* jaukums
pretty *adv.* diezgan
pretty *a* jauks
prevail *v.i.* dominēt
prevalent *a.* valdošs
prevent *v.t.* aizkavēt
prevention *n.* aizkavēšana
preventive *a.* preventīvs
previous *a.* iepriekšējs
prey *v.i.* medīt
prey *n.* upuris
price *n.* cena
price *v.t.* nocenot
prick *v.t.* iedurt
prick *n.* dzelonis
pride *n.* lepnums
pride *n* plaukums
priest *n.* priesteris
priestess *n.* priesteriene
priesthood *n.* priestera amats
prima facie *adv.* pēc pirmā
iespaida
primarily *adv.* galvenokārt

primary *a.* galvenais
prime *a.* sākotnējs
prime *n.* sākums
primer *n.* deglis
primeval *a.* pirmatnējs
primitive *a.* primitīvs
prince *n.* princis
princely *a.* karalisks
princess *n.* princese
principal *a* galvenais
principal *n.* priekšnieks
principle *n.* princips
print *v.t.* drukāt
print *n* nospiedums
printer *n.* iespiedējs
prior *n* iepriekšējais
prior *adv.* pirms
prioress *n.* priorisa
priority *n.* prioritāte
prison *n.* cietums
prisoner *n.* ieslodzītais
privacy *n.* privātums
private *a.* privāts
privation *n.* trūkums
privilege *n.* privilēģija
prize *v.t.* augsti vērtēt
prize *n.* balva
probability *n.* varbūtība
probable *a.* iespējams
probably *adv.* droši vien
probation *n.* probācija
probationer *n.* pārbaudāmais
probe *n* zondēšana
probe *v.t.* zondēt
problem *n.* problēma
problematic *a.* problemātisks
procedure *n.* procedūra
proceed *v.i.* turpināt
proceeding *n.* rīcība
proceeds *n.* ieņēmumi
process *n.* process
procession *n.* procesija

proclaim *v.t.* proklamēt
proclamation *n.* proklamēšana
proclivity *n.* tieksme
procrastinate *v.i.* atlikt
procrastination *n.* atlikšana
proctor *n.* proktors
procure *v.t.* sagādāt
procurement *n.* sagāde
prodigal *a.* devīgs
prodigality *n.* izšķērdība
produce *n.* produkcija
produce *v.t.* ražot
product *n.* produkts
production *n.* ražošana
productive *a.* produktīvs
productivity *n.* ražīgums
profane *v.t.* apgānīt
profane *a.* profāns
profess *v.t.* uzdoties
profession *n.* profesija
professional *a.* profesionāls
professor *n.* profesors
proficiency *n.* prasme
proficient *a.* prasmīgs
profile *n.* profils
profile *v.t.* zīmēt profilā
profit *v.t.* atnest labumu
profit *n.* peļņa
profitable *a.* ienesīgs
profiteer *n.* spekulants
profiteer *v.i.* spekulēt
profligacy *n.* izvirtība
profligate *a.* netikls
profound *a.* dziļš
profundity *n.* dziļums
profuse *a.* bagātīgs
profusion *n.* pārpilnība
progeny *n.* pēcnācēji
programme *n.* programma
programme *v.t.* sastādīt programmu
progress *v.i.* gūt sekmes

progress *n.* progress
progressive *a.* progresīvs
prohibit *v.t.* aizliegt
prohibition *n.* aizliegums
prohibitive *a.* prohibitīvs
prohibitory *a.* aizlieguma
project *v.t.* projektēt
project *n.* projekts
projectile *a* metams
projectile *n.* šāviņš
projection *n.* projekcija
projector *n.* plānošana
proliferate *v.i.* vairoties
proliferation *n.* vairošanās (skaitliska)
prolific *a.* ražīgs
prologue *n.* prologs
prolong *v.t.* pagarināt
prolongation *n.* pagarināšana
prominence *n.* izvirzījums
prominent *a.* izcils
promise *v.t* solīt
promise *n* solījums
promising *a.* daudzsološs
promissory *a.* apsološs
promote *v.t.* veicināt
promotion *n.* paaugstinājums
prompt *v.t.* pamudināt
prompt *a.* precīzs
prompter *n.* pamudinātājs
prone *a.* disponēts
pronoun *n.* vietniekvārds
pronounce *v.t.* izrunāt
pronunciation *n.* izruna
proof *a* drošs
proof *n.* pierādījums
prop *v.t.* palīdzēt
prop *n.* rekvizīti
propaganda *n.* propaganda
propagandist *n.* propagandists
propagate *v.t.* izplatīt
propagation *n.* pavairošana

propel *v.t.* dzīt
proper *a.* pienācīgs
property *n.* īpašums
prophecy *n.* pareģojums
prophesy *v.t.* pareģot
prophet *n.* zīlnieks
prophetic *a.* pravietisks
proportion *n.* proporcija
proportion *v.t.* sadalīt
   proporcionāli
proportional *a.* proporcionāls
proportionate *a.* samērīgs
proposal *n.* priekšlikums
propose *v.t.* ierosināt
proposition *n.* priekšlikums
propound *v.t.* ieteikt
proprietary *a.* īpašuma
proprietor *n.* īpašnieks
propriety *n.* pamatotība
prorogue *v.t.* atlikt
prosaic *a.* ikdienišķs
prose *n.* proza
prosecute *v.t.* iesūdzēt
prosecution *n.* iesūdzēšana
prosecutor *n.* prokurors
prosody *n.* prozodija
prospect *n.* perspektīva
prospective *a.* paredzams
prospectus *n.* reklāmizdevums
prosper *v.i.* plaukt
prosperity *n.* labklājība
prosperous *a.* veiksmīgs
prostitute *v.t.* prostituēt
prostitute *n.* prostitūta
prostitution *n.* prostitūcija
prostrate *a.* guļus
prostrate *v.t.* nogurdināt
prostration *n.* garšļaukus
   stāvoklis
protagonist *n.* galvenais varonis
protect *v.t.* aizsargāt
protection *n.* aizsardzība

protective *a.* protektīvs
protector *n.* aizsargs
protein *n.* proteīns
protest *v.i.* protestēt
protest *n.* protests
protestation *n.* protests
prototype *n.* prototips
proud *a.* lepns
prove *v.t.* pierādīt
proverb *n.* sakāmvārds
proverbial *a.* parunas-
provide *v.i.* sniegt
providence *n.* liktenis
provident *a.* tālredzīgs
providential *a.* laimīgs
province *n.* province
provincial *a.* provinces
provincialism *n.* provinciālisms
provision *n.* nolikums
provisional *a.* pagaidu
proviso *n.* ieruna
provocation *n.* provokācija
provocative *a.* izaicinošs
provoke *v.t.* provocēt
prowess *n.* drošsirdība
proximate *a.* tuvākais (vietas,
   laika, uzskatu ziņā)
proximity *n.* proksimitāte
proxy *n.* pilnvara
prude *n.* klīrīga sieviete
prudence *n.* piesardzība
prudent *a.* piesardzīgs
prudential *a.* piesardzības
prune *v.t.* apgriezt
prune *n* žāvēta plūme
pry *v.i.* uzlauzt (ar sviru, lauzni)
psalm *n.* psalms
pseudonym *n.* pseidonīms
psyche *n.* psihe
psychiatrist *n.* psihiatrs
psychiatry *n.* psihiatrija
psychic *a.* psihisks

psychological *a.* psiholoģisks
psychologist *n.* psihologs
psychology *n.* psiholoģija
psychopath *n.* psihopāts
psychosis *n.* psihoze
psychotherapy *n.* psihoterapija
puberty *n.* pubertāte
public *a.* publisks
public *n.* sabiedrība
publication *n.* publicēšana
publicity *n.* publicitāte
publicize *v.t.* reklamēt
publish *v.t.* publicēt
publisher *n.* izdevējs
pudding *n.* pudiņš
puddle *n.* peļķe
puddle *v.t.* smērēt
puerile *a.* puicisks
puff *n.* dvesma
puff *v.i.* izpūst dūmu
pull *n.* rāviens
pull *v.t.* vilkt
pulley *n.* skriemelis
pullover *n.* pulovers
pulp *v.t.* izņemt mīkstumu
pulp *n.* mīkstums
pulpit *n* kancele
pulpy *a.* mīksts
pulsate *v.i.* trīsēt
pulsation *n.* pulsācija
pulse *v.i.* pulsēt
pulse *n.* pulss
pulse *n* sitienu ritms
pump *v.t.* sūknēt
pump *n.* sūknis
pumpkin *n.* ķirbis
pun *v.i.* lietot kalambūrus
pun *n.* vārdu spēle
punch *n.* perforators
punch *v.t.* sist
punctual *a.* punktuāls
punctuality *n.* precizitāte

punctuate *v.t.* akcentēt
punctuation *n.* pieturzīmes
puncture *v.t.* pārdurt
puncture *n.* punkcija
pungency *n.* asums
pungent *a.* kodīgs
punish *v.t.* sodīt
punishment *n.* sods
punitive *a.* soda-
puny *a.* nīkulīgs
pupil *n.* skolēns
puppet *n.* marionete
puppy *n.* kucēns
purblind *n.* pusakls
purchase *v.t.* pirkt
purchase *n.* pirkums
pure *a* tīrs
purgation *n.* tīrīšana (partijas)
purgative *n.* caurejas līdzeklis
purgative *a* caureju veicinošs
purgatory *n.* purgatorijs
purge *v.t.* izvadīt
purification *n.* attīrīšana
purify *v.t.* attīrīt
purist *n.* pūrists
puritan *n.* puritānis
puritanical *a.* puritānisks
purity *n.* tīrība
purple *adj./n.* violeta
purport *n.* jēga
purport *v.t.* liecināt
purpose *n.* mērķis
purpose *v.t.* nodomāt
purposely *adv.* ar nolūku
purr *n.* ņurrāšana
purr *v.i.* ņurrāt
purse *v.t.* piesavināties
purse *n.* maks
pursuance *n.* vajāšana
pursue *v.t.* turpināt
pursuit *n.* pakaļdzīšanās;
purview *n.* darbības lauks

pus *n.* strutas
push *n.* grūdiens
push *v.t.* stumt
put *v.t.* likt
puzzle *v.t.* apmulsināt
puzzle *n.* puzle
pygmy *n.* pigmejs
pyorrhoea *n.* strutas novadīšana
pyramid *n.* piramīda
pyre *n.* sārts
python *n.* pitons

quack *v* nodarboties ar pūšļošanu
quack *n* pēkšķēšana
quack *v.i.* pēkšķēt
quackery *n.* pūšļošana
quadrangle *n.* kvadrāts
quadrangular *a.* četrstūrains
quadrilateral *a. & n.* četrpusēju
quadruped *n.* četrkājis
quadruple *a.* četrkājains
quadruple *v.t.* četrkāršot
quail *n.* paipala
quaint *a.* neparasts
quake *n* trīcēšana
quake *v.i.* trīcēt
qualification *n.* kvalifikācija
qualify *v.i.* kvalificēt
qualitative *a.* kvalitatīvs
quality *n.* kvalitāte
quandary *n.* nesaprašana
quantitative *a.* kvantitatīvs
quantity *n.* daudzums
quantum *n.* daudzums
quarrel *v.i.* strīdēties
quarrel *n.* ķilda
quarrelsome *a.* ķildīgs

quarry *v.i.* meklēt ziņas
quarry *n.* karjers
quarter *v.t.* sadalīt četrās daļas
quarter *n.* ceturksnis
quarterly *a.* ceturkšņa
queen *n.* karaliene
queer *a.* savāds
quell *v.t.* apspiest
quench *v.t.* remdēt
query *v.t* jautāt
query *n.* jautājums
quest *n.* meklēšana
quest *v.t.* meklēt
question *v.t.* apšaubīt
question *n.* jautājums
questionable *a.* apšaubāms
questionnaire *n.* aptaujas lapa
queue *n.* rinda
quibble *v.i.* atrunāties
quibble *n.* atrunāšanās
quick *n* jutīga vieta
quick *a.* ātrs
quicksand *n.* plūstošās smiltis
quicksilver *n.* dzīvsudrabs
quiet *a.* kluss
quiet *n.* klusums
quiet *v.t.* nomierināt
quilt *n.* vatēta sega
quinine *n.* hinīns
quintessence *n.* kvintesence
quit *v.t.* beigt
quite *adv.* gluži
quiver *v.i.* drebēt
quiver *n.* trīsas
quixotic *a.* donkihotisks
quiz *v.t.* pārbaudīt jautājot
quiz *n.* viktorīna
quorum *n.* kvorums
quota *n.* kvota
quotation *n.* citāts
quote *v.t.* citēt
quotient *n.* koeficients

R

rabbit *n.* trusis
rabies *n.* trakumsērga
race *v.i* traukties
race *n.* rase
racial *a.* rasisks
racialism *n.* rasisms
rack *n.* plaukts
rack *v.t.* likt silē
racket *n.* rakete
radiance *n.* mirdzums
radiant *a.* starojošs
radiate *v.t.* izstarot
radiation *n.* radiācija
radical *a.* radikāls
radio *v.t.* pārraidīt pa radio
radio *n.* radio
radish *n.* redīss
radium *n.* rādijs
radius *n.* rādiuss
rag *v.t.* izjokot
rag *n.* lupata
rage *v.i.* trakot
rage *n.* dusmas
raid *v.t.* uzbrukt
raid *n.* reids
rail *v.t.* likt sliedes
rail *n.* dzelzceļš
railing *n.* margas
raillery *n.* zobošanās
railway *n.* dzelzceļš
rain *n* lietus
rain *v.i.* līt
rainy *a.* lietains
raise *n* paaugstināšana
raise *v.t.* paaugstināt
raisin *n.* rozīne
rally *n* rallijs
rally *v.t.* pazoboties

ram *v.t.* taranēt
ram *n.* auns
ramble *n* pastaiga
ramble *v.t.* staigāt
rampage *n.* uzbudinājums
rampage *v.i.* trakot
rampant *a.* nikns
rampart *n.* valnis
rancour *n.* niknums
random *a.* nejaušs
range *n.* diapazons
range *v.t.* klasificēt
ranger *n.* mežzinis
rank *v.t.* novērtēt
rank *a* smirdošs
rank *n.* rangs
ransack *v.t.* izkratīt
ransom *v.t.* izpirkt
ransom *n.* izpirkšanas maksa
raparable *a.* labojams
rape *v.t.* izvarot
rape *n.* izvarošana
rapid *a.* straujš
rapidity *n.* ātrums
rapier *n.* rapieris
rapport *n.* sakars
rapt *a.* nolaupīts
rapture *n.* ekstāze
rare *a.* rets
rascal *n.* blēdis
rash *a.* nepārdomāts
rat *n.* žurka
rate *n.* likme
rate *v.t.* vērtēt
rather *adv.* drīzāk
ratify *v.t.* ratificēt
ratio *n.* proporcija
ration *n.* deva
rational *a.* racionāls
rationale *n.* pamatojums
rationality *n.* racionalitāte
rationalize *v.t.* racionalizēt

rattle *n* grabulis
rattle *v.i.* grabēt
ravage *v.t.* nopostīt
ravage *n.* postījumi
rave *v.i.* aizrauties
raven *n.* krauklis
ravine *n.* grava
raw *a.* neapstrādāts
ray *n.* stars
raze *v.t.* nopostīt
razor *n.* skuveklis
reach *v.t.* sasniegt
react *v.i.* reaģēt
reaction *n.* reakcija
reactionary *a.* reakcionārs
read *v.t.* lasīt
reader *n.* lasītājs
readily *adv.* labprāt
readiness *n.* gatavība
ready *a.* gatavs
real *a.* reāls
realism *n.* reālisms
realist *n.* reālists
realistic *a.* reālistisks
reality *n.* realitāte
realization *n.* realizācija
realize *v.t.* realizēt
really *adv.* tiešām
realm *a.* nozare
ream *n.* rīse
reap *v.t.* pļaut
reaper *n.* novācējs
rear *v.t.* audzēt
rear *n.* aizmugure
reason *v.i.* spriest
reason *n.* iemesls
reasonable *a.* saprātīgs
reassure *v.t.* nomierināt
rebate *n.* atlaide
rebel *v.i.* sacelties
rebel *n.* dumpinieks
rebellion *n.* sacelšanās

rebellious *a.* dumpīgs
rebirth *n.* atdzimšana
rebound *n.* atsitiens
rebound *v.i.* atspēlēties
rebuff *v.t.* kategoriski noraidīt
rebuff *n.* negaidīta neveiksme
rebuke *n.* pārmetums
rebuke *v.t.* pārmest
recall *n.* atsaukšana
recall *v.t.* atgādināt
recede *v.i.* uzteikt
receipt *n.* saņemšana
receive *v.t.* saņemt
receiver *n.* saņēmējs
recent *a.* nesens
recently *adv.* nesen
reception *n.* uzņemšana
receptive *a.* spējīgs viegli uztvert
recess *n.* padziļinājums
recession *n.* padziļinājums
recipe *n.* recepte
recipient *n.* recipients
reciprocal *a.* savstarpējs
reciprocate *v.t.* atbildēt
recital *n* deklamācija
recital *n.* izklāsts
recitation *n.* deklamēšana
recite *v.t.* deklamēt
reckless *a.* pārdrošs
reckon *v.t.* aprēķināt
reclaim *v.t.* atprasīt
reclamation *n* reklamācija
recluse *n.* vientuļnieks
recognition *n.* atzīšana
recognize *v.t.* atzīt
recoil *v.i.* atgrūsties
recoil *n* atsitiens (šautenes)
recollect *v.t.* atminēties
recollection *n.* atmiņas
recommend *v.t.* ieteikt
recommendation *n.* ieteikums
recompense *n.* kompensācija

recompense *v.t.* kompensēt
reconcile *v.t.* saskaņot
reconciliation *n.* samierināšanās
record *v.t.* ierakstīt
record *n.* ieraksts
recorder *n.* reģistrators
recount *v.t.* atstāstīt
recoup *v.t.* atlīdzināt
recourse *n.* patvērums
recover *v.t.* atgūt
recovery *n.* reģenerācija
recreation *n.* atpūta
recruit *v.t.* vervēt
recruit *n.* jaunkareivis
rectangle *n.* taisnstūris
rectangular *a.* taisnstūra
rectification *n.* labošana
rectify *v.i.* labot
rectum *n.* taisnā zarna
recur *v.i.* atkārtoties
recurrence *n.* atkārtošanās
recurrent *a.* atkārtots
red *n.* sarkana krāsa
red *a.* sarkans
redden *v.t.* nosarkt
reddish *a.* sarkanīgs
redeem *v.t.* izpirkt
redemption *n.* izpirkšana
redouble *v.t.* divkāršot
redress *n* izlīdzināšana
redress *v.t.* izlīdzināt
reduce *v.t.* samazināt
reduction *n.* samazināšana
redundance *n.* pārmērība
redundant *a.* lieks
reel *v.i.* notīt
reel *n.* spole
refer *v.t.* atsaukties
referee *n.* tiesnesis
reference *n.* atsaukšanās
referendum *n.* referendums
refine *v.t.* rafinēt

refinement *n.* izsmalcinātība
refinery *n.* rafinēšanas fabrika
reflect *v.t.* atspoguļot
reflection *n.* atspoguļojums
reflection *n.* pārdomas
reflective *a.* atstarojošs
reflector *n.* atstarotājs
reflex *a* refleksa
reflex *n.* reflekss
reflexive *a* atgriezenisks
reform *n.* reforma
reform *v.t.* reformēt
reformation *n.* reformācija
reformatory *n.* labošanās
reformatory *a* labošanās
reformer *n.* pārveidotājs
refrain *n* piedziedājums
refrain *v.i.* atturēties
refresh *v.t.* atsvaidzināt
refreshment *n.* atsvaidzinājums
refrigerate *v.t.* atdzesēt
refrigeration *n.* sasaldēšana
refrigerator *n.* ledusskapis
refuge *n.* patvērums
refugee *n.* bēglis
refulgence *n.* mirdzums
refulgent *a.* spožs
refund *v.t.* atlīdzināt
refund *n.* samaksa
refusal *n.* atteikums
refuse *n.* atkritumi
refuse *v.t.* atteikties
refutation *n.* atspēkojums
refute *v.t.* atspēkot
regal *a.* karalisks
regard *n.* uzmanība
regard *v.t.* uzskatīt
regenerate *v.t.* atjaunot
regeneration *n.* reģenerācija
regicide *n.* araļa slepkava
regime *n.* režīms
regiment *n.* pulks

regiment *v.t.* formēt pulku
region *n.* reģions
regional *a.* reģionāls
register *v.t.* reģistrēt
register *n.* reģistrs
registrar *n.* reģistrators
registration *n.* reģistrācija
registry *n.* reģistrācija
regret *n* nožēla
regret *v.i.* nožēlot
regular *a.* regulārs
regularity *n.* regularitāte
regulate *v.t.* regulēt
regulation *n.* regulēšana
regulator *n.* regulators
rehabilitate *v.t.* reabilitēt
rehabilitation *n.* reabilitācija
rehearsal *n.* mēģinājums
rehearse *v.t.* iestudēt
reign *n* valdīšanas laiks
reign *v.i.* valdīt
reimburse *v.t.* atlīdzināt
rein *v.t.* iegrožot
rein *n.* pavada
reinforce *v.t.* pastiprināt
reinforcement *n.* pastiprināšana
reinstate *v.t.* atjaunot
reinstatement *n.* atpakaļ
   pieņemšana
reiterate *v.t.* vairākkārt atkārtot
reiteration *n.* vairākkārtēja
   atkārtošana
reject *v.t.* noraidīt
rejection *n.* noraidījums
rejoice *v.i.* priecāties
rejoin *v.t.* atgriezties
rejoinder *n.* iebildums
rejuvenate *v.t.* padarīt jaunāku
rejuvenation *n.* atjaunošana
relapse *n.* recidīvs
relapse *v.i.* no jauna atgriezties
relate *v.t.* atstāstīt

relation *n.* attiecība
relative *n.* radinieks
relative *a.* relatīvs
relax *v.t.* atpūsties
relaxation *n.* atpūta
relay *v.t.* pārraidīt
relay *n.* relejs
release *n* atbrīvošana
release *v.t.* atbrīvot
relent *v.i.* atmaigt
relentless *a.* nežēlīgs
relevance *n.* saistība
relevant *a.* svarīgs
reliable *a.* uzticams
reliance *n.* paļaušanās
relic *n.* relikts
relief *n.* atvieglojums
relieve *v.t.* atbrīvot
religion *n.* reliģija
religious *a.* reliģisks
relinquish *v.t.* atteikties
relish *n* piegarša
relish *v.t.* garšot
reluctance *n.* nepatika
reluctant *a.* negribīgs
rely *v.i.* paļauties
remain *v.i.* palikt
remainder *n.* atlikums
remains *n.* atliekas
remand *n* atrašanās
   apcietinājumā
remand *v.t.* nosūtīt
   apcietinājumā
remark *v.t.* piebilst
remark *n.* piezīme
remarkable *a.* ievērojams
remedial *a.* dziedinošs
remedy *v.t* dziedināt
remedy *n.* līdzeklis
remember *v.t.* atcerēties
remembrance *n.* atmiņas
remind *v.t.* atgādināt

reminder *n.* atgādinājums
reminiscence *n.* atmiņas
reminiscent *a.* atgādinošs
remission *n.* atlaišana
remit *v.t.* remdēt
remittance *n.* naudas pārvedums
remorse *n.* sirdsapziņas
pārmetumi
remote *a.* nomaļš
removable *a.* noņemams
removal *n.* pārcelšanās
remove *v.t.* noņemt
remunerate *v.t.* atlīdzināt
remuneration *n.* atalgojums
remunerative *a.* ienesīgs
renaissance *n.* atdzimšana
render *v.t.* padarīt
rendezvous *n.* satikšanās
renew *v.t.* atjaunot
renewal *n.* atjaunošana
renounce *v.t.* atteikties
renovate *v.t.* atjaunot
renovation *n.* atjaunošana
renown *n.* slava
renowned *a.* slavens
rent *v.t.* īrēt
rent *n.* noma
renunciation *n.* atteikšanās
repair *n.* remonts
repair *v.t.* remontēt
repartee *n.* asprātīga atbilde
repatriate *v.t.* repatriēt
repatriation *n.* repatriācija
repay *v.t.* atmaksāt
repayment *n.* atmaksa
repeal *n* atcelšana
repeal *v.t.* atcelt
repeat *v.t.* atkārtot
repel *v.t.* atvairīt
repellent *n* atbaidīšanas līdzeklis
repellent *a.* atbaidošs
repent *v.i.* nožēlot

repentance *n.* nožēlošana
repentant *a.* nožēlojošs
repercussion *n.* atgrūdiens
repetition *n.* atkārtošana
replace *v.t.* nomainīt
replacement *n.* nomainīšana
replenish *v.t.* papildināt
replete *a.* piepildīts
replica *n.* reprodukcija
reply *n* atbilde
reply *v.i.* atbildēt
report *n.* ziņojums
report *v.t.* ziņot
reporter *n.* reportieris
repose *v.i.* atpūsties
repose *n.* atpūta
repository *n.* krātuve
represent *v.t.* pārstāvēt
representation *n.* pārstāvība
representative *a.* pārstāvju
representative *n.* pārstāvis
repress *v.t.* apspiest
repression *n.* apspiešana
reprimand *v.t.* izteikt stingru
rājienu
reprimand *n.* rājiens
reprint *v.t.* izdot no jauna
reprint *n.* jauns izdevums
reproach *n.* pārmetums
reproach *v.t.* pārmest
reproduce *v.t.* reproducēt
reproduction *n* vairošanās
reproductive *a.* reproducējošs
reproof *n.* piezīme
reptile *n.* reptilis
republic *n.* republika
republican *n* republikānis
republican *a.* republikānisks
repudiate *v.t.* atstumt
repudiation *n.* noliegums
repugnance *n.* riebums
repugnant *a.* pretrunīgs

124

repulse *n.* pretspars
repulse *v.t.* atsist
repulsion *n.* antipātija
repulsive *a.* pretīgs
reputation *n.* reputācija
repute *n.* cieņa
repute *v.t.* cienīt
request *n* pieprasījums
request *v.t.* lūgt
requiem *n.* rekviēms
require *v.t.* pieprasīt
requirement *n.* prasība
requisite *n* viss nepieciešamais
requisite *a.* nepieciešams
requisition *v.t.* rekvizēt
requisition *n.* rekvizīcija
requite *v.t.* atriebties
rescue *n* glābšana
rescue *v.t.* glābt
research *v.i.* pētīt
research *n* pētniecība
resemblance *n.* līdzība
resemble *v.t.* līdzināties
resent *v.t.* apvainoties
resentment *n.* aizvainojums
reservation *n.* rezervēšana
reserve *v.t.* rezervēt
reservoir *n.* rezervuārs
reside *v.i.* uzturēties
residence *n.* uzturēšanās
resident *a.* dzīvojošs
resident *n* rezidents
residual *a.* atlikušais
residue *n.* atlikums
resign *v.t.* atkāpties no amata
resignation *n.* atlūgums
resist *v.t.* pretoties
resistance *n.* pretestība
resistant *a.* izturīgs
resolute *a.* apņēmīgs
resolution *n.* rezolūcija
resolve *v.t.* atrisināt

resonance *n.* rezonanse
resonant *a.* rezonējošs
resort *v.i.* patverties
resort *n* patvērums
resound *v.i.* skandināt
resource *n.* resursi
resourceful *a.* atjautīgs
respect *n.* cieņa
respect *v.t.* ievērot
respectful *a.* goddevīgs
respective *a.* attiecīgs
respiration *n.* elpošana
respire *v.i.* atelsties
resplendent *a.* spožs
respond *v.i.* reaģēt
respondent *n.* atbildētājs
response *n.* atbilde
responsibility *n.* atbildība
responsible *a.* atbildīgs
rest *v.i.* atpūsties
rest *n* atpūta
restaurant *n.* restorāns
restive *a.* niķīgs
restoration *n.* restaurācija
restore *v.t.* restaurēt
restrain *v.t.* atturēt
restrict *v.t.* ierobežot
restriction *n.* ierobežojums
restrictive *a.* ierobežojošs
result *v.i.* izrietēt
result *n.* rezultāts
resume *v.t.* atsākt
resume *n.* kopsavilkums
resumption *n.* atsākšana
resurgence *n.* atdzimšana
resurgent *a.* atdzimstošs
retail *adv.* mazumā
retail *n.* mazumtirdzniecība
retail *v.t.* pārdot mazumā
retailer *n.* mazumtirgotājs
retain *v.t.* paturēt
retaliate *v.i.* atdarīt

retaliation *n.* atriebība
retard *v.t.* kavēt
retardation *n.* kavēšana
retention *n.* paturēšana
retentive *a.* saglabājošs
reticence *n.* atturība
reticent *a.* atturīgs
retina *n.* tīklene
retinue *n.* svīta
retire *v.i.* aiziet
retirement *n.* aiziešana pensijā
retort *v.t.* atcirst
retort *n.* retorte
retouch *v.t.* retušēt
retrace *v.t.* izsekot
retreat *v.i.* atkāpties
retrench *v.t.* saīsināt
retrenchment *n.* tranšejas
retrieve *v.t.* atgūt
retrospect *n.* atskats pagātnē
retrospection *n.* atskats pagātnē
retrospective *a.* ar atpakaļejošu
  spēku
return *n.* atgriešanās
return *v.i.* atgriezties
revel *n.* dzīres
revel *v.i.* uzdzīvot
revelation *n.* atklāsme
revelry *n.* orģijas
revenge *n.* atriebība
revenge *v.t.* atriebt
revengeful *a.* atriebīgs
revenue *n.* ienākums
revere *v.t.* cienīt
reverence *n.* godbijība
reverend *a.* godājams
reverent *a.* godbijīgs
reverential *a.* cieņas pilns
reverie *n.* sapņojums
reversal *n.* maiņa
reverse *n* atpakaļgaita
reverse *v.t.* mainīt virzienu

reverse *a.* pretējs
reversible *a.* atgriezenisks
revert *v.i.* atgriezties
review *n* pārskats
review *v.t.* recenzēt
revise *v.t.* grozīt
revision *n.* revīzija
revival *n.* atdzimšana
revive *v.i.* atdzīvināt
revocable *a.* atsaucams
revocation *n.* atsaukšana
revoke *v.t.* atsaukt
revolt *n.* sacelšanās
revolt *v.i.* sadumpoties
revolution *n.* revolūcija
revolutionary *a.* revolucionārs
revolutionary *n* revolucionārs
revolve *v.i.* griezties
revolver *n.* revolveris
reward *n.* atalgojums
reward *v.t.* atalgot
rhetoric *n.* retorika
rhetorical *a.* retorisks
rheumatic *a.* reimatisma
rheumatism *n.* reimatisms
rhinoceros *n.* degunradzis
rhyme *n.* atskaņa
rhyme *v.i.* saskanēt
rhymester *n.* rīmju kalējs
rhythm *n.* ritms
rhythmic *a.* ritmisks
rib *n.* riba
ribbon *n.* lente
rice *n.* rīsi
rich *a.* bagāts
riches *n.* bagātība
richness *a.* krāšņums
rick *n.* stirpa
rickets *n.* rahīts
rickety *a.* ļodzīgs
rickshaw *n.* rikša
rid *v.t.* atbrīvot

riddle *v.i.* atminēt miklu
riddle *n.* mīkla
ride *n* izbrauciens
ride *v.t.* braukt
rider *n.* braucējs
ridge *n.* grēda
ridicule *n.* izsmiekls
ridicule *v.t.* izsmiet
ridiculous *a.* smieklīgs
rifle *v.t.* pārmeklēt
rifle *n* šautene
rift *n.* plaisa
right *v.t.* attaisnot
right *a.* labais
right *adv* pa labi
right *n* tiesības
righteous *a.* paštaisns
rigid *a.* stingrs
rigorous *a.* stingrs
rigour *n.* stingrība
rim *n.* mala
ring *n.* gredzens
ring *v.t.* zvanīt
ringlet *n.* gredzentiņš
ringworm *n.* Cirpējēde
rinse *v.t.* skalot
riot *n.* sacelšanās
riot *v.t.* sacelties
rip *v.t.* atirt
ripe *a* nogatavojies
ripen *v.i.* nobriest
ripple *v.t.* sprogoties
ripple *n.* virma
rise *n.* celšanās
rise *v.* pieaugt
risk *v.t.* riskēt
risk *n.* risks
risky *a.* riskants
rite *n.* rituāls
ritual *n.* rituāls
ritual *a.* rituāls
rival *n.* konkurents

rival *v.t.* sacensties
rivalry *n.* sacensība
river *n.* upe
rivet *n.* kniede
rivet *v.t.* kniedēt
rivulet *n.* strautiņš
road *n.* ceļš
roam *v.i.* klīst
roar *n.* rēciens
roar *v.i.* rēkt
roast *n* cepšana uz liesma
roast *v.t.* cept
roast *a* cepts
rob *v.t.* aplaupīt
robber *n.* laupītājs
robbery *n.* laupīšana
robe *v.t.* ietērpt
robe *n.* mantija
robot *n.* robots
robust *a.* spēcīgs
rock *n.* klints
rock *v.t.* šūpot
rocket *n.* raķete
rod *n.* makšķere
rodent *n.* grauzējs
roe *n.* stirna
rogue *n.* blēdis
roguery *n.* draiskulība
roguish *a.* šķelmīgs
role *n.* loma
roll *v.i.* ripot
roll *n.* rullis
roll-call *n.* pārbaude
roller *n.* veltnis
romance *n.* romance
romantic *a.* romantisks
romp *n.* dauzīšanās
romp *v.i.* plosīties
rood *n.* ceturtdaļa akra
roof *v.t.* apsegt ar jumtu
roof *n.* jumts
rook *n.* krauķis

rook *v.t.* blēdīties
room *n.* istaba
roomy *a.* ietilpīgs
roost *n.* lakta
roost *v.i.* tupēt uz laktas
root *v.i.* laist saknes
root *n.* sakne
rope *v.t.* sabiezēt
rope *n.* virve
rosary *n.* rožu audzētava
rose *n.* roze
roseate *a.* rožains
rostrum *n.* tribīne
rosy *a.* rožains
rot *n.* puve
rot *v.i.* sapūt
rotary *a.* rotācijas
rotate *v.i.* griezties
rotation *n.* rotācija
rote *n.* krasta bangu šļaksti
rouble *n.* rublis
rough *a.* skarbs
round *adv.* ap
round *a.* apaļš
round *n.* aplis
round *v.t.* noapaļot
rouse *v.i.* izbiedēt
rout *v.t.* pilnīgi sakaut
rout *n* rauts
route *n.* maršruts
routine *a* ikdienas
routine *n.* rutīna
rove *v.i.* klīst
rover *n.* klejotājs
row *n* airēšana
row *v.t.* airēt
row *n.* rinda
row *n.* kautiņš
rowdy *a.* kauslīgs
royal *a.* karaļa
royalist *n.* rojālists
royalty *n.* godība

rub *n* berze
rub *v.t.* berzēt
rubber *n.* gumija
rubbish *n.* blēņas
rubble *n.* gruveši
ruby *n.* rubīns
rude *a.* rupjš
rudiment *n.* rudiments
rudimentary *a.* rudimentārs
rue *v.t.* nožēlot
rueful *a.* noskumis
ruffian *n.* huligānisks
ruffle *v.t.* savirmot
rug *n.* paklājs
rugged *a.* nelīdzens
ruin *n.* drupas
ruin *v.t.* pazudināt
rule *v.t.* izlemt
rule *n.* noteikums
ruler *n.* valdnieks
ruling *n.* lēmums
rum *a* dīvains
rum *n.* rums
rumble *n.* dārdoņa
rumble *v.i.* rībēt
ruminant *a.* atgremojošs
ruminant *n.* atgremotājs
ruminate *v.i.* prātot
rumination *n.* pārdomas
rummage *n* rakņāšanās
rummage *v.i.* rakņāties
rummy *n.* dīvains
rumour *n.* baumas
rumour *v.t.* izlaist baumas
run *n.* skrējiens
run *v.i.* skriet
rung *n.* pakāpiens
runner *n.* skrējējs
rupee *n.* rūpija
rupture *v.t.* pārraut
rupture *n.* plīsums
rural *a.* lauka

ruse *n.* viltība
rush *v.t.* mesties
rush *n.* pieplūdums
rush *n* steiga
rust *v.i* ierūsēt
rust *n.* rūsa
rustic *n* laucinieks
rustic *a.* zemniecisks
rusticate *v.t.* aizsūtīt uz laukiem
rustication *n.* dzīve uz laukiem
rusticity *n.* nemākslotība
rusty *a.* sarūsējis
rut *n.* riests
ruthless *a.* nežēlīgs
rye *n.* rudzi

sabbath *n.* sabats
sabotage *n.* sabotāža
sabotage *v.t.* sabotēt
sabre *v.t.* nogalināt ar zobenu
sabre *n.* zobens
saccharin *n.* saharīns
saccharine *a.* saharīns
sack *v.t.* izlaupīt
sack *n.* maiss
sacrament *n.* zvērests
sacred *a.* svēts
sacrifice *v.t.* upurēt
sacrifice *n.* upuris
sacrificial *a.* upura
sacrilege *n.* zaimošana
sacrilegious *a.* zaimojošs
sacrosanct *a.* svēts
sad *a.* skumjš
sadden *v.t.* skumdināt
saddle *v.t.* apseglot
saddle *n.* segli

sadism *n.* sadisms
sadist *n.* sadists
safe *a.* drošs
safe *n.* seifs
safeguard *n.* garantija
safety *n.* drošība
saffron *a* safrāndzeltena krāsa
saffron *n.* safrāns
sagacious *a.* gudrs
sagacity *n.* gudrība
sage *a.* gudrs
sage *n.* salvija
sail *v.i.* burot
sail *n.* bura
sailor *n.* jūrnieks
saint *n.* svētais
saintly *a.* bezgrēcīgs
sake *n.* sakē
salable *a.* ejošs
salad *n.* salāti
salary *n.* alga
sale *n.* pārdošana
salesman *n.* pārdevējs
salient *a.* izvirzīts
saline *a.* sāls
salinity *n.* sāļums
saliva *n.* siekalas
sally *v.i.* doties
sally *n.* ekskursija
saloon *n.* salons
salt *v.t* sālīt
salt *n.* sāls
salty *a.* sāļš
salutary *a.* dziedinošs
salutation *n.* sveiciens
salute *v.t.* salutēt
salute *n* salūts
salvage *n.* glābšana
salvage *v.t.* glābt
salvation *n.* glābšanas gratifikācija
same *a.* vienāds

sample *v.t.* nogaršot
sample *n.* paraugs
sanatorium *n.* sanatorija
sanctification *n.* šķīstīšanās
sanctify *v.t.* svētīt
sanction *n.* sankcija
sanction *v.t.* sankcionēt
sanctity *n.* svētums
sanctuary *n.* svētnīca
sand *n.* smiltis
sandal *n.* sandale
sandalwood *n.* sandalkoka
sandwich *v.t.* iespiest starpā
sandwich *n.* sviestmaize
sandy *a.* smilšains
sane *a.* normāls
sanguine *a.* sangvīns
sanitary *a.* sanitārs
sanity *n.* vesels saprāts
sap *n.* sula
sap *v.t.* rakt sapu
sapling *n.* jauns koks
sapphire *n.* safīrs
sarcasm *n.* sarkasms
sarcastic *a.* sarkastisks
sardonic *a.* sardonisks
satan *n.* sātans
satchel *n.* soma
satellite *n.* satelīts
satiable *a.* apmierināms
satiate *v.t.* pieēdināt
satiety *n.* pārmērība
satire *n.* satīra
satirical *a.* satīrisks
satirist *n.* satīriķis
satirize *v.t.* izsmiet
satisfaction *n.* apmierināšana
satisfactory *a.* apmierinošs
satisfy *v.t.* atbilst
saturate *v.t.* piesātināt
saturation *n.* piesātinājums
Saturday *n.* sestdiena

sauce *n.* mērce
saucer *n.* apakštase
saunter *v.t.* staigāt
savage *a.* mežonīgs
savage *n* mežonis
savagery *n.* mežonība
save *prep* izņemot
save *v.t.* saglabāt
saviour *n.* glābējs
savour *v.t.* izbaudīt
savour *n.* pikantums
saw *v.t.* zāģēt
saw *n.* zāģis
say *n.* runa
say *v.t.* teikt
scabbard *n.* maksts
scabies *n.* kašķis
scaffold *n.* sastatnes
scaffold *v* uzcelt sastatnes
scale *n.* mērogs
scale *v.t.* svērt
scalp *n* skalos
scamper *n* galops
scamper *v.i* lēkāt
scan *v.t.* skandēt
scandal *n* skandāls
scandalize *v.t.* izraisīt sašutumu
scant *a.* nabadzīgs
scanty *a.* trūcīgs
scapegoat *n.* grēkāzis
scar *v.t.* atstāt rētu
scar *n* rēta
scarce *a.* trūcīgs
scarcely *adv.* tikko
scarcity *n.* trūkums
scare *n.* izbailes
scare *v.t.* nobiedēt
scarf *n.* šalle
scatter *v.t.* izbārstīt
scavenger *n.* atkritumu aizvācējs
scene *n.* aina
scenery *n.* ainava

scenic *a.* skatuvisks
scent *v.t.* sasmaržot
scent *n.* smarža
sceptic *n.* skeptiķis
sceptical *a.* skeptisks
scepticism *n.* skepticisms
sceptre *n.* scepteris
schedule *n.* grafiks
schedule *v.t.* ieplānot
scheme *v.i.* projektēt
scheme *n.* shēma
schism *n.* shizma
scholar *n.* zinātnieks
scholarly *a.* mācīts
scholarship *n.* stipendija
scholastic *a.* mācību
school *n.* skola
science *n.* zinātne
scientific *a.* zinātnisks
scientist *n.* zinātnieks
scintillate *v.i.* dzirkstīt
scintillation *n.* spīguļošana
scissors *n.* šķēres
scoff *n.* izsmiekls
scoff *v.i.* ņirgāties
scold *v.t.* lamāt
scooter *n.* skuters
scope *n.* darbības sfēra
scorch *n* apdegums
scorch *v.t.* dedzināt
score *v.t.* iegūt punktus
score *n.* punktu skaits
scorer *n.* punktu skaitītājs
scorn *n.* izsmiekls
scorn *v.t.* nievāt
scorpion *n.* skorpions
Scot *n.* nodoklis
scotch *a.* skotu
scotch *n.* skotu dialekts
scot-free *a.* neskarts
scoundrel *n.* nelietis
scourge *n.* posts

scourge *v.t.* šaust
scout *v.i* izpētīt
scout *n* skauts
scowl *v.i.* drūmi skatīties
scowl *n.* drūms skatiens
scramble *n* kautiņš
scramble *v.i.* rāpšanās
scrap *n.* atkritumi
scrap *v* izmest
scratch *n.* nobrāzums
scratch *v.t.* saskrāpēt
scrawl *n* ķeburs
scrawl *v.t.* kricelēt
scream *n* spiegšana
scream *v.i.* gaudot
screen *v.t.* ekranizēt
screen *n.* ekrāns
screw *v.t.* skrūvēt
screw *n.* skrūve
scribble *n.* ķeburs
scribble *v.t.* ķeburaini rakstīt
script *n.* scenārijs
scripture *n.* svētie raksti
scroll *n.* vīstoklis
scrutinize *v.t.* uzmanīgi apskatīt
scrutiny *n.* pārbaudi
scuffle *v.i.* plūkties
scuffle *n.* plūkšanās
sculptor *n.* tēlnieks
sculptural *a.* tēlniecības
sculpture *n.* skulptūra
scythe *v.t.* pļaut
scythe *n.* izkapts
sea *n.* jūra
seal *v.t.* apzīmogot
seal *n.* ronis
seal *n.* zīmogs
seam *v.t.* sašūt
scam *n.* šuve
seamy *a.* ar šuvēm
search *v.t.* meklēt
search *n.* meklēšana

season *v.t.* aklimatizēt
season *n.* sezona
seasonable *a.* savlaicīgs
seasonal *a.* sezonas
seat *v.t.* iesēdināt
seat *n.* sēdvieta
secede *v.i.* atdalīties
secession *n.* atdalīšanās
secessionist *n.* atkritējs
seclude *v.t.* nošķirt
secluded *a.* izolēts
seclusion *n.* šķiršana
second *v.t.* atbalstīt
second *a.* otrais
second *n* sekunde
secondary *a* nākošais
secondary *a.* vidusskolas
seconder *n.* atbalstītājs
secrecy *n.* slepenība
secret *n.* noslēpums
secret *a.* noslēpumains
secretariat (e) *n.* Sekretariāts
secretary *n.* sekretārs
secrete *v.t.* izdalīt
secretion *n.* sekrēcija
secretive *a.* noslēgts
sect *n.* sekta
sectarian *a.* sektantisks
section *n.* daļa
sector *n.* sekcija
secure *a.* drošs
secure *v.t.* nostiprināt
security *n.* drošība
sedan *n.* sedans
sedate *v.t.* nomierināt
sedate *a.* nosvērts
sedative *n* sedatīvs līdzeklis
sedative *a.* nomierinošs
sedentary *a.* sēdošs
sediment *n.* nogulsnes
sedition *n.* dumpis
seditious *a.* musinošs

seduce *n.* pavest
seduction *n.* vilinājums
seductive *a* vilinošs
see *v.t.* redzēt
seed *n.* sēkla
seed *v.t.* sēt
seek *v.t.* meklēt
seem *v.i.* šķist
seemly *a.* atbilstošs
seep *v.i.* sūkties
seer *n.* pareģis
seethe *v.i.* mutuļot
segment *v.t.* dalīt segmentos
segment *n.* segments
segregate *v.t.* nošķirt
segregation *n.* segregācija
seismic *a.* seismisks
seize *v.t.* konfiscēt
seizure *n.* krampji
seldom *adv.* reti
select *a* izvēlīgs
select *v.t.* izvēlieties
selection *n.* atlase
selective *a.* selektīvs
self *n.* pats
selfish *a.* savtīgs
selfless *a.* pašaizliedzīgs
sell *v.t.* pārdot
seller *n.* pārdevēja
semblance *n.* līdzība
semen *n.* sperma
semester *n.* semestris
seminal *a.* sēklas
seminar *n.* seminārs
senate *n.* senāts
senator *n.* senators
senatorial *a.* senatora
send *v.t.* nosūtīt
senile *a.* senils
senility *n.* senilitāte
senior *n.* vecākais
senior *a.* vecāks

seniority n. darba stāžs
sensation n. sajūta
sensational a. sensacionālais
sense v.t. sajust
sense n. sajūta
senseless a. bezsaturīgs
sensibility n. jūtīgums
sensible a. saprātīgs
sensitive a. jūtīgs
sensual a. juteklīgs
sensualist n. sensuālists
sensuality n. juteklība
sensuous a. juteklisks
sentence v.t. piespriest
sentence n. teikums
sentience n. uztveramība
sentient a. jūtīgs
sentiment n. jūtas
sentimental a. sentimentāls
sentinel n. sargs
sentry n. sargpostenis
separable a. atdalāms
separate v.t. atdalīt
separate a. atsevišķs
separation n. atdalīšana
sepsis n. sepse
September n. Septembris
septic a. septisks
sepulchre n. kapenes
sepulture n. apbedīšana
sequel n. rezultāts
sequence n. secība
sequester v.t. izolēt
serene a. rāms
serenity n. rāmums
serf n. dzimtcilvēks
serge n. saržs
sergeant n. seržants
serial n. sērials
serial a. sērijas
series n. sērija
serious a nopietns

sermon n. sprediķis
sermonize v.i. lasīt (teikt) sprediķi
serpent n. čūska
serpentine n. serpentīns
servant n. kalps
serve n. serve
serve v.t. kalpot
service v.t apkalpot
service n. pakalpojums
serviceable a. izturīgs
servile a. verdzisks
servility n. verdzība
session n. sesija
set n komplekts
set a noteikts
set v.t noteikt
settle v.i. atrisināt
settlement n. vienošanās
settler n. kolonists
seven n. septiņi
seventeen n., a septiņpadsmit
seventeenth a. septiņpadsmitais
seventh a. septītais
seventieth a. septiņdesmitais
seventy n., a septiņdesmit
sever v.t. atdalīt
several a vairākas
severance n. atlaišanas
severe a. smags
severity n. smagums
sew v.t. šūt
sewage n. noteku ūdens
sewer n kanalizācijas caurule
sewerage n. kanalizācija
sex n. dzimums
sexual a. seksuāls
sexuality n. seksualitāte
sexy n. seksuāls
shabby a. nobružāts
shackle v.t. iekalt važās
shackle n. važas

shade *v.t.* ēnot
shade *n.* nokrāsa
shadow *v.t* aptumšot
shadow *n.* ēna
shadowy *a.* miglains
shaft *n.* vārpsta
shake *n* drebuļi
shake *v.i.* kratīt
shaky *a.* drebošs
shallow *a.* sekls
sham *n* izlikšanās
sham *a* neīsts
sham *v.i.* izlikties
shame *v.t.* kaunināt
shame *n.* kauns
shameful *a.* apkaunojošs
shameless *a.* bezkaunīgs
shampoo *v.t.* tīrīt vai mazgāt ar
  šampūnu
shampoo *n.* šampūns
shanty *n* būda
shape *v.t* formēt
shape *n.* forma
shapely *a.* samērīgs
share *n* akcija
share *v.t.* dalīties
share *n.* daļa
shark *n.* haizivs
sharp *adv.* strauji
sharp *a.* ass
sharpen *v.t.* asināt
sharpener *n.* asināmais
sharper *n.* krāpnieks
shatter *v.t.* satricināt
shave *n* skūšana
shave *v.t.* noskūties
shawl *n.* plecu šalle
she *pron.* viņa
sheaf *n.* saišķis
shear *v.t.* cirpt
shears *n. pl.* šķēres
shed *n* nojume

shed *v.t.* izliet
sheep *n.* aita
sheepish *a.* pamuļķīgs
sheer *a.* pilnīgs
sheet *v.t.* pārklāt
sheet *n.* lapa
shelf *n.* plaukts
shell *v.t.* apšaudīt
shell *n.* apvalks
shelter *v.t.* patverties
shelter *n.* pajumte
shelve *v.t.* nolikt uz plaukta
shepherd *n.* gans
shield *v.t.* aizsargāt
shield *n.* vairogs
shift *n* pārvietot
shift *v.t.* pārvirze
shifty *a.* izmanīgs
shilling *n.* šiliņš
shilly-shally *v.i.* svārstīties
shilly-shally *n.* nenoteiktība
shin *n.* stilbs
shine *n* mirdzums
shine *v.i.* spīdēt
shiny *a.* spīdošs
ship *v.t.* iekraut kuģī
ship *n.* kuģis
shipment *n.* kuģa krava
shipment *n.* sūtījums
shire *n.* grāfiste
shirk *v.t.* izvairīties
shirker *n.* kavētājs (darba)
shirt *n.* krekls
shiver *v.i.* trīcēt
shoal *v* izsīkt
shoal *n* liels daudzums
shoal *a* sekls
shoal *n.* sēklis
shock *v.t.* satriekt
shock *n.* šoks
shoe *v.t.* apkalt
shoe *n.* kurpe

shoot *n* dzinums
shoot *v.t.* šaut
shop *v.i.* iepirkties
shop *n.* veikals
shore *n.* krasts
short *adv.* spēji
short *a.* īss
shortage *n.* trūkums
shortcoming *n.* trūkums
shorten *v.t.* saīsināt
shortly *adv.* drīz
shorts *n. pl.* šorti
shot *n.* šāviens
shoulder *v.t.* spiesties
shoulder *n.* plecs
shout *v.i.* kliegt
shout *n.* bļāviens
shove *n.* pagrūdiens
shove *v.t.* bāzt
shovel *v.t.* saraust
shovel *n.* lāpsta
show *n.* izstāde
show *v.t.* parādīt
shower *v.t.* apbērt
shower *n.* duša
shrew *n.* savaldīšana
shrewd *a.* gudrs
shriek *v.i.* spiegt
shriek *n.* spalgs kliedziens
shrill *a.* uzmācīgs
shrine *n.* svētnīca
shrink *v.i* sarauties
shrinkage *n.* saraušanās
shroud *v.t.* aizklāt
shroud *n.* sega
shrub *n.* krūms
shrug *n* plecu paraustīšana
shrug *v.t.* paraustīt plecus
shudder *n* drebuļi
shudder *v.i.* nodrebēt
shuffle *n.* stumšana
shuffle *v.i.* dīdīties

shun *v.t.* izvairīties
shunt *v.t.* šuntēt
shut *v.t.* aizvērt
shutter *n.* slēģis
shuttle *v.t.* virzīties turp un atpakaļ
shuttle *n.* atspole
shuttlecock *n.* bumbiņa (badmintona)
shy *v.i.* atrauties
shy *a* kautrīgs
shy *n.* izbīšanās
sick *a.* slims
sickle *n.* sirpis
sickly *a.* slimīgs
sickness *n.* slimība
side *v.i.* sānu
side *n.* puse
siege *n.* aplenkums
siesta *n.* siesta
sieve *v.t.* sijāt
sieve *n.* siets
sift *v.t.* uzbērt
sigh *v.i.* nopūsties
sigh *n.* nopūta
sight *v.t.* ieraudzīt
sight *n.* skats
sightly *a.* izskatīgs
sign *v.t.* parakstīt
sign *n.* zīme
signal *a.* ārkārtējs
signal *v.t.* signalizēt
signal *n.* signāls
signatory *n.* parakstītājs
signature *n.* paraksts
significance *n.* nozīme
significant *a.* ievērojams
signification *n.* nozīme
signify *v.t.* nozīmēt
silence *v.t.* klusēt
silence *n.* klusums
silencer *n.* klusinātājs

silent *a.* kluss
silhouette *n.* siluets
silk *n.* zīds
silken *a.* zīda
silky *a.* zīdains
silly *a.* dumjš
silt *v.t.* aizsērēt
silt *n.* nogulumi
silver *a* sudraba
silver *v.t.* sudrabot
silver *n.* sudrabs
similar *a.* līdzīgs
similarity *n.* līdzība
simile *n.* salīdzinājums
similitude *n.* līdzības
simmer *v.i.* sākt vārīties
simple *a.* vienkāršs
simpleton *n.* vientiesis
simplicity *n.* vienkāršība
simplification *n.* vienkāršošana
simplify *v.t.* vienkāršot
simultaneous *a.* vienlaicīgs
sin *v.i.* grēkot
sin *n.* grēks
since *conj.* kopš
since *adv.* kopš tā laika
since *prep.* kopš
sincere *a.* sirsnīgs
sincerity *n.* sirsnība
sinful *a.* grēcīgs
sing *v.i.* dziedāt
singe *n* apsvilums
singe *v.t.* apsvilināt
singer *n.* dziedātājs
single *v.t.* izlasīt
single *n.* vienspēle
single *a.* viens
singular *a.* atsevišķs
singularity *n.* dīvainība
singularly *adv.* atsevišķi
sinister *a.* draudīgs
sink *n* izlietne

sink *v.i.* nogrimt
sinner *n.* grēciniece
sinuous *a.* līkumains
sip *n.* malks
sip *v.t.* dzert nelieliem malkiem
sir *n.* kungs
siren *n.* sirēna
sister *n.* māsa
sisterhood *n.* māsu radniecība
sisterly *a.* māsas
sit *v.i.* sēdēt
site *n.* atrašanās vieta
situation *n.* situācija
six *n.*, *a* seši
sixteen *n.*, *a.* sešpadsmit
sixteenth *a.* sešpadsmitais
sixth *a.* sestais
sixtieth *a.* sešdesmitais
sixty *n.*, *a.* sešdesmit
sizable *a.* prāvs
size *n.* izmērs
size *v.t.* mērīt
sizzle *n.* čūkstēšana
sizzle *v.i.* čukstēt
skate *n.* slida
skate *v.t.* slidot
skein *n.* šķetere
skeleton *n.* skelets
sketch *v.t.* skicēt
sketch *n.* skice
sketchy *a.* paviršs
skid *n* bremzes ķēde
skid *v.i.* buksēt
skilful *a.* prasmīgs
skill *n.* prasme
skin *v.t* nodīrāt
skin *n.* āda
skip *n* palēciens
skip *v.i.* izlaist
skipper *n.* kapteinis
skirmish *v.t.* apšaudīties
skirmish *n.* sadursme

skirt *v.t.* skirt
skirt *n.* svārki
skit *n.* satīra
skull *n.* galvaskauss
sky *v.t.* debesis
sky *n.* debesis
slab *n.* plāksne
slack *a.* ļengans
slacken *v.t.* atslābt
slacks *n.* ieplakas
slake *v.t.* veldzēt
slam *n* aizciršanās (durvju)
slam *v.t.* aizsist
slander *v.t.* apmelot
slander *n.* neslava
slanderous *a.* apmelojošs
slang *n.* slengs
slant *n* slīpums
slant *v.t.* sašķiebt
slap *v.t.* iepļaukāt
slap *n.* pliķis
slash *n* slīpsvītra
slash *v.t.* cirst (ar pātagu, zobenu)
slate *n.* šīferis
slattern *n.* slampa
slatternly *a.* nevīžīgs
slaughter *v.t.* slepkavot
slaughter *n.* slepkavošana
slave *n.* vergs
slave (away) *v.i.* vergot
slavery *n.* verdzība
slavish *a.* verdzisks
slay *v.t.* noslepkavot
sleek *a.* gluds
sleep *n.* miegs
sleep *v.i.* gulēt
sleeper *n.* gulētājs
sleepy *a.* miegains
sleeve *n* piedurkne
sleight *n.* veiklība
slender *n.* tievs

slice *v.t.* sagriezt
slice *n.* šķēle
slick *a* slidens
slide *n* slidkalniņš
slide *v.i.* slīdēt
slight *n.* ignorēšana
slight *v.t.* ignorēt
slight *a.* viegls
slim *v.i.* ievērot diētu
slim *a.* slaids
slime *n.* gļotas
slimy *a.* gļotains
sling *n.* linga
slip *n.* buksēšana
slip *v.i.* slīdēt
slipper *n.* tupele
slippery *a.* slidens
slipshod *a.* nevīžīgs
slit *v.t.* iešķelt
slit *n.* šķēlums
slogan *n.* sauklis
slope *v.i.* aizmukt
slope *n.* slīpums
sloth *n.* slinkums
slothful *n.* slinks
slough *v.t.* atmest
slough *n.* dumbrājs
slough *n.* slīksnājs
slovenly *a.* netīrīgs
slow *v.i.* novilcināt
slow *a* lēns
slowly *adv.* lēnām
sluggard *n.* sliņķis
sluggish *a.* gauss
sluice *n.* slūžas
slum *n.* vira
slumber *n.* miegs
slumber *v.i.* snaust
slump *v.i.* izgāzties
slump *n.* zušana
slur *n.* negods
slush *n.* šķīdonis

slushy a. šķīdoņa-
slut n. slampa
sly a. viltīgs
smack v.t. atgādināt
smack n garša
smack v.i. garšot
smack n. piejaukums
smack n. nokrāsa
small n tievgalis
small a. neliels
smallpox n. bakas
smart v.i smeldzoši sāpēt
smart n švīts
smart a. elegants
smash n sadursme
smash v.t. sagraut
smear n. traips
smear v.t. uzziest
smell v.t. saost
smell n. smarža
smelt v.t. kausēt
smelt n salaka
smile v.i. smaidīt
smile n. smaids
smith n. stiprs sitiens
smock n. halāts
smog n. bieza migla
smoke v.i. smēķēt
smoke n. dūmi
smoky a. piekvēpis
smooth v.t. nogludināt
smooth a. gluds
smother v.t. noslāpēt
smoulder v.i. gruzdēt
smug a. pedantisks
smuggle v.t. nodarboties ar kon-
    trabandu
smuggler n. kontrabandists
snack n. uzkodas
snag n. sieksta
snail n. gliemezis
snake v.i. sacelt traci

snake n. čūska
snap n aizdare
snap v.t. atlūzt
snare v.t. notvert lamatās
    (slazdā)
snare n. lamatas
snarl v.i. sajaukt
snarl n. juceklis
snatch n. grābiens
snatch v.t. pakampt
sneak n līdejs
sneak v.i. ložņāt
sneer n vīpsnāšana
sneer v.i smīnēt
sneeze n šķavas
sneeze v.i. šķaudīt
sniff n šņauciens
sniff v.i. šņaukāties
snob n. snobs
snobbery n. snobisms
snobbish v snobisks
snore n krāciens
snore v.i. krākt
snort n. sprauslāšana
snort v.i. sprauslāt
snout n. snuķis
snow v.i. snigt
snow n. sniegs
snowy a. sniega
snub n. norašana
snub v.t. norāt
snuff n. ošņāšana
snug n. mājīgs
so adv. tā
so adv. tādā veidā
soak n. mērcēšana
soak v.t. mērcēt
soap v.t. ieziepēt
soap n. ziepes
soapy a. ziepains
soar v.i. planēt
sob n elsas

sob *v.i.* šņukstēt
sober *a.* prātīgs
sobriety *n.* atturība
sociability *n.* sabiedriskums
sociable *a.* sabiedrisks
social *n.* sociāls
socialism *n* sociālisms
socialist *n,a* sociālists
society *n.* sabiedrība
sociology *n.* socioloģija
sock *n.* zeķe
socket *n.* ligzda
sod *n.* velēna
sodomite *n.* homoseksuālists
sodomy *n.* Sodomija
· **sofa** *n.* dīvāns
soft *n.* mīksts
soften *v.t.* mīkstināt
soil *v.t.* nosmērēt
soil *n.* augsne
sojourn *n* pagaidu uzturēšanās
sojourn *v.i.* uzturēties
solace *n.* mierinājums
solace *v.t.* mierināt
solar *a.* saules
solder *v.t.* lodēt
solder *n.* lodalva
soldier *v.i.* iestāties armijā
soldier *n.* karavīrs
sole *v.t* pazolēt
sole *a* viens vienīgs
sole *n.* zole
solemn *a.* svinīgs
solemnity *n.* svinības
solemnize *v.t.* svinēt
solicit *v.t.* ļoti lūgt
solicitation *n.* lūgums
solicitor *n.* advokāts
solicitous *a.* gādīgs
solicitude *n.* gādība
solid *n* ciets ķermenis
solid *a.* ciets

solidarity *n.* solidaritāte
soliloquy *n.* runāšana pašam ar
sevi
solitary *a.* vientuļš
solitude *n.* vientulība
solo *v* lidot patstāvīgi
solo *n* solo
soloist *n.* solists
solubility *n.* šķīdība
soluble *a.* šķīdināms
solution *n.* risinājums
solve *v.t.* atrisināt
solvency *n.* maksātspējas
solvent *n* šķīdinātājs
solvent *a.* šķīdinošs
sombre *a.* tumšs
some *adv* apmēram
some *pron.* dažs
some *a.* kāds
somebody *n.* ievērojama persona
somebody *pron.* kāds
somehow *adv.* kaut kā
someone *pron.* kāds
somersault *v.i.* kūleņot
somersault *n.* kūlenis
something *adv.* mazliet
something *pron.* kaut kas
sometime *adv.* agrāk
sometimes *adv.* dažreiz
somewhat *adv.* nedaudz
somewhere *adv.* kaut kur
somnambulism *n.*
mēnessērdzība
somnambulist *n.* lunātiķis
somnolence *n.* miegainība
somnolent *n.* miegains
son *n.* dēls
song *n.* dziesma
songster *n.* dziedātājs
sonic *a.* skaņas
sonnet *n.* sonets
sonority *n.* skanīgums

soon *adv.* drīz
soot *v.t.* pārklāt ar
. kvēpiem (sodrējiem)
soot *n.* sodrēji
soothe *v.t.* mierināt
sophism *n.* sofisms
sophist *n.* sofists
sophisticate *v.t.* piejaukt
sophisticated *a.* izsmalcināts
sophistication *n.* izsmalcinātība
sorcerer *n.* burvis
sorcery *n.* burvība
sordid *a.* netīrs
sore *n* pušums
sore *a.* sāpīgs
sorrow *v.i.* skumt
sorrow *n.* bēdas
sorry *a.* nožēlojams
sort *v.t* šķirot
sort *n.* veids
soul *n.* dvēsele
sound *n* skaņa
sound *v.i.* skanēt
sound *a.* pamatots
soup *n.* zupa
sour *v.t.* saskābt
sour *a.* skābs
source *n.* avots
south *n.* dienvidi
south *a* dienvidu-
south *v* virzīties uz dienvidiem
southerly *a.* dienvidu
southern *a.* dienvidu
souvenir *n.* suvenīrs
sovereign *a* neatkarīgs
sovereign *n.* soverēns
sovereignty *n.* suverenitāte
sow *n.* cūka
sow *v.t.* sēt
space *v.t.* izkārtot ar atstarpēm
space *n.* vieta
spacious *a.* ietilpīgs

spade *v.t.* rakt
spade *n.* lāpsta
span *v.t.* sprīžot
span *n.* sprīdis
Spaniard *n.* spānietis
spaniel *n.* spaniels
Spanish *n.* spāņu valoda
Spanish *a.* spāņu
spanner *n.* uzgriežņu atslēga
spare *a* rezerves
spare *n.* rezerves daļa
spare *v.t.* saudzēt
spark *v.i.* dižoties
spark *n.* švīts
spark *n.* dzirkstele
sparkle *n.* dzirkstīšana
sparkle *v.i.* spīguļot
sparrow *n.* zvirbulis
sparse *a.* izsēts
spasm *n.* krampji
spasmodic *a.* krampjains
spate *n.* plūdi
spatial *a.* telpas
spawn *v.i.* nārstot
spawn *n.* pēcnācēji
speak *v.i.* runāt
speaker *n.* runātājs
spear *v.t.* durt ar šķēpu
spear *n.* šķēps
spearhead *v.t.* būt iniciatoram
spearhead *n.* šķēpa smaile
special *a.* īpašs
specialist *n.* speciālists
speciality *n.* specialitāte
specialization *n.* specializācija
specialize *v.i.* sašaurināt
species *n.* suga
specific *a.* specifisks
specification *n.* specifikācija
specify *v.t.* precizēt
specimen *n.* paraugs
speck *n.* speķis

spectacle *n.* skats
spectacular *a.* iespaidīgs
spectator *n.* skatītājs
spectre *n.* spoks
speculate *v.i.* spekulēt
speculation *n.* spekulācija
speech *n.* runa
speed *v.i.* steigties
speed *n.* ātrums
speedily *adv.* ātri
speedy *a.* ātrs
spell *v.t.* burtot
spell *n* periods
spell *n.* periods
spend *v.t.* pavadīt
spendthrift *n.* izšķērdētājs
sperm *n.* sperma
sphere *n.* sfēra
spherical *a.* sfērisks
spice *v.t.* pielikt garšvielas
spice *n.* garšviela
spicy *a.* pikants
spider *n.* zirneklis
spike *n* vārpa
spike *n.* smaile
spill *n* skals
spill *v.i.* izliet
spin *n.* griešanās
spin *v.i.* griezt
spinach *n.* spināti
spinal *a.* muguras
spindle *n.* vārpsta
spine *n.* mugurkauls
spinner *n.* vērpējs
spinster *n.* vecmeita
spiral *a.* spirālveidīgs
spiral *n.* spirāle
spirit *n.* gars
spirited *a.* enerģisks
spiritual *a.* garīgs
spiritualism *n.* spiritisms
spiritualist *n.* mediums

spirituality *n.* garīgums
spit *n* iesms
spit *v.i.* iespļaut
spite *n.* spīts
spittle *n* siekalas
spittoon *n.* spļaujamtrauks
splash *n* šļakata
splash *v.i.* slampāt
spleen *n.* liesa
splendid *a.* lielisks
splendour *n.* krāšņums
splinter *v.t.* skaldīt
splinter *n.* šķemba
split *n* plaisa
split *v.i.* sadalīt
spoil *n* laupījums
spoil *v.t.* sabojāt
spoke *n.* spieķis
spokesman *n.* runātājs
sponge *v.t.* zvejot sūkļus
sponge *n.* sūklis
sponsor *n.* sponsors
spontaneity *n.* spontanitāte
spontaneous *a.* spontāns
spoon *v.t.* flirtēt
spoon *n.* karote
spoonful *n.* pilna karote
sporadic *a.* izkaisīts
sport *v.i.* nodarboties ar sportu
sport *n.* sports
sportive *a.* sportisks
sportsman *n.* sportists
spot *v.t.* saskatīt
spot *n.* pūtīte
spotless *a.* nenotraipīts
spousal *a* laulības
spouse *n.* laulāts draugs
spout *v.i.* izšļākt
spout *n.* snīpis
sprain *n.* izmežģīt
sprain *v.t.* izmežģīt
spray *n* aerosols

spray *v.t.* apsmidzināt
spray *n.* sastiepums
spread *n.* izplatīšanās
spread *v.i.* izplatīties
spree *n.* jautrība
sprig *n.* zariņš
sprightly *a.* žirgts
spring *n* pavasaris
spring *v.i.* atsprāgt
sprinkle *v. t.* smidzināt
sprint *n* sprints
sprint *v.i.* skriet īsās distances
sprout *n* asns
sprout *v.i.* laist asnus
spur *v.t.* stimulēt
spur *n.* stimuls
spurious *a.* neīsts
spurn *v.t.* izturēties nicinoši
spurt *n* strūkla
spurt *v.i.* izrauties
sputnik *n.* Sputnik
sputum *n.* krēpas
spy *v.i.* spiegot
spy *n.* spiegs
squad *n.* komanda
squadron *n.* eskadriļa
squalid *a.* netīrs
squalor *n.* netīrība
squander *v.t.* izšķiest
square *a* kvadrātveida
square *v.t.* veidot kvadrātu
square *n.* laukums
squash *v* samīcīt
squash *n* skvošs
squash *n* spiešanās
squash *v.t.* drūzmēties
squat *v.i.* tupēt
squeak *v.i.* kviekt
squeak *n* pīkstiens
squeeze *v.t.* saspiest
squint *n* šķielēšana
squint *v.i.* šķielēt

squire *n.* skvairs
squirrel *n.* vāvere
stab *n.* dūriens
stab *v.t.* durt
stability *n.* stabilitāte
stabilization *n.* stabilizācija
stabilize *v.t.* stabilizēt
stable *v.t.* novietot stallī
stable *n* stallis
stable *a.* stabils
stadium *n.* stadions
staff *v.t.* apgādāt ar personālu
staff *n.* personāls
stag *n.* briedis
stage *v.t.* iestudēt
stage *n.* posms
stagger *n.* grīļošanās
stagger *v.i.* streipuļot
stagnant *a.* inerts
stagnate *a* nemainīgs
stagnation *n.* stagnācija
staid *a.* nosvērts
stain *v.t.* notraipīt
stain *n.* traips
stainless *a.* nerūsējošs
stair *n.* pakāpiens
stake *v.t.* piesiet pie mieta
stake *n* stabs
stale *v.t.* sacietēt
stale *a.* sasmacis
stalemate *n.* strupceļš
stalk *v.i.* pielavīties
stalk *n* stiebrs
stalk *n.* stublājs
stall *n* skurstenis
stall *n.* kāts
stallion *n.* ērzelis
stalwart *a.* nelokāms
stalwart *n* uzticams partijas
  biedrs
stamina *n.* izturība
stammer *n* stostīšanās

stammer *v.i.* stostīties
stamp *v.i.* apzīmogot
stamp *n.* zīmogs
stampede *v.i* panikā bēgt
stampede *n.* paniska bēgšana
stand *n.* stends
stand *v.i.* stāvēt
standard *a* standarta
standard *n.* standarts
standardization *n.* standartizācija
standardize *v.t.* standartizēt
standing *n.* stāvoklis
standpoint *n.* viedoklis
standstill *n.* bezdarbība
stanza *n.* strofa
staple *a* galvenais
staple *n.* āķis
star *v.t.* tēlot galveno lomu
star *n.* zvaigzne
starch *v.t.* stīvināt
starch *n.* ciete
stare *n.* skatiens
stare *v.i.* skatīties
stark *adv.* pilnīgi
stark *a* sastindzis
starry *a.* zvaigžņots
start *n* sākums
start *v.t.* sākt
startle *v.t.* pārsteigt
starvation *n.* bads
starve *v.i.* badoties
state *v.t* konstatēt
state *n.* valsts
stateliness *n.* cēlums
stately *a.* stalts
statement *n.* paziņojums
statesman *n.* valstsvīrs
static *n.* statisks
statics *n.* statika
station *v.t.* izvietot
station *n.* stacija

stationary *a.* stacionārs
stationer *n.* rakstāmlietu tirgotājs
stationery *n.* rakstāmlietas
statistical *a.* statistisks
statistician *n.* statistiķis
statistics *n.* statistika
statue *n.* statuja
stature *n.* augums
status *n.* stāvoklis
statute *n.* statūti
statutory *a.* ar likumu noteikts
staunch *a.* nelokāms
stay *n* izturība
stay *v.i.* palikt
steadfast *a.* nelokāms
steadiness *n.* stingrība
steady *v.t.* nostiprināt
steady *a.* noturīgs
steal *v.i.* nozagt
stealthily *adv.* zagšus
steam *v.i.* kūpēt
steam *n* tvaiks
steamer *n.* tvaikonis
steed *n.* zobens
steel *n.* tērauds
steep *v.t.* iemērkt
steep *a.* stāvs
steeple *n.* tornis
steer *v.t.* vadīt
stellar *a.* zvaigžņu
stem *v.i.* apturēt
stem *n.* kāts
stench *n.* smaka
stencil *v.i.* krāsot ar šablonu
stencil *n.* trafarets
stenographer *n.* stenogrāfists
stenography *n.* stenogrāfija
step *v.i.* soļot
step *n.* solis
steppe *n.* stepe
stereotype *v.t.* padarīt par stereotipu

stereotype *n.* stereotips
stereotyped *a.* stereotips
sterile *a.* sterils
sterility *n.* sterilitāte
sterilization *n.* sterilizācija
sterilize *v.t.* sterilizēt
sterling *n.* angļu valūta
sterling *a.* patiess
stern *n.* pakaļgals
stern *a.* bargs
stethoscope *n.* stetoskops
stew *v.t.* sautēt
stew *n.* sautējums
steward *n.* stjuarts
stick *v.t.* pielīmēt
stick *n.* nūja
sticker *n.* uzlīme
stickler *n.* dedzīgs piekritējs
sticky *n.* lipīgs
stiff *n.* sastindzis
stiffen *v.t.* sastingt
stifle *v.t.* noslāpēt
stigma *n.* aizspriedums
still *v.t.* destilēt
still *adv.* joprojām
still *n.* klusums
still *a.* kluss
stillness *n.* klusums
stilts *n.* koka kājas
stimulant *n.* uzbudinošs līdzeklis
stimulate *v.t.* stimulēt
stimulus *n.* stimuls
sting *n.* dzēliens
sting *v.t.* dzelt
stingy *a.* skops
stink *n* smirdoņa
stink *v.i.* smirdēt
stipend *n.* stipendija
stipulate *v.t.* uzstādīt kā notei-
    kumu
stipulation *n.* nolīgums
stir *v.i.* maisīt

stirrup *n.* kāpslis
stitch *v.t.* šūt
stitch *n.* dūriens
stock *v.t.* apgādāt
stock *n.* krājums
stocking *n.* zeķe
stoic *n.* stoiķis
stoke *v.t.* kurināt
stoker *n.* kurinātājs
stomach *n* vēders
stomach *n.* kuņģis
stone *v.t.* noklāt ar akmeņiem
stone *n.* akmens
stony *a.* akmens
stool *n.* taburete
stoop *n* saliekšanās
stoop *v.i.* pieliekties
stop *n* apstāšanās
stop *v.t.* pārtraukt
stoppage *n* apstāšanās
storage *n.* glabāšana
store *v.t.* saturēt
store *n.* veikals
storey *n.* stāvs
stork *n.* stārks
storm *v.i.* brāzmot
storm *n.* vētra
stormy *a.* vētrains
story *n.* stāsts
stout *a.* resns
stove *n.* plīts
stow *v.t.* kravāt
straggle *v.i.* noklīst
straggler *n.* klaidonis
straight *adv.* taisni
straight *a.* taisns
straighten *v.t.* iztaisnot
straightforward *a.* vienkāršs
straightway *adv.* taisni
strain *n* dzimta
strain *v.t.* sasprindzināt
strait *n.* šaurums

straiten *v.t.* sašaurināt
strand *n* krasts
strand *v.i.* izmest krasta
strange *a.* dīvains
stranger *n.* svešinieks
strangle *v.t.* nožņaugt
strangulation *n.* žņaugšana
strap *v.t.* piesprādzēt
strap *n.* siksna
stratagem *n.* kara viltība
strategic *a.* stratēģisks
strategist *n.* stratēģis
strategy *n.* stratēģija
stratum *n.* slānis
straw *n.* salms
strawberry *n.* zemene
stray *n* noklīdis bērns
stray *a* nomaldījies
stray *v.i.* noklīst no ceļa
stream *v.i.* plūst
stream *n.* plūsma
streamer *n.* vimpelis
streamlet *n.* strautiņš
street *n.* iela
strength *n.* spēks
strengthen *v.t.* stiprināt
strenuous *a.* rosīgs
stress *v.t* uzsvērt
stress *n.* uzsvars
stretch *n* izstiepšanās
stretch *v.t.* stiept
stretcher *n.* nestuves
strew *v.t.* apbērt
strict *a.* stingrs
stricture *n.* barga kritika
stride *n* solis
stride *v.i.* pārkāpt
strident *a.* skaļš
strife *n.* nesaskaņas
strike *v.t.* streikot
strike *n* streiks
striker *n.* streikotājs

string *v.t.* siet
string *n.* rinda
stringency *n.* stingrība
stringent *a.* stingrs
strip *v.t.* atņemt
strip *n.* sloksne
stripe *v.t.* sasvītrot
stripe *n.* svītra
strive *v.i.* censties
stroke *n* glāsts
stroke *v.t.* glaudīt
stroke *n.* trieka
stroll *n* pastaiga
stroll *v.i.* pastaigāties
strong *a.* spēcīgs
stronghold *n.* cietoksnis
structural *a.* struktūras
structure *n.* struktūra
struggle *n* cīņa
struggle *v.i.* cīnīties
strumpet *n.* prostitūta
strut *n* statnis
strut *v.i.* cienīgi soļot
stub *n.* pasaknis
stubble *n.* rugāji
stubborn *a.* spītīgs
stud *v.t.* nobārstīt
stud *n.* poga
student *n.* students
studio *n.* studija
studious *a.* studējošs
study *n.* pētījums
study *v.i.* mācīties
stuff *v.t.* izbāzt

stuff *n.* viela
stuffy *a.* sasmacis (par gaisu)
stumble *n.* paklupšana
stumble *v.i.* paklupt
stump *v.t* smagi soļot
stump *n.* celms
stun *v.t.* apdullināt

stunt *n* triks
stunt *v.t.* kavēt augšanu
stupefy *v.t.* apstulbināt
stupendous *a.* milzīgs
stupid *a* stulbs
stupidity *n.* stulbums
sturdy *a.* veselīgs
sty *n.* miežgrauds
stye *n.* cūkkūts
style *n.* stils
subdue *v.t.* klusināt
subject *n* sasāpējis jautājums
subject *v.t.* pakļaut
subject *n.* temats
subjection *n.* pakļaušana
subjective *a.* subjektīvs
subjugate *v.t.* pakļaut
subjugation *n.* pakļaušana
sublet *v.t.* izīrēt
sublimate *v.t.* sublimēt
sublime *n* cēls
sublime *a.* cildens
sublimity *n.* cildenums
submarine *a* zemūdens
submarine *n.* zemūdene
submerge *v.i.* iegrimt
submission *n.* iesniegšana
submissive *a.* padevīgs
submit *v.t.* iesniegt
subordinate *n* apakšnieks
subordinate *a.* pakļauts
subordinate *v.t.* pakļaut
subordination *n.* pakļautība
subscribe *v.t.* abonēt
subscription *n.* abonēšana
subsequent *a.* sekojošais
subservience *n.* pieglaimošanās
subservient *a.* iztapīgs
subside *v.i.* norimt
subsidiary *a.* papildu
subsidize *v.t.* subsidēt
subsidy *n.* subsīdija

subsist *v.i.* eksistēt
subsistence *n.* uzturēšanās
substance *n.* viela
substantial *a.* būtisks
substantially *adv.* būtībā
substantiate *v.t.* pamatot
substantiation *n.* pamatojums
substitute *v.t.* aizstāt
substitute *n.* aizstājējs
substitution *n.* aizstāšana
subterranean *a.* apakšzemes
subtle *n.* smalks
subtlety *n.* asums
subtract *v.t.* atņemt
subtraction *n.* atņemšana
suburb *n.* piepilsēta
suburban *a.* aprobežots
subversion *n.* gāšana (par gaisu)
subversive *a.* graujošs
subvert *v.t.* gāzt
succeed *v.i.* izdoties
success *n.* veiksme
successful *a* veiksmīgs
succession *n.* secība
successive *a.* kārtas
successor *n.* pēctecis
succour *v.t.* palīdzēt (briesmās, nelaimē)
succour *n.* palīdzība
succumb *v.i.* padoties
such *pron.* šāds
such *a.* tāds
suck *n.* zīšana
suck *v.t.* zīst
suckle *v.t.* zīdīt
sudden *n.* pēkšņs
suddenly *adv.* pēkšņi
sue *v.t.* iesūdzēt
suffer *v.t.* ciest
suffice *v.i.* pietikt
sufficiency *n.* pietiekams
sufficient *a.* pietiekams

suffix *v.t.* pievienot sufiksu
suffix *n.* sufikss
suffocate *v.t* žņaugt
suffocation *n.* nosmakšana
suffrage *n.* vēlēšanu tiesības
sugar *v.t.* piebērt cukuru
sugar *n.* cukurs
suggest *v.t.* ierosināt
suggestion *n.* ierosinājums
suggestive *a.* suģestīvs
suicidal *a.* pašnāvības
suicide *n.* pašnāvība
suit *v.t.* pielāgot
suit *n.* uzvalks
suitability *n.* piemērotība
suitable *a.* piemērots
suite *n.* komplekts
suitor *n.* pielūdzējs
sullen *a.* drūms
sulphur *n.* sērs
sulphuric *a.* sēra
sultry *a.* tveicīgs
sum *v.t.* summēt
sum *n.* summa
summarily *adv.* īsi
summarize *v.t.* rezumēt
summary *a* īss
summary *n.* kopsavilkums
summer *n.* vasara
summit *n.* virsotne
summon *v.t.* izsaukt
summons *n.* pavēste
sumptuous *a.* grezns
sun *v.t.* sauļoties
sun *n.* saule
Sunday *n.* Svētdiena
sunder *v.t.* šķirt
sundry *a.* dažāds
sunny *a.* saulains
sup *v.i.* vakariņot
superabundant *a.* lieks
superb *a.* lielisks

superficial *a.* virspuses
superficiality *n.* paviršība
superfine *a.* ļoti smalks
superfluity *n.* pārmērība
superfluous *a.* lieks
superhuman *a.* pārcilvēcisks
superintend *v.t.* pārzināt
superintendence *n.* uzraudzīšana
superintendent *n.* vadītājs
superior *a.* pārāks
superiority *n.* pārākums
superlative *n.* vispārākā pakāpe
superlative *a.* visaugstākais
superman *n.* pārcilvēks
supernatural *a.* pārdabisks
supersede *v.t.* aizstāt
supersonic *a.* virsskaņas
superstition *n.* māņticība
superstitious *a.* māņticīgs
supertax *n.* virspeļņas nodoklis
supervise *v.t.* uzraudzīt
supervision *n.* uzraudzība
supervisor *n.* uzraugs
supper *n.* vakariņas
supple *a.* lokans
supplement *n.* papildinājums
supplement *v.t.* papildināt
supplementary *a.* papildu
supplier *n.* piegādātājs
supply *n* piegāde
supply *v.t.* piegādāt
support *n.* atbalsts
support *v.t.* atbalstīt
suppose *v.t.* domāt
supposition *n.* pieņēmums
suppress *v.t.* apspiest
suppression *n.* nomākšana
supremacy *n.* augstākā vara
supreme *a.* augstākais
surcharge *v.t.* pārslogot
surcharge *n.* piemaksa
sure *a.* pārliecināts

surely *adv.* protams
surety *n.* galvojums
surf *n.* banga
surface *v.i* apstrādāt virsmu
surface *n.* virspuse
surfeit *n.* pārmērība
surge *v.i.* bangot
surge *n.* pieplūdums
surgeon *n.* ķirurgs
surgery *n.* ķirurģija
surmise *v.t.* domāt
surmise *n.* minējums
surmount *v.t.* pārvarēt
surname *n.* uzvārds
surpass *v.t.* pārspēt
surplus *n.* pārpalikums
surprise *v.t.* pārsteigt
surprise *n.* pārsteigums
surrender *n* padošanās
surrender *v.t.* padoties
surround *v.t.* ielenkt
surroundings *n.* apkārtne
surtax *n.* papildnodoklis
surveillance *n.* uzraudzība
survey *v.t.* apskaitīt
survey *n.* apskate
survival *n.* izdzīvošana
survive *v.i.* pārdzīvot
suspect *n* aizdomīga persona
suspect *a.* aizdomīgs
suspect *v.t.* nojaust
suspend *v.t.* apturēt
suspense *n.* neziņa
suspension *n.* suspensija
suspicion *n.* aizdomas
suspicious *a.* aizdomīgs
sustain *v.t.* atbalstīt
sustenance *n.* uzturs
swagger *n* uzpūtība
swagger *v.i.* dižoties
swallow *n.* bezdelīga
swallow *n.* rīšana

swallow *v.t.* rīt
swamp *v.t.* pārplūdināt
swamp *n.* purvs
swan *n.* gulbis
swarm *v.i.* drūzmēties
swarm *n.* bars
swarthy *a.* melnīgsnējs
sway *n* šūpošanās
sway *v.i.* šūpoties
swear *v.t.* zvērēt
sweat *v.i.* svīst
sweat *n.* sviedri
sweater *n.* džemperis
sweep *n.* slaucīšana
sweep *v.i.* slaucīt
sweeper *n.* sūcējs
sweet *n* konfekte
sweet *a.* salds
sweeten *v.t.* saldināt
sweetmeat *n.* sacukuroti augļi
sweetness *n.* saldums
swell *n* viļņošanās
swell *v.i.* pampt
swift *a.* ātrs
swim *n* peldēšana
swim *v.i.* peldēt
swimmer *n.* peldētājs
swindle *n.* krāpšana
swindle *v.t.* piekrāpt
swindler *n.* blēdis
swine *n.* cūka
swing *n* šūpoles
swing *v.i.* šūpoties
swiss *a* šveiciešu
swiss *n.* šveicietis
switch *v.t.* pārslēgt
switch *n.* slēdzis
swoon *v.i* noģībt
swoon *n.* ģibonis
swoop *n* mešanās lejup
swoop *v.i.* sagrābt
sword *n.* zobens

sycamore *n.* sikomora
sycophant *n.* lišķis
syllabic *a.* sillabisks
syllable *n.* zilbe
syllabus *n.* mācību programma
sylph *n.* silfīda
sylvan *a.* meža
symbol *n.* simbols
symbolic *a.* simbolisks
symbolism *n.* simbolisms
symbolize *v.t.* simbolizēt
symmetrical *a.* simetrisks
symmetry *n.* simetrija
sympathetic *a.* simpātisks
sympathize *v.i.* just līdzi
sympathy *n.* līdzjūtība
symphony *n.* simfonija
symposium *n.* simpozijs
symptom *n.* simptoms
synonym *n.* sinonīms
synonymous *a.* sinonīmisks
synopsis *n.* konspekts
syntax *n.* sintakse
synthesis *n.* sintēze
synthetic *n* sintētiskā šķiedra
synthetic *a.* sintētisks
syringe *v.t.* iešļircināt
syringe *n.* šļirce
syrup *n.* sīrups
system *n.* sistēma
systematic *a.* sistemātisks
systematize *v.t.* sistematizēt

T

table *v.t.* iesniegt
table *n.* galds
tablet *n.* tablete
taboo *v.t.* aizliegt

taboo *a* aizliegts
taboo *n.* tabu
tabular *a.* tabulveida
tabulate *v.t.* sakārtot tabulās
tabulation *n.* tabula
tabulator *n.* tabulācijas
tacit *a.* vārdos neizteikts
taciturn *a.* nerunīgs
tackle *v.t.* risināt
tackle *n.* piederumi
tact *n.* takts
tactful *a.* taktisks
tactician *n.* taktiķis
tactics *n.* taktika
tactile *a.* taustes
tag *n.* birka
tag *v.t.* pievienot
tail *n.* aste
tailor *v.t.* šūt apģērbus
tailor *n.* drēbnieks
taint *v.t.* sabojāt
taint *n.* negods
take *v.t* ņemt
tale *n.* stāsts
talent *n.* talants
talisman *n.* talismans
talk *n* runa
talk *v.i.* runāt
talkative *a.* runīgs
tall *a.* garš
tallow *n.* tauki
tally *v.t.* vest rēķinus
tally *n.* birka
tamarind *n.* tamarinda
tame *v.t.* pieradināt
tame *a.* pieradināts
tamper *v.i.* aizskart
tan *n., a.* iedegums
tan *v.i.* iedegt
tangent *n.* tangenss
tangible *a.* taustāms
tangle *v.t.* samezglot

tangle *n.* juceklis
tank *n.* cisterna
tanker *n.* tankkuģis
tanner *n.* miecētājs
tannery *n.* miecētava
tantalize *v.t.* mocīt
tantamount *a.* līdzvērtīgs
tap *v.t.* aizurbt
tap *n.* krāns
tape *v.t* sasiet ar lenti
tape *n.* lente
taper *n* vāja gaisma
taper *v.i.* kļūt smailam
tapestry *n.* gobelēns
tar *v.t.* darvot
tar *n.* darva
target *n.* mērķis
tariff *n.* tarifs
tarnish *v.t.* aptraipīt
task *v.t.* dot uzdevumu
task *n.* uzdevums
taste *v.t.* nogaršot
taste *n.* gaume
tasteful *a.* gaumīgs
tasty *a.* garšīgs
tatter *v.t* saplēst driskās
tatter *n.* skrandas
tattoo *v.i.* tetovēt
tattoo *n.* tetovējums
taunt *n* nievas
taunt *v.t.* izsmiet
tavern *n.* krodziņš
tax *v.t.* aplikt ar nodokli
tax *n.* nodoklis
taxable *a.* apliekams ar nodokli
taxation *n.* aplikšana ar nodokli
taxi *v.i.* braukt taksometru
taxi *n.* taksometrs
tea *n* tēja
teach *v.t.* mācīt
teacher *n.* skolotājs
teak *n.* tīkkoks

team *n.* komanda
tear *n.* plīsums
tear *n.* asara
tear *v.t.* saplēst
tearful *a.* raudulīgs
tease *v.t.* ķircināt
teat *n.* pups
technical *a.* tehnikas
technicality *n.* tehniskās
   īpatnības
technician *n.* tehniķis
technique *n.* tehnika
technological *a.* tehnoloģiju
technologist *n.* tehnologs
technology *n.* tehnoloģija
tedious *a.* garlaicīgs
tedium *n.* garlaicība
teem *v.i.* mudžēt
teenager *n.* pusaudzis
teens *n. pl.* tīņi
teethe *v.i.* nākt
teetotal *a.* nedzērājs
teetotaller *n.* atturībnieks
telecast *v.t.* pārraidīt pa televīziju
telecast *n.* raidījums
telecommunications *n.*
   telekomunikācija
telegram *n.* telegramma
telegraph *v.t.* telegrafēt
telegraph *n.* telegrāfs
telegraphic *a.* telegrāfisks
telegraphist *n.* telegrāfists
telegraphy *n.* telegrafēšana
telepathic *a.* telepātisks
telepathy *n.* telepātija
telephone *n.* tālrunis
telephone *v.t.* telefonēt
telescope *n.* teleskops
telescopic *a.*˙ teleskopiskais
televise *v.t.* pārraidīt
television *n.* televīzija
tell *v.t.* pateikt

150

teller *n.* stāstītājs
temper *v.t.* regulēt
temper *n.* temperaments
temperament *n.* temperaments
temperamental *a.* temperamentīgs
temperance *n.* atturība
temperate *a.* mērens
temperature *n.* temperatūra
tempest *n.* vētra
tempestuous *a.* vētrains
temple *n* deniņi
temple *n.* templis
temporal *a.* laicīgs
temporary *a.* pagaidu
tempt *v.t.* kārdināt
temptation *n.* kārdinājums
tempter *n.* kārdinātājs
ten *n., a* desmit
tenable *a.* izturīgs
tenacious *a.* sīksts
tenacity *n.* neatlaidība
tenancy *n.* noma
tenant *n.* nomnieks
tend *v.i.* tendence
tendency *n.* tieksme
tender *a* maigs
tender *n* piedāvājums
tender *v.t.* piedāvāt
tender *n* tenderis
tenet *n.* princips
tennis *n.* teniss
tense *a.* saspringts
tense *n.* laiks
tension *n.* saspīlējums
tent *n.* telts
tentative *a.* izmēģinājuma
tenure *n.* valdījums
term *v.t.* nosaukt
term *n.* termiņš
terminable *a.* terminēts
terminal *n* termināls

terminal *a.* gala
terminate *v.t.* izbeigt
termination *n.* izbeigšana
terminological *a.* terminoloģijas
terminology *n.* terminoloģija
terminus *n.* gala stacija
terrace *n.* terase
terrible *a.* šausmīgs
terrier *n.* terjers
terrific *a.* drausmīgs
terrify *v.t.* nobiedēt
territorial *a.* teritoriāls
territory *n.* teritorija
terror *n.* terors
terrorism *n.* terora sistēma
terrorist *n.* terorists
terrorize *v.t.* terorizēt
terse *a.* kodolīgs
test *n* pārbaude
test *v.t.* pārbaudīt
testament *n.* derība
testicle *n.* sēklinieks
testify *v.i.* liecināt
testimonial *n.* apliecība
testimony *n.* liecība
tete-a-tete *n.* saruna divatā
tether *v.t.* piesiet
tether *n.* valgs
text *n.* teksts
textile *n* audums
textile *a.* tekstil-
textual *n.* teksta
texture *n.* struktūra
thank *v.t.* pateikties
thankful *a.* pateicīgs
thankless *a.* nepateicīgs
thanks *n.* pateicība
that *conj.* ka
that *rel. pron.* kas
that *dem. pron.* tas
that *adv.* tā
thatch *v.t.* jumt

thatch *n.* jumta klājums
thaw *n* atkusnis
thaw *v.i* atkust
theatre *n.* teātris
theatrical *a.* teatrāls
theft *n.* zādzība
their *pron* viņu
theirs *pron.* viņējais
theism *n.* teisms
theist *n.* teists
them *pron.* viņiem
thematic *a.* tematisks
theme *n.* tēma
then *a* toreizējs
then *adv.* tad
thence *adv.* no turienes
theocracy *n.* teokrātija
theologian *n.* teologs
theological *a.* teoloģijas
theology *n.* teoloģija
theorem *n.* teorēma
theoretical *a.* teorētisks
theorist *n.* teorētiķis
theorize *v.i.* teoretizēt
theory *n.* teorija
therapy *n.* terapija
there *adv.* tur
thereabouts *adv.* tuvumā
thereafter *adv.* pēc tam
thereby *adv.* tādējādi
therefore *adv.* tāpēc
thermal *a.* siltuma
thermometer *n.* termometrs
thermos (flask) *n.* termoss
thesis *n.* tēze
thick *adv.* biezi
thick *n.* biezoknis
thick *a.* biezs
thicken *v.i.* sabiezēt
thicket *n.* biezoknis
thief *n.* zaglis
thigh *n.* augšstilbs

thimble *n.* uzgalis
thin *v.t.* novājēt
thin *a.* plāns
thing *n.* lieta
think *v.t.* domāt
thinker *n.* domātājs
third *n.* trešdaļa
third *a.* trešais
thirdly *adv.* treškārt
thirst *v.i.* slāpt
thirst *n.* slāpes
thirsty *a.* izslāpis
thirteen *n.* trīspadsmit
thirteenth *a.* trīspadsmitais
thirtieth *a.* trīsdesmitais
thirty *n.* trīsdesmit
thistle *n.* dadzis
thither *adv.* turp
thorn *n.* ērkšķis
thorny *a.* sarežģīts
thorough *a* pamatīgs
thoroughfare *n.* caurbrauktuve
though *adv.* tomēr
though *conj.* lai gan
thought *n* doma
thoughtful *a.* domīgs
thousand *n.* tūkstotis
thraldom *n.* verdzība
thrall *n.* vergs
thrash *v.t.* uzvarēt
thread *v.t* izsprakties
thread *n.* vītne
threadbare *a.* ģērbts
threat *n.* draudi
threaten *v.t.* draudēt
three *n.* trīs
thresh *v.t.* kult
thresher *n.* kūlējs
threshold *n.* slieksnis
thrice *adv.* trīsreiz
thrift *n.* taupība
thrifty *a.* taupīgs

thrill *v.t.* drebēt
thrill *n.* trīsas
thrive *v.i.* zelt
throat *n.* rīkle
throaty *a.* aizsmacis
throb *n.* puksts
throb *v.i.* pukstēt
throe *n.* stipras sāpes
throne *v.t.* nākt tronī
throne *n.* tronis
throng *n.* drūzma
throng *v.t.* drūzmēties
throttle *v.t.* nožņaugt
throttle *n.* drosele
through *a* bez pārsēšanās
through *adv.* cauri
through *prep.* ar
throughout *adv.* viscaur
throw *n.* metiens
throw *v.t.* mest
thrust *n* sitiens
thrust *v.t.* grūst
thud *v.i.* nokrist ar dobju troksni
thud *n.* dobjš troksnis
thug *n.* slepkava
thumb *v.t.* nosmērēt
thumb *n.* īkšķis
thump *v.t.* iebelzt
thump *n.* belziens
thunder *v.i.* dārdēt
thunder *n.* pērkons
thunderous *a.* apdullinošs
Thursday *n.* Ceturtdiena
thus *adv.* tādējādi
thwart *v.t.* kavēt
tiara *n.* tiāra
tick *v.i.* taisīt atzīmi
tick *n.* atzīme
ticket *n.* biļete
tickle *v.t.* kutināt
ticklish *a.* jūtelīgs
tidal *a.* paisuma un bēguma

tide *n.* jūra
tidiness *n.* tīrība
tidings *n. pl.* vēstis
tidy *v.t.* sakārtot
tidy *a.* kārtīgs
tie *n* kaklasaite
tie *v.t.* sasiet
tier *n.* rinda
tiger *n.* tīģeris
tight *a.* ciešs
tighten *v.t.* savilkt
tigress *n.* tīģeriene
tile *v.t.* noklāt ar dakstiņiem
tile *n.* flīze
till *v.t.* apstrādāt zemi
till *n. conj.* kamēr
till *prep.* līdz
tilt *v.i.* noliekt
tilt *n.* slīpums
timber *n.* kokmateriāli
time *v.t.* noteikt laiku
time *n.* laiks
timely *a.* aktuāls
timid *a.* kautrīgs
timidity *n.* kautrība
timorous *a.* kautrs
tin *v.t.* alvot
tin *n.* alva
tincture *v.t.* piešķirt nokrāsu
tincture *n.* tinktūra
tinge *v.t.* piešķirt nokrāsu
tinge *n.* nokrāsa
tinker *n.* skārdnieks
tinsel *n.* vizulis
tint *v.t.* nokrāsot
tint *n.* tonis
tiny *a.* niecīgs
tip *v.t.* apcirst
tip *n.* dzeramnauda
tip *n.* padoms
tip *v.t.* uzlikt uzgali
tip *v.t.* viegli pieskarties

tip *n.* gals
tipsy *a.* piedzēries
tirade *n.* pilnība
tire *v.t.* apnikt
tiresome *a.* nogurdinošs
tissue *n.* audi
titanic *a.* titānisks
tithe *n.* drusciņa
title *n.* nosaukums
titular *a.* nomināls
toad *n.* krupis
toast *v.t.* grauzdēt
toast *n.* tosts
tobacco *n.* tabaka
today *n.* šodiena
today *adv.* šodien
toe *v.t.* pieskarties ar purngalu
toe *n.* pirksts
toffee *n.* īriss
toga *n.* toga
together *adv.* kopā
toil *v.i.* nomocīties
toil *n.* smags darbs
toilet *n.* tualete
toils *n. pl.* slazds
token *n.* žetons
tolerable *a.* pietiekams
tolerance *n.* tolerance
tolerant *a.* tolerants
tolerate *v.t.* pieļaut
toleration *n.* iecietība
toll *n* zvana skaņas
toll *v.t.* zvanīt
toll *n.* nodeva
tomato *n.* tomāts
tomb *n.* kaps
tomboy *n.* Tomboy
tomcat *n.* runcis
tome *n.* sējums
tomorrow *adv.* rīt
tomorrow *n.* rītdiena
ton *n.* tonna

tone *n.* tonis
tone *v.t.* uzskaņot
tongs *n. pl.* knaibles
tongue *n.* mēle
tonic *n.* toniks
tonic *a.* tonizējošs
tonight *adv* šovakar
to-night *adv* uz nakti
tonne *n.* metriskā tonna
tonsil *n.* mandele
tonsure *n.* tonzūra
too *adv.* pārāk
tool *n.* instruments
tooth *n.* zobs
toothache *n.* zobu sāpes
toothsome *a.* garšīgs
top *n.* augša
top *v.t.* pārspēt
top *n.* tops
topaz *n.* topāzs
topic *n.* temats
topical *a.* aktuāls
topographer *n.* topogrāfs
topographical *a.* topogrāfiskā
topography *n.* topogrāfija
topple *v.i.* sašķiebties
topsy turvy *a.* juceklīgs
topsy turvy *adv* juku jukām
torch *n.* kabatas lukturītis
torment *n.* mokas
torment *v.t.* mocīt
tornado *n.* viesuļvētra
torpedo *v.t.* torpedēt
torpedo *n.* torpēda
torrent *n.* straume
torrential *a.* straumēm plūstošs
torrid *a.* svelmains
tortoise *n.* bruņurupucis
tortuous *a.* līkumots
torture *v.t.* spīdzināt
torture *n.* spīdzināšana
toss *n* lozēšana

toss *v.t.* mētāties
total *n.* kopsumma
total *v.t.* saskaitīt kopā
total *a.* totāls
totality *n.* kopums
touch *n* pieskāriens
touch *v.t.* pieskarties
touchy *a.* ātri aizvainojams
tough *a.* grūts
toughen *v.t.* norūdīt
tour *v.i.* apceļot
tour *n.* ceļojums
tourism *n.* tūrisms
tourist *n.* tūrists
tournament *n.* turnīrs
towards *prep.* uz
towel *v.t.* noslaucīt dvieli
towel *n.* dvielis
tower *v.i.* pacelties
tower *n.* tornis
town *n.* pilsēta
township *n.* draudze
toy *v.i.* niekoties
toy *n.* rotaļlieta
trace *v.t.* izsekot
trace *n.* pēdas
track *v.t.* izsekot
track *n.* trase
tract *n* traks
tract *n.* josla
traction *n.* vilkšana
tractor *n.* traktors
trade *v.i* tirgoties
trade *n.* tirdzniecība
trader *n.* tirgotājs
tradesman *n.* tirgotājs
tradition *n.* tradīcija
traditional *a.* tradicionāls
traffic *n.* satiksme
tragedian *n.* traģēdiju rakstnieks
tragedy *n.* traģēdija
tragic *a.* traģisks

trail *v.t.* izsekot
trail *n.* taka
trailer *n.* piekabe
train *v.t.* apmācīt
train *n.* vilciens
trainee *n.* praktikants
training *n.* apmācīšana
trait *n.* iezīme
traitor *n.* nodevējs
tram *n.* tramvajs
trample *v.t.* mīdīt
trance *n.* transs
tranquil *a.* mierīgs
tranquility *n.* miers
tranquillize *v.t.* nomierināt
transact *v.t.* noslēgt
transaction *n.* darījums
transcend *v.t.* pārsniegt
transcendent *a.* izcils
transcribe *v.t.* transkribēt
transcription *n.* transkripcija
transfer *v.t.* pārsūtīt
transfer *n.* nodošana
transferable *a.* pārvietojams
transfiguration *n.* pārveidošana
transfigure *v.t.* pārveidot
transform *v.* pārveidot
transformation *n.*
transformācija
transgress *v.t.* pārkāpt
transgression *n.* pārkāpšana
transit *n.* tranzīts
transition *n.* pāreja
transitive *n.* pārejošs
transitory *n.* pārejošs
translate *v.t.* tulkot
translation *n.* tulkojums
transmigration *n.* pārvietošana
transmission *n.* pārraide
transmit *v.t.* raidīt
transmitter *n.* raidītājs
transparent *a.* caurspīdīgs

transplant *v.t.* pārstādīt
transport *n.* transports
transport *v.t.* transportēt
transportation *n.* transportēšana
trap *v.t.* izlikt lamatas
trap *n.* lamatas
trash *n.* atkritumi
travel *n* ceļojums
travel *v.i.* ceļot
traveller *n.* ceļotājs
tray *n.* paplāte
treacherous *a.* nodevīgs
treachery *n.* nodevība
tread *n* pakāpiens
tread *v.t.* mīt
treason *n.* nodevība
treasure *v.t.* glabāt kā dārgumu
treasure *n.* dārgums
treasurer *n.* kasieris
treasury *n.* dārgumu glabātava
treat *n* bauda
treat *v.t.* ārstēt
treatise *n.* traktāts
treatment *n.* ārstēšana
treaty *n.* līgums
tree *n.* koks
trek *n.* pārcelšanās
trek *v.i.* pārcelties
tremble *v.i.* drebēt
tremendous *a.* milzīgs
tremor *n.* trīsas
trench *v.t.* uzrakt
trench *n.* tranšeja
trend *n.* tendence
trespass *n.* pārkāpums
trespass *v.i.* pārkāpt
trial *n.* izmēģinājums
triangle *n.* trīsstūris
triangular *a.* trīsstūrains
tribal *a.* cilts
tribe *n.* cilts
tribulation *n.* nelaime

tribunal *n.* tribunāls
tributary *n.* pieteka
tributary *a.* pietekas
trick *v.t.* apkrāpt
trick *n* triks
trickery *n.* blēdība
trickle *v.i.* sūkties
trickster *n.* krāpnieks
tricky *a.* grūts
tricolour *n* trīskrāsains karogs
tricolour *a.* trīskrāsains
tricycle *n.* trīsriteņu velosipēds
trifle *v.i* jokoties
trifle *n.* sīkums
trigger *n.* aizšaujamais
trim *v.t.* apgriezt
trim *n* dekorējums
trim *a.* uzposies
trinity *n.* trīsvienība
trio *n.* trio
trip *n.* brauciens
trip *v.t.* ceļot
tripartite *a.* trīspusīgs
triple *v.t.,* trīskāršot
triple *a.* trīskārtējs
triplicate *a.* trīs eksemplāros
triplication *n.* trīskāršošana
tripod *n.* statīvs
triumph *v.i.* triumfēt
triumph *n.* triumfs
triumphal *a.* triumfa
triumphant *a.* triumfējošs
trivial *a.* niecīgs
troop *v.i* iet barā
troop *n.* pulks
trooper *n.* transportkuģis
trophy *n.* trofeja
tropic *n.* trops
tropical *a.* tropisks
trot *n* rikši
trot *v.i.* rikšot
trouble *v.t.* uztraukt

trouble *n.* nepatikšanas
troublesome *a.* traucējošs
troupe *n.* trupa
trousers *n. pl* bikses
trowel *n.* špakteļlāpstiņa
truce *n.* pamiers
truck *n.* kravas automašīna
true *a.* patiess
trump *v.t.* trumpot
trump *n.* trumpis
trumpet *v.i.* taurēt
trumpet *n.* trompete
trunk *n.* stumbrs
trust *v.t* uzticēties
trust *n.* uzticība
trustee *n.* pilnvarotais
trustful *a.* paļāvīgs
trustworthy *a.* uzticības cienīgs
trusty *n.* drošs
truth *n.* patiesība
truthful *a.* patiesīgs
try *n* mēģinājums
try *v.i.* mēģināt
trying *a.* nogurdinošs
tryst *n.* satikšanās
tub *n.* kubls
tube *n.* caurule
tuberculosis *n.* tuberkuloze
tubular *a.* cauruļveida
tug *v.t.* raut
tuition *n.* apmācība
tumble *n.* kūleņošana
tumble *v.i.* gāzties
tumbler *n.* akrobāts
tumour *n.* tumors
tumult *n.* satraukums
tumultuous *a.* juceklīgs
tune *v.t.* noskaņot
tune *n.* melodija
tunnel *v.i.* rakt tuneli
tunnel *n.* tunelis
turban *n.* turbāns

turbine *n.* turbīna
turbulence *n.* turbulence
turbulent *a.* trauksmains
turf *n.* kūdra
turkey *n.* tītars
turmeric *n.* kurkuma
turmoil *n.* satricinājums
turn *n* kārta
turn *v.i.* vērsties
turner *n.* virpotājs
turnip *n.* rācenis
turpentine *n.* terpentīns
turtle *n.* bruņurupucis
tusk *n.* ilknis
tussle *v.i.* kauties
tussle *n.* kautiņš
tutor *n.* privātskolotājs
tutorial *n.* mācību laiks
tutorial *a.* audzinātāja
twelfth *n.* divpadsmitā daļa
twelfth *a.* divpadsmitais
twelve *n.* divpadsmit
twentieth *n* divdesmitā daļa
twentieth *a.* divdesmitais
twenty *n* divdesmit
twice *adv.* divreiz
twig *n.* zariņš
twilight *n* krēsla
twin *a* dvīņu
twin *n.* dubultnieks
twinkle *n.* zibsnīšana
twinkle *v.i.* mirgot
twist *n.* sagriešana
twist *v.t.* sagriezt
twitter *v.i.* čivināt
twitter *n.* čivināšana
two *n* divnieks
two *n.* divi
twofold *a.* divkāršs
type *v.t.* drukāt
type *n.* tips
typhoid *n.* tīfs

typhoon *n.* taifūns
typhus *n.* izsitumu tīfs
typical *a.* tipisks
typify *v.t.* tipizēt
typist *n.* mašīnrakstītāja
tyranny *n.* tirānija
tyrant *n.* tirāns
tyre *n.* riepa

udder *n.* tesmenis
uglify *v.t.* izķēmot
ugliness *n.* neglītums
ugly *a.* neglīts
ulcer *n.* čūla
ulcerous *a.* čūlājošs
ulterior *a.* apslēpts
ultimate *a.* beidzamais
ultimately *adv.* gala rezultātā
ultimatum *n.* ultimāts
umbrella *n.* lietussargs
umpire *v.t.,* tiesāt
umpire *n.* tiesnesis
unable *a.* nespējīgs
unanimity *n.* vienprātība
unanimous *a.* vienprātīgs
unawares *adv.* neapzināti
unburden *v.t.* atslogot
uncanny *a.* baismīgs
uncertain *a.* nenoteikts
uncle *n.* tēvocis
uncouth *a.* neaptēsts
under *adv* apakšā
under *prep.* saskaņā ar
under *a* saskaņā ar
undercurrent *n.* apakšstraume
underdog *n* neveiksminieks
undergo *v.t.* izturēt

undergraduate *n.* bakalaura
underhand *a.* slepens
underline *v.t.* pasvītrot
undermine *v.t.* iedragāt
underneath *adv.* lejā
underneath *prep.* zem
understand *v.t.* saprast
undertake *v.t.* uzņemties
undertone *n.* pustonis
underwear *n.* apakšveļa
underworld *n.* pazeme
undo *v.t.* likvidēt
undue *a.* pārmērīgs
undulate *v.i.* viļņains
undulation *n.* nelīdzenums
unearth *v.t.* izrakt no zemes
uneasy *a.* neomulīgs
unfair *a* negodīgs
unfold *v.t.* atklāt
unfortunate *a.* neveiksmīgs
ungainly *a.* neveikls
unhappy *a.* nelaimīgs
unification *n.* apvienošana
union *n.* savienība
unionist *n.* arodbiedrības biedrs
unique *a.* unikāls
unison *n.* unisons
unit *n.* vienība
unite *v.t.* apvienot
unity *n.* vienotība
universal *a.* universāls
universality *n.* vispārīgums
universe *n.* kosmoss
university *n.* universitāte
unjust *a.* netaisns
unless *conj.* ja vien
unlike *a* atšķirīgs
unlike *prep* pretēji
unlikely *a.* maz ticams
unmanned *a.* bezpilota
unmannerly *a* neaudzināts
unprincipled *a.* bezprincipu

unreliable *a.* neuzticams
unrest *n* nemieri
unruly *a.* nepaklausīgs
unsettle *v.t.* izsist no sliedēm
unsheathe *v.t.* zvilkts no maksts
until *prep.* līdz
until *conj* tikmēr kamēr
untoward *a.* nelabvēlīgs
unwell *a.* nevesels
unwittingly *adv.* negribot
up *adv.* augšup
up *prep.* uz augšu
upbraid *v.t* pārmest
upheaval *n.* pacēlums
uphold *v.t* atbalstīt
upkeep *n* uzturēšana
uplift *v.t.* pacelt
uplift *n* pacēlums
upon *prep* pēc
upper *a.* augšējais
upright *a.* taisns
uprising *n.* sacelšanās
uproar *n.* kņada
uproarious *a.* trakojošs
uproot *v.t.* iznīdēt
upset *v.t.* apbēdināt
upshot *n.* iznākums
upstart *n.* jaunbagātnieks
up-to-date *a.* moderns
upward *a.* augšupejošs
upwards *adv.* augšup
urban *a.* pilsētas
urbane *a.* smalks
urbanity *n.* izsmalcinātība
urchin *n.* palaidnis
urge *n* dzinulis
urge *v.t* mudināt
urgency *n.* steidzamība
urgent *a.* steidzams
urinal *n.* pisuārs
urinary *a.* urīna
urinate *v.i.* urinēt

urination *n.* urīnācija
urine *n.* urīns
urn *n* urna
usage *n.* lietošana
use *v.t.* izmantot
use *n.* lietošana
useful *a.* noderīgs
usher *v.t.* ielaist
usher *n.* vārtsargs
usual *a.* parasts
usually *adv.* parasti
usurer *n.* augļotājs
usurp *v.t.* uzurpēt
usurpation *n.* uzurpācija
usury *n.* augļošana
utensil *n.* trauks
uterus *n.* dzemde
utilitarian *a.* utilitārs
utility *n.* lietderība
utilization *n.* izmantošana
utilize *v.t.* izmantot
utmost *a.* galējais
utmost *n* visaugstākā pakāpe
utopia *n .* utopija
utopian *a.* utopisks
utter *a* absolūts
utter *v.t.* izdvest
utterance *n.* izteikums
utterly *adv.* pavisam

vacancy *n.* vakance
vacant *a.* brīvs
vacate *v.t.* atbrīvot
vacation *n.* brīvdienas
vaccinate *v.t.* potēt
vaccination *n.* vakcinācija
vaccine *n.* vakcīna

vacillate *v.i.* svārstīties
vacuum *n.* vakuums
vagabond *n* klejotājs
vagabond *n.* klaidonis
vagary *n.* untums
vagina *n.* maksts
vague *a.* neskaidrs
vagueness *n.* neskaidrība
vain *a.* veltīgs
vainglorious *a.* iedomīgs
vainglory *n.* iedomība
vainly *adv.* veltīgi
vale *n.* ieleja
valiant *a.* drošsirdīgs
valid *a.* derīgs
validate *v.t.* apstiprināt
validity *n.* derīgums
valley *n.* ieleja
valour *n.* varonība
valuable *a.* vērtīgs
valuation *n.* vērtējums
value *v.t.* novērtēt
value *n.* vērtība
valve *n.* vārsts
van *n.* vens
vanish *v.i.* izgaist
vanity *n.* iedomība
vanquish *v.t.* uzvarēt
vaporize *v.t.* iztvaikot
vaporous *a.* tvaikveidīgs
vapour *n.* tvaiks
variable *a.* mainīgs
variance *n.* pretruna
variation *n.* variācija
varied *a.* daudzveidīgs
variety *n.* dažādība
various *a.* dažāds
varnish *v.t.* nolakot
varnish *n.* laka
vary *v.t.* atšķirties
vasectomy *n.* vazektomija
vaseline *n.* vazelīns

vast *a.* plašs
vault *n.* lēciens
vault *v.i.* velvēt
vault *n.* velve
vegetable *a.* dārzeņu
vegetable *n.* dārzenis
vegetarian *n.* veģetārietis
vegetarian *a* veģetārs
vegetation *n.* veģetācija
vehemence *n.* aizrautība
vehement *a.* kaislīgs
vehicle *n.* transporta līdzeklis
vehicular *a.* transporta
veil *v.t.* apslēpt
veil *n.* plīvurs
vein *n.* vēna
velocity *n.* ātrums
velvet *n.* samts
velvety *a.* samtains
venal *a.* savtīgs
venality *n.* pērkamība
vendor *n.* pārdevējs
venerable *a.* godājams
venerate *v.t.* godāt
veneration *n.* cienība
vengeance *n.* atriebība
venial *a.* piedodams
venom *n.* inde
venomous *a.* indīgs
vent *n.* caurums
ventilate *v.t.* vēdināt
ventilation *n.* ventilācija
ventilator *n.* ventilators
venture *v.t.* uzdrošināties
venture *n.* risks
venturesome *a.* pārdrošs
venturous *a.* pārdrošs
venue *n.* satikšanās vieta
veracity *n.* ticamība
verandah *n.* veranda
verb *n.* darbības vārds
verbal *a.* mutvārdu

verbally *adv.* mutvārdiem
verbatim *adv.* vārdu pa vārdam
verbatim *a.* burtisks
verbose *a.* runīgs
verbosity *n.* runīgums
verdant *a.* nenobriedis
verdict *n.* spriedums
verge *n.* zizlis
verification *n.* pārbaude
verify *v.t.* pārbaudīt
verisimilitude *n.* varbūtība
veritable *a.* īsts
vermillion *n.* sarkanīgi oranža
krāsa
vernacular *a.* dzimtenes
vernacular *n.* mātes valoda
vernal *a.* pavasara
versatile *a.* universāls
versatility *n.* daudzpusība
verse *n.* dzejolis
versed *a.* piedzīvojis
versification *n.* dzejošana
versify *v.t.* dzejot
version *n.* versija
versus *prep.* pret
vertical *a.* vertikāls
verve *n.* kvēle
very *a.* pats
vessel *n.* kuģis
vest *v.t.* ietērpt
vest *n.* veste
vestige *n.* atlieka
vestment *n.* garīdznieka
veteran *a.* piedzīvojis
veteran *n.* veterāns
veterinary *a.* veterinārs
veto *v.t.* aizliegt
veto *n.* veto
vex *v.t.* kaitināt
vexation *n* dusmas
via *prep.* izmantojot
viable *a.* dzīvotspējīgs

vial *n.* pudelīte
vibrate *v.i.* vibrēt
vibration *n.* vibrācija
vicar *n.* vikārs
vicarious *a.* aizstājošs
vice *n.* netikums
viceroy *n.* vicekaralis
vice-versa *adv.* otrādi
vicinity *n.* apkārtne
vicious *a.* ļauns
vicissitude *n.* mija
victim *n.* cietušais
victimize *v.t.* vajāt
victor *n.* uzvarētājs
victorious *a.* uzvarošs
victory *n.* uzvara
victuals *n. pl* pārtika
vie *v.i.* sacensties
view *v.t.* apskatīt
view *n.* skats
vigil *n.* nomods
vigilance *n.* modrība
vigilant *a.* modrs
vigorous *a.* spēcīgs
vile *a.* neģēlīgs
vilify *v.t.* ķengāt
villa *n.* villa
village *n.* ciems
villager *n.* ciema iedzīvotājs
villain *n.* nelietis
vindicate *v.t.* attaisnot
vindication *n.* attaisnojums
vine *n.* vīna koks
vinegar *n.* etiķis
vintage *n.* vīns
violate *v.t.* pārkāpt
violation *n.* rupja pārkāpšana
violence *n.* vardarbība
violent *a.* varmācīgs
violet *n.* vijolīte
violin *n.* vijole
violinist *n.* vijolnieks

virgin *a* jaunavas
virgin *n.* Jaunava
virginity *n.* jaunavība
virile *a.* vīrišķīgs
virility *n.* vīrišķība
virtual *a* virtuāls
virtue *n.* tikums
virtuous *a.* tikumīgs
virulence *n.* virulence
virulent *a.* virulents
virus *n.* vīruss
visage *n.* seja
visibility *n.* redzamība
visible *a.* redzams
vision *n.* redze
visionary *n.* sapņotājs
visionary *a.* fantastisks
visit *n.* apmeklējums
visit *v.t.* apmeklēt
visitor *n.* apmeklētājs
vista *n.* skats
visual *a.* redzes
visualize *v.t.* iztēloties
vital *a.* ļoti svarīgs
vitality *n.* vitalitāte
vitalize *v.t.* atdzīvināt
vitamin *n.* vitamīns
vitiate *v.t.* samaitāt
vivacious *a.* žirgts
vivacity *n.* žirgtums
vivid *a.* dzīvs
vixen *n.* ķildīga sieviete
vocabulary *n.* vārdu krājums
vocal *a.* vokāls
vocalist *n.* dziedātājs
vocation *n.* atvaļinājums
vogue *n.* popularitāte
voice *v.t.* izteikt
voice *n.* balss

void *v.t.* anulēt
void *n.* tukšums
void *a.* tukšs
volcanic *a.* vulkāna
volcano *n.* vulkāns
volition *n.* vēlēšanās
volley *v.t* šaut zalvēm
volley *n.* zalve
volt *n.* volts
voltage *n.* voltāža
volume *n.* apjoms
voluminous *a.* apjomīgs
voluntarily *adv.* brīvprātīgi
voluntary *a.* brīvprātīgs
volunteer *v.t.* pieteikties
volunteer *n.* brīvprātīgais
voluptuary *n.* baudkārs cilvēks
voluptuous *a.* juteklīgs
vomit *n* vemšana
vomit *v.t.* vemt
voracious *a.* rijīgs
votary *n.* aizstāvis
vote *v.i.* balsot
vote *n.* balsošana
voter *n.* vēlētājs
vouch *v.i.* galvot
voucher *n.* kupons
vouchsafe *v.t.* pagodināt
vow *v.t.* svinīgi solīt
vow *n.* zvērests
vowel *n.* patskanis
voyage *v.i.* kuģot
voyage *n.* reiss
voyager *n.* ceļotājs
vulgar *a.* vulgārs
vulgarity *n.* vulgaritāte
vulnerable *a.* viegli ievainojams
vulture *n.* grifs

waddle *v.i.* gāzelēties
wade *v.i.* brist
waft *n* vēziens
waft *v.t.* aizpūst
wag *n* jokupēteris
wag *v.i.* luncināt
wage *n.* atalgojums
wage *v.t.* vest
wager *v.i.* derēt
wager *n.* derības
wagon *n.* furgons
wail *n* apraudāšana
wail *v.i.* vaimanāt
wain *n.* rati
waist *n.* viduklis
waistband *n.* josta
waistcoat *n.* veste
wait *n.* gaidīšana
wait *v.i.* gaidīt
waiter *n.* viesmīlis
waitress *n.* viesmīle
waive *v.t.* atteikties
wake *n* atmošanās
wake *n* ķīļūdens
wake *v.t.* uzmodināt
wakeful *a.* modrs
walk *n* pastaiga
walk *v.i.* staigāt
wall *v.t.* uzcelt sienu
wall *n.* siena
wallet *n.* maks
wallop *v.t.* sist
wallow *v.i.* noziedēt
walnut *n.* riekstkoks
walrus *n.* valzirgs
wan *a.* tumšs
wand *n.* zizlis
wander *v.i.* klīst

wane *n* dilšana
wane *v.i.* dilt
want *n* vajadzība
want *v.t.* vēlēties
wanton *a.* kaprīzs
war *v.i.* karot
war *n.* karš
warble *n* trallināšana
warble *v.i.* trallināt
warbler *n.* dziedātājputns
ward *v.t.* novērst
ward *n.* aizbilstamais
warden *n.* kalpotājs
warder *n.* scepteris
wardrobe *n.* skapis
wardship *n.* aizbildniecība
ware *n.* izstrādājumi
warehouse *v.t* novietot noliktavā
warfare *n.* karš
warlike *a.* kara
warm *v.t.* sasildīt
warm1 *a.* silts
warmth *n.* siltums
warn *v.t.* brīdināt
warning *n.* brīdinājums
warrant *v.t.* garantēt
warrant *n.* rīkojums
warrantee *n.* garantijas
warrantor *n.* galvotājs
warranty *n.* garantija
warren *n.* trušu rezervāts
warrior *n.* kareivis
wart *n.* izaugums
wary *a.* piesardzīgs
wash *n* mazgāšana
wash *v.t.* mazgāt
washable *a.* mazgājams
washer *n.* mazgātājs
wasp *n.* lapsene
waspish *a.* ļoti tievs
wassail *n.* dzīres [jautras]
wastage *n.* paliekas

waste *n.* atkritumi
waste *v.t.* tērēt
waste *a.* lieks
wasteful *a.* izšķērdīgs
watch *n.* pulkstenis
watch *v.t.* noskatīties
watchful *a.* vērīgs
watchword *n.* lozungs
water *v.t.* apūdeņot
water *n.* ūdens
waterfall *n.* ūdenskritums
water-melon *n.* melone
waterproof *n* lietusmētelis
waterproof *v.t.* padarīt
ūdensnecaurlaidīgu
waterproof *a.*
ūdensnecaurlaidīgs
watertight *a.* ūdensnecaurlaidīgs
watery *a.* ūdeņains
watt *n.* vāts
wave *v.t.* vicināt
wave *n.* vilnis
waver *v.i.* šaubīties
wax *v.t.* vaskot
wax *n.* vasks
way *n.* veids
wayfarer *n.* ceļinieks
waylay *v.t.* uzglūnēt
wayward *a.* niķīgs
weak *a.* vājš
weaken *v.t.* & *i* novājināt
weakling *n.* vārgulis
weakness *n.* vājums
weal *n.* labklājība
wealth *n.* bagātība
wealthy *a.* bagāts
wean *v.t.* atradināt
weapon *n.* ierocis
wear *v.t.* valkāt
weary *a* nogurdinošs
weary *a.* apnicis
weather *n* laiks

weather *v.t.* pārciest
weave *v.t.* aust
weaver *n.* audēja
web *n.* tīkls
wed *v.t.* precēties
wedding *n.* laulības
wedge *v.t.* saķīlēt
wedge *n.* ķīlis
wedlock *n.* laulība
Wednesday *n.* trešdiena
weed *v.t.* ravēt
weed *n.* nezāle
week *n.* nedēļa
weekly *adv.* katru nedēļu
weekly *n.* nedēļas
weekly *a.* nedēļas
weep *v.i.* raudāt
weevil *n.* smecernieks
weigh *v.t.* nosvērt
weight *n.* svars
weighty *a.* smags
weir *n.* tacis
weird *a.* liktenīgs
welcome *n* sveiciens
welcome *v.t* sveikt
welcome *a.* vēlams
weld *n* metināšana
weld *v.t.* metināt
welfare *n.* labklājība
well *n.* aka
well *adv.* labi
well *a.* labs
wellington *n.* Wellington
well-known *a.* plaši pazīstams
well-read *a.* daudz lasījis
well-timed *a.* īstlaicīgs
well-to-do *a.* pārticis
welt *n.* ieloce
welter *n.* cilāties
wen *n.* lipoma
wench *n.* skuķis
west *a.* rietumu

west *adv.* uz rietumiem
west *n.* Rietumi
westerly *adv.* uz rietumiem
westerly *a.* rietumu
western *a.* rietumu
wet *v.t.* mērcēt
wet *a.* slapjš
wetness *n.* mitrums
whack *v.t.* dauzīt
whale *n.* valis
wharfage *n.* piestātne
what *adv.* kā
what *pron.* kas
what *pron.* ko
whatever *pron.* lai kas
wheat *n.* kvieši
wheedle *v.t.* lišķēt
wheel *v.t.* dzīt
wheel *n.* ritenis
whelp *n.* kucēns
whelp *v* perināt
when *conj.* pēc tam
when *adv.* kad
whence *adv.* no kurienes
whenever *adv. conj* kad vien
where *conj.* ja
where *adv.* kur
whereabouts *adv.* kādā vietā
whereas *conj.* turpretim
whereat *conj.* uz to
wherein *adv.* kur
whereupon *conj.* pēc kā
wherever *conj* kur
whet *v.t.* asināt
whether *conj.* vai
which *a* kas
which *pron.* kurš
whichever *pron* lai kurš
whiff *n.* dvesma
while *adv* kad
while *adv* kamēr
while *n.* brīdis

whim *n.* kaprīze
whimper *v.i.* pinkšķēt
whimsical *a.* dīvains
whine *n* žēla gaudošana
whine *v.i.* gausties
whip *n.* kučieris
whip *v.t.* sakult
whipcord *n.* pātaga aukla
whir *n.* dūkoņa
whirl *n* juceklis
whirl *v* virpuļot
whirligig *n.* karuselis
whirlpool *n.* virpulis
whirlwind *n.* viesulis
whisk *n* salmu grīste
whisk *v.t.* noslaucīt
whisker *n.* ūsas
whisky *n.* viskijs
whisper *n* čuksti
whisper *v.t.* čukstēt
whistle *n* svilpe
whistle *v.i.* svilpot
white *n* baltums
white *a.* balts
whiten *v.t.* balināt
whitewash *v.t.* balsināt
whitewash *n.* balsināšana
whither *adv.* uz kurieni
whitish *a.* bālgans
whittle *v.t.* drāzt
whiz *v.i.* sīkšana
who *pron.* kas
whoever *pron.* lai kas
whole *n* kopums
whole *a.* viss
whole-hearted *a.* sirsnīgs
wholesale *adv.* lielos apmēros
wholesale *n.* vairumtirdzniecība
wholesaler *n.* vairumtirgotājs
wholesome *a.* veselīgs
wholly *adv.* pilnīgi
whom *pron.* kuram

whore *n.* prostitūta
whose *pron.* ka
why *adv.* kāpēc
wick *n.* dakts
wicked *a.* nelabs
wicker *n.* pinamās klūdziņas
wicket *n.* vārtiņi
wide *adv.* plaši
wide *a.* plašs
widen *v.t.* paplašināt
widespread *a.* plaši izplatīts
widow *v.t.* kļūt par atraitni
widow *n.* atraitne
widower *n.* atraitnis
width *n.* platums
wield *v.t.* vadīt
wife *n.* sieva
wig *n.* parūka
wight *n.* cilvēks
wigwam *n.* vigvams
wild *a.* neapdomāts
wilderness *n.* mežonīgs apgabals
wile *n.* viltība
will *v.t.* gribēt
will *n.* griba
willing *a.* labprātīgs
willingness *n.* vēlmi
willow *n.* vītols
wily *a.* blēdīgs
wimble *n.* urbis
wimple *n.* sejas aizsegs (plīvurs)
win *n* uzvara
win *v.t.* uzvarēt
wince *v.i.* sarauties
winch *n.* vinda
wind *v.t.* radīt aizdusu
wind *v.t.* pūst
wind *n.* vējš
windbag *n.* melsa
winder *n.* taurētājs
windlass *v.t.* vinča
windmill *n.* vējdzirnavas

window *n.* logs
windy *a.* vējains
wine *n.* vīns
wing *n.* spārns
wink *n* mirkšķināšana
wink *v.i.* mirkšķināt
winner *n.* uzvarētājs
winnow *v.t.* vētīt
winsome *a.* apburošs
winter *v.i* pārziemot
winter *n.* ziema
wintry *a.* ziemas
wipe *n.* kabatas lakatiņš
wipe *v.t.* noslaucīt
wire *v.t.* iekārtot vadus
wire *n.* stieple
wireless *n* radio
wireless *a.* bezdrāts
wiring *n.* elektroinstalācija
wisdom *n.* gudrība
wisdom-tooth *n.* gudrības zobs
wise *a.* gudrs
wish *v.t.* vēlēties
wish *n.* vēlēšanās
wishful *a.* karojošs
wisp *n.* kušķis
wistful *a.* skumjš
wit *n.* asprātība
witch *n.* ragana
witchcraft *n.* maģija
witchery *n.* burvība
with *prep.* ar
withal *adv.* pie tam
withdraw *v.t.* atsaukt
withdrawal *n.* atsaukšana
withe *n.* vica
wither *v.i.* nokalst
withhold *v.t.* aizturēt
within *n* iekšpuse
within *adv.* iekšā
without *adv.* ārā
without *n* bez

without *prep.* bez
withstand *v.t.* izturēt
witless *a.* muļķīgs
witness *v.i.* liecināt
witness *n.* liecinieks
witticism *n.* atjautība
witty *a.* asprātīgs
wizard *n.* burvis
wobble *v.i* grīļoties
woe *n.* bēdas
woebegone *a.* nobēdājies
woeful *n.* nobēdājies
wolf *n.* vilks
woman *n.* sieviete
womanhood *n.* sievišķība
womanish *a* sievietes
womb *n.* dzemde
wonder *v.i.* brīnīties
wonder *n* brīnums
wonderful *a.* brīnišķīgs
wondrous *a.* brīnumains
wont *n* paraža
wont *a.* paradis
wonted *a.* parasts
woo *v.t.* bildināt
wood *n.* koks
wooden *a.* koka
woodland *n.* meži
woods *n.* mežs
woof *n.* audi
wool *n.* vilna
woollen *a.* vilnas
word *v.t* formulēt
word *n.* vārds
wordy *a.* daudzvārdīgs
work *v.t.* strādāt
work *n.* darbs
workable *a.* izpildāms
workaday *a.* ikdienišķs
worker *n.* darbinieks
workman *n.* strādnieks
workmanship *n.* meistarība

workshop *n.* darbnīca
world *n.* pasaule
worldly *a.* pasaulīgs
worm *n.* tārps
wormwood *n.* vērmeles
worn *a.* lietots
worry *v.i.* uztraukties
worry *n.* bažas
worsen *v.t.* pasliktināt
worship *v.t.* dievināt
worship *n.* godināšana
worshipper *n.* pielūdzējs
worst *v.t.* gūt virsroku
worst *adv* vissliktāk
worst *a.* vissliktākais
worsted *n.* ķemmdzija
worth *a* vērts
worth *n.* vērtība
worthless *a.* nevērtīgs
worthy *a.* cienīgs
would-be *a.* tā sauktais
wound *v.t.* ievainot
wound *n.* brūce
wrack *n.* jūras zāles
wraith *n.* gars
wrangle *n.* strīds
wrangle *v.i.* strīdēties
wrap *n* ietinamais
wrap *v.t.* ietīties
wrapper *n.* ietinamais
wrath *n.* dusmas
wreath *n.* vainags
wreathe *v.t.* aptīties
wreck *v.t.* ciest katastrofu
wreck *n.* vraks
wreckage *n.* vraks
wrecker *n.* kaitnieks
wren *n.* paceplītis
wrench *v.t.* izgriezt
wrench *n.* uzgriežņatslēga
wrest *v.t.* izraut
wrestle *v.i.* cīnīties

wrestler *n.* cīkstonis
wretch *n.* nožēlojams cilvēks
wretched *a.* nožēlojams
wrick *n* iztaisnot
wriggle *n* līkums
wriggle *v.i.* izgrozīties
wring *v.t* spiest
wrinkle *v.t.* saraukt
wrinkle *n.* rieva
wrist *n.* plaukstas locītava
writ *n.* priekšraksts
write *v.t.* rakstīt
writer *n.* rakstnieks
writhe *v.i.* locīties
wrong *v.t.* kaitēt
wrong *adv.* nepareizi
wrong *a.* nepareizs
wrongful *a.* netaisns
wry *a.* sašķobīts

xerox *v.t.* izgatavot kserokopijas
xerox *n.* kserokss
Xmas *n.* Ziemassvētki
x-ray *v.t.* apstarot
x-ray *n.* rentgens
xylophone *n.* ksilofons

yacht *v.i* burāt
yacht *n.* jahta
yak *n.* jaks
yap *n* muldēšana
yap *n* vaukšķēšana

yard *n.* pagalms
yarn *n.* dzija
yawn *n.* žāvas
yawn *v.i.* žāvāties
year *n.* gads
yearly *a.* ikgadējs
yearly *adv.* katru gadu
yearn *v.i.* sērot
yearning *n.* ilgas
yeast *n.* raugs
yell *n* bļāviens
yell *v.i.* kliegt
yellow *n* dzeltena krāsa
yellow *a.* dzeltens
yellowish *a.* iedzeltens
Yen *n.* jena
yeoman *n.* brīvzemnieks
yes *adv.* jā
yesterday *adv.* vakar
yesterday *n.* vakardiena
yet *conj.* neskatoties uz to
yet *adv.* vēl
yield *v.t.* dot
yield *n* raža
yoke *n.* jūgs
yoke *v.t.* likt jūgā
yolk *n.* olas dzeltenums
young *n* jaunatne
young *a.* jauns
youngster *n.* jauneklis
youth *n.* jaunatne
youthful *a.* jauneklīgs

zany *a.* āksts
zeal *n.* centība
zealot *n.* entuziasts
zealous *a.* cītīgs

zebra *n.* zebra
zenith *n.* zenīts
zephyr *n.* zefīrs
zero *n.* nulle
zest *n.* kaisle
zigzag *a.* līkloču
zigzag *v.i.* vilkt zigzaglīniju
zigzag *n.* zigzaglīnija
zinc *n.* cinks
zip *v.t.* aizvilkt rāvējslēdzēju
zip *n.* rāvējslēdzējs

zodiac *n* zodiaks
zonal *a.* zonāls
zone *n.* zona
zoo *n.* zoodārzs
zoological *a.* zooloģijas
zoologist *n.* zoologs
zoology *n.* zooloģija
zoom *v.i.* mainīt objektīva fokusa attālumu
zoom *n.* straujš lidmašīnas izrāviens augšu

Latvin-English

A

abi *a* both
abi divi *adv* both
abinieku [zool.] *adj* amphibious
ābols *n.* apple
abonēšana *n.* subscription
abonēt *v.t.* subscribe
abordāžas kāsis *n.* grapple
aborigēni *n. pl* aborigines
aborigēnu *a* aboriginal
aborts *n* abortion
aborts *n.* miscarriage
abscess [med.] *n* abscess
absolūti *adv* absolutely
absolūts *a* absolute
absolūts *a* utter
absolvente *n* alumna
absolvents *n* graduate
absorbēt *v.t* absorb
abstrakcija *n* abstract
abstrakcija *n.* abstraction
abstrakts *a* abstract
absurds *a* absurd
absurds *n.* nonsense
acīm redzams *a.* apparent
acs *n* eye
acs ābols *n* eyeball
acu ārsts *n.* oculist
acu komprese *n* eyewash
āda *n.* hide
āda *n.* leather
āda *n.* skin
adaptācija *n.* adaptation
ādas kamzolis *n.* jerkin
adata *n.* needle
adīt *v.t.* knit
administratīvs *a.* administrative
admirālis *n.* admiral
adoptēšana *n* adoption

adoptēt *v.t.* adopt
adresāts *n.* addressee
adrese *n.* address
advokāts *n* advocate
advokāts *n.* attorney
advokāts *n.* barrister
advokāts *n.* lawyer
advokāts *n.* pleader
advokāts *n.* solicitor
aerodroms *n* aerodrome
aerosols *n* spray
aforisms *n* dictum
aforisms
   n aphorism
aģents *n* agent
aģentūra *n.* agency
Agnus *n* agnus
agonija *n.* agony
agra bērnība *n.* infancy
agrāk *adv* formerly
agrāk *adv.* sometime
agrārs *a.* agrarian
agresija *n* aggression
agresīvs *a.* aggressive
agresors *n.* aggressor
agri *adv* early
agrs *a* early
ahromatisks *adj* achromatic
aicināt *v. t* beckon
ailē *n* column
aina *n.* scene
ainava *n.* landscape
ainava *n.* scenery
airēšana *n* row
airēt *v.t.* row
airētājs *n.* oarsman
airis *n.* oar
aisbergs *n.* iceberg
aita *n.* sheep
aitas gaļa *n.* mutton
aitas vilna *n* fleece
aiz *prep* behind

aiz *prep.* beyond
aizbāznis *n.* gag
aizbēgt *v.i* escape
aizbildināties *v.i.* plead
aizbildniecība *n.* wardship
aizbildnis *n* custodian
aizbildnis *n.* guardian
aizbilstamais *n.* ward
aizbraukt *v. i.* depart
aizbultēt *v.t* bar
aizcietējums *n.* constipation
aizciršanās (durvju) *n* slam
aizcirst *v.t.* bang
aizdare *n* snap
aizdevums *n.* loan
aizdomas *n.* mistrust
aizdomas *n.* suspicion
aizdomīga persona *n* suspect
aizdomīgs *a.* suspect
aizdomīgs *a.* suspicious
aizdot *v.t.* lend
aizēnot *v.t.* overshadow
aiziešana pensijā *n.* retirement
aiziet *v.i.* retire
aizkaitinājums *n.* irritation
aizkars *n* curtain
aizkavēšana *n* delay
aizkavēšana *n.* prevention
aizkavēt *v.t. & i.* delay
aizkavēt *v.t.* prevent
aizķeršanās *n.* hitch
aizklāt *v.t.* shroud
aizkorķēt *v.t.* plug
aizliegt *v.t* forbid
aizliegt *v.t.* prohibit
aizliegt *v.t.* taboo
aizliegt *v.t.* veto
aizliegts *a* taboo
aizlieguma *a.* prohibitory
aizliegums *n.* ban
aizliegums *n.* inhibition
aizliegums *n.* prohibition

aizmāršīgs *a* forgetful
aizmiglot *v. t* blear
aizmiglot *v.t* foil
aizmiršana *n.* oblivion
aizmirst *v.t* forget
aizmugure *n.* rear
aizmugurē *adv* behind
aizmukt *v.i.* slope
aizņemt *v.t* engross
aizpildīt *v.t* fill
aizpūst *v.t.* waft
aizraušanās *n.* passion
aizrautība *n* animation
aizrautība *n.* keenness
aizrautība *n.* vehemence
aizrauties *v.i.* rave
aizrautīgs *a.* keen
aizrīties *v. t.* choke
aizsardzība *n* defence
aizsardzība *n.* protection
aizsardzības *a.* precautionary
aizsardzības
   adv. defensive
aizsargāt *v.t.* protect
aizsargāt *v.t.* shield
aizsargbrilles *n.* goggles
aizsarggrāvis *n.* moat
aizsargs *n.* protector
aizšaujamais *n.* latch
aizšaujamais *n.* trigger
aizsērēt *v.t.* silt
aizsiet acis *v. t* blindfold
aizsist *v.t.* slam
aizskart *v.t.* offend
aizskart *v.i.* tamper
aizslēgt *v.t* lock
aizsmacis *a.* hoarse
aizsmacis *a.* husky
aizsmacis *a.* throaty
aizspriedums *n* bias
aizspriedums *n.* prejudice
aizspriedums *n.* stigma

aizsprostojums *n.* barrage
aizstājējs *n.* substitute
aizstājošs *a.* vicarious
aizstāšana *n.* substitution
aizstāt *v.t.* substitute
aizstāt *v.t.* supersede
aizstāvēšana *n.* advocacy
aizstāvēt *v.t.* advocate
aizstāvēt *v. t* defend
aizstāvēt *v.t.* patronize
aizstāvis *n.* votary
aizsūtīt uz laukiem *v.t.* rusticate
aizsvilties *v.i* blaze
aiztikt ar ķepu *v.t.* paw
aizturēt *v.t.* apprehend
aizturēt *v. t* detain
aizturēt *v.t.* withhold
aizurbt *v.t.* tap
aizvainojums *n.* resentment
aizvainot *v.t.* insult
aizvēja puse *n.* lee
aizvērt *v.t.* shut
aizvešana ar varu *n* abaction
aizvēsturisks *a.* prehistoric
aizvilkt rāvējslēdzēju *v.t.* zip
ak vai! *interj.* alas
aka *n.* well
akadēmija *n* academy
akadēmisks *a* academic
akcentēt *v.t* accent
akcentēt *v.t.* punctuate
akcentēt izmantojot aliterāciju
[lit.] *v.* alliterate
akcents *n* accent
akceptēt *v.i.* acquiesce
akcija *n* share
akcīze *n* excise
āķis *n.* crotchet
āķis *n.* hook
āķis *n.* staple
aklimatizēt *v.t.* season
aklimatizēties *v.t* acclimatise

akls *a* blind
aklums *n* blindness
aklums [med.] *n* ablepsy
akmens *n.* stone
akmens *a.* stony
aknas *n.* liver
akompanements *n* accompaniment
akompanēt *v.t.* accompany
akords *n.* chord
akrēcija *n* accrementition
akrobāts *n.* acrobat
akrobāts *n.* tumbler
akrs *n.* acre
āksta cepure *n* foolscap
ākstīgs *adj.* daft
āksts *n.* pantaloon
āksts *a.* zany
āksts *n* buffoon
aktieris
n. actor
aktivitāte *n.* activity
aktivizēt *v.t.* activate
aktīvs *a.* active
aktrise
n. actress
akts *n.* act
akts *n* deed
aktuāls *a.* timely
aktuāls *a.* topical
akustika *n.* acoustics
akustisks *a* acoustic
akūtas infekcijas slimība *n.*
myosis
akūts *a.* acute
akvārijs *n.* aquarium
akvedukts *n* aqueduct
ala *n.* cave
ala *n* burrow
albiona *n* albion
albums *n.* album
alegorija *n.* allegory

alegorisks *a.* allegorical
aleja *n.* alley
aleja *n.* avenue
alerģija [med.] *n.* allergy
alfa *n* alpha
alfabētisks *a.* alphabetical
alfabēts *n.* alphabet
alga *n.* salary
algādzis *n.* labourer
algebra *n.* algebra
algotnis *n.* hireling
algots *a.* mercenary
alibi *n.* alibi
aligators [zool.] *n* alligator
alikvotās *adv.* aliquot
alimenti *n.* alimony
aliterācija *n.* alliteration
alkatība *n* cupidity
alkatīgi *adv* avidly
alkatīgs *adj.* avid
alķīmija *n.* alchemy
alkohols *n* alcohol
alkojošs *adj.* appetent
alkt *v.t.* crave
almanahs *n.* almanac
alpīnists *n* alpinist
altarīs *n.* altar
alternatīva *n.* alternative
alternatīvs *a.* alternative
altimetrs *n* altimeter
alts *n* alto
alumīnijs *n.* aluminium
alus *n* ale
alus *n* beer
alusdarītava *n* brewery
alva *n.* tin
alvot *v.t.* tin
amalgama [ķīm.] *n* amalgam
amatieris *n.* amateur
amatniecība *n* craft
amatnieks *n.* artisan
amatnieks *n* craftsman

amatnoziegums *n.* jobbery
amatpersona *n.* functionary
ambulatorisks slimnieks *n.* outpatient
āmen! *interj.* amen
amenoreja *n* amenorrhoea
amfiteātris *n* amphitheatre
amnestija *n.* amnesty
amorāls *a.* immoral
amorāls *a.* licentious
amorāls *a.* amoral
amorfs *adj* anamorphous
ampērs [el.] *n* ampere
amulets *n.* amulet
amulets *n* charm
āmuļi *n.* mistletoe
āmurs *n.* hammer
anahronisms *n* anachronism
analfabētisms *n.* illiteracy
analītiķis *n* analyst
analītisks *a* analytical
analīze *n.* analysis
analizēt *v.t.* analyse
analoģija *n.* analogy
analogs *a.* analogous
anamnēzē *n* anamnesis
ananass *n.* pineapple
anarhija *n* anarchy
anarhisms *n.* anarchism
anarhists *n* anarchist
anatomija *n.* anatomy
anekdote *n.* anecdote
anēmija [med.] *n* anaemia
anemometrs *n* anemometer
anestezējošs līdzeklis [med.] *n.* anaesthetic
anestēzija [med.] *n* anaesthesia
angīna [med.] *n* angina
angļ *adj* british
angļu *adj* English
angļu valūta *n.* sterling
anīsa sēkla *n* aniseed

annāles *n.pl.* annals
anomālija *n* anomaly
anomāls *a* anomalous
anonimitāte *n.* anonymity
anonimitāti *n.* anonymity
anonīms *a.* anonymous
anormāls *a* abnormal
antagonisms *n* antagonism
antagonists *n.* antagonist
antarktisks *a.* antarctic
antena *n.* aerial
antena *n.* antennae
anti *pref.* anti
antīku lietu pazinējs *n.* antiquary
antikvārs *n* antiquarian
antikvitātes *n.* antiquity
antilope *n.* antelope
antipātija *n.* antipathy
antipātija *n.* aversion
antipātija *n* dislike
antipātija *n.* repulsion
antipodi *n.* antipodes
antiseptisks *a.* antiseptic
antiseptisks līdzeklis *n.* antiseptic
antitēze *n.* antithesis
antoloģija *n.* anthology
antonīms *n.* antonym
antresols *n.* mezzanine
anulēt *v.t.* nullify
anulēt *v.t.* abrogate
anulēt *v.t.* annul
anulēt *v.t.* void
ap *adv.* round
apakšā *adv* below
apakšā *adv* beneath
apakšā *adv* under
apakšdelms *n* forearm
apakšējā daļa *n* bottom
apakšējs *a.* nether
apakšnieks *n* subordinate
apakšstraume *n.* undercurrent

apakšsvārki *n.* petticoat
apakštase *n.* saucer
apakšveļa *n.* underwear
apakšzemes *a.* subterranean
apaļš *a.* round
aparāts *n.* apparatus
apātija *n.* apathy
apātisks *a.* listless
apaugļot *v.t* fertilize
apbalvojums *n.* award
apbalvot *v.t.* award
apbēdināt *v.t.* grieve
apbēdināt *v.t.* upset
apbedīšana *n.* sepulture
apbedīšanas *n* burial
apbedīt *v. t.* bury
apbērt *v. t* bombard
apbērt *v.t.* overwhelm
apbērt *v.t.* shower
apbērt *v.t.* strew
apbrīna *n.* admiration
apbrīnojams *a.* admirable
apbrīnot *v.t.* admire
apbruņojums *n.* armature
apbruņoties *v.t.* arm
apburošs *a.* winsome
apburt *v.t* bewitch
apburt *v. t.* charm2
apburt *v. t* enamour
apburt *v. t.* enchant
apburt *v.t* fascinate
apceļot *v.i.* tour
apcerēt *v.i.* muse
apcirst *v.t.* tip
apdare *n* decoration
apdare *n* finish
apdarināt *v.t* fringe
apdāvināts *a.* gifted
apdegums *n* burn
apdegums *n* scorch
apdomāt *v.t.* mull
apdomāt *v.t.* ponder

apdraudēt *v.t* endanger
apdraudēt *v.t.* imperil
apdraudēt *v.t.* peril
apdrošināšana *n.* insurance
apdrošināt *v.t.* insure
apdullināt *v.t.* stun
apdullinošs *a.* thunderous
apdzīvojams *a.* habitable
apdzīvojams *a.* inhabitable
apdzīvot *v.t.* inhabit
apdzīvot *v.t.* people
apdzīvot *v.t.* populate
apelēt *v.t.* appeal
apelsīns *n.* orange
apendicīts [med.] *n.* appendicitis
apendikss *n.* appendix
apetīte *n.* appetite
apgabals *n* area
apgabals *n.* county
apgādājamais *n* dependant
apgādāt *v. t* equip
apgādāt *v.t.* stock
apgādāt ar personālu *v.t.* staff
apgaismošana *n.* illumination
apgaismot *v.t.* illuminate
apgalvojums *n* contention
apgalvot *v.t.* assert
apgalvot *v. i* contend
apgānīt *v.t.* pollute
apgānīt *v.t.* profane
apgāzt *v. i.* capsize
apgāzt *v.t.* invert
apģērba gabals izgatavots no
camlet auduma *n* camlet
apģērbs *n.* apparel
apģērbs *n.* clothes
apģērbs *n.* garb
apģērbs *n.* garment
apģērbt *v.t* garb
apgriezt *v.t.* prune
apgriezt *v.t.* trim
apgrozībā *n* circulation

apgrozības spējīgs *a.* negotiable
apgrūtinājums *n.* lien
apgrūtināt *v. t* bother
apgrūtināt *v.t.* embarrass
apgrūtināt *v* encumber
apgrūtinošs *a* burdensome
apgrūtinošs *a.* onerous
apinis *n* hop
apjomīgs *a.* voluminous
apjoms *n.* extent
apjoms *n.* magnitude
apjoms *n.* volume
apjozt *v.t.* begird
apjozt *v.t* girdle
apjukums *n* confusion
apkaisīt *v. t* bestrew
apkaisīt *v.t.* dust
apkakle *n* collar
apkalpot *v.t* service
apkalpotājs *n.* attendant
apkalt *v.t.* shoe
apkārt *adv* about
apkārt *prep.* around
apkārtējā vide *n.* milieu
apkārtmērs *n.* circumference
apkārtne *n.* neighbourhood
apkārtne *n.* surroundings
apkārtne *n.* vicinity
apkārtraksts *n.* circular
apkaunojošs *a.* shameful
apklusināt *v.i* hush
apkrāpt *v.t.* trick
apkurināt *v.t* heat
aplaistīšanās *n* ablution
aplams *a.* nonsensical
aplaudēt *v.t.* applaud
aplaudēt *v. i.* clap
aplaupīt *v.t.* rob
aplausi *n.* applause
aplenkums *n.* siege
apliecība *n.* certificate
apliecība *n.* testimonial

apliecinājums *n* affirmation
apliecināt *v.t.* affirm
apliecināt *v. t.* certify
apliekams ar nodokli *a.* taxable
aplikšana ar nodokli *n.* taxation
aplikt ar nodokli *v.t.* agist
aplikt ar nodokli *v.t.* tax
aplis *n.* circle
aplis *n.* round
aploks *n.* bawn
aploksne *n* envelope
aplūkot *v. i* deal
aplūkot *v.t.* inspect
apmācība *n.* tuition
apmācies *a.* overcast
apmācīšana *n.* training
apmācīt *v.t.* train
apmainīt *v. t* commute
apmainīties *v. t* exchange
apmainīties *v.* interchange
apmākties *v* cloud
apmānīt *v.t* gull
apmāt *v.t.* infatuate
apmātība *n.* infatuation
apmeklējums *n.* visit
apmeklēt *v.t.* attend
apmeklēt *v.t.* visit
apmeklētājs *n* caller
apmeklētājs *n.* visitor
apmelojošs *a.* slanderous
apmelojums *n.* libel
apmelot *v.t.* backbite
apmelot *v. t.* calumniate
apmelot *v. t.* defame
apmelot *v.t.* libel
apmelot *v.t.* slander
apmēram *adv* some
apmest *v.t.* mortar
apmetnis *n.* cape
apmetnis *n.* cloak
apmežot *v.t.* afforest
apmierinājums *n* contentment

apmierināms *a.* satiable
apmierināšana *n.* satisfaction
apmierināt *v. t* content
apmierināts *a.* content
apmierinošs *a.* satisfactory
apmīļot *v.t.* pet
apmulsināt *v.t.* puzzle
apmulsuma *n* daze
apņēmības trūkums *n.* indecision
apņēmies *a.* intent
apņēmīgs *a.* resolute
apņemt *v. t* encircle
apņemt *v* encompass
apņemt *v* envelop
apnicīgs *a.* irksome
apnicis *a.* weary
apnikt *v.t.* tire
apnoja *n* apnoea
apostrofs *n.* apostrophe
apoteoze *n.* apotheosis
appelējis *a.* musty
aprakstīt *v. t* describe
aprakstošs *a* descriptive
apraksts *n* description
apraudāšana *n* wail
apraudāt *v. t* bewail
aprauts *a* abrupt
aprēķināšana *n.* calculation
aprēķināšana *n.* computation
aprēķināt *v.t.* reckon
aprikoze *n.* apricot
aprīt *v* engulf
aprobācija *n.* approbation
aprobežots *adj.* borne
aprobežots *a.* suburban
aproce *n* cuff
apsardzība *v* custody
apšaubāms *a.* questionable
apšaubīt *v.t.* question
apšaudīt *v.t.* shell
apšaudīties *v.t.* skirmish

apseglot *v.t.* saddle
apsegt *v.t* mantle
apsegt ar jumtu *v.t.* roof
apsēst *v. t* bedevil
apsēstība *n.* obsession
apsīkšana *n.* lull
āpsis *n.* badger
apskaitīt *v.t.* survey
apskalojošs *n.* circumfluence
apskate *n.* survey
apskatīt *v.t.* view
apskaust *v* envy
apskaut *v* embrace
apskaužams *a* enviable
apskāviens *n* embrace
apslacīt *v.* asperse
apslāpēt *v. t.* damp
apslēpt *v.t.* veil
apslēpts *a.* ulterior
apsmidzināt *v.t.* spray
apsološs *a.* promissory
apspiedējs *n.* oppressor
apspiešana *n.* oppression
apspiešana *n.* repression
apspiest *v.t.* oppress
apspiest *v.t.* quell
apspiest *v.t.* repress
apspiest *v.t.* suppress
apspriešana *n* deliberation
apspriest *v.t.* argue
apspriest *v. i* deliberate
apspriest *v. t.* discuss
apspriest *v.t.* negotiate
apstādījumi *n.* greenery
apstaigāt *v.i.* patrol
apstākļa *a.* adverbial
apstākļa vārds *n.* adverb
apstākļi *n* circumstance
apstarot *v.i.* irradiate
apstarot *v.t.* x-ray
apstāšanās *n* stop
apstāšanās *n* stoppage

apstāties *v. t.* halt
apstāties *v.i.* pause
apstiprinājums *n* confirmation
apstiprināt *v.t.* approve
apstiprināt *v. t* confirm
apstiprināt *v.t.* corroborate
apstiprināt *v. t.* countersign
apstiprināt *v. t* endorse
apstiprināt *v.t.* validate
apstiprinošs *a* affirmative
apstrādāt virsmu *v.i* surface
apstrādāt zemi *v.t.* till
apstrīdēt *v. t* contradict
apstrīdēt *v. i* dispute
apstulbināt *v. t* daze
apstulbināt *v.t.* stupefy
apsūdzēt *v.* arraign
apsūdzēt *v* charge
apsūdzēt *v. t* denounce
apsūdzētais *n.* accused
apsūdzētais *n* defendant
apsūdzība *n* charge
apsūdzības raksts [jur] *n.* in-
dictment
apšūt *v. t.* board
apšūt ar dēļiem *v.t.* plank
apšūt ar paneļiem *v.t.* panel
apsveikt *v. t* congratulate
apsveikt *v.t* felicitate
apsveikums *n* congratulation
apsvērt *v. t* consider
apsvilināt *v.t.* singe
apsvilums *n* singe
aptaujas lapa *n.* questionnaire
aptieka *n* dispensary
aptieka *n.* pharmacy
aptiekārs *n* druggist
aptīties *v.t.* wreathe
aptraipīt *v.t.* tarnish
aptumšot *v. t* dim
aptumšot *v.t.* obscure
aptumšot *v.t* shadow

aptumsums *n* eclipse
apturēt *v.t.* arrest
apturēt *v.i.* stem
apturēt *v.t.* suspend
aptuveni atbilst *a.* approximate
aptverošs *adj.* ambient
aptverošs *a* comprehensive
aptvert *v.t.* grasp
aptvert *v.t.* grip
apūdeņošana *n.* irrigation
apūdeņot *v.t.* irrigate
apūdeņot *v.t.* water
apustulis *n.* apostle
apvainojošs *a* abusive
apvainojošs *a.* insolent
apvainojošs *a.* offensive
apvainojums *n* accusation
apvainojums *n.* insult
apvainot *v.t.* abuse
apvainot *v.t.* accuse
apvainot *v.t.* impeach
apvainoties *v.t.* resent
apvaldīt *v.t.* inhibit
apvaldīt *v.t.* moderate
apvalks *n.* casing
apvalks *n* mantle
apvalks *n.* shell
apvārdot *v.t.* conjure
apvedceļš *n* bypass
apvidus *n.* locality
apvienošana *n.* merger
apvienošana *n.* unification
apvienošanās *n.* incorporation
apvienot *v. t* combine
apvienot *v.t.* merge
apvienot *v.t.* unite
apvienoties *v.t.* ally
apvienots *a.* associate
apzagt *v.t.* pluck
apžēlot *v.t.* pardon
apzeltīt *v.t.* gild
apžilbināt *v. t.* dazzle

apzīmogot *v.t.* seal
apzīmogot *v.i.* stamp
apzina *n* cognizance
apzinīgs *adj* dutiful
ar *prep.* through
ar *prep.* with
ar atpakaļejošu spēku *a.* retrospective
ar diviem leņķiem vai stūriem *adj.* biangular
ar likumu noteikts *a.* statutory
ar nolūku *adv.* purposely
ar šuvēm *a.* seamy
ar zvērestu apliecināta rakstveida liecība *n* affidavit
ārā *adv.* out
ārā *a.* outdoor
ārā *adv.* without
arājs *n.* ploughman
araļa slepkava *n.* regicide
arams *adj* arable
arbitrs *n.* arbiter
ārējais *a.* outward
ārēji *adv.* outwardly
ārējs *a* external
ārējs *a.* outer
arēna *n.* lists
arēna *n* arena
arests *n.* arrest
arests *n.* caption
arfa *n.* harp
arguments *n.* argument
arhaisks *a.* archaic
arhibīskaps *n.* archbishop
arhitekts *n.* architect
arhitektūra *n.* architecture
arhīvs *n.pl.* archives
arī *adv.* also
arī *adv.* either
arī ne *conj.* neither
arī ne *conj* nor
āriene *n* outside

āriškība *n.* pageantry
aristokrātija *n.* aristocracy
aristokrāts *n.* aristocrat
aritmētika *n.* arithmetic
aritmētisks *a.* arithmetical
arka *n.* arch
arkāde *n* arcade
ārkārtējs *a.* extraordinary
ārkārtējs *a.* signal
arkla nazis *n* colter
arkls *n.* plough
arktisks *n* Arctic
ārlaulības *a* bastard
ārlaulības bērns *n.* bastard
armāda *n.* armada
armija *n.* army
arodbiedrības biedrs *n.* unionist
aromāts *n* flavour
aromāts *n.* fragrance
arorūts *n.* arrowroot
ārprātīgais *n.* lunatic
ārprātīgs *a.* insane
ārprāts *n.* insanity
ārpus *prep* outside
ārpuses *a.* outside
arsenāls *n.* ordnance
arsenāls *n.* arsenal
arsēns [ķīm.] *n* arsenic
ārstējams *a* curable
ārstēšana *n* cure
ārstēšana *n.* treatment
ārstēt *v.t* nurse
ārstēt *v.t.* physic
ārstēt *v.t.* treat
ārstniecība *n.* physic
ārstniecisks *a.* medicinal
ārsts *n* doctor
ārsts *n.* physician
art *v.i* plough
artērija *n.* artery
artilērija *n.* artillery
artišoks *n.* artichoke

artrīts *n* arthritis
ārzemēs *adv* abroad
ārzemju *a.* alien
ārzemju *a* foreign
ārzemniecisks *a.* outlandish
ārzemnieks *n* foreigner
asa uztvere *n.* acumen
asara *n.* tear
asaris *n.* perch
asignējums *n.* appropriation
asimilācija *n* assimilation
asiņains *a* bloody
asināmais *n.* sharpener
asināt *v.t.* sharpen
asināt *v.t.* whet
asiņot *v. i* bleed
asins *n* blood
asistents *n.* assistant
askētisks *a.* ascetic
askēts *n.* ascetic
asmens *n.* blade
asns *n* sprout
asociācija *n.* association
asociēties *v.t.* associate
asprātība *n.* wit
asprātīga atbilde *n.* repartee
asprātīgs *a.* witty
ass *adj* argute
ass *n* fathom
ass *a.* sharp
ass [tehn.] *n.* axle
ass un smails *adj.* cultrate
ass *n.* axis
aste *n.* tail
asteroids *adj.* asteroid
astma [med.] *n.* asthma
astoņdesmit *num* eighty
astoņdesmit gadu vecs *a.* octo-
genarian
astoņi *num* eight
astoņpadsmit *num* eighteen
astoņstūra *a.* octangular

astoņstūris *n.* octagon
astotdaļjūdze *n.* furlong
astroloģija *n.* astrology
astrologs *n.* astrologer
astronomija *n.* astronomy
astronoms *n.* astronomer
asums *n.* pungency
asums *n.* subtlety
atalgojums *n* pay
atalgojums *n.* remuneration
atalgojums *n.* reward
atalgojums *n.* wage
atalgot *v.t.* reward
atašejs *n.* attache
atbaidīšanas līdzeklis *n* repellent
atbaidošs *a.* repellent
atbalsot *v. t* echo
atbalss *n* echo
atbalsta punkts *n.* base
atbalstīt *v.t.* support
atbalstīt *v.t.* assist
atbalstīt *v.t* favour
atbalstīt *v.t.* second
atbalstīt *v.t.* sustain
atbalstīt *v.t* uphold
atbalstītājs *n.* seconder
atbalsts *n.* aliment
atbalsts *n.* assistance
atbalsts *n* boost
atbalsts *n.* support
atbilde *n* answer
atbilde *n* reply
atbilde *n.* response
atbildēt *v.t* answer
atbildēt *v.t.* reciprocate
atbildēt *v.i.* reply
atbildētājs *n.* respondent
atbildība *n.* liability
atbildība *n.* onus
atbildība *n.* responsibility
atbildīgs *a* accountable
atbildīgs *a* amenable

atbildīgs *a.* liable
atbildīgs *a.* responsible
atbilst *v. i* comply
atbilst *v. i* correspond
atbilst *v.t* fit
atbilst *v.t.* satisfy
atbilstība *n.* adequacy
atbilstības *n.* conformity
atbilstoši *adv.* accordingly
atbilstošs *a.* seemly
atbilstošs *a.* adequate
atbilstošs *a.* answerable
atbilstošs *a.* appropriate
atbrīvojams pret galvojumu *a.*
  bailable
atbrīvošana *n.* liberation
atbrīvošana *n* release
atbrīvošana no verdzības *n.*
  manumission
atbrīvot *v.t* absolve
atbrīvot *v. t* discharge
atbrīvot *v. t.* exempt
atbrīvot *v.t.* liberate
atbrīvot *v.t.* loose
atbrīvot *v.t.* release
atbrīvot *v.t.* relieve
atbrīvot *v.t.* rid
atbrīvot *v.t.* vacate
atbrīvot (apcietināto) pret
  godavārdu (vai galvojumu)
  v.t. parole
atbrīvot no verdzības *v.t.* manu-
  mit
atbrīvot pret galvojumu *v. t.* bail
atbrīvotājs *n.* liberator
atbrīvots *adj* exempt
atbruņošanās *n.* disarmament
atbruņot *v. t* disarm
atcelšana *n* repeal
atcelt *v.t.* repeal
atcelt kontroli *v.t.* decontrol
atcerēties *v.t.* remember

atcirst *v.t.* retort
atdalāms *a.* separable
atdalīšana *n* detachment
atdalīšana *n.* separation
atdalīšanās *n.* secession
atdalīt *v.t.* partition
atdalīt *v.t.* separate
atdalīt *v.t.* sever
atdalīties *v.i.* secede
atdarināt *v.t.* imitate
atdarināt *v.i* mime
atdarinātājs *n.* imitator
atdarīt *v.i.* retaliate
atdot *v. t.* consign
atdzesēt *v.t.* refrigerate
atdzimšana *n.* rebirth
atdzimšana *n.* renaissance
atdzimšana *n.* resurgence
atdzimšana *n.* revival
atdzimstošs *a.* resurgent
atdzist *v. i.* cool
atdzīvināt *v.t.* animate
atdzīvināt *v* enliven
atdzīvināt *v.i.* revive
atdzīvināt *v.t.* vitalize
ateisms *n* atheism
ateists *n* antitheist
ateists *n* atheist
ateja (barakā, nometnē) *n.* latrine
atelsties *v.i.* respire
Atēnu komēdiju dramaturgs *n* aristophanes
atgādinājums *n.* memento
atgādinājums *n.* reminder
atgādināt *v.t.* recall
atgādināt *v.t.* remind
atgādināt *v.t.* smack
atgādinošs *a.* reminiscent
atgremojošs *a.* ruminant
atgremotājs *n.* ruminant
atgriešanās *n.* return

atgriezenisks *a* reflexive
atgriezenisks *a.* reversible
atgriezties *v.t.* rejoin
atgriezties *v.i.* return
atgriezties *v.i.* revert
atgrūdiens *n.* repercussion
atgrūsties *v.i.* recoil
atgūt *v.t.* recover
atgūt *v.t.* retrieve
atirt *v.t.* rip
atjaunošana *n.* rejuvenation
atjaunošana *n.* renewal
atjaunošana *n.* renovation
atjaunot *v.t.* regenerate
atjaunot *v.t.* reinstate
atjaunot *v.t.* renew
atjaunot *v.t.* renovate
atjautība *n.* witticism
atjautīgs *a.* inventive
atjautīgs *a.* resourceful
atkal *adv.* again
atkāpties *v.i.* retreat
atkāpties no amata *v.t.* resign
atkarība *n* dependence
atkarīgs *a* dependent
atkārtošana *n.* repetition
atkārtošanās *n.* recurrence
atkārtot *v.t.* repeat
atkārtoties *v.i.* recur
atkārtots *a.* recurrent
atklāšana *n.* discovery
atklāsme *n.* revelation
atklāt *v. t* detect
atklāt *v. t* disclose
atklāt *v. t* discover
atklāt *v.t.* unfold
atklāti *adv.* openly
atklāti apvainot *v.t.* affront
atklāti atzīt *v.t.* avow
atklātība *n.* candour
atklāts *a.* candid
atklāts *a.* frank

atklāts *a.* overt
atklāts apvainojums *n* affront
atkrist no ticības *v.i.* backslide
atkritējs *n.* secessionist
atkritumi *n.* garbage
atkritumi *n.* refuse
atkritumi *n.* scrap
atkritumi *n.* trash
atkritumi *n.* waste
atkritumu aizvācējs *n.* scavenger
atkritumu bedre *n.* cesspool
atkusnis *n* thaw
atkust *v.i* thaw
atlaide *n* discount
atlaide *n.* rebate
atlaišana *n* dismissal
atlaišana *n.* remission
atlaišanas *n.* severance
atlaist *v. t.* dismiss
atlaisties *v.i.* lounge
atlase *n.* selection
atlass *n.* atlas
atļauja *n.* leave
atļauja *n.* permission
atļauja *n.* permit
atļaujas īpašnieks *n.* licensee
atļaut *v.t.* license
atļaut *v.t.* permit
atļauties *v.t.* afford
atlētisks *a.* athletic
atlēts *n.* athlete
atlīdzība *n* offset
atlīdzība *n.* indemnity
atlīdzināt *v.t.* recoup
atlīdzināt *v.t.* refund
atlīdzināt *v.t.* reimburse
atlīdzināt *v.t.* remunerate
atlieka *n.* vestige
atliekas *n.* remains
atlikšana *n.* adjournment
atlikšana *n.* postponement

atlikšana *n.* procrastination
atlikt *v.t.* postpone
atlikt *v.i.* procrastinate
atlikt *v.t.* prorogue
atlikt uz kadu laiku *v.t.* adjourn
atlikums *n.* remainder
atlikums *n.* residue
atlikušais *a.* residual
atlūgums *n.* resignation
atlūzt *v.t.* snap
atmaigt *v.i.* relent
atmaksa *n.* nemesis
atmaksa *n.* repayment
atmaksas *n* drawback
atmaksāt *v.t.* repay
atmest *v.t.* forswear
atmest *v.t.* slough
atmiņa *n.* memory
atmiņas *n.* recollection
atmiņas *n.* remembrance
atmiņas *n.* reminiscence
atmiņas zaudēšana *n* amnesia
atminēt miklu *v.i.* riddle
atminēties *v.t.* recollect
atmirgojums *n.* glimpse
atmirt *v.t.* mortify
atmošanās *n* wake
atmosfēra *n.* atmosphere
atnākšana *n.* advent
atņemšana *n.* subtraction
atņemt *v. t.* bereave
atņemt *v. t* deprive
atņemt *v.t.* strip
atņemt *v.t.* subtract
atņemt drosmi *v. t* dishearten
atnest *v. t* bring
atnest *v.t* fetch
atnest labumu *v.t.* profit
atoms *n.* atom
atomu *a.* atomic
atpakaļ *adv.* aback
atpakaļ *adv.* back

atpakaļ *adv.* backward
atpakaļ pieņemšana *n.* reinstatement
atpakaļejošs *a.* backward
atpakaļejošs datums *n* antedate
atpakaļgaita *n* reverse
atprasīt *v.t.* reclaim
atpūsties *v.t.* relax
atpūsties *v.i.* repose
atpūsties *v.i.* rest
atpūta *n.* leisure
atpūta *n.* recreation
atpūta *n.* relaxation
atpūta *n.* repose
atpūta *n* rest
atpūtas telpa *n.* lounge
atradināt *v.t.* wean
atraisīt *v. t* detach
atraisīt *v.t.* loosen
atraitne *n.* widow
atraitnis *n.* widower
ātrās palīdzības transports *n.* ambulance
atrašanās apcietinājumā *n* remand
atrašanās vieta *n.* location
atrašanās vieta *n.* site
atrast *v.t* find
atraugas *n* belch
atraugāties *v. t* belch
atraušana *n* abruption
atraušana *n.* avulsion
atrauties *v.i.* shy
ātri *adv.* apace
ātri *adv* fast
ātri *adv.* speedily
ātri aizvainojams *a.* touchy
atriebība *n.* retaliation
atriebība *n.* revenge
atriebība *n.* vengeance
atriebīgs *a.* revengeful
atriebt *v.t.* avenge

atriebt *v.t.* revenge
atriebties *v.t.* requite
atrisināt *v.t.* resolve
atrisināt *v.i.* settle
atrisināt *v.t.* solve
ātrs *a* fast
ātrs *a.* quick
ātrs *a.* speedy
ātrs *a.* swift
ātrums *n.* rapidity
ātrums *n.* speed
ātrums *n.* velocity
atrunāšanās *n.* quibble
atrunāt *v.t.* dehort
atrunāt *v. t.* discourage
atrunāt *v. t* dissuade
atrunāties *v.i.* quibble
atsacīties *v. t.* abnegate
atsākšana *n.* resumption
atsākt *v.t.* resume
atsaucams *a.* revocable
atsaucīga dziedāšana divas nodaļās *n.* antiphony
atsaukšana *n.* recall
atsaukšana *n.* revocation
atsaukšana *n.* withdrawal
atsaukšanās *n.* reference
atsaukt *v. t.* cancel
atsaukt *v.t.* revoke
atsaukt *v.t.* withdraw
atsaukties *v.t.* refer
atsaukums *n.* nullification
atsegt *v.t.* bare
atsevišķi *adv.* singularly
atsevišķs *a.* separate
atsevišķs *a.* singular
atsijāt *v. t* bolt
atsist *v.t.* parry
atsist *v.t.* repulse
atsitiens *n.* rebound
atsitiens (šautenes) *n* recoil
atšķaidīt *v. t* dilute

atšķaidīts *a* dilute
atskaitīt *v.t.* deduct
atskaņa *n.* rhyme
atskats pagātnē *n.* retrospect
atskats pagātnē *n.* retrospection
atšķirīgs *a* different
atšķirīgs *a* dissimilar
atšķirīgs *a* unlike
atšķirīgs un noteikts *a* distinct
atšķiršana no krūtis *n* ablactation
atšķirt *v. i* distinguish
atšķirt bērnu no krūtis *v.t.* ablactate
atšķirties *v. i* differ
atšķirties *v.t.* vary
atslābt *v.t.* slacken
atslēga *n.* key
atslēga *n.* lock
atslogot *v.t.* unburden
atspēkojums *n.* refutation
atspēkot *v.t.* confute
atspēkot *v. t* disprove
atspēkot *v.t.* refute
atspēlēties *v.i.* rebound
atspoguļojums *n.* reflection
atspoguļot *v.t.* mirror
atspoguļot *v.t.* reflect
atspole *n.* shuttle
atsprāgt *v.i.* spring
atstarojošs *a.* reflective
atstarotājs *n.* reflector
atstāstīt *v.t.* recount
atstāstīt *v.t.* relate
atstāt *v.t.* leave
atstāt nelaimē *v.t.* ditch
atstāt rētu *v.t.* scar
atstatu *adv.* aloof
atstumt *v.t.* repudiate
atsvaidzinājums *n.* refreshment
atsvaidzināt *v.t.* refresh

atsveicināšanā *n.* adieu
atsvešināt *v.t.* alienate
attaisnojams *a.* justifiable
attaisnojums *n* excuse
attaisnojums *n.* vindication
attaisnojums [jur.] *n.* acquittal
attaisnošana *n.* justification
attaisnot *v.t.* acquit
attaisnot *v.t.* assoil
attaisnot *v.t* excuse
attaisnot *v.t.* justify
attaisnot *v.t.* right
attaisnot *v.t.* vindicate
attālums *n* distance
attālums jūdzēs *n.* mileage
atteikšanās *n* abdication
atteikšanās *n.* renunciation
atteikties *v.t.* abdicate
atteikties *v. t.* decline
atteikties *v.t* forgo
atteikties *v.t.* refuse
atteikties *v.t.* relinquish
atteikties *v.t.* renounce
atteikties *v.t.* waive
atteikums *n.* refusal
attēlošana *n.* portrayal
attēlot *v. t.* depict
attēlot *v.t* figure
attēlot *v.t.* picture
attēlot *v.t.* portray
attēls *n* effigy
attēls *n.* image
attēls *n.* picture
attiecība *n.* relation
attiecīgs *a.* respective
attiecināt *v.t.* ascribe
attiecināt *n.* attribute
attieksme *n.* attitude
attiekties *v. t* concern
attiekties *v.i.* pertain
attīrīšana *n.* purification
attīrīt *v.t.* purify

attīstība *n.* advancement
attīstība *n.* development
attīstība *n* evolution
attīstība *n.* growth
attīstīt *v. t.* develop
attīstīt *v.t* evolve
atturēt *v.t.* restrain
atturēties *v.i.* abstain
atturēties *v.i.* refrain
atturība *n.* reticence
atturība *n.* sobriety
atturība *n.* temperance
atturībnieks *n.* teetotaller
atturīgs *a.* reticent
atvadas *n* farewell
atvainošanās *n.* apology
atvainoties *v.i.* apologize
atvairīšana *n.* parry
atvairīt *v.t* fend
atvairīt *v.t.* repel
atvaļinājums *n.* vocation
atvase *n.* offshoot
atvēršanas *n.* opening
atvērt *v.t.* open
atvērts *a.* open
atvieglināšana *n.* alleviation
atvieglojums *n.* relief
atvieglot *v.t.* alleviate
atvieglot *v. t* ease
atvieglot *v.t* facilitate
atvieglot *v.i.* lighten
atvienot *v. t* disconnect
atvilktne *n* drawer
atzīme *n.* tick
atzīmēt *v.t* mark
atzīmēt *v.t.* note
atzīmēt uz kartes *v.t.* map
atzinīgs spriedums *n.* appreciation
Atzinuma sagatavotājs *n* draftsman
atzīšana *n.* acknowledgement

atzīšana *n.* approval
atzīšana *n.* recognition
atzīšanās *n* confession
atzīsties *v.t.* adjudge
atzīt *v.* acknowledge
atzīt *v. t.* declare
atzīt *v.t* face
atzīt *v.t.* recognize
atzīt par labu *v.t* approbate
atzīt par vainīgu *v. t.* convict
atzīties *v. t.* confess
audēja *n.* weaver
audekls *n.* canvas
audi *n.* tissue
audi *n.* woof
auditorija *n.* auditorium
audums *n* cloth
audums *n* fabric
audums *n* textile
audzēt *v. t* cultivate
audzēt *v.t.* rear
audzētājs *n.* grower
audzinātāja *a.* tutorial
augļi *n.* fruit
auglība *n* fertility
auglīgs *a* fertile
auglīgs *a.* fruitful
augļošana *n.* usury
augļotājs *n.* usurer
augļu dārzs *n.* orchard
augs *n.* herb
augs *n.* plant
augša *n.* top
augšā *adv* above
augšā *adv.* aloft
augšējais *a.* upper
augsne *n* mould
augsne *n.* soil
augšstilbs *n.* thigh
augstākā tiesa *n* chancery
augstākā vara *n.* supremacy
augstākais *a.* supreme

augsti vērtēt *v.t.* prize
augstmanis *n.* noble
augstmanis *n.* nobleman
augstprātība *n.* arrogance
augstprātīgs *a.* arrogant
augsts *a.* high
augstsirdība *n.* magnanimity
augstsirdīgs *a.* generous
augstsirdīgs *a.* liberal
augstsirdīgs *a.* magnanimous
augstums *n.* altitude
augstums *n.* height
augšup *adv.* up
augšup *adv.* upwards
augšupejošs *a.* upward
augšžoklis *n.* maxilla
augt *v.t.* grow
augt pudurā *v. i.* cluster
augums *n* build
augums *n.* stature
Augusts *n.* August
auklēt *v.i.* incubate
aukslējas *n.* palate
auksts *a* cold
aulekšot *v.t.* gallop
auns *n.* ram
auns *n* aries
aurilave *n.* aurilave
ausma *n* aurora
ausma *n* dawn
auss *n* ear
auss formā *adj.* auriform
aust *v. i.* dawn
aust *v.t.* weave
austere *n.* oyster
Austrumi *n* east
Austrumi *n.* orient
austrumu *a* eastern
austrumu- *a.* oriental
austrumu iedzīvotājs *n* oriental
ausu sērs *n* cerumen
autentisks *a.* authentic

autobiogrāfija *n.* autobiography
autobuss *n* bus
autogrāfs *n.* autograph
automaģistrāle *n.* highway
automātisks *a.* automatic
automobilis *n.* automobile
automobilis *n.* car
automobilists *n.* motorist
autonoms
   a autonomous
autopsija *n.* post-mortem
autoritāte *n.* authority
autoritatīvs *a.* authoritative
autors *n.* author
auzas *n.* oat
avārija *n* crash
avārija *n* breakage
aviācija *n.* aviation
aviators *n.* aviator
avīze *n.* gazette
avots *n.* source
avs *n* ewe
azarta spēle *n* gamble
azbests *n.* asbestos

B

badmintons *n.* badminton
badoties *v.i.* starve
bads *n* famine
bads *n* hunger
bads *n.* starvation
bagātība *n.* opulence
bagātība *n.* riches
bagātība *n.* wealth
bagātīgi *adv.* galore
bagātīgs *a.* profuse
bagāts *a.* opulent
bagāts *a.* rich

bagāts *a.* wealthy
bagāža *n.* baggage
bagāža *n.* luggage
bagāžas kaste *n* boot
baidīt *v.t.* frighten
baidīties *v.i* fear
bailes *n* dread
bailes *n* fear
bailes no pūles un plašas lauku- **mas** *n.* agoraphobia
baismīgs *a.* fearful
baismīgs *a.* uncanny
bakalaura *n.* undergraduate
bakas *n.* smallpox
baķis *n.* bale
baklažāns *n* brinjal
baktērija *n.* bacteria
baktērijas līdzeklis *n.* germicide
balāde *n.* ballad
baldahīns *n.* canopy
balets *sn.* ballet
bālgans *a.* whitish
balināt *v. t. & i* blanch
balināt *v.t.* whiten
balinātājs *v. t* bleach
baļķis *n.* log
balkons *n.* balcony
balle *n.* ball
balodis *n* dove
balodis *n.* pigeon
bāls *a.* mealy
bāls *a* pale
balsināšana *n.* whitewash
balsināt *v.t.* whitewash
balsošana *n.* poll
balsošana *n.* vote
balsot *v.i.* ballot
balsot *v.i.* vote
balss *n.* voice
balsstiesības *n.* frachise
baltā Amerikas akācija *n.* locust
balts *a.* white

baltums *n* white
balva *n.* prize
balzams *n.* balm
balzams *n.* balsam
bam *n.* bam
bambuss *n.* bamboo
banāls *a.* banal
banāns *n.* banana
banda *n.* gang
bandīts *n.* bandit
bandīts *n.* dacoit
bandžo *n.* banjo
banga *n.* surf
bangnot *v.i* billow
bangot *v.i.* surge
banjans [bot.] *n.* banyan
banka *n.* bank
bankas kredīta pārsniegšana *n.* overdraft
baņķieris *n.* banker
banknote *n* bill
bankrotētājs *n.* bankrupt
bankrots *n.* bankruptcy
baraka *n.* barrack
barbarisks *a.* barbarous
barbarisms *n.* barbarism
barbars *n.* barbarian
barbaru *a.* barbarian
bārda *n* beard
bārddzinis *n.* barber
bārenis *n.* orphan
barga kritika *n.* stricture
bargs *a.* austere
bargs *a.* stern
barība *n.* nourishment
barības *a.* nutritive
barikāde *n.* barricade
barjera *n.* bar
barjera *n.* barrier
barka *n.* bark
barkass *n.* launch
bārkstis *n.* fringe

barojoša *a.* nutritious
barometrs *n* barometer
barošana *n* feed
barošana *n.* nurture
barot *v.t* feed
barot *v.t.* nourish
barot *v.t.* nurture
bars *n.* swarm
bārs *n.* bar
bataljons *n* battalion
baterija *n* battery
bauda *n* enjoyment
bauda *n.* pleasure
bauda *n* treat
baudīt *v* enjoy
baudkārs *a.* lascivious
baudkārs cilvēks *n.* voluptuary
baumas *n* bruit
baumas *n.* hearsay
baumas *n.* rumour
baurot *v. i* bellow
baurot *v.i.* low
bažas *n* concern
bažas *n.* worry
baziliks *n.* basil
baznīca *n.* church
bāzt *v.t.* shove
bāzt maisā *v. i.* bag
bebrs *n* beaver
bēdas *n.* sorrow
bēdas *n.* woe
bēdīgi slavens *a.* notorious
bēdīgs *a.* lamentable
bedre *n.* pit
bēglis *n.* fugitive
bēglis *n.* refugee
bēgošs *a.* fugitive
bēgšana *n* escape
bēgt *v.i* flee
bēgums *n* ebb
beidzamais *a.* ultimate
beidzot *adv.* eventually

beidzot *adv.* lastly
beigas *n.* end
beigšanās *n* expiry
beigt *v. i.* cease
beigt *v.t.* quit
beigties *v.i.* expire
bekons *n.* bacon
Belvedere *n* belvedere
belziens *n.* thump
bende *n.* executioner
beneficija *n* benefice
bēniņi *n.* loft
benzīns *n.* petrol
bēres *n.* funeral
bērna *a.* infantile
bērna slepkavība *n.* infanticide
bērnelis *n.* bantling
bērnība *n.* childhood
bērnišķīgs *a.* childish
bērns *n.* babe
bērns *n* child
bērnu gultiņa *n.* crib
bērnudārzs *n.* kindergarten
berze *n.* friction
berze *n* rub
berzēt *v.t.* rub
bērzs *n.* birch
bet *conj.* but
beteles *n* betel
betona *a* concrete
betonēt *v. t* concrete
betons *n* concrete
bez *prep* besides
bez *prep.* less
bez *prep.* without
bez *n* without
bez maksas *adv.* gratis
bez naudas *a.* penniless
bez pārsēšanās *a* through
bezatbildīgs *a.* irresponsible
bezbailība *n.* intrepidity
bezbailīgs *a* dauntless

bezbailīgs *a.* intrepid
bezcerīgs *a* forlorn
bezcerīgs *a.* hopeless
bezdarbība *n.* standstill
bezdarbība *n.* inaction
bezdarbīgs *a.* inactive
bezdelīga *n.* swallow
bezdrāts *a.* wireless
bezdzimuma *a.* neutral
bezgalība *n.* immensity
bezgalība *n.* infinity
bezgalīgs *a.* infinite
bezgalīgs *a.* interminable
bezgalvas- [zool.] *adj.* acephalous
bezgalvas- [zool.] *n.* acephalus
bezgaršīgs *a.* mawkish
bezgaumīgs *a.* gaudy
bezgrēcīgs *a.* saintly
bezjēdzība *n* absurdity
bezjūtīgs *a.* callous
bezkaunība *n.* impertinence
bezkaunīgs *a.* impertinent
bezkaunīgs *a.* shameless
bezlaulība *n.* celibacy
bezmaksas *a.* free
bezpalīdzīgs *a.* helpless
bezpersonisks *a.* impersonal
bezpilota *a.* unmanned
bezprincipu *a.* unprincipled
bezrūpība *n.* nonchalance
bezsaturīgs *a.* senseless
bezspēcīgs *a* feeble
bībele *n* bible
bibliogrāfija +*n* bibliography
bibliogrāfs *n* bibliographer
bibliotēka *n.* library
bibliotekārs *n.* librarian
bicepss [anat.] *n* biceps
biedrs *n* chum
biedrs *n.* companion
biedrs *n.* comrade
biedrs *n.* mate

biedrs *n.* member
biete *n* beet
bieza migla *n.* smog
biezenis *n.* mash
biezi *adv.* thick
bieži *adv.* oft
bieži *adv.* often
biezi apdzīvots *a.* populous
biezoknis *n.* thick
biezoknis *n.* thicket
biezpiens *n* curd
biezs *a.* thick
biežs *n.* frequent
biežums *n.* frequency
bifeļāda *n* buff
bigamija *n* bigamy
bijība *n.* awe
bijušais *a* former
bikses *n.* breeches
bikses *n. pl* trousers
bikstāmais *n.* goad
bildināt *v.t.* woo
biļete *n.* ticket
biļetens *n* bulletin
biljons *n* billion
binārs *adj* binary
binoklis *n.* binoculars
biogrāfija *n* biography
biogrāfs *n* biographer
bioloģija *n* biology
biologs *n* biologist
birka *n.* tag
birka *n.* tally
birojs *n.* bureau
birojs *n.* office
birokrātija *n.* Bureacracy
birokrāts *n* bureaucrat
birt *v.i* hail
bīskaps *n* bishop
biškopība *n.* apiculture
bismuts *n* birdlime
bīstamība *n.* peril

bīstams *n* breakneck
bīstams *a* dangerous
bīstams *a.* pernicious
bišu strops *n* alveary
bišu strops *n.* beehive
bite *n.* bee
bīties *v.t* dread
bižele *n* cue
biznesmenis *n* businessman
bizness *n* business
bizons [zool.] *n* bison
bizons [zool.] *n.* buffalo
blakts *n.* bug
blakus *adv* abreast
blakus *a.* adjacent
blakus *prep.* beside
blakus *adv* by
blakusprodukts *n* by-product
blaugznas *n* dandruff
bļāviens *n.i.* bawl
bļāviens *n.* shout
bļāviens *n* yell
blāvs *a* dim
blēdība *n.* imposture
blēdība *n.* knavery
blēdība *n.* trickery
blēdīgs *a.* wily
blēdis *n.* rascal
blēdis *n.* rogue
blēdis *n.* swindler
blēdīties *v.t.* rook
blefs *n* bluff
blēņas *n.* rubbish
blenzt *v.i.* gape
blēšana *n* bleat
blēt *v. i* bleat
blindāža *n* blindage
blīvs *a* dense
blīvums *n* density
bļoda *n.* basin
blokāde *n* blockade
bloķēt *v.t* block

bloks *n* bloc
bloodshead *n* bloodshed
blusa *n.* flea
blūze *n* blouse
boikotēt *v. t.* boycott
boikots *n* boycott
boja *n* buoy
bojājums *n.* damage
bokss *n* boxing
bombardēšana *n* bombardment
bombardēt *v. t* bomb
bordeli *n* brothel
botānika *n* botany
bradāt *v.i.* paddle
brāļa *a.* fraternal
brāļa (vai māsas) slepkavība *n.*
  fratricide
brāļadēls *n.* nephew
brāļameita *n.* niece
brālēns *n.* cousin
brālība *n* brotherhood
brālība *n.* confraternity
brālība *n.* fraternity
brālis *n* brother
brangums *n.* obesity
brašs *a.* lusty
braucējs *n.* rider
brauciens *n.* trip
braukšanas maksa *n* fare
braukt *v.t.* ride
braukt ar laivu *v.i* boat
braukt taksometru *v.i.* taxi
brāzma *n.* gust
brāzmot *v.i.* storm
brēciens *n* bray
brēkt *v. i* bray
brēkt *v.i* hoot
bremze *n* brake
bremzes ķēde *n* skid
bremzēt *v. t* brake
brendijs *n* brandy
brīdinājums *n.* premonition

brīdinājums *n.* warning
brīdināt *v. t.* caution
brīdināt *v.t.* warn
brīdinošs *a.* monitory
brīdis *n.* while
briedis *n* deer
briedis *n.* stag
brieduma trūkums *n.* immaturity
briedums *n.* maturity
briesmas *n.* danger
briesmas *n.* hazard
briesmas *n.* jeopardy
briesmīgs *a.* baleful
briesmīgs *a* dread
briesmīgs *a* formidable
briesmīgs *a.* heinous
briesmīgs *a.* horrible
briesmonis *n.* monster
brieža rags *n.* antler
brigāde *n.* brigade
brigadieris *n* brigadier
brilles *n* barnacles
brīnišķīgs *a.* marvellous
brīnišķīgs *a.* wonderful
brīnīties *v.i* marvel
brīnīties *v.i.* wonder
brīnum zirgs *n.* bayard
brīnumains *a.* miraculous
brīnumains *a.* wondrous
brīnums *n.* marvel
brīnums *n.* miracle
brīnums *n* wonder
brist *v.i.* wade
brīvdiena *n.* holiday
brīvdienas *n.* vacation
brīvi *adv* free
brīvība *n.* freedom
brīvība *n.* liberty
brīvprātīgais *n.* volunteer
brīvprātīgi *adv.* voluntarily
brīvprātīgs *a.* voluntary

brīvs *a.* idle
brīvs *a.* vacant
brīvzemnieks *n.* yeoman
brokāds *n* brocade
brokastis *n* breakfast
brokastot *v.i.* lunch
brokoļi *n.* broccoli
bronza *n.* bronze
bronzēt *v* bronze
brošūra *n* booklet
brošūra *n.* pamphlet
brošūra *n* brochure
brūce *n.* wound
bruģēt *v.t.* pave
bruģis *n.* pavement
brūna krāsa *n* brown
bruņas *n.* armour
bruņas *n* mail
bruņinieks *n.* knight
bruņniecība *n.* chivalry
bruņniecisks *a.* chivalrous
bruņošanās *n.* armament
bruņota laupīšana *n.* dacoity
brūns *a* brown
bruņu cimds *n.* gauntlet
bruņurupucis *n.* tortoise
bruņurupucis *n.* turtle
brutāls *a* brutal
brūvēt *v. t.* brew
būda *n.* hut
būda *n* shanty
budžets *n* budget
buferis *n.* bumper
buksēšana *n.* slip
buksēt *v.i.* skid
buldogs *n* bulldog
bullis *n* bull
bulta *n* arrow
bumba *n.* ball
bumbieris *n.* pear
bumbiņa (badmintona) *n.* shuttlecock

bungalo *n* bungalow
bungas *n* drum
bunkurs *n* bunker
bura *n.* sail
burāt *v.i* yacht
burbulis *n* bubble
būris *n.* cage
burka *n.* jar
burkāns *n.* carrot
burot *v.i.* sail
burtisks *a.* literal
burtisks *a.* verbatim
burtlicis *n* compositor
burtot *v.t.* spell
burvība *n.* charm
burvība *n.* sorcery
burvība *n.* witchery
burvīgs *a.* adorable
burvis *n.* magician
burvis *n.* sorcerer
burvis *n.* wizard
burvju *a.* magical
burzīt *v.t.* crimple
burzīties *v. i* cockle
busole *n* compass
būt *v* am
būt *v.t.* be
būt *v.t.* have
būt atkarīgam *v. i.* depend
būt celmlauzim *v.t.* pioneer
būt grūtsirdīgam *v.i.* mope
būt iespējamam *v.* can
būt iniciatoram *v.t.* spearhead
būt neatlaidīgam *v.i.* persevere
būt nesaskaņotiem *v.t.* mismatch
būt noderīgam *v.t.* avail
būt pagrieztam pret *v.t* front
būt par starpnieku *v.i.* mediate
būt parādā *v.t* owe
būt pārpilnībā *v.i.* abound
būt smagākam *v.t.* outbalance
būt smagākam *v.t.* outweigh

būt svarīgam *v.i.* matter
būtība *n.* content
būtība *n.* entity
būtība *n* essence
būtība *n.* gist
būtība *n* main
būtībā *adv.* substantially
būtisks *a* essential
būtisks *a.* material
būtisks *a.* substantial
būvēt *v. t* build
būvēt *v. t.* construct

čabēt *v.t.* murmur
čalas *n. & v. i* clack
cālis *n.* chicken
čapstināt muti *v.t.* mouth
cauna *n.* marten
caurbrauktuve *n.* thoroughfare
caureja *n* diarrhoea
caurejas līdzeklis *n.* purgative
caurejas zāles *n.* laxative
caureju veicinošs *a* laxative
caureju veicinošs *a* purgative
cauri *adv.* through
caurskatīšana *n.* perusal
caurspīdīgs *a.* transparent
caurule *n.* pipe
caurule *n.* tube
cauruļveida *a.* tubular
caurums *n.* aperture
caurums *n* hole
caurums *n.* vent
caurvējš *n* draught
čeks *n.* cheque
cekuls *n* crest
ceļa (jūdžu) akmens *n.* milestone

celibāts *n.* celibacy
ceļinieks *n.* wayfarer
celis *n.* knee
ceļmalīte *n.* plantain
celms *n.* stump
ceļojums *n.* journey
ceļojums *n.* tour
ceļojums *n* travel
cēloni *n.* cause
cēlonība *n* causality
cēlonisks *adj.* causal
ceļot *v.i.* journey
ceļot *v.i.* travel
ceļot *v.t.* trip
ceļotājs *n.* traveller
ceļotājs *n.* voyager
ceļš *n.* lane
ceļš *n.* road
cēls *n* sublime
cēls *a* august
cēls *a.* lofty
cēls *a.* noble
celšanās *n.* rise
cēlsirdība *n.* gallantry
celt ar sviru *v.t.* lever
celtne *n* building
celtne *n* edifice
celtniecības *n* construction
celtnis *n* crane
celulās [biol.] *adj* cellular
cēlums *n.* stateliness
cementa java *n.* lute
cementēt *v. t.* cement
cements *n.* cement
čempions *n.* champion
čemurs *n* cluster
cena *n.* cost
cena *n.* price
censties *v.i* endeavour
censties *v.i.* strive
centība *n* diligence
centība *n.* zeal

centīgs *a* diligent
centrāls *a.* central
centrifugāls *adj.* centrifugal
centrs *n* middle
centrs *n* centre
centrs *n* center
cents *n* cent
cenzēt *v. t.* censor
cenzors *n.* censor
cenzūra *n.* censorship
cepetis *n* fry
cepiens *n* batch
ceplis *n.* kiln
cepšana uz liesma *n* roast
cept *v.t.* bake
cept *v.t.* fry
cept *v.t.* roast
cepts *a* roast
cepums *n* biscuit
cepure *n.* cap
cepure *n.* hat
ceremoniāla atvadīšanās *n.* conge
ceremoniāls *a.* ceremonial
ceremonija *n.* ceremony
cerēt *v.t.* hope
cerība *n* hope
cerības *n.* expectation
cerību pilns *a.* hopeful
ceriņi *n.* lilac
četrdesmit *num* forty
četri *n.* four
četrkājains *a.* quadruple
četrkājis *n.* quadruped
četrkāršot *v.t.* quadruple
četrpadsmit *n.* fourteen
četrpusēju *a. & n.* quadrilateral
četrstūrains *a.* quadrangular
četrvietīga kariete *n.* barouche
ceturkšņa *a.* quarterly
ceturksnis *n.* quarter
ceturtdaļa akra *n.* rood

Ceturtdiena *n.* Thursday
ciedrs *n.* cedar
ciema iedzīvotājs *n.* villager
ciems *n.* hamlet
ciems *n.* village
cieņa *n* deference
cieņa *n* dignity
cieņa *n* esteem
cieņa *n.* repute
cieņa *n.* respect
cieņas pilns *a.* reverential
cienība *n.* veneration
cienīgi soļot *v.i.* strut
cienīgs *a.* worthy
cienīt *v. t* honour
cienīt *v.t.* repute
cienīt *v.t.* revere
čiepstēt *v.i.* chirp
ciešanas *n.* anguish
cieši skatīties *v.t.* gaze
ciešs *a.* tight
ciešs skatiens *n* gaze
ciest *v.t.* suffer
ciest katastrofu *v.t.* wreck
ciete *n.* starch
cietoksnis *n.* fortress
cietoksnis *n.* stronghold
ciets *a.* solid
ciets ķermenis *n* solid
cietsirdīgs *a* cruel
cietuma uzraugs *n.* jailer
cietums *n.* jail
cietums *n.* prison
cietušais *n.* victim
cigarete *n.* cigarette
cigārs *n.* cigar
cigārs ar apgrieztiem galiem *n* cheroot
ciklisks *a* cyclic
ciklons *n.* cyclone
cikls *n* cycle
čīkstēt *v. i* creak

čīkstoņa *n* creak
cīkstonis *n.* wrestler
cilāties *n.* welter
cildens *a.* sublime
cildenums *n.* sublimity
cildināms *a.* laudable
cildināt *v. t.* extol
cilindrs *n* cylinder
čilli *n.* chilli
cilpa *n.* loop
cilpa *n.* noose
cilpiņa *n* eyelet
cilts *n.* kin
cilts *a.* tribal
cilts *n.* tribe
cilvēce *n.* humanity
cilvēce *n.* mankind
cilvēcisks *a.* human
cilvēkam līdzīgs *a.* manlike
cilvēki *n.* people
cilvēks *n.* man
cilvēks *n.* wight
cilvēkveidīgs *adj.* anthropoid
cimds *n.* glove
cīņa *n* combat1
cīņa *n* fight
cīņa *n* struggle
ciniķis *n* cynic
cinisks *a* cynic
cīnīties *v. i.* battle
cīnīties *v. t.* champion
cīnīties *v. t.* combat
cīnīties *v.t* fight
cīnīties *v.i.* struggle
cīnīties *v.i.* wrestle
cinks *n.* zinc
cinobrs *n* cinnabar
ciparnīca *n.* dial
cipars *n* digit
ciprese *n* cypress
cirks *n.* circus
čirkstēšana *n* chirp

cirkulēt *v. i.* circulate
Cirpējēde *n.* ringworm
cirpt *v.t* fleece
cirpt *v.t.* shear
cirst *v. t* chop
cirst (ar pātagu, zobenu) *v.t.*
   slash
cirtnis *n* pinch
cīrulis *n.* lark
cirvis *n.* axe
cirvis *n.* hatchet
ciska *n.* loin
cista *n* cyst
cisterna *n.* tank
citā vārdā *adv.* alias
citadele *n.* citadel
citādi *adv* other
citāts *n.* quotation
citēt *v. t* cite
citēt *v.t.* quote
cītīgs *a.* painstaking
cītīgs *a.* zealous
citrona *adj.* citric
citrons *n.* lemon
cits *a* another
cits *pron* else
cits *a.* other
civilā *n* civilian
civilizācija *n.* civilization
civilizēt *v. t* civilize
čivināšana *v. t.* chatter
čivināšana *n.* twitter
čivināt *v.i.* twitter
colla *n.* inch
Corinth *n.* Corinth
Crambo *n.* crambo
cūciņa *n.* mumps
čuguna *n* cast-iron
cūka *n.* pig
cūka *n.* sow
cūka *n.* swine
cūkgaļa *n.* pork

cūkkūts *n.* stye
čūkstēšana *n.* sizzle
čukstēt *v.i.* sizzle
čukstēt *v.t.* whisper
čuksti *n* whisper
cukurs *n.* sugar
čūla *n.* ulcer
čūlājošs *a.* ulcerous
čūska *n.* serpent
čūska *n.* snake

daba *n.* nature
dabiski *adv.* naturally
dabisks *a.* natural
dadzis *n.* thistle
daiļliteratūra *n* fiction
daiļrunība *a* eloquence
daiļrunīgs *a* eloquent
daiva *n.* lobe
dakts *n.* wick
daļa *n.* fraction
daļa *n.* part
daļa *n.* section
daļa *n.* share
dalāms skaitlis *n* multiple
daļēji sakrist *v.t.* overlap
daļējs *a.* partial
dalībnieks *n.* participant
daļiņa *a.* particle
dalīt segmentos *v.t.* segment
dalīties *v.t.* share
dāma *n.* dame
dambis *n* causeway
dambis *n* dam
darba *n* employment
darba devējs
   n employer

darba kārtība *n.* agenda
darba stāžs *n.* seniority
darbaspēks *n.* labour
darbība *n.* action
darbības lauks *n.* purview
darbības sfēra *n.* scope
darbības vārds *n.* verb
darbības vieta *n.* locale
darbīgs *a.* laborious
darbinieks *n* employee
darbinieks *n.* worker
darbnīca *n.* workshop
darboties *v.i* function
darboties *v.t.* operate
darboties pretī *v.t.* antagonize
darboties pretī *v. t* counter
darboties pretī *v.t.* counteract
darbs *n.* job
darbs *n.* work
darbuzņēmējs *n* contractor
dārdēt *v.i.* thunder
dārdoņa *n.* rumble
dārgais *n* darling
dārgakmens *n* gem
dārgakmens *n.* jewel
dārgs *a.* costly
dārgs *a* dear
dārgs *a* expensive
dārgums *n.* treasure
dārgumu glabātava *n.* treasury
darījums *n* deal
darījums *n.* transaction
darīt *v. t* do
darīt kaunu *v. t* dishonour
darīt zināmu *v.t.* intimate
darva *n.* tar
darvot *v.t.* tar
dārzenis *n.* vegetable
dārzeņu *a.* vegetable
dārzkopība *n.* horticulture
dārznieks *n.* gardener
dārzs *n.* garden

dāsna velte *n.* largesse
datēt *v. t* date
datēt ar iepriekšēju datumu *v.t.*
  post-date
datums *n* date
daudz *a.* many
daudz *a* much
daudz lasījis *a.* well-read
daudzkājis *n.* millipede
daudzkārtīgs *a.* multiple
daudzpusēju *a.* multilateral
daudzpusība *n.* versatility
daudzskaitlis *a.* plural
daudzsološs *a.* auspicious
daudzsološs *a.* promising
daudzums *n.* quantity
daudzums *n.* quantum
daudzvalodu *a.* polyglot
daudzvārdīgs *a.* wordy
daudzveidība *n.* multiplicity
daudzveidība *n.* plurality
daudzveidīga *a* diverse
daudzveidīgs *n.* multiform
daudzveidīgs *a.* varied
dauzīšanās *n.* romp
dauzīt *v. t* belabour
dauzīt *v.t.* whack
dāvana *n.* gift
dāvana *n.* present
dāvinājuma *n.* octroi
dāvināt *v.t.* present
dažādība *n.* variety
dažāds *a.* miscellaneous
dažāds *a.* multifarious
dažāds *a.* sundry
dažāds *a.* various
dažreiz *adv.* sometimes
dažs *pron.* some
debesis *n.* heaven
debesis *n.* sky
debesis *v.t.* sky
debešķīgs *a.* heavenly

debets *n* debit
Decembris *n* december
decimāls *a* decimal
decimēt *v.t.* decimate
dedzība *n.* ardour
dedzība *n.* impetuosity
dedzīgs *adj* eager
dedzīgs *a* fervent
dedzīgs piekritējs *n.* stickler
dedzināt *v.t.* scorch
defekts *n* defect
deficīts *n* deficit
definīcija *n* definition
deflācija *n.* deflation
deflektors *n.* mitre
deglis *n.* primer
degsme *n* fervour
degt *v. t* burn
deguna *a.* nasal
degunradzis *n.* rhinoceros
deguns *n.* nose
degviela *n.* fuel
deja *n* dance
dejot *v. t.* dance
dekadentisks *a* decadent
dekāns *n.* dean
deklamācija *n* recital
deklamēšana *n.* recitation
deklamēt *v.t.* recite
deklarācija *n* declaration
dekoratīvs *a.* ornamental
dekorējums *n* trim
dekrēts *n* decree
dēle *n.* leech
delegācija *n* delegation
delegācija *n* deputation
delegāts *n* delegate
deleģēt *v. t* delegate
deleģēt *v. t* depute
delikāts *a* delicate
dēlis *n* board
delnas [anat.] *adj* carpal

dēls *n.* son
delta *n* delta
demarkācija *n.* demarcation
demokrātija *n* democracy
demokrātisks *a* democratic
demonetizējušas *adj.* demonetized
dēmons *n.* demon
demonstrācija *n.* demonstration
demoralizēt *v. t.* demoralize
deniņi *n* temple
denonsēšana *n.* denunciation
denuncētājs *n.* informer
depo *n* depot
deportēt *v.t.* deport
depresija *n* depression
deputāts *n* deputy
derēt *v.i.* wager
derība *n.* covenant
derība *n.* testament
derības *n* bet
derības *n.* wager
derīgs *a.* valid
derīgums *n.* validity
desmit *n., a* ten
desmit gadi *n.* decennary
despots *n* despot
destilēt *v. t* distil
destilēt *v.t.* still
detaļa *n* detail
detektīvs *a* detective
detektīvs *n.* detective
deva *n* dose
deva *n.* ration
devība *n* bounty
devība *n.* generosity
devīgs *a* bountiful
devīgs *a.* munificent
devīgs *a.* prodigal
deviņdesmit *n.* ninety
deviņdesmitais *a.* ninetieth
deviņi *n.* nine

deviņpadsmit *n.* nineteen
deviņpadsmitais *a.* nineteenth
devītais *a.* ninth
devīze *n.* motto
dezertēt *v. t.* desert
diabēts *n* diabetes
diadēma *n.* coronet
diafragma *n.* midriff
diagnoze *n* diagnosis
diagramma *n.* chart
diagramma *n* diagram
diagramma *n.* graph
diakons *n.* deacon
dialekta- *a.* idiomatic
dialekts *n* dialect
dialogs *n* dialogue
diametrs *n* diameter
diapazons *n.* range
dibens *n.* ass
dibināt *v.t.* found
dibinātājs *n.* founder
didaktiskais *a* didactic
dīdīties *v.i.* shuffle
diedzēt *v.i.* germinate
diena *n* day
dienas izrāde *n.* matinee
dienasgrāmata *n* diary
diennakts *a* daily
dienvidi *n.* south
dienvidu *a.* southerly
dienvidu *a.* southern
dienvidu- *a* south
diēta *n* diet
Dieva Gudrības *n.* omniscience
dievbijība *n.* piety
dievbijīgs *a.* godly
dievbijīgs *a.* pious
dievība *n.* deity
dievība *n.* godhead
dieviete *n.* goddess
dievināšana *n.* adoration
dievināt *v.t.* adore

dievināt *v.t.* worship
dievišķība *n* divinity
dievišķīgs *adj* celestial
dievišķīgs *a* divine
dievkalpot vairāk nekā vienām
dievam *a.* polytheistic
dievs *n.* god
diezgan *adv.* pretty
dīglis *n.* germ
dīgšana *n.* germination
dīķis *n.* pond
dīkstāvi *n.* demurrage
dīkt *v. i* buzz
diktators *n* dictator
diktāts *n* dictation
diktēt *v. t* dictate
dilemma *n* dilemma
dilšana *n* wane
dilt *v.i.* wane
dimantciets *a.* adamant
dimantciets akmens *n.* adamant
dimants *n* diamond
dimensija *n* dimension
dinamika *n* dynamics
dinamisks *adj* dynamic
dinamīts *n* dynamite
dinamo *n* dynamo
dinastija *n* dynasty
diplomātija *n* diplomacy
diplomātijas *a* diplomatic
diplomāts *n* diplomat
diploms *n* diploma
direkcija *n* directory
direktora *a.* managerial
direktors *n.* director
diriģents *n* conductor
disciplīna *n* discipline
disciplīnas trūkums *n.* indiscipline
diskomforts *n* discomfort
diskriminācija *n* discrimination
diskriminēt *v. t.* discriminate

disks *n.* disc
diskurss *n* discourse
diskusija *n.* debate
diskutēt *v. t.* debate
diskvalificēt *v. t.* disqualify
diskvalifikācija *n* disqualification
disonanse *n* discord
disonējošs *adj* absonant
displejs *n* display
disponēts *a.* prone
disputs *n.* altercation
dīvainība *n.* oddity
dīvainība *n.* singularity
dīvains *a* rum
dīvains *n.* rummy
dīvains *a.* strange
dīvains *a.* whimsical
divām nedēļām *adj* bi-weekly
dīvāns *n.* couch
dīvāns *n.* sofa
dīvānspilvens *n* cushion
divās nedēļās *n.* fortnight
divasu *adj* biaxial
divdesmit *n* twenty
divdesmitā daļa *n* twentieth
divdesmitais *a.* twentieth
divdomīgs *a.* ambiguous
divdomīgs *a* equivocal
divdzimumu *adj.* bisexual
divi *n.* two
divkājis *n* biped
divkāršot *v. t.* double
divkāršot *v.t.* redouble
divkāršs *a* double
divkāršs *n* double
divkāršs *a.* twofold
divkosība *a* duplicity
divnieks *n* two
divpadsmit *n.* twelve
divpadsmitā daļa *n.* twelfth
divpadsmitais *a.* twelfth
divpusējs *adj* bilateral

divreiz *adv.* twice
divritenis *n.* bicycle
divsimtgadu *adj* bicentenary
divu gadu *adj* biennial
divvalodu *a* bilingual
dizains *n.* design
dizentērija *n* dysentery
dižmanīgs *a.* pretentious
dižoties *v.i.* spark
dižoties *v.i.* swagger
dižskābardis *n.* beech
dobjš troksnis *n.* thud
dobums *n.* cavity
dobums *n.* hollow
dogma *n* dogma
dogmatisks *a* dogmatic
doks *n.* dock
doktora grāds *n* doctorate
doktrīna *n* doctrine
dokuments *n* document
dolārs *n* dollar
doma *n* thought
domāt *v.t.* opine
domāt *v.t.* suppose
domāt *v.t.* surmise
domāt *v.t.* think
domātājs *n.* thinker
domēns *n* domain
domīgs *a.* meditative
domīgs *a.* pensive
domīgs *a.* thoughtful
dominējošs *a* dominant
dominējošs *a.* predominant
dominēšana *n* domination
dominēt *v. t* dominate
dominēt *v.i.* predominate
dominēt *v.i.* preponderate
dominēt *v.i.* prevail
domkrats *n.* jack
domstarpības *n.* disagreement
domuzīme *n* dash
donkihotisks *a.* quixotic

donors *n* donor
dot *v.t.* yield
dot caurmērā *v.t.* average
dot ieguldījumu *v. t* contribute
dot iespēju *v. t* enable
dot iznākumā *v.* amount
dot mājienu *v.i* hint
dot nepatiesu liecību *v.i.* perjure
dot padomu *v.t.* advise
dot padomu *v. t.* counsel
dot piekrišanu *v.t.* consent3
dot pretpavēli *v.t.* countermand
dot priekšroku *v.t.* advantage
dot priekšroku *v.t.* prefer
dot rīkojumus *v.t.* instruct
dot tiesības *v* entitle
dot uzdevumu *v.t.* task
dot vēlēšanu tiesības *v. t* enfran-
chise
dotācija *n* grant
doties *v.i.* sally
drahma *n* dram
draiskule *n.* minx
draiskulība *n.* roguery
drāma *n* drama
dramatisks *a* dramatic
dramaturgs *n* dramatist
draņķīgs *a.* infamous
draudēt *v.t* menace
draudēt *v.t.* threaten
draudi *n* menace
draudi *n.* threat
draudīgs *a.* sinister
draudošs *a.* ominous
draudze *n.* township
draudzīgas attiecības *n.* amity
draudzīgi izturēties *v. t.* befriend
draugs *n.* friend
draugs *n.* pal
drausmīgs *a.* terrific
drava *n.* apiary
drāzt *v.t.* whittle

drēbes *n* clothing
drebēt *v.i.* quiver
drebēt *v.t.* thrill
drebēt *v.i.* tremble
drēbnieks *n.* tailor
drebošs *a.* shaky
drebuļi *n* shake
drebuļi *n* shudder
drēgns *adj.* dank
drenāža *n* drainage
drenāžas caurule *n.* culvert
drīkstēt *v. t.* can
drīz *adv.* anon
drīz *adv.* shortly
drīz *adv.* soon
drīzāk *adv.* rather
drosele *n.* throttle
droši vien *adv.* probably
drošība *n.* certainty
drošība *n.* safety
drošība *n.* security
drošinātājs *n* fuse
drosme *n* bravery
drosme *n.* courage
drosme *n.* hardihood
drosmīgs *a.* bold
drosmīgs *a* brave
drosmīgs *a.* courageous
drosmīgs *a.* mettlesome
drošs *a* proof
drošs *a.* safe
drošs *a.* secure
drošs *n.* trusty
drošsirdība *n.* prowess
drošsirdīgs *a.* valiant
drudzis *n* fever
drukāt *v.t.* print
drukāt *v.t.* type
drūmi skatīties *v.i.* scowl
drūms *a.* gloomy
drūms *a.* sullen
drūms skatiens *n.* scowl

drūmums *n.* gloom
drupas *n.* ruin
drupata *n* crumb
drupināt *v. t* crumble
drusciņa *n.* tithe
drūzma *n* confluence
drūzma *n.* throng
drūzmēties *v.i* flock
drūzmēties *v.t.* squash
drūzmēties *v.i.* swarm
drūzmēties *v.t.* throng
duālis *n.* dual
dubļains *a* filthy
dublēt *v. t* duplicate
dubļi *n.* mud
dubļi *n* paddle
dublikāts *n.* counterpart
dublikāts *n* duplicate
dubultnieks *n.* twin
dubults *adj* duplicate
ducināšana *n* mutter
ducināt *v.i.* mutter
ducis *n* dozen
dūdas *n.* bagpipe
dūdot *v. i* coo
duelis *n* duel
dūkoņa *n.* whir
dūkšana *n* hum
dūmaka *n.* haze
dūmakains *a.* hazy
dumbrājs *n.* slough
dūmi *n.* smoke
dumjš *a.* silly
dumpīgs *a.* insurgent
dumpīgs *a.* mutinous
dumpīgs *a.* rebellious
dumpinieks *n.* rebel
dumpis *n.* mutiny
dumpis *n.* sedition
dumpoties *v. i* mutiny
duncis *n.* dagger
dundurs *n.* gadfly

dunka *n* nudge
dūrainis *n.* mitten
dūre *n* fist
dūriens *n.* stab
dūriens *n.* stitch
durklis *n* bayonet
durt *v.t.* jab
durt *v.t.* stab
durt ar šķēpu *v.t.* lance
durt ar šķēpu *v.t.* spear
durvis *n* door
duša *n.* shower
dūšīgs *a.* hefty
dusmas *n.* anger
dusmas *n* bile
dusmas *n.* fury
dusmas *n.* rage
dusmas *n* vexation
dusmas *n.* wrath
dusmīgs *a.* angry
dusmīgs *a* cross
dusmīgs *a.* irate
dūzis *n* ace
dvēsele *n.* soul
dvesma *n.* puff
dvesma *n.* whiff
dvielis *n.* towel
dvīņu *a* twin
dzeguze *n* cuckoo
dzeja *n.* poetry
dzejas *a.* poetic
dzejniece *n.* poetess
dzejnieks *n.* poet
dzejolis *n.* poem
dzejolis *n.* verse
dzejošana *n.* versification
dzejot *v.t.* versify
dzēliens *n.* sting
dzēlīgums *n* acrimony
dzelksnis *n.* nipple
dzelme *n* abyss
dzeloņains *a.* barbed

dzelonis *n.* barb
dzelonis *n.* prick
dzelt *v.t.* sting
dzeltenā kaite *n.* jaundice
dzeltena krāsa *n* yellow
dzeltens *a.* yellow
dzelzceļš *n.* rail
dzelzceļš *n.* railway
dzelzs *n.* iron
dzemde *n.* uterus
dzemde *n.* womb
džemperis *n.* sweater
džentlmenis *n.* gentleman
dzērājs *n* bibber
dzērājs *a* drunkard
dzeramnauda *n.* tip
dzēriens *n* beverage
dzēriens *n* drink
dzeroklis *n.* molar
dzert *v. i* booze
dzert *v. t* drink
dzert *v.t.* indulge
dzert nelieliem malkiem *v.t.* sip
dzesinātājs *n* cooler
dzēst *v.t* extinguish
dziedāt *v* chant
dziedāt *v. i* crow
dziedāt *v.i.* sing
dziedātājputns *n.* warbler
dziedātājs *n.* singer
dziedātājs *n.* songster
dziedātājs *n.* vocalist
dziedēt *v.i.* heal
dziedināt *v.t* remedy
dziedinošs *a* curative
dziedinošs *a.* remedial
dziedinošs *a.* salutary
dziedzeris *n.* gland
dziesma *n* chant
dziesma *n.* song
dziesminieks *n.* bard
dzija *n.* yarn

dziļš *a.* deep
dziļš *a.* profound
dziļums *n* depth
dziļums *n.* profundity
dzimis *v.* born
dzimis bagāts *adj.* born rich
dzimšana *n.* birth
dzimšana *n.* nativity
dzimšanas *a.* natal
dzimstošs *a.* nascent
dzimta *n* strain
dzimtcilvēks *adj.* adscript
dzimtcilvēks *n.* serf
dzimtenes *a.* native
dzimtenes *a.* vernacular
dzimtenes nodevējs *n.* parricide
dzimums *n.* gender
dzimums *n.* sex
dzinējs *n.* motor
dzinējspēks *n.* mover
dzinulis *n* urge
dzinums *n* shoot
dzira *n.* lap
dzirdams *a* audible
dzirdes *adj.* auditive
dzirdēt *v.t.* hear
dzīres *n.* banquet
dzīres *n.* revel
dzīres [jautras] *n.* wassail
dzirkstele *n.* spark
dzirkstīšana *n.* sparkle
dzirkstīt *v.i.* scintillate
dzirnavas *n.* mill
dzirnaviņas *n.* grinder
dzirnavnieks *n.* miller
dzīrošana *n* debauchery
dzīslenē *n* choroid
dzīt *v.t* goad
dzīt *v.t.* propel
dzīt *v.t.* wheel
dzīt intrigas *v.t.* plot
dzīties pakaļ *v. t.* chase

dzīties pakaļ *v. t* dog
dzīve *n* life
dzīve *n* living
dzīve uz laukiem *n.* rustication
dzīves vieta *n.* habitat
dzīvespriecīgs *a.* jovial
dzīvnieks *n.* animal
dzīvojošs *a.* resident
dzīvoklis *n* flat
dzīvot *v.i.* live
dzīvot kopā *v. t* cohabit
dzīvot nometnē *v. i.* camp
dzīvotspējīgs *a.* viable
dzīvs *a* alive
dzīvs *a.* live
dzīvs *a.* lively
dzīvs *a.* living
dzīvs *a.* vivid
dzīvsudraba *a.* mercurial
dzīvsudrabs *n.* mercury
dzīvsudrabs *n.* quicksilver
dzīvžogs *n.* hedge
džungļi *n.* jungle
džuta *n.* jute
Ebrejs *n.* Jew

E

ēdamais *n* eatable
ēdams *a* eatable
ēdelība *n.* gluttony
ēdienkarte *n.* menu
ēdiens *n* dish
ēdnīca *n.* canteen
efeja *n* ivy
efektivitāte *n* efficiency
efektīvs *a* effective
egle *n* fir
egotisms *n* egotism

einuhs *n* eunuch
ejošs *a.* salable
ekipāža *n.* crew
ekonomija *n* economy
ekonomika *n* economics
ekonomikas *a* economic
ekonomisks *adj* economical
ekranizēt *v.t.* screen
ekrāns *n.* screen
eksāmens *n.* examination
eksaminējamais *n* examinee
eksaminētājs *n* examiner
ekselence *n* excellency
eksistence *n* being
eksistēt *v.i.* subsist
ekskavācija *n.* excavation
ekskluzīvs *a* exclusive
ekskursija *n.* excursion
ekskursija *n.* sally
ekspatriēt *v* expatriate
ekspedīcija *n* expedition
eksperiments *n* experiment
eksperts *n* expert
eksplodēt *v. t.* explode
eksponāts *n.* exhibit
eksponents *n* exponent
eksponēt *v. t* exhibit
eksportēt *v. t.* export
eksports *n* export
ekspresis *n* express
ekstāze *n.* rapture
ekstrakts *n* extract
ekstravagants *a* extravagant
ekstrēmists *n* extremist
ekstrēms *n* extreme
ekvators *n* equator
elastīgs *adj* elastic
elegance *n* elegance
elegants *adj* elegant
elegants *a.* smart
elēģija *n* elegy
elektrība *n* electricity

elektrības *adj* electric
elektrizēt *n* electrify
elektroinstalācija *n.* wiring
elements *n* element
elfs *n* elf
elkonis *n* elbow
elks *n.* idol
elku pielūdzējs *n.* idolator
eļļa *n.* oil
eļļains *a.* oily
elle *a.* hell
elle *n.* pandemonium
eļļošana *n.* lubrication
eļļot *v.t.* lubricate
elpa *n* breath
elpošana *n.* respiration
elpot *v. i.* breathe
elsas *n.* pant
elsas *n* sob
elsošana *n.* gasp
elsot *v.i* gasp
elst *v.i.* pant
emaljēt *v. t* enamel
emancipācija *n* emancipation
emblēma *n* emblem
embrijs *n* embryo
emisārs *n* emissary
emocija *n* emotion
emocionāls *adj* emotional
ēna *n.* shadow
enciklopēdija *n* encyclopaedia
enerģija *n* energy
enerģisks *adj* energetic
enerģisks *a.* spirited
eņģelis *n* angel
enkurs *n.* anchor
ēnot *v.t.* shade
entomoloģija *n.* entomology
entuziasms *n* enthusiasm
entuziasts *n* devotee
entuziasts *n.* zealot
epidēmija *n* epidemic

epidēmija *n.* pestilence
epigramma *n* epigram
epilepsija *n* epilepsy
epilogs *n* epilogue
episks *adj* epic
epitāfija *n* epitaph
epizode *n* episode
ērce *n.* mite
erceņģelis *n* archangel
erekcija *n* erection
eremīta mītne *n.* hermitage
eremīts *n.* hermit
ērglis *n* eagle
ērkšķis *n.* thorn
ērkšķoga *n.* gooseberry
erotisks *a* erotic
erozija *n* erosion
ērtība *n.* convenience
ērts *a* comfortable
ērts *a* convenient
ērts *a.* handy
ērzelis *n.* stallion
es *n* ego
es *pron.* I
eseja *n.* essay
esejists *n* essayist
eskadriļa *n.* squadron
eskorts *n* escort
ēsma *n* bait
ēst *v* eat
estētika *n.pl.* aesthetics
estētisks *a.* aesthetic
ēteris *n* ether
ētika *n.* ethics
ētikas *a* ethical
etiķete *n* etiquette
etiķete *n.* label
etiķis *n.* vinegar
etimoloģija *n.* etymology
evakuācija *n* evacuation
evakuēt *v. t* evacuate
evaņģēlijs *n.* gospel

ēvele *n* plane
ēzeļa *adj.* asinine
ēzelis *n* donkey
ezers *n*. lake

F

fabrikas marka *n* brand
fabula *n*. fable
fails *n* file
faksimils *n* fac-simile
faktors *n* factor
fakts *n* fact
fakultāte *n* faculty
fanātiķis *n* fanatic
fanātisks *a* fanatic
fanātisms *n* bigotry
fantastisks *a* fantastic
fantastisks *a*. visionary
fantāzija *n* fancy
farss *n* farce
fasāde *n* facade
fatāls *a* fatal
fauna *n* fauna
favorīts *n* favourite
fāze *n*. phase
Februāris *n* February
federācija *n*. commonwealth
federācija *n* federation
federatīvs *a* federal
feja *n* fairy
fekāliju *adj.* alvine
fenomenāls *a*. phenomenal
feodāls *a* feudal
ferma *n*. barton
fermentācija *n* fermentation
ferments *n* ferment
festivāls *n* festival
fiasko *n* fiasco

fiksēt *v.t* fix
fiktīvs *a* fictitious
filantropija *n*. philanthropy
filantropisks *a*. philanthropic
filantrops *n*. philanthropist
filiāle *n* branch
filma *n* film
filmēt *v.t* film
filoloģija *n*. philology
filoloģisks *a*. philological
filologs *n*. philologist
filozofija *n*. philosophy
filozofisks *a*. philosophical
filozofs *n*. philosopher
filtrēt *v.t* filter
filtrs *n* filter
finanses *n* finance
finansēt *v.t* finance
finansists *n* financier
finansu *a* financial
finansu *a* fiscal
firma *n*. firm
firmas līdzīpašnieki (lieto
   uzrunā) *n*. Messrs
fistuls *n* fistula
fizika *n*. physics
fiziķis *n*. physicist
fizisks *a*. physical
flanelis *n* flannel
flauta *n* flute
flirtēt *v.i* flirt
flirtēt *v.t.* spoon
flirts *n* flirt
flīze *n*. tile
flora *n* flora
flote *n* fleet
foajē *n*. lobby
fokusa *a* focal
fokuss *n* focus
fonds *n*. fund
fonētika *n*. phonetics
fonētisks *a*. phonetic

fons *n.* background
forma *n* form
forma *n.* shape
formāts *n* format
formēt *v.t* shape
formēt pulku *v.t.* regiment
formētājs *n* former
formula *n* formula
formulēt *v.t* formulate
formulēt *v.t* word
forts *n.* fort
forums *n.* forum
fosfāts *n.* phosphate
fosfors *n.* phosphorus
fosilija *n.* fossil
foto *n* photo
foto- *a.* photographic
fotoaparāts *n.* camera
fotografēšana *n.* photography
fotografēt *v.t.* photograph
fotogrāfija *n* photograph
fotogrāfs *n.* photographer
fragments *n.* fragment
fragments *n.* passage
frakcija *n* faction
frakcionārs *a* factious
franč"u *a.* French
francūzis *n* French
frāze *n.* phrase
frazeoloģija *n.* phraseology
freska *n.* mural
fronte *n.* front
fundaments *n.* basement
funkcija *n.* function
furgons *n.* wagon
furunkuls *n* blain

G

gabaliņš *n* bit
gabalos *adv.* asunder
gabals *n.* piece
gadatirgus *n.* fair
gādība *n.* solicitude
gādīgs *a.* solicitous
gadījuma darbu strādnieks *n.*
   jobber
gadījuma rakstura *a.* casual
gadījums *n.* case
gadījums *n.* chance
gadījums *n.* instance
gadījums *n.* occasion
gadīties *v.t.* happen
gads *n.* year
gadsimts *n.* century
gadskārtējs *a.* annual
gadu desmits *n* decade
gaidīšana *n.* wait
gaidīt *v. t* expect
gaidīt *v.i.* wait
gailis *n* cock
gaisa *a.* aerial
gaisa *a.* airy
gaisa balons *n.* balloon
gaisa kuģniecība *n.pl.* aeronau-
   tics
gaisma *n.* light
gaiss *n* air
gaišs *a.* lucid
gaita *n.* course
gaita *n.* gait
gaita *n* pace
gājējs *n.* pedestrian
gājiens *n.* march
gala *a.* terminal
gaļa *n.* meat
gala rezultātā *adv.* ultimately

gala stacija *n.* terminus
galaktika *n.* galaxy
galamērķis *n* destination
galantērijas preču tirgotājs *n.* milliner
galantērijas veikals *n.* millinery
galants *a.* gallant
galds *n.* table
galējais *a.* utmost
galējs *a* extreme
galerija *n.* gallery
galīgs *a* final
galma pārvaldnieks *n* chamberlain
galminieks *n.* courtier
galons *n.* gallon
galops *n.* gallop
galops *n* scamper
gals *n.* tip
galva *n.* head
galvanizēt *v.t.* galvanize
galvanizēt *v.t.* plate
galvaskauss *n.* skull
galvaspilsēta *n.* metropolis
galvassāpes *n.* headache
galvenais *a.* chief
galvenais *a* foremost
galvenais *a* main
galvenais *a.* primary
galvenais *a* principal
galvenais *a* staple
galvenais varonis *n.* protagonist
galvenokārt *adv.* mainly
galvenokārt *adv.* primarily
galvojums *n.* bail
galvojums *n.* guarantee
galvojums *n.* surety
galvot *v.i.* vouch
galvotājs *n.* warrantor
gan...gan *conj* both...and
ganāmpulks *n* flock
ganāmpulks *n.* herd

gandrīz *adv.* almost
gandrīz *adv.* nearly
gandrīz *adv.* nigh
gangsteris *n.* gangster
ganības *n.* pasture
ganīt *v.t.* pasture
ganīties *v.i.* graze
gans *n.* herdsman
gans *n.* shepherd
gar *prep.* along
garantēt *v.t* guarantee
garantēt *v.t.* warrant
garantija *n.* safeguard
garantija *n.* warranty
garantijas *n.* warrantee
garastāvoklis *n.* mood
garāža *n.* garage
gards *a.* dainty
gardums *n.* dainty
garens *a.* oblong
garīdznieka *n.* vestment
garīdznieki *n* clergy
garīgi atpalicis cilvēks *n.* moron
garīgs *a.* mental
garīgs *a.* spiritual
garīgums *n.* spirituality
garlaicība *n.* tedium
garlaicīgs *adj* dull
garlaicīgs *a.* humdrum
garlaicīgs *a.* tedious
garoza *n.* crust
gars *n.* spirit
gars *n.* wraith
garš *a.* lengthy
garš *a.* long
garš *a.* tall
garša *n* smack
garšīgs *a* delicious
garšīgs *a.* palatable
garšīgs *a.* tasty
garšīgs *a.* toothsome
garšļaukus stāvoklis *n.* prostration

garšot *v.t.* delibate
garšot *v.t.* relish
garšot *v.i.* smack
garšviela *n* appetizer
garšviela *n.* spice
garums *n.* length
garums *n.* longitude
gāšana (par gaisu) *n.* subversion
gatavība *n.* readiness
gatavot *v. t* cook
gatavs *a.* ready
gaudoņa *n* howl
gaudot *v.t.* howl
gaudot *v.i.* scream
gaume *n.* taste
gaumīgs *a.* tasteful
gauss *a.* sluggish
gausties *v.i.* whine
gavēnis *n* fast
gavēt *v.i* fast
gavilējoša *a.* jubilant
gavilēšana *n.* jubilation
gavilēt *v. i* exult
gāze *n.* gas
gāzelēties *v.i.* waddle
gāzes *a.* gassy
gāzt *v. t* depose
gāzt *v.t* fell
gāzt *v.t.* overthrow
gāzt *v.t.* subvert
gāzt no troņa *v. t* dethrone
gāzties *v.i.* tumble
gāzveida *adj.* aeriform
ģenealoģija *n.* pedigree
ģenerators *n.* generator
ģēnijs *n.* genius
ģeogrāfija *n.* geography
ģeogrāfisks *a.* geographical
ģeogrāfs *n.* geographer
ģeoloģija *n.* geology
ģeoloģisks *a.* geological

ģeologs *n.* geologist
ģeometrija *n.* geometry
ģeometrisks *a.* geometrical
ģērbties *v. t* dress
ģērbts *a.* threadbare
gerundijs *n.* gerund
ģībonis *n.* swoon
gibons *n.* gibbon
gigantisks *a.* gigantic
gigants *n.* giant
ģilde *n.* guild
ģimene *n* family
ģīmis *n.* physiognomy
ģimnāzija *n.* gymnasium
ģipsis *n.* plaster
ģitāra *n.* guitar
glabāšana *n.* storage
glabāt kā dārgumu *v.t.* treasure
glabātājs *n.* keeper
glabātava *n.* ambry
glābējs *n.* saviour
glābšana *n* rescue
glābšana *n.* salvage
glābšanas gratifikācija *n.* salvation
glābt *v.t.* rescue
glābt *v.t.* salvage
glaimi *n* flattery
glaimot *v. t.* court
glaimot *v.t* flatter
glāstīt *v. t.* caress
glāstīt *v.t* fondle
glāstīt *v.t.* palm
glāsts *n* endearment
glāsts *n* stroke
glaucoma *n.* glaucoma
glaudīt *v.t.* stroke
glāze *n* glass
glazūra *n* glaze
ģļēvulība *n.* cowardice
ģļēvulis *n.* coward
glezna *n.* painting

gleznains *a.* picturesque
gleznotājs *n.* painter
glicerīns *n.* glycerine
gliemene *n.* conch
gliemezis *n.* snail
glikoze *n.* glucose
glīts *a.* neat
globuss *n.* globe
glorificēšana *n.* glorification
glosārijs *n.* glossary
gļotains *a.* mucous
gļotains *a.* slimy
gļotas *n.* mucilage
gļotas *n.* mucus
gļotas *n.* slime
gludināt *v.t.* iron
gludināt *a.* plane
gluds *v.t.* plane
gluds *a.* sleek
gluds *a.* smooth
gluži *adv.* quite
gobelēns *n.* tapestry
goda *a.* honorary
goda *a.* honourable
godājams *a.* reverend
godājams *a.* venerable
godāt *v.t.* venerate
godbijība *n.* reverence
godbijīgs *a.* reverent
goddevīgs *a.* respectful
godība *n.* royalty
godīgi *a* fair
godīgi *adv.* fairly
godīgs *a* downright
godīgs *a.* honest
godīgums *n.* honesty
godināšana *n.* worship
godināt *v.t* dignify
godkāre *n.* ambition
godkārīgs *a.* ambitious
gods *n.* honour
golfs *n.* golf

gongs *n.* gong
gorilla *n.* gorilla
govs *n.* cow
gozēties *v.i.* bask
grabaža *n.* junk
grabēt *v.i.* rattle
grābiens *n.* snatch
grabulis *n* rattle
grācija *n.* grace
gradācija *n.* gradation
grāds *n* degree
graduēt *v.i.* graduate
grāfiene *n.* countess
grafiks *n.* schedule
grafisks *a.* graphic
grāfiste *n.* shire
grāmata *n* book
gramatika *n.* grammar
gramatiķis *n.* grammarian
grāmatu pārdevējs *n* book-seller
grāmatu tārps *n* book-worm
grāmatu zīme *n.* book-mark
grāmatvedība *n.* accountancy
grāmatvedis *n.* accountant
grāmatvedis *n* book-keeper
gramofons *n.* gramophone
grams *n.* gramme
granāta *n.* grenade
granātu metējs *n* bomber
grandiozitāte *n.* grandeur
grauds *n.* grain
graudu *a* cereal
graujošs *a.* subversive
graut *v. t* erode
grauzdēt *v.t.* toast
grauzējs *n.* rodent
grava *n.* ravine
gravēt *v.i.* gravitate
grāviens *n* clap
gravitācija *n.* gravitation
grēcīgs *a.* sinful
grēciniece *n.* sinner

grēda *n.* ridge
gredzens *n.* ring
gredzentiņš *n* annulet
gredzentiņš *n.* ringlet
greizsirdība *n.* jealousy
greizsirdīgs *a.* jealous
grēkāzis *n.* scapegoat
grēkot *v. i* err
grēkot *v.i.* sin
grēks *n.* sin
gremošana *n* digestion
gremošanas traucējumi *n.* indigestion
grezna izrāde *n.* pageant
greznība *n.* luxury
greznot *v.t.* attire
grezns *a.* luxurious
grezns *a.* sumptuous
grezns tērps *n.* attire
greznums *n.* pomp
griba *n.* will
gribēt *v.t.* will
gribot negribot *adv.* perforce
grīda *n* floor
grīdsega *n.* carpet
grieķis *n.* Greek
grieķu *a* Greek
griešanās *n.* spin
griesti *n.* ceiling
grieziens *n* cut
griezt *v. t* cut
griezt *v.i.* spin
griezties *v.t.* pivot
griezties *v.i.* revolve
griezties *v.i.* rotate
griezties pie kādu *v.t.* address
grifs *n.* vulture
grīļošanās *n.* stagger
grīļoties *v.i* wobble
gripa *n.* influenza
grīva *n.* creek
gropēt *v.t* groove

grotesks *a.* grotesque
grotmasta balsts *n.* mainstay
grozīt *v.t.* modify
grozīt *v.t.* revise
grozs *n.* basket
grūdiens *n* jab
grūdiens *n.* jerk
grūdiens *n.* jostle
grūdiens *n.* push
grupa *n.* band
grupa *n.* group
grupēt *v.t.* group
grūst *v.t.* thrust
grūstīt *v.t.* jostle
grūti *a.* hard
grūtība *n.* hardship
grūtības *n* difficulty
grūtniecība *n.* pregnancy
grūtniecības stāvoklī *a.* pregnant
grūts *a.* arduous
grūts *a* difficult
grūts *a.* tough
grūts *a.* tricky
gruveši *n* debris
gruveši *n.* rubble
gruzdēt *v.i.* smoulder
gubernators *n.* governor
gudrība *n.* sagacity
gudrība *n.* wisdom
gudrības zobs *n.* wisdom-tooth
gudrot *v.t.* meditate
gudrs *a.* clever
gudrs *a.* intelligent
gudrs *a.* politic
gudrs *a.* sagacious
gudrs *a.* sage
gudrs *a.* shrewd
gudrs *a.* wise
guļamtīkls *n* berth
gulbis *n.* swan
gulēt *v.i* lie

gulēt *v.i.* sleep
gulētājs *n.* sleeper
gulētiešanas laiks *n.* bed-time
guļošs *a* asleep
gulta *n* bed
gultā *adv.* abed
gultas piederumi *n.* bedding
gultiņa *n.* cot
guļus *a.* prostrate
gumija *n.* gum
gumija *n.* rubber
gurķis *n* cucumber
gurns *n* hip
gūsteknis *n.* captive
gūsts *n.* captivity
gūt sekmes *v.i.* progress
gūt virsroku *v.t.* worst
guvernante *n.* governess
guza *n.* craw
gvajave *n.* guava

habeas corpus [jur] *n.* habeas corpus
haizivs *n.* shark
halāts *n.* smock
handikaps *n* handicap
haoss *n.* havoc
haoss *n.* mess
haoss *n.* chaos
haotisks *adv.* chaotic
harmonija *n.* consonance
harmonija *n.* harmony
harmonijs *n.* harmonium
harmonisks *a.* harmonious
harta *n* charter
hercogs *n* duke
hibrīds *n* hybrid

hiēna *n.* hyaena, hyena
hierarhija *n.* hierarchy
higiēna *n.* hygiene
higiēnisks *a.* hygienic
himna *n* anthem
himna *n.* hymn
hinīns *n.* quinine
hiperbola *n.* hyperbole
hipnotisms *n.* hypnotism
hipnotizēt *v.t.* hypnotize
hipnoze *n.* mesmerism
hipotēka *n.* mortgage
hipotētisks *a.* hypothetical
hipotēze *n.* hypothesis
hiromantija *n.* palmistry
hiromants *n.* palmist
histērija *n.* hysteria
histērisks *a.* hysterical
hloroforms *n* chloroform
hlors *n* chlorine
hobijs *n.* hobby
hokejs *n.* hockey
holera *n.* cholera
homeopātija *n.* homeopathy
homeopāts *n.* homoeopath
homogēns *a.* homogeneous
homoseksuālists *n.* sodomite
homoseksuāls *a.* gay
honorārs *n.* honorarium
horizonts *n.* horizon
hroms *n* chrome
hronika *n.* chronicle
hronisks *a.* chronic
hronists *n.* annalist
hronogrāfs *n* chronograph
hronoloģija *n.* chronology
huligānisks *n.* ruffian
huligāns *n.* hooligan
humanitārs *a* humanitarian
humāns *a.* humane
humoristisks *a.* humorous
humoristisks *a.* jocular

humorists *n.* humorist
humors *n.* humour

ideālisms *n.* idealism
ideālistisks *a.* idealistic
ideālists *n.* idealist
idealizēt *v.t.* idealize
ideāls *a.* ideal
ideāls *n* ideal
ideja *n.* idea
identificēt *v.t.* identify
identifikācija *n.* indentification
identisks *a.* identical
identitāte *n.* identity
idioma *n.* idiom
idioma *n.* locution
idiotisks *a.* idiotic
idiotisms *n.* idiocy
idiots *n.* idiot
iebaidīt *v.t.* overawe
iebalzamēt *n* embalm
iebelzt *v.t.* thump
iebiedēšana *n.* intimidation
iebiedēt *v. t* bluff
iebiedēt *v. t.* bully
iebiedēt *v. t.* cow
iebiedēt *v. t* daunt
iebiedēt *v.t.* intimidate
iebildums *n* demur
iebildums *n.* objection
iebildums *n.* rejoinder
iebilst *v. t* demur
iebilst *v.t.* object
iebraukšana *n.* arrival
iebrukt *v.t.* invade
iebrukums *n.* invasion
iebrukums *n.* irruption

iecelšana *n.* nomination
iecelt *v.t.* appoint
iecienīts *a* favourite
iecietība *n.* connivance
iecietība *n.* lenience, leniency
iecietība *n.* liberality
iecietība *n.* toleration
iecietīgs *a.* indulgent
iecirtums *n.* notch
iecukurot *v. t.* candy
iecukuroti augļi *n.* comfit
iedalīšana *n.* allocation
iedalīšana *n.* allotment
iedalīt *v.t.* allocate
iedarbība *n* efficacy
iedarbīgs *adj* efficient
iedarbināt *v.t.* launch
iedegt *v.t.* light
iedegt *v.i.* tan
iedegums *n., a.* tan
iedoma *n* fad
iedomāties *v. t* conceive
iedomāties *v.t* fancy
iedomāties *v.t.* imagine
iedomāts *a.* imaginary
iedomība *n* conceit
iedomība *n.* vainglory
iedomība *n.* vanity
iedomīgs *a.* vainglorious
iedragāt *v.t.* undermine
iedrošināt *v. t.* embolden
iedunkāt *v.t.* nudge
iedurt *v.t.* prick
iedvesma *n.* inspiration
iedvesmot *v.t.* inspire
iedvest *v.t.* instil
iedzeltens *a.* yellowish
iedzimtība *n.* heredity
iedzimts *n.* hereditary
iedzimts *a.* inborn
iedzimts *a.* innate
iedzīt naglu *v.t.* nail

iedzīvotāji *n.* population
iedzīvotājs *n.* inhabitant
iedzīvotāju skaitīšana *n.* census
iedzīvoties *v.t.* incur
ieēdies *a.* ingrained
ieeja *n* entrance
ieeļļot *v.t.* anoint
ieeļļot *v.t* oil
ieelpot *v.i.* inhale
iegansts *n* pretext
iegarens priekšmets *n.* oblong
iegravēt *v.t* engrave
iegremdēšana *n.* immersion
iegremdēt *v. t* dip
iegremdēt *v.t.* immerse
iegrimt *v.i.* submerge
iegrožot *v. t* curb
iegrožot *v.t.* rein
ieguldījums *n* contribution
ieguldījums *n.* investment
ieguldīt *v.t.* invest
iegūšana *n.* acquirement
iegūstams *a.* obtainable
iegūt *v.t.* acquire
iegūt *v. t.* derive
iegūt *v.t.* gain
iegūt *v.t.* obtain
iegūt punktus *v.t.* score
ieguvums *n* acquest
ieguvums *n.* acquisition
ieinteresēts *a.* interested
iejaukšanās *n.* interference
iejaukšanās *n.* intervention
iejaukties *v.i.* interfere
iejaukties *v.i.* intervene
iejūgs *n.* harness
iejūgt *v.t* harness
iejukt *v.t.* intermingle
iekaist *v.t.* inflame
iekaisuma *a.* inflammatory
iekaisums *n.* inflammation
iekalt važās *v.t.* shackle

iekāms *conj* before
iekāre *n.* lust
iekarot *v. t* conquer
iekarsis *adj.* agog
iekārta *n* equipment
iekārtot *v.t.* arrange
iekārtot vadus *v.t.* wire
iekasēt naudu pret čeku *v. t.*
   cash
iekīlāt *v.t.* mortgage
iekīlāt *v.t.* pledge
iekļaut *v. t.* embody
iekļaut *v.t.* incorporate
iekliegšanās *n* exclamation
iekliegties *v* outcry
iekļūšana *n.* admittance
iekost *v. t.* bite
iekraut *v.t.* load
iekraut kuģī *v.t.* ship
iekšā *adv.* in
iekšā *adv.* inside
iekšā *adv.* within
iekšas *n* entrails
iekšējais *a.* interior
iekšējs *a.* inner
iekšējs *a* inside
iekšējs *a.* internal
iekšējs *a.* intrinsic
iekšpus *prep.* inside
iekšpuse *n.* inside
iekšpuse *n* within
iekštelpu *a.* indoor
iekšzemes *a.* inland
iekurt *v.t.* kindle
iela *n.* street
ielaišana *n.* admission
ielaist *v.t.* admit
ielaist *v.t.* usher
ielaušanās *n.* intrusion
ielauzties *v. t.* encroach
ieleja *n* dale
ieleja *n.* vale

ieleja *n.* valley
ielēkt *v. i* hop
ielenkt *v. t* besiege
ielenkt *v.t.* surround
ieliekts *adj.* concave
ieliet *v.i.* pour
ielikšana *n.* insertion
ielikt kabata *v.t.* pocket
ielikt katla
    v.t. pot
ieloce *n* fold
ieloce *n* ply
ieloce *n.* welt
iemaksa *n.* instalment
iemaukti *n* bridle
iemērkšana *n.* dip
iemērkt *v.t.* steep
iemesls *n.* reason
iemidzināt *v.t.* lull
iemiesojums *n* embodiment
iemiesojums *n.* incarnation
iemiesot *v.t.* incarnate
iemiesot *v.t.* personify
iemiesots *a.* incarnate
iemīlējies *a.* amorous
iemīlējies *a* fond
iemītnieks *n.* inmate
iemūžināt *v.t.* perpetuate
ienaidnieka *a.* hostile
ienaidnieks *n* enemy
ienaidnieks *n* foe
ienaids *v. t.* enmity
ienākt *v* enter
ienākums *n.* income
ienākums *n.* revenue
ieņēmumi *n.* proceeds
ienesīgs *a.* profitable
ienesīgs *a.* remunerative
ienest tīru peļņu *v.t.* net
ienirt *v.t.* plunge
ienīst *v.t.* hate
iepakot *v.t.* pack

iepazīstināt *v.t.* introduce
iepazīstināties *v.t.* acquaint
iepirkties *v.i.* shop
iepīt *v.t.* implicate
ieplakas *n.* slacks
ieplānot *v.t.* schedule
iepļaukāt *v.t.* slap
iepotēt *v.t.* inculcate
iepriecinājums *n.* gratification
iepriecināt *v.t.* gladden
iepriecināt *v.t.* please
iepriekš brīdināt *v.t* forewarn
iepriekš izdomāt *v.t.* premeditate
iepriekš nodomāts *a* deliberate
iepriekš pieņemt *v.t.* presuppose
iepriekš, *adv.* beforehand
iepriekšaizņemt *v.t.* preoccupy
iepriekšējā vakara *a* overnight
iepriekšējais *n* prior   ‚
iepriekšējs *a.* antecedent
iepriekšējs *a.* previous
iepriekšējs nodoms *n.* premeditation
iepriekšējs notikums *n.* antecedent
ieradums *n.* habit
ierakstīt *v.t.* inscribe
ierakstīt *v.t.* record
ierakstīt debetā *v. t* debit
ieraksts *n* entry
ieraksts *n.* record
ierakt bedrē *v.t.* pit
ierāmēt *v.t.* frame
ierašanās *n* appearance
ierasties *v.i.* arrive
ieraudzīt *v.t.* sight
ieraža *n.* custom
ierēdnis *n* clerk
ierēdnis *n* official
ierīce *n.* appliance
ierīce *n* device
ierīces *n* facility

ierīkot *v.t.* install
ierobežojošs *a.* restrictive
ierobežojums *n.* limitation
ierobežojums *n.* restriction
ierobežot *v. t* confine
ierobežot *v.t.* restrict
ierobežots *a* finite
ierobežots *a.* limited
ierobīt *v* nick
ierocis *n.* weapon
ieroču noliktava *n.* armoury
ierosinājums *n.* suggestion
ierosināt *v.t.* propose
ierosināt *v.t.* suggest
ierosināt prasību *v. t* claim
ieruna *n.* proviso
ierūsēt *v.i* rust
iesācējs *n.* novice
iesaiņošana *n.* packing
iesaiņot *v.t.* bale
iesaiņot *v. t* encase
iesaiņot *v.t.* parcel
iesaistīšana *n.* implication
iesaistīt *v.t.* involve
iesākt *v.t.* preface
iesākt *v.t.* prelude
iesaldēt *v.i.* freeze
iesalotas dzīres *n* alegar
iesals *n.* malt
iesauka *n.* nickname
iesaukt *v.t.* nickname
iesaukties *v.i* exclaim
iesēdināt *v.t.* seat
iesist tapu *v.t.* peg
ieskatīšanās *n.* insight
iešķelt *v.t.* slit
iešļircināt *v.t.* syringe
ieslodzījums *n.* confinement
ieslodzīt *v.t.* imprison
ieslodzītais *n.* prisoner
iesmaržot *v.t.* perfume
iesms *n* spit

iesniegšana *n.* submission
iesniegt *v.t.* submit
iesniegt *v.t.* table
iesniegt lūgumu *v.t.* petition
iesniegums *n.* application
iespaidīgs *a.* spectacular
iespaidīgs *a* forcible
iespaidīgs *a.* imposing
iespaidīgs *a.* impressive
iespaidīgs *a.* influential
iespaidot *v.t.* impress
iespaids *n.* impression
iespēja *n.* likelihood
iespēja *n.* opportunity
iespēja *n.* possibility
iespēja *n.* potential
iespējams *a* feasible
iespējams *a.* likely
iespējams *adv.* perhaps
iespējams *a.* possible
iespējams *a.* probable
iespiedējs *n.* printer
iespiedkļūda *n.* misprint
iespiešanās *n.* penetration
iespiest starpā *v.t.* sandwich
iespiesties *v.t.* imprint
iespļaut *v.i.* spit
iesprostot būrī *v.i.* mew
iestāde *n.* institution
iestāju *a.* inaugural
iestāju pārbaudījums *n* preliminary
iestāties armijā *v.i.* soldier
iestigt muklājā *v.t.* mire
iestiklot *v.t.* glaze
iestudēt *v.t.* rehearse
iestudēt *v.t.* stage
iesūdzēšana *n.* prosecution
iesūdzēt *v.t.* prosecute
iesūdzēt *v.t.* sue
iet *v.i.* go
iet *v.i.* pass

iet barā *v.i* troop
iet bojā *v.i.* perish
iet nedroši *v.i* blunder
ieteicams *a.* advisable
ieteikt *v.t.* propound
ieteikt *v.t.* recommend
ieteikums *n.* recommendation
ietekme *n* effect
ietekme *n.* influence
ietekmēt *v.t.* affect
ietekmēt *v.t.* influence
ietērpt *v.t.* apparel
ietērpt *v. t* clothe
ietērpt *v.t* outfit
ietērpt *v.t.* robe
ietērpt *v.t.* vest
ietiepīgs *a.* mulish
ietiepīgs *a.* obdurate
ietiepīgs *a.* obstinate
ietilpīgs *a.* capacious
ietilpīgs *a.* roomy
ietilpīgs *a.* spacious
ietinamais *n* wrap
ietinamais *n.* wrapper
ietīties *v.t.* wrap
ietverošs *a.* inclusive
ietveršana *n.* inclusion
ietvert *v.t.* imply
ietvert *v.t.* include
ievada *a.* introductory
ievade *n.* input
ievadīt *v.* precede
ievadraksts *n* editorial
ievads *n.* introduction
ievads *n.* prelude
ievainojums *n* hurt
ievainojums *n.* injury
ievainot *v.t.* hurt
ievainot *v.t.* injure
ievainot *v.t.* wound
ievākšana *n.* levy
ievārījums *n.* jam

ievazāt mēri *v* plague
ievēlēt *v* elect
ievērības cienīgs *a.* noteworthy
ievērojama persona *n.* somebody
ievērojams *a* considerable
ievērojams *adj* eminent
ievērojams *a.* notable
ievērojams *a.* remarkable
ievērojams *a.* significant
ievērošana *n* consideration
ievērošana *n.* observance
ievērot *v.t.* observe
ievērot *v.t.* respect
ievērot diētu *v.i.* slim
ieviest jauninājumus *v.t.* innovate
ievietot *v.t.* insert
ievilināt *v. t.* entrap
ievīstīt *v.t.* muffle
iezemiešu *a.* indigenous
ieziepēt *v* lather
ieziepēt *v.t.* soap
ieziest *v.t* grease
iezīme *n* feature
iezīme *n.* trait
iežogojums *n* enclosure
ignorēšana *n* disregard
ignorēšana *n.* slight
ignorēt *v.t.* ignore
ignorēt *v.t.* slight
īgns *a.* petulant
īgnums *n* grudge
īgnums *n.* petulance
ik *a* every
ik dienas *adv* adays
ik dienas *adv.* daily
ik mēnesi *adv* monthly
ikdienas *a* routine
ikdienišķs *a.* ordinary
ikdienišķs *a.* prosaic
ikdienišķs *a.* workaday

ikgadēja rente *n.* annuity
ikgadējas rentes saņēmējs *n.* annuitant
ikgadējs *a.* yearly
ikmēneša *a.* monthly
īkšķis *n.* thumb
ilgas *n.* longing
ilgas *n.* yearning
ilgas pēc pagājušā *n.* nostalgia
ilgi *adv* long
ilgoties *v.i* long
ilgs mūžs *n.* longevity
ilgstošs *a.* lasting
ilgt *v.i.* last
ilgums *n* duration
ilknis *n.* tusk
ilkss *n* limber
ilustrācija *n.* illustration
ilustrēt *v.t.* illustrate
ilūzija *n.* illusion
imatrikulācija *n.* matriculation
imatrikulēt *v.t.* matriculate
imigrācija *n.* immigration
imigrants *n.* immigrant
imigrēt *v.i.* immigrate
imitācija *n.* imitation
imitēšana *n* mimicry
imitēt *v.t* mimic
imperatora *a.* imperial
imperatore *n* empress
imperiālisms *n.* imperialism
impērija *n* empire
importēt *v.t.* import
imports *n.* import
impotence *n.* impotence
impulsīvs *a.* impulsive
impulss *n.* impulse
impulss *n.* momentum
imunitāte *n.* immunity
imunizēt *v.t.* immunize
imūns *a.* immune
inaugurācija *n.* inauguration

incidents *n.* incident
inde *n.* poison
inde *n.* venom
indekss *n.* index
indigo *n.* indigo
indīgs *a.* poisonous
indīgs *a.* venomous
Indijas *a.* Indian
indikatīvs *a.* indicative
individuālisms *n.* individualism
individualitāte *n.* individuality
individuāls *a.* individual
indukcija *n.* induction
indulgence *n.* indulgence
inerce *n.* inertia
inerts *a.* inert
inerts *a.* stagnant
infekcija *n.* infection
infekcijas *a.* infectious
inficēt *v.t.* infect
inflācija *n.* inflation
informācija *n.* information
informatīvs *a.* informative
informēt *v.t.* inform
infūzija *n.* infusion
ingvers *n.* ginger
iniciāļi *n.* initial
iniciatīva *n.* initiative
iniciatīva *n.* lead
iniciators *n.* originator
injekcija *n.* injection
injicēt *v.t.* inject
inkriminēt *v.t.* incriminate
inovācijas *n.* innovation
inspektors *n.* inspector
instinktīva tieksme *n.* appetence
instinktīvs *a.* instinctive
instinkts *n.* instinct
institūts *n.* institute
instruktors *n.* instructor
instrumentālists *n.* instrumentalist

instrumentāls *a.* instrumental
instruments *n.* instrument
instruments *n.* tool
integrējošs starp divām vai
vairākām sugām *adj.* annectant
intelekts *n.* intellect
intelekts *n.* intelligence
intelektuāls *a.* intellectual
inteliģence *n.* intellectual
inteliģence *n.* intelligentsia
intensitāte *n.* intensity
intensīvs *a.* intense
intensīvs *a.* intensive
interesants *a.* interesting
interjers *n.* interior
internēt *v.t.* intern
interpretēt *v.t.* interpret
interpretētājs *n.* interpreter
intervāls *n.* interval
intervēt *v.t.* interview
intervija *n.* interview
intimitāte *n.* intimacy
intīms *a.* intimate
intransitīvs *a.* (verb) intransitive
intriga *n* intrigue
intriģēt *v.t.* intrigue
introspektīvs *a* introspective
intuīcija *n.* intuition
intuitīvs *a.* intuitive
invalīds *a* disabled
invalīds *n* invalid
inženieris *n* engineer
īpašības vārds
  n. adjective
īpašnieks *n.* owner
īpašnieks *n.* proprietor
īpašs *a.* particular
īpašs *a.* special
īpašuma *a.* proprietary
īpašuma tiesības *n.* ownership
īpašums *n* estate
īpašums *n.* possession

īpašums *n.* property
īpatnējs *a.* peculiar
ir *pref.* be
iracionāls skaitlis *a.* irrational
īrēt *v.t.* rent
Īrijas *a.* Irish
īriss *n.* toffee
ironija *n.* irony
ironisks *a.* ironical
īrs *n.* paddy
īru valoda *n.* Irish
īsi *adv.* summarily
īsi pierakstīt *v.t.* jot
īslaicīgs *a.* brief
īslaicīgs *a.* momentary
īss *a* concise
īss *a.* short
īss *a* summary
īstā laikā *adv* pat
istaba *n.* apartment
istaba *n.* room
īstenībā *adv.* actually
īstlaicīgs *a.* well-timed
īsts *a.* veritable
īsums *n* brevity
itāliešu salmi *n* leghorn
itālietis *n.* Italian
Itālijas *a.* Italian
itāļu *a.* italic
izaicinājums *n.* challenge
izaicinājums *n* defiance
izaicināt *v. t.* challenge
izaicinošs *a.* provocative
izārstēt *v. t.* cure
izaudzēt *v.t* breed
izaugsme *n* growl
izaugums *n.* wart
izbailes *n.* fright
izbailes *n.* scare
izbalināt *v.i* fade
izbārstīt *v.t.* scatter
izbaudīt *v.t.* savour

izbāzt
v.t. stuff
izbeigšana n. termination
izbeigt v. t discontinue
izbeigt v. t. end
izbeigt v.t. terminate
izbiedēt v.i. rouse
izbīšanās n. shy
izbrauciens n. outing
izbrauciens n ride
izbraukšana n departure
izbraukt [zaļumos] v.i. picnic
izbraukuma adj ambulant
izbrīnā
  adv agaze
izcelšanās n. ancestry
izcelšanās n. origin
izcelšanās n. outbreak
izcelšanās n. parentage
izcelšanās avots n mint
izcelties v.i excel
izcelties v.t. outshine
izcelts adj emphatic
izcilāks a. pre-eminent
izcilība n. excellence
izcilnis n cog
izcils a great
izcils a. outstanding
izcils a. prominent
izcils a. transcendent
izcīņa n. contest
izdaiļot
  v. t beautify
izdalīšana n distribution
izdalīt v.t. secrete
izdarīt v. t. commit
izdevējs n. publisher
izdevīgs a. advantageous
izdevīgs a. opportune
izdevīgs pirkums n. bargain
izdevumi n expenditure
izdevumi n. expense •

izdevums n edition
izdobt v.t hollow
izdomājums n figment
izdomāt v. t devise
izdot dekrētu v. i decree
izdot likumus v.i. legislate
izdot no jauna v.t. reprint
izdoties v.i. succeed
izdvest v.t. utter
izdzert v. gulp
izdzēst v. t delete
izdzēst v efface
izdzēst v. t erase
izdzīt v out
izdzīvošana n. survival
izeja n. exit
izeja n. loop-hole
izgaist v.i. vanish
izgatavot kserokopijas v.t. xerox
izgatavotājs n. maker
izgāzties v.i. slump
izglītība n education
izglītot n educate
izglītot v. t enlighten
izglītots a. learned
izgreznot v. t deck
izgriezt v. t. carve
izgriezt v.t. wrench
izgrozīties v.i. wriggle
izgrūst v. t eject
izgudrojums n. invention
izgudrot v.t. invent
izgudrotājs n. inventor
izīrēt v.t. sublet
izjaukt v. t. baffle
izjaukt v.t. frustrate
izjautāt v.t. interrogate
izjokot v.t. rag
izkaisīts a. sporadic
izkaltis adj. arid
izkapts n. scythe
izkārtojums n lay

izkārtot ar atstarpēm *v.t.* space
izķēmot *v.t.* uglify
izklaide *n* entertainment
izklaidēšanās *n* amusement
izklaidīgs *a.* oblivious
izklāsts *n.* recital
izklīst *v. t* disperse
izklupiens *n.* lunge
izkratīt *v.t.* ransack
izkraušana *n.* discharge
izkropļot *v. t* distort
izlabot *v. t* better
izlaidums *n.* omission
izlaidums *n* out
izlaist *v.i.* issue
izlaist *v.t.* omit
izlaist *v.i.* skip
izlaist baumas *v.t.* rumour
izlasīt *v.t.* single
izlaupīt *v.t.* depredate
izlaupīt *v.i.* maraud
izlaupīt *v.t.* plunder
izlaupīt *v.t.* sack
izlauzt *v. t* break
izlauzties *v. i* erupt
izlemt *v.t.* rule
izlīdzinājums *n.* atonement
izlīdzināšana *n* redress
izlīdzināt *v.t* accommodate
izlīdzināt *v. t* even
izlīdzināt *v.t.* redress
izliekt *v. t* curve
izliekties *v.t* feign
izliet *v.t.* shed
izliet *v.i.* spill
izlietne *n* sink
izlietot *v. t* exercise
izlikšana *n* eviction
izlikšanās *n.* pretence
izlikšanās *n* sham
izlikt *v. t* evict
izlikt lamatas *v.t.* trap

izlikties *v.t.* pretend
izlikties *v.i.* sham
izlocīties *v.i.* meander
izloze *n* draw
izlozēt *v.t.* allot
izlūgties *v. t.* beg
izmainīt *v.t.* alter
izmaksa *n.* allowance
izmaksāt *v.t.* cost
izmanīgs *a.* shifty
izmantojot *prep.* via
izmantošana *n.* utilization
izmantot *v. t* dispose
izmantot *v. t* exploit
izmantot *v.t.* use
izmantot *v.t.* utilize
izmēģinājuma *a.* tentative
izmēģinājums *n.* trial
izmeklēšana *n.* inquest
izmeklēšana *n.* inquiry
izmeklēšana *n.* inquisition
izmeklēšana *n.* investigation
izmeklēt *v.t.* investigate
izmērījams *a.* measurable
izmērīt *v.t* measure
izmērs *n.* size
izmest *v. t* discard
izmest *v* scrap
izmest krasta *v.i.* strand
izmežģīt *n.* sprain
izmežģīt *v.t.* sprain
izmiris *a* extinct
izmisīgs *a.* frantic
izmisis *a* desperate
izmist *v. i* despair
izmisums *n* despair
iznākums *n.* upshot
izņemot *prep* except
izņemot *prep* save
izņemot *prep* but
izņemt *v. t* except
izņemt mīkstumu *v.t.* pulp

izņēmums *n* exception
iznīcīgs *a.* perishable
iznīcināšana *n* annihilation
iznīcināšana *n* destruction
iznīcināšana *n.* obliteration
iznīcināt *v.t.* annihilate
iznīcināt *v. t* destroy
iznīcināt *v. t* eradicate
iznīcināt *v.t.* obliterate
iznīdēt *v.t.* uproot
iznomāt *v.t.* lease
izobāra *n.* isobar
izolācija *n.* insulation
izolators *n.* insulator
izolēšana *n.* isolation
izolēt *v.t.* insulate
izolēt *v.t.* isolate
izolēt *v.t.* sequester
izolētība *n.* insularity
izolēts *a.* secluded
izpaust *v. t* divulge
izpēte *n* exploration
izpētīt *v.t* explore
izpētīt *v.i* scout
izpildāms *a.* workable
izpilde *n.* fulfilment
izpildījums *n.* accomplishment
izpildīšana *n* execution
izpildīt *v. t* effect
izpildīt *v. t* execute
izpildīt *v.t.* fulfil
izpildīt *v.t.* implement
izpildītājs *n.* performer
izpirkšana *n.* redemption
izpirkšanas maksa *n.* ransom
izpirkt *v.i.* atone
izpirkt *v.t.* ransom
izpirkt *v.t.* redeem
izpļāpāt *v. t* blurt
izplatīšanās *n.* spread
izplatīt *v.t.* propagate
izplatīties *v.t.* pervade

izplatīties *v.i.* spread
izplešanās *n.* expansion
izpletnis *n.* parachute
izpletņlēcējs *n.* parachutist
izpratne *n* comprehension
izpūst dūmu *v.i.* puff
izrādīt *v. t* display
izraidīšana *n.* banishment
izraidīšana *n.* expulsion
izraidīšana trimdā *n* ban
izraidīt *v.t.* attaint
izraidīt *v. t.* expel
izraidīt trimdā *v.t.* ostracize
izraidīts *a* outcast
izraisīt *v.t* cause
izraisīt *v. t* evoke
izraisīt *v.t.* induce
izraisīt sašutumu *v.t.* scandalize
izrakt no zemes *v.t.* unearth
izraut *v.t.* wrest
izrauties *v.i.* spurt
izredzes *n.* odds
izrietēt *v.i.* result
izrietošs *a* consequent
izrotāt *v.t.* adorn
izrotāt *v. t* decorate
izrotāt *v.t.* ornament
izrotāt ar dārgakmeņiem *v.t.* jewel
izruna *n.* pronunciation
izrunāt *v.t.* pronounce
izsalcis *a.* hungry
izsauciens *n* outcry
izsaukt *v.t.* summon
izsedināt vientuļa salā *v.t* maroon
izsekot *v.t.* retrace
izsekot *v.t.* trace
izsekot *v.t.* track
izsekot *v.t.* trail
izsēts *a.* sparse
izsīkt *v* shoal

izsist no sliedēm *v.t.* unsettle
izsitumu tīfs *n.* typhus
izskaidrot *v. t* elucidate
izskaidrot *v. t.* explain
izskatīgs *a.* sightly
izskats *n.* aspect
izšķērdētājs *n.* spendthrift
izšķērdība *n* extravagance
izšķērdība *n.* prodigality
izšķērdīgs *a.* lavish
izšķērdīgs *a.* wasteful
izšķiest *v.t.* lavish
izšķiest *v.t.* squander
izšķirība *n* distinction
izšķirošs *adj.* crucial
izšķirošs *a* decisive
izšķirt šķīrējtiesā *v.t.* arbitrate
izšķīst
  v.t dissolve
izšļākt *v.i.* spout
izšļākties *v.i* flush
izslāpis *a.* thirsty
izslāpis
  adj. athirst
izslēgšana *n* elimination
izslēgšanas pusē *n.* mid-off
izslēgt *v. t.* debar
izslēgt *v. t* exclude
izsludināt *v.t.* advertise
izsmalcinātība *n.* refinement
izsmalcinātība *n.* sophistication
izsmalcinātība *n.* urbanity
izsmalcināts *a.* sophisticated
izsmiekls *n* gibe
izsmiekls *n.* ridicule
izsmiekls *n.* scoff
izsmiekls *n.* scorn
izsmiet *v.i.* gibe
izsmiet *v.i.* mock
izsmiet *v.t.* ridicule
izsmiet *v.t.* satirize
izsmiet *v.t.* taunt

izspiest *v.t.* oust
izspiesties *v.i.* appear
izspiesties *v.t.* penetrate
izspraukties *v.t* thread
izstāde *n.* exhibition
izstāde *n.* show
izstarot *v. i* beam
izstarot *v* emit
izstarot *v.t.* radiate
izstīdzējis *a.* lank
izstiepšanās *n* stretch
izstrādājumi *n.* ware
izstrādāšana *n* manufacture
izstumt *v.t.* banish
izstumtais *n.* outcast
izstumtais *n.* outlaw
izšūšana *n* embroidery
izsūtīt *v. t* exile
izsvītrošana *n* cancellation
iztaisīt caurumu *v.t* hole
iztaisnot *v.t.* straighten
iztaisnot *n* wrick
iztapīgs *a.* subservient
iztecēšana *n.* issue
izteicējs *n.* predicate
izteiksme *n.* expression
izteiksmes *n* diction
izteiksmīgs *a.* expressive
izteikt *v.t.* voice
izteikt *v. t.* express
izteikt *v.t.* phrase
izteikt atzinību *v. t* compliment
izteikt līdzjūtību *v. t* commiser-
  ate
izteikt stingru rājienu *v.t.* rep-
  rimand
izteikums *n.* utterance
iztēle *n.* imagination
iztēloties *v.t.* visualize
iztērēt *v. t* expend
iztika *n.* livelihood
iztīrīšana *n* clearance

iztīrīt *v. t* cleanse
iztukšot *v* empty
iztukšot *v. t.* exhaust
izturams *adj* endurable
izturēšanās *n* conduct
izturēšanās *n.* manner
izturēt *v.t* bear
izturēt *v.t.* undergo
izturēt *v.t.* withstand
izturēt pārbaudi *v.t.* muster
izturēties *v* carry
izturēties nevērīgi *v.t.* neglect
izturēties nicinoši *v.t.* spurn
izturība *n* endurance
izturība *n.* stamina
izturība *n* stay
izturīgs *adj* durable
izturīgs *adj.* hardy
izturīgs *a.* resistant
izturīgs *a.* serviceable
izturīgs *a.* tenable
iztvaikot *v. i* evaporate
iztvaikot *v.t.* vaporize
izurbt *v.t.* pierce
izvadīt *v.t.* purge
izvairīšanās *n.* avoidance
izvairīšanās *n* dodge
izvairīšanās *n* elusion
izvairīšanās *n* evasion
izvairīties *v.t.* avoid
izvairīties *v. t* dodge
izvairīties *v* elude
izvairīties *v. t* evade
izvairīties *v.t.* shirk
izvairīties *v.t.* shun
izvarošana *n.* rape
izvarot *v.t.* rape
izveicīgs *adj.* deft
izveicīgs *a.* nimble
izveidot *v. t* constitute
izveidot *v. t* create

izveidot nepareizu spriedumu
  v.t. misjudge
izvēle *n.* choice
izvēle *n.* option
izvēle *n.* pick
izvēlēties *v. t.* choose
izvēlēties *v.i.* opt
izvēlieties *v.t.* select
izvēlīgs *a* select
izvietot *v.t.* locate
izvietot *v.t.* place
izvietot *v.t.* station
izvilkt *v. t* extract
izvirdums *n* eruption
izvirtība *n.* profligacy
izvirtība
  n debauch
izvirzījums *n.* corbel
izvirzījums *n.* prominence
izvirzīt *v.t.* nominate
**izvirzīt apsūdzību (par likuma
  pārkāpšanu)** *v.t.* indict
izvirzīts *a.* salient
izziņot *v.t.* announce
izzušana *n* disappearance
izzust *v. i* disappear

ja *conj.* if
ja *conj.* where
jā *adv.* yes
ja ne *conj.* only
ja vien *conj.* unless
jahta *n.* yacht
jājamais zirdziņš *n.* hobby-horse
jaka *n.* jacket
jaks *n.* yak
jāņogas *n.* currant

jasmīns *n.* jasmine
jātnieki *n.* cavalry
jau *adv.* already
jauda *n.* output
jauda *n.* power
jauks *a.* lovely
jauks *a.* nice
jauks *a* pretty
jaukta valoda *n.* lingua franca
jauktenis *a* mongrel
jaukties *v.i.* meddle
jaukums *n.* prettiness
jaunākais *n.* junior
jaunāks *a.* junior
jaunāks *a.* minor
jaunatne *n* young
jaunatne *n.* youth
jaunaudze *n.* coppice
jaunava *n.* damsel
jaunava *n.* maiden
Jaunava *n.* virgin
jaunavas *a* virgin
jaunavība *n.* virginity
jaunbagātnieks *n.* upstart
jauneklīgs *a.* juvenile
jauneklīgs *a.* youthful
jauneklis *n.* youngster
jaunība *n.* adolescence
jaunietis *a.* adolescent
jaunkareivis *n.* recruit
jaunkundze *n.* miss
jauns *a.* new
jauns *a.* novel
jauns *a.* young
jauns izdevums *n.* reprint
jauns koks *n.* sapling
jaunumi *n.* news
jaunums *n.* novelty
jautājuma *a.* interrogative
jautājums *n.* matter
jautājums *n.* query
jautājums *n.* question

jautāt *v.t.* ask
jautāt *v.t.* inquire
jautāt *v.t* query
jautrība *n.* frolic
jautrība *n.* fun
jautrība *n.* gaiety
jautrība *n.* hilarity
jautrība *n.* jollity
jautrība *n.* joviality
jautrība *n.* merriment
jautrība *n.* spree
jautrs *a.* cheerful
jautrs *adj.* convivial
jautrs *a.* hilarious
jautrs *a.* jolly
jautrs *a* merry
jautrs *a.* mirthful
jebkura no dažādām tropu
ģintij *n* capsicum
jebkurš *a.* any
jēdziens *n* concept
jēdziens *n.* notion
jēga *n* point
jēga *n.* purport
jēgpilns *a.* meaningful
jēls *a* crude
jena *n.* Yen
jēra gaļa *n.* lamb
jēriņš *n.* lambkin
jo *conj.* as
jo *conj.* for
jokdaris *n.* joker
jokot *v.i.* jest
jokot *v.i.* joke
jokoties *v.i* trifle
joks *n.* jest
joks *n.* joke
joks *n.* pleasantry
jokupēteris *n* wag
joms *n.* nave
joprojām *adv.* still
josla *n.* tract

josta *n* belt
josta *n.* girdle
josta *n.* waistband
jubileja *n.* anniversary
jubileja *n.* jubilee
juceklīgi *adv.* pell-mell
juceklīgs *a.* intricate
juceklīgs *a.* topsy turvy
juceklīgs *a.* tumultuous
juceklis *n.* jumble
juceklis *n.* muddle
juceklis *n.* snarl
juceklis *n.* tangle
juceklis *n* whirl
jūdze *n.* mile
jūgs *n.* yoke
juku jukām *adv* topsy turvy
jumt *v.t.* thatch
jumta klājums *n.* thatch
jumts *n.* roof
Jupiters *n.* jupiter
jūra *n.* sea
jūra *n.* tide
jūras *a.* marine
jūras *a.* maritime
jūras *a.* nautic(al)
jūras *a.* naval
jūras kara flote *n.* navy
jūras zāles *n.* wrack
jūraskraukļu *n.* cormorant
juridiskā adrese *n* domicile
juridisks *a.* legal
jurisdikcija *n.* jurisdiction
jurisprudence *n.* jurisprudence
jurists *n.* jurist
jūrnieks *n.* mariner
jūrnieks *n.* sailor
jūsmas pilns *a.* animate
just līdzi *v. i.* condole
just līdzi *v.i.* sympathize
justies *v.t* feel
jūtas *n.* sentiment

juteklība *n.* sensuality
juteklīgs *a.* sensual
juteklīgs *a.* voluptuous
juteklisks *a.* sensuous
jūtelīgs *a.* ticklish
jutīga vieta *n* quick
jūtīgs *a.* sensitive
jūtīgs *a.* sentient
jūtīgums *n.* sensibility
juvelieris *n.* jeweller

ka *conj.* that
ka *pron.* whose
kā *adv.* as
kā *adv.* how
kā *adv.* what
ka ne *conj.* lest
kā viens, tā otrs *pron* either
kabarejs *n.* cabaret
kabata *n.* pocket
kabata *n.* pouch
kabatas lakatiņš *n.* wipe
kabatas lukturītis *n.* torch
kabatlakats *n.* handkerchief
kabelis *n.* cable
kabīne *n* booth
kabīne *n.* cabin
kad *conj.* as
kad *adv.* when
kad *adv* while
kad vien *adv. conj* whenever
kāda labā *n* behalf
kādā vietā *adv.* whereabouts
kadets *n.* cadet
kadmijs [ķīm.] *n* cadmium
kādreiz *adv* ever
kāds *pron.* one

kāds *a.* some
kāds *pron.* somebody
kāds *pron.* someone
kāds pretrunā ar sevi *n* agonist
kafejnīca *n.* cafe
kafija *n* coffee
kaija *n.* gull
kails *a.* bare
kails *a.* naked
kails *a.* nude
kailums *n.* nudity
kaimiņš *n.* neighbour
kaimiņu *a.* neighbourly
Kains *n* Cain
kairināt *v.t.* irritate
kairinātājs *n.* irritant
kairinošs *a.* irritant
kaisle *n.* zest
kaislīgs *a.* ardent
kaislīgs *a.* passionate
kaislīgs *a.* vehement
kaitēt *v.t* harm
kaitēt *v.t.* malign
kaitēt *v.t.* wrong
kaitīgs *a.* injurious
kaitīgs *a.* noxious
kaitināt *v.t.* annoy
kaitināt *v.t.* nettle
kaitināt *v.t.* vex
kaitnieks *n.* wrecker
kāja *n.* leg
kāja *n* pat
kājām *adv.* afoot
kājas sprādze *n* anklet
kājnieki *n.* infantry
kaķēns *n.* kitten
kaķis *n.* cat
kaklarota *n.* necklace
kaklarota *n.* necklet
kaklasaite *n* tie
kaklauts *n.* muffler
kakls *n.* neck

kakts *n.* nook
kaktuss *n.* cactus
kaļams *a.* malleable
kalcijs [ķīm.] *n* calcium
kalējs *n* blacksmith
kalendārs *n.* calendar
kaligrāfija *n* calligraphy
kālijs *n.* potassium
kaļķis *n.* lime
kaļķot *v.t* lime
kalkulators *n* calculator
kalkulēt *v. t.* calculate
kalna virsotne *n.* alp
kalnains *a.* mountainous
kalnietis *n.* mountaineer
kalns *n.* hill
kalns *n.* mount
kalns *n.* mountain
kalorija *n.* calorie
kalpone *n.* maid
kalpot *v.i.* minister
kalpot *v.t.* serve
kalpotājs *n.* warden
kalps *n.* knave
kalps *n* menial
kalps *n.* servant
kalsns *a.* meagre
kalt *v.t.* mint
kaltēt *v.t.* parch
kalts *n* chisel
kam nav centra *adj* acentric
kamer *n.* cell
kamēr *n. conj.* till
kamēr *adv* while
kamielis *n.* camel
kamīns *n.* mantel
kamols *n.* clew
kampaņa *n.* campaign
kampars *n.* camphor
kanalizācija *n.* sewerage
kanalizācijas caurule *n* sewer
kanāls *n.* canal

kanāls *n* channel
kancele *n* pulpit
kancelejisks *a* clerical
kanclers *n.* chancellor
kandidāts *n.* applicant
kandidāts *n.* aspirant
kandidāts *n* nominee
kandidāts *n.* candidate
kanēlis *n* cinnamon
kaņepes *n.* hemp
kanibāls *n.* androphagi
kanna *n.* can
kanonāde *n. v. & t* cannonade
kanons *n* canon
kantons *n* canton
kapacitāte *n.* capacity
kapāt *v.t.* hack
kāpēc *adv.* why
kapela *n.* chapel
kapenes *n.* sepulchre
kapitālists *n.* capitalist
kapitāls *n.* capital
kapitulēt *v. t* capitulate
kapliča morgs *n.* mortuary
kaplis *n.* mattock
kāpnes *n.* ladder
kāposti *n.* cabbage
kaprīze *n.* caprice
kaprīze *n.* whim
kaprīzs *a.* capricious
kaprīzs *a.* moody
kaprīzs *a.* wanton
kaps *n.* grave
kaps *n* mould
kaps *n.* tomb
kapsēta *n.* cemetery
kapsēta *n.* churchyard
kapsēta *n.* necropolis
kāpslis *n.* stirrup
kapsulārā *adj* capsular
kāpt *v.i* climb
kapteiņa pakāpe *n.* captaincy

kapteinis *n.* captain
kapteinis *n.* skipper
kapuce *n.* hood
kāpurs *n* caterpillar
kara *a.* warlike
kara darbības izbeigšana *n.*
armistice
kara viltība *n.* stratagem
karagājiens *n* crusade
karaļa *a.* royal
karaliene *n.* queen
karalis *n.* king
karalisks *a.* princely
karalisks *a.* regal
karaļvalsts *n.* kingdom
karaspēks *n* military
karastāvoklis *n* belligerency
karātavas *n.* gallows
karāts *n.* carat
karavāna *n.* caravan
karavīrs *n.* soldier
kārba *n* box
karbīds [ķīm.] *n.* carbide
kardamons *n.* cardamom
kārdinājums *n.* lure
kārdinājums *n.* temptation
kardināls *a.* cardinal
kardināls *n.* cardinal
kārdināt *v.t.* lure
kārdināt *v.t.* tempt
kārdinātājs *n.* tempter
kāre *n.* greed
kareivīgs *a* bellicose
kareivīgs *a.* martial
kareivīgs *a.* militant
kareivīgs cilvēks *n* militant
kareivis *n.* warrior
karikatūra *n.* caricature
karikatūra *n.* cartoon
kariozs [med.] *adj* carious
karjera *n.* career
karjers *n.* quarry

karnevāls *n* carnival
karogs *n*. banner
karogs *n* flag
karojošā puse *a* belligerent
karojošs *n* belligerent
karojošs *a* desirous
karojošs *a*. wishful
karot *v.i.* militate
karot *v.i.* war
karote *n.* spoon
karš *n.* war
karš *n.* warfare
kārs *adj* avidity
kārst *v* card
karsts *a.* hot
kāršu spēlmanis *n.* gambler
kārta *n* coating
kārta *n.* layer
kārta *n* turn
kārtas *adj.* consecutive
kārtas *a.* successive
karte *n* map
kārtīgs *a.* orderly
kārtīgs *a.* tidy
kartīte *n.* card
kartona ietvars *n* mount
kartona kārba *n* carton
kartons *n.* cardboard
kārts *n* pole
kartupeļi *n.* potato
karuselis *n.* whirligig
kas *rel. pron.* that
kas *pron.* what
kas *a* which
kas *pron.* who
kas apzinās *a* conscious
kas attiecas ģenētiskāi mutācijai *a.* mutative
kas notiek divreiz *pref* bi
kas sastāv no dermās un epidermas *n.* cutis
kas tic deismā *n.* deist

kas vilcinās *a.* hesitant
kas zina *a.* aware
kasete *n.* cassette
kasetne *n.* cartridge
kasieris *n.* cashier
kasieris *n.* treasurer
kaskāde *n.* cascade
kašķis *n.* scabies
kāst *v.t.* leach
kasta *n* caste
kastaņbrūna krāsa *n.* maroon
kastanis *n.* chestnut
kastīte *n.* cabinet
kastrēts vērsis *n* bullock
katalogs *n.* catalogue
katarakta *n.* cataract
katedrāle *n.* cathedral
katedrāle *n.* minster
kategorija *n.* category
kategoriski noraidīt *v.t.* rebuff
kategorisks *a.* categorical
katls *n* boiler
katolis *n* catholic
katoļu *a.* catholic
katrs *a.* a
katrs *pron.* each
katru dienu *n.* daily
katru gadu *adv.* yearly
katru nedēļu *adv.* weekly
kāts *n.* stall
kāts *n.* stem
kaudze *n.* heap
kaudze *n.* pile
kaudzē *adv* aheap
kauja *n* battle
kaujas *a.* combatant
kaujas rati *n* chariot
kaujinieks *n* combatant1
kaulēties *v.t.* bargain
kaulēties *v.i.* haggle
kauls *n.* bone
kaunināt *v.t.* shame

kauns *n.* infamy
kauns *n.* shame
kausēt *v.i.* melt
kausēt *v.t.* smelt
kausēts *a.* molten
kauslīgs *a.* rowdy
kauss *n* beaker
kauss *n* bowl
kauss *n.* cup
kauss *n.* goblet
kauss *n.* ladle
kaut cik *adv.* any
kaut gan *conj.* albeit
kaut gan *conj.* although
kaut gan *conj.* notwithstanding
kaut kā *adv.* anyhow
kaut kā *adv.* somehow
kaut kas *n.* aught
kaut kas *pron.* something
kaut kas līdzīgs *n.* like
kaut kas pirmšķirīgs *n* first
kaut kur *adv.* somewhere
kauties *v.i.* tussle
kautiņš *n* brawl
kautiņš *n.* row
kautiņš *n* scramble
kautiņš *n.* tussle
kautrība *n.* timidity
kautrīgs *a.* bashful
kautrīgs *a* shy
kautrīgs *a.* timid
kautrs *a.* timorous
kavalieris *n* chevalier
kavējošs *a.* obstructive
kaverna *n.* cavern
kavēšana *n.* retardation
kavēt *v.t.* hinder
kavēt *v.t.* impede
kavēt *v.t.* obstruct
kavēt *v.t.* retard
kavēt *v.t.* thwart
kavēt augšanu *v.t.* stunt

kavētājs (darba) *n.* shirker
kavēties *v.i.* linger
kaza *n.* goat
kažokāda *n.* fur
kāzu *a.* nuptial
ķeburaini rakstīt *v.t.* scribble
ķeburs *n* scrawl
ķeburs *n.* scribble
ķeceris *n.* miscreant
kečups *n.* ketchup
ķēde *n* chain
ķeizars *n* emperor
ķekars *n* bunch
ķemmdzija *n.* worsted
ķemme *n* comb
ķēmošanās *n* antic
ķēmoties pakaļ *v.t.* ape
ķengāt *v.t.* vilify
ķepa *n.* paw
keramika *n* ceramics
keramika *n.* pottery
ķērkšana *n.* caw
ķērkt *v. i.* caw
ķermeņa *n* body
ķermeņa uzbūve *n.* physique
ķeršana *n.* catch
ķert *v. t.* catch
ķēve *n.* mare
ķieģelis *n* brick
ķiķināt *v.i.* giggle
ķīla *n* earnest
ķīla *n.* pledge
ķilda *n.* quarrel
ķildīga sieviete *n.* vixen
ķildīgs *a.* quarrelsome
ķildoties *v. t* bicker
ķildoties *v. t* brangle
ķildoties *v.i.* brawl
ķīlis *n.* wedge
ķīlnieks *n.* hostage
ķīļūdens *n* wake
ķīmija *n.* chemistry

ķimikālijas *n.* chemical
ķīmiķis *n.* chemist
ķīmisko *a.* chemical
Ķīna *n.* China
kino *n.* cinema
kino *n.* movies
kinofilmu projektors *n* bioscope
kipa *n* coif
ķiploki *n.* garlic
ķirbis *n.* gourd
ķirbis *n.* pumpkin
ķircināšanās *n.* banter
ķircināt *v.t.* banter
ķircināt *v.t.* tease
ķirurģija *n.* surgery
ķirurgs *n.* surgeon
ķirzaka *n.* lizard
ķivere *n.* helmet
kivetē *n.* cuvette
kladzināt *v. i* cackle
klaidonis *n.* nomad
klaidonis *n.* straggler
klaidonis *n.* vagabond
klaigas *n* clamour
klaigāšana *n.* mew
klaigāt *v. i.* clamour
klaips *n.* loaf
klājs *n* deck
klase *n* class
klasificēt *v. t* classify
klasificēt *v.t.* range
klasifikācija *n* classification
klasiķis *n* classic
klasisks *a* classic
klasisks *a* classical
klātbūtne *n.* presence
klātesošs *a.* present
klaudziens *n.* bang
klauns *n* clown
klausītājs *n.* listener
klausīties *v.i.* listen
klauvēt *v.t.* knock

klauzula *n* clause
klavieres *n.* piano
kleita *n* dress
kleita *n.* frock
kleita *n.* gown
klejotājs *n.* rover
klejotājs *n* vagabond
klepot *v. i.* cough
klepus *n.* cough
klibs *a.* lame
kliedziens *n.* hoot
kliegt *v.i.* shout
kliegt *v.i.* yell
klients *n..* client
klients *n* customer
klimaktērijs *n.* menopause
klimats *n.* climate
kliņģerīte *n.* marigold
klīnika *n.* clinic
klints *n.* cliff
klints *n.* rock
klīrīga sieviete *n.* prude
klīst *v.t* ambulate
klīst *v.i.* roam
klīst *v.i.* rove
klīst *v.i.* wander
klosteris *n.* abbey
klosteris *n.* cloister
klosteris *n* convent
klosteris *n.* monastery
klubs *n* club
klucis *n* block
kļūda *n* error
kļūda *n* lapse
kļūda *n.* mistake
kļūdains *a* erroneous
kļūdains *a* faulty
kļūdīties *v.t.* mistake
kļūmīgs stāvoklis *n* fix
klusējošs *a.* mum
klusēt *v.t.* silence
klusināt *v.t.* subdue

klusinātājs *n.* silencer
kluss *adj* calm
kluss *a.* quiet
kluss *a.* silent
kluss *a.* still
klusu! *interj* mum
klusums *n* hush
klusums *n.* quiet
klusums *n.* silence
klusums *n.* still
klusums *n.* stillness
kļūt melnam *v. t.* blacken
kļūt par atraitni *v.t.* widow
kļūt smailam *v.i.* taper
knābiens *n.* peck
knābis *n* beak
knābt *v.i.* peck
kņada *n* babel
kņada *n.* hubbub
kņada *n.* uproar
knaibles *n. pl.* tongs
knauķis *n.* chit
knibināt *v.t.* nibble
kniebt *v.t* nip
kniede *n.* rivet
kniedēt *v.t.* rivet
ko *pron.* what
koalīcija *n* coalition
kobalts *n* cobalt
kobra *n* cobra
kode *n.* moth
kodiens *n* bite
kodīgs *a.* caustic
kodīgs *adj.* corrosive
kodīgs *a.* poignant
kodīgs *a.* pungent
kodola *a.* nuclear
kodolīgs *a.* terse
kodols *n.* core
kodols *n.* kernel
kodols *n.* nucleus
kods *n* code

koeficients *n.* coefficient
koeficients *n.* quotient
koeksistēt *v. i* coexist
koka *a.* wooden
koka kājas *n.* stilts
kokaīns *n* cocaine
koķetēt *v.t.* ogle
kokmateriāli *n.* timber
kokosrieksts *n* coconut
kokosšķiedras *n* coir
koks *n.* tree
koks *n.* wood
koksēt *v. t* coke
kokvilna *n.* cotton
kokvilnas audums *n.* jean
kolba *n* flask
koledža *n* college
kolēģis *n* colleague
kolektīvo *a* collective
kolektors *n* collector
kolonija *n* colony
koloniju *a* colonial
kolonists *n.* settler
kolportieris *n* hawker
kols *n* colon
koma *n.* coma
komanda *n* command
komanda *n.* squad
komanda *n.* team
komandants *n* commandant
komandēt *v. t* command
komandieris *n* commander
komats *n* comma
kombinācija *n* combination
komēdija *n.* comedy
komentāri *n* comment
komentārs *n* commentary
komentators *n* commentator
komentēt *v. i* comment
komēta *n* comet
komforta *n.* comfort1
komiķis *n.* comedian

233

komiķis *n* comic
komisārs *n.* commissioner
komisijas maksa *n.* commission
komisionārs *n* broker
komisks *a* comic
komiteja *n* committee
kompakts *a.* compact
kompanjons *n.* associate
kompensācija *n.pl.* amends
kompensācija *n* compensation
kompensācija *n* offset
kompensācija *n.* recompense
kompensēt *v.t* compensate
kompensēt *v.t.* recompense
kompetence *n* competence
kompetents *a.* competent
kompetents *adj.* conversant
komplekss *n* complex
komplekts *n.* kit
komplekts *n.* pack
komplekts *n* set
komplekts *n.* suite
komplikācija *n.* complication
kompliments *n.* compliment
komposts *n* compost
kompromiss *n* compromise
kompromitēt *v. t* compromise
komūna *v. t* commune
komunikācijas *n.* communication
Komunikē *n.* communiqué
komunisms *n* communism
koncentrācijas *n.* concentration
koncentrāts *v. t* concentrate
koncentrēt *v.t* focus
koncepcija *n* conception
koncerts *n.* concert
koncesija *n* concession
kondensēt *v. t* condense
konditorejas izstrādājumi *n* confectionery
konditors *n* confectioner
konfekte *n.* lollipop

konfekte *n* sweet
konfektes *n.* candy
konference *n* conference
konfidenciāls *a.* confidential
konfiscēt *v. t* confiscate
konfiscēt *v.t.* seize
konfiskācija *n* confiscation
konfiskācija *n* forfeit
konflikts *n.* conflict
konfrontācija *n.* confrontation
konģeniāls *a* congenial
kongress *n* congress
konjunktīva *n.* conjunctiva
konjunktūra *n.* conjuncture
konkubīne *n* concubine
konkurējošs *a* competitive
konkurence *n.* competition
konkurents *n.* rival
konkurēt *v. i* compete
konkurss *v. t* contest
konsekventu *a* consistent
konservatīvs *a* conservative
konservats *n* conservative
konservējošs *a.* preservative
konservējošs līdzeklis *n.* preservative
konservi *n.* preserve
konsistence *n.* consistence,-cy
konsolidācijas *n* consolidation
konspekts *n.* conspectus
konspekts *n.* precis
konspekts *n.* synopsis
konspirators *n.* conspirator
konspirēt *v. i.* conspire
konstante *a* constant
konstatēt *v.t.* ascertain
konstatēt *v.t* state
konstelācijas *n.* asterism
konstitūcija *n* constitution
konstruēt *v. t.* design
konsultācijas *n* consultation
konsultants *n.* counsellor

konsultēties v. t consult
kontaktdakša n. plug
konteksts n context
kontinents n continent
kontrabandists n. smuggler
kontracepcija n. contraception
kontrasts n contrast
kontrole n control
kontrolējams a. manageable
kontrolēt v. t control
kontrolieris n. controller
kontūra n. outline
kontūra apveids n contour
kontuzēt v.t. contuse
konuss n. cone
konvencija n. convention
konvertēt v. t convert
kooperatīvs a co-operative
koordinācija n co-ordination
koordinātu punkts n. locus
koordinēt v. t co-ordinate
kopā adv. altogether
kopā adv. together
kopapmācība n. co-education
kopējo a. common
kopēt v. t copy
kopiena n. community
kopīgi adv. jointly
kopija n copy
kopoties v.t. & i. conjugate
kopoties v.i. copulate
kopš prep. since
kopš conj. since
kopš tā laika adv. since
kopsavilkums n brief
kopsavilkums n. resume
kopsavilkums n. summary
kopsumma n. total
kopt v.t groom
kopums n. totality
kopums n whole
korallis n coral

koraļļu sala n. atoll
korelācija n. correlation
korespondence n. correspondence
korespondents n. correspondent
koriandrs n. coriander
koridors n. corridor
koris n choir
koris n. chorus
korķis n. cork
kornets n. cornet
korporācija n corporation
korpuss n corps
korupcija n. corruption
košļāt v. t chew
košļāt v.t. masticate
kosmētikas a. cosmetic
kosmētisks līdzeklis n. cosmetic
kosmisks adj. cosmic
kosmonauts n. astronaut
kosmoss n. universe
kostīms n. costume
kotedža n cottage
krabis n crab
krāciens n snore
krājums n. digest
krājums n. stock
krakšķēt v. i crack
krākt v.i. snore
krampjains a fitful
krampjains a. spasmodic
krampji n. seizure
krampji n. spasm
kramplauzis n burglar
krāns n. tap
krāpniecisks a. fraudulent
krāpnieks n. sharper
krāpnieks n. trickster
krāpšana n. cheat
krāpšana n deceit
krāpšana n. fraud
krāpšana n. swindle

krāpt *v. t.* cheat
krāpt *v. t.* bilk
krāsa *n.* paint
krāsns *n.* furnace
krāsns *n.* oven
krāšņs *a.* gorgeous
krāšņs *a.* luxuriant
krāšņums *a.* richness
krāšņums *n.* splendour
krāsot *v* dye
krāsot *v.t.* paint
krāsot ar šablonu *v.i.* stencil
krastā *adv.* ashore
krasta bangu šļaksti *n.* rote
krastmala *v. t* embankment
krasts *n.* bank
krasts *n.* shore
krasts *n* strand
krāsu *n* colour
krāsviela *n* dye
kratīklis *n.* grate
kratīt *v.t.* jolt
kratīt *v.i.* shake
krātuve *n.* repository
kraujas mala *n.* brink
krauķis *n.* rook
krauklis *n.* raven
kraukšķīgs *a* crisp
krava *n.* cargo
krava *n.* freight
kravas automašīna *n.* lorry
kravas automašīna *n.* truck
kravāt *v.t.* stow
kreditors *n* creditor
kredīts *n* credit
kreisā puse *n.* left
kreisais *a.* left
kreisās partijas biedrs *n* leftist
kreiseris *n* cruiser
kreisēt *v.i.* cruise
krējums *n* cream
krekls *n* chemise

krekls *n.* shirt
kremācija *n* cremation
kremēt *v. t* cremate
krēpas *n.* sputum
krēpes *n.* mane
krēsl *n.* chair
krēsla *n* duskiness
krēsla *n* twilight
Krēzs *n.* croesus
kricelēt *v.t.* scrawl
krikets *n* cricket
krimināls *a* criminal
kriptogrāfija *n.* cryptography
krišana *n* downfall
krišana *n* fall
krist *v.i.* fall
kristāls *n* crystal
kristības *n.* baptism
kristies *a.* neap
Kristietība *n.* Christianity
Kristietis *n* Christian
Kristīgā pasaule *n.* Christendom
kristīgs *a.* Christian
kristīt +*v.t.* baptize
Kristus *n.* Christ
kritērijs *n* criterion
kritika *n* criticism
kritiķis *n* critic
kritisks *a* critical
kritisks stāvoklis *n* emergency
kritizēt *v. t* criticize
krīze *n* crisis
krodziņš *n.* tavern
krogs *n.* inn
krokodils *n* crocodile
kronēšana *n* coronation
kronēt *v. t* crown
kronis *n* crown
kroplīgs *a.* monstrous
kroplis *n* cripple
kroplot *v.t.* mutilate
krūka *n.* pitcher

kruķis *n* crutch
krūms *n* bush
krūms *n.* shrub
krunka *n* crease
krupis *n.* toad
krusa *n.* hail
krustnagliņa *n* clove
krustojums *n.* junction
krustošanās *n.* intersection
krustot *v.t.* intersect
krusts *n* cross
krūtis *n* bosom
krūtis *n* breast
krūtis *n* chest
krūts- *a.* mammary
krūze *n.* jug
krūze *n.* mug
kserokss *n.* xerox
ksilofons *n.* xylophone
kubisks *a* cubical
kubls *n.* tub
kubriks *n.* cock-pit
kubs *n* cube
kubveidīgs *adj.* cubiform
kuce *n* bitch
kucēns *n.* puppy
kucēns *n.* whelp
kučieris *n* coachman
kučieris *n.* whip
kūdīšana *n.* abetment
kūdīt *v.t.* abet
kūdīt *v.t.* incite
kūdīt *v.t.* instigate
kūdra *n.* turf
kuģa krava *n.* shipment
kuģis *n.* ship
kuģis *n.* vessel
kuģojams *a.* navigable
kuģot *v.i.* navigate
kuģot *v.i.* voyage
kuilis *n* boar
kūka *n.* cake

kukaiņi-parazīti *n* blight
kukainis *n.* insect
kukulis *n* bribe
kukurūza *n* corn
kukurūza *n.* maize
kule *n.* poke
kūlējs *n.* thresher
kūlenis *n.* somersault
kūleņošana *n.* tumble
kūleņot *v.i.* somersault
kūlijs *n* coolie
kulminācijas punkts *n.* climax
kulminēt *v.i.* culminate
kult *v.t.* thresh
kults *n* cult
kultūra *n* culture
kultūras *a* cultural
kumēdiņu rādītājs *n.* mummer
kumoss *n.* morsel
kumoss *n.* mouthful
kundze *n.* lady
kundze *interj* missis, missus
kundzisks *a.* lordly
kuņģa *a.* gastric
kuņģa bedre Epigastrium
   [med.] *n* anticardium
kuņģis *n* belly
kuņģis *n.* stomach
kungs *n.* lord
kungs *n.* sir
kūpēt *v.i.* steam
Kupidons *n* Cupid
kupleja *n.* couplet
kupls *a.* leafy
kupols *n* dome
kupons *n.* coupon
kupons *n.* voucher
kur *adv.* where
kur *adv.* wherein
kur *conj* wherever
kuram *pron.* whom
kurināt *v.t.* stoke

kurinātājs *n.* stoker
kurjers *n.* courier
kurkstēšana *n.* croak
kurkuma *n.* turmeric
Kurkumu *n.* curcuma
kurls *a* deaf
kurnēt *v.i.* grumble
kurnēt *v.t.* mob
kurpe *n.* shoe
kurpnieks *n* cobbler
kurš *pron.* which
kursīvs *n.* italics
kurss *n.* course
kurtizāne *n.* courtesan
kurts *n.* greyhound
kuškis *n.* wisp
kustama manta *n.* movables
kustība *n.* motion
kustībā *adv.* astir
kustības- *a* motor
kustīgs *a* mobile
kustīgums *n.* mobility
kutināt *v.t.* tickle
kūts *n* byre
kūts *n.* cote
kvadrāts *n.* quadrangle
kvadrātveida *a* square
kvalificēt *v.i.* qualify
kvalifikācija *n.* qualification
kvalitāte *n.* quality
kvalitatīvs *a.* qualitative
kvantitatīvs *a.* quantitative
kvēle *n.* verve
kvēlot *v.i.* glow
kvēpināt vīraku *v.t.* incense
kvēpināt vīraku *v. t* cense
kvernēt *v.i.* dawdle
kviekt *v.i.* squeak
kvieši *n.* wheat
kvintesence *n.* quintessence
kvorums *n.* quorum
kvota *n.* quota

L

labais *a.* right
labāk *adv.* better
labāks *a* better
labas zināšanas *n.* forte
labdarība *n.* benefaction
labdarība *n* benefit
labdarība *n* boon
labdarība *n.* charity
labi *a.* good
labi *adv.* well
labības augi *n.* cereal
labirints *n.* labyrinth
labirints *n.* maze
labklājība *n.* prosperity
labklājība *n.* weal
labklājība *n.* welfare
labojams *a.* raparable
labojums *n* correction
laboratorija *n.* laboratory
labošana *n.* amendment
labošana *n.* rectification
labošanās *n.* reformatory
labošanās *a* reformatory
labot *v.t.* amend
labot *v. t* correct
labot *v.i.* rectify
labprāt *adv.* readily
labprātīgs *a.* willing
labs *adj* benign
labs *a.* well
labs mērķī šāvējs *n.* marksman
labsirdība *n.* goodness
labums *n* good
labvēlība *n* benevolence
labvēlība *n* favour1
labvēlība *n.* goodwill
labvēlīgi *adv* benignly
labvēlīgs *adj.* amicable

labvēlīgs *a* beneficial
labvēlīgs *a* benevolent
labvēlīgs *a* favourable
lācis *n* bear
lāde *n* ark
lādiņš *n.* charge
lagūna *n.* lagoon
lai gan *conj.* though
lai kas *pron.* whatever
lai kas *pron.* whoever
lai kurš *pron* whichever
laicīgs *a.* lay
laicīgs *a.* temporal
laidelēšanās *n* flutter
laikā *prep* during
laika par laikam *adv.* occasion-
ally
laikmetīgums *n.* modernity
laikmets *n* epoch
laikmets *n* era
laiks *n.* tense
laiks *n.* time
laiks *n* weather
laiku pa laikam notiekošs *a.*
occasional
laime *n* felicity
laime *n.* fortune
laime *n.* happiness
laime *n.* luck
laimes gadījums *n.* godsend
laimīgs *a.* fortunate
laimīgs *a.* happy
laimīgs *a.* lucky
laimīgs *a.* providential
laims *n* lime
laipni *adv.* kindly
laipnība *n.* amiability
laipns *a.* affable
laipns *a.* amiable
laipns *a* kind
laiski kustēties *v.t.* maunder
laisks *a.* indolent

laist asnus *v.i.* sprout
laist cauri *v.i.* leak
laist saknes *v.i.* root
laiva *n* boat
laizīšana *n* lick
laizīt *v.t.* lick
lajs *n.* layman
laka *n.* varnish
lakats *n.* kerchief
lakonisks *a* curt
lakonisks *a.* laconic
lakstīgala *n.* nightingale
lakta *n.* anvil
lakta *n.* roost
laktāts *v.i.* lactate
laktoze *n.* lactose
lalināšana *n.* babble
lalināt *v.i.* babble
lama *n.* lama
lamas *n.* invective
lamāt *v.t.* scold
lamatas *n.* snare
lamatas *n.* trap
lampa *n.* lamp
lancete *a.* lancet
lapa *n.* leaf
lapa *n.* sheet
lapas *n* foliage
lapene *n* bower
lāpīt *v.t.* patch
lāpīt *v.t.* piece
lappuse *n.* page
lapsa *n.* fox
lapsene *n.* wasp
lāpsta *n.* shovel
lāpsta *n.* spade
lasīt *v.t.* pick
lasīt *v.t.* read
lasīt (teikt) sprediķi *v.i.* sermon-
ize
lasīt lekciju *v* lecture

lasīt un rakstīt prašana *n.* literacy
lasītājs *n.* reader
lāsteka *n.* icicle
lāsts *n* curse
lāsts *n* last
lāsts *n.* malediction
lata *n.* lath
latents *a.* latent
laterna *n.* lantern
laucinieks *n* rustic
lauka *a.* rural
laukakmens *n* boulder
lauks *n* field
lauksaimniecība *n.* agronomy
lauksaimniecība *n* agriculture
lauksaimniecības *a* agricultural
lauksaimnieks *n* farmer
laukstrādnieks *n.* peon
laukums *n.* square
laulāts draugs *n.* spouse
laulība *n.* marriage
laulība *n.* matrimony
laulība *n.* wedlock
laulības *a* conjugal
laulības *a.* marital
laulības *a.* matrimonial
laulības *n.* nuptials
laulības *a* spousal
laulības *n.* wedding
laulības pārkāpšana *n.* adultery
laulības pretinieks *n* agamist
ļauna nojauta *n.* misgiving
ļaundabīgs *a* malign
ļaundabīgs *a.* malignant
ļaundabīgums *n.* malignancy
ļaundabīgums *n.* malignity
ļaundaris *n.* malefactor
ļaunprātība *n.* malice
ļaunprātība *n.* perversity

ļaunprātīga dedzināšana *n* arson
ļaunprātīga izlietošana *n* abuse
ļaunprātīgs *a.* malicious
ļauns *n* animus
ļauns *a* evil
ļauns *a.* maleficent
ļauns *a.* mischievous
ļauns *a.* vicious
ļaunums *n* evil
ļaunums *n.* harm
ļaunums *n* mischief
laupījums *n* booty
laupījums *n.* loot
laupījums *n* spoil
laupīšana *n* plunder
laupīšana *n.* robbery
laupīt *v.t.* denude
laupīt *v.i.* loot
laupīt *v.t* pirate
laupītājs *n.* robber
laureāts *n* laureate
lauri *n.* bay
lauru koks *n.* laurel
ļaut *v.t.* let
Lauva *n.* Leo
lauva *n* lion
lauvas *a* leonine
lauvene *n.* lioness
laužņi *n* curb
lauzt *v.t* fracture
lava *n.* lava
lavanda *n.* lavender
lēca *n.* lentil
lēciens *n.* jump
lēciens *n* leap
lēciens *n.* vault
ledains *a.* frigid
ledains *a.* icy
ledājs *n.* glacier
ledus *n.* ice
ledusskapis *n.* fridge
ledusskapis *n.* refrigerator

legalizēt *v.t.* legalize
leģenda *n.* legend
leģendārs *a.* legendary
leghornas vista *n.* leghorn
leģionārs *n.* legionary
leģions *n.* legion
leitnants *n.* lieutenant
lejā *adv.* underneath
lejup pa *prep* down
lejupejošs *a* downward
lēkāt *v.i* scamper
lekcija *n.* lecture
lēkme *n* fit
leksikogrāfija *n.* lexicography
leksikons *n.* lexicon
lēkt *v.i* jump
lēkt *v.i.* leap
lelle *n* doll
lempis *n* boor
lēmums *n* decision
lēmums *n.* ruling
lēnām *adv.* slowly
ļengans *a.* slack
ļenganums *n.* laxity
lēni *adv.* leisurely
lēni skriet *v.t.* jog
lēni vilkties *v.i.* plod
leņķis *n.* angle
lēnprātīgs *a.* meek
lēns *a* slow
lente *n.* band
lente *n.* ribbon
lente *n.* tape
leopards *n.* leopard
lepns *a.* haughty
lepns *a.* proud
lepnums *n.* pride
lepra *n.* leprosy
lepras slimnieks *n.* leper
leprozs [med] *a.* leprous
letarģija *n.* lethargy
letarģisks *a.* lethargic

lēts *a* cheap
lēts *a.* inexpensive
lētticība *adj.* credulity
liberālisms *n.* liberalism
licence *n.* licence
līcis *n* bay
līcis *n.* gulf
līdejs *n* sneak
līderis *n.* leader
lidmašīna *n.* aeroplane
lidmašīna *n.* aircraft
lidojums *n* flight
lidot *v.i* fly
lidot patstāvīgi *v* solo
līdz *prep.* pending
līdz *prep.* till
līdz *prep.* until
līdz šim laikam *adv.* hitherto
līdzāspastāvēšana *n* coexistence
līdzdalība *n.* participation
līdzdalībnieks *n* accomplice
līdzeklis *n.* leverage
līdzeklis *n* means
līdzeklis *n.* remedy
līdzeklis pret insektiem *n.* insecticide
līdzens *a* level
līdzens *a.* plain
līdzenums *n.* plain
līdzība *n* affinity
līdzība *n.* likeness
līdzība *n.* resemblance
līdzība *n.* semblance
līdzība *n.* similarity
līdzības *n.* similitude
līdzīgi *adv* alike
līdzīgs *a.* alike
līdzīgs *a.* like
līdzīgs *a.* similar
līdzināties *v.i* amount
līdzināties *v.t.* resemble
līdzinieks *n* equal

līdzīpašnieks *n* co-partner
līdzjūtība *n* compassion
līdzjūtība *n* condolence
līdzjūtība *n*. sympathy
līdzskanis *n*. consonant
līdzsvarot *v.t.* balance
līdzsvarot spēkus *v.t.* handicap
līdzsvars *n*. balance
līdzvērtīgs *a* equivalent
līdzvērtīgs *a*. tantamount
līdzzinātājs *n* confidant
liecība *n*. testimony
liecība [jur.] *n*. allegation
liecināt *v.t.* allege
liecināt *v.t.* attest
liecināt *v.t.* purport
liecināt *v.i.* testify
liecināt *v.i.* witness
liecinieks *n*. deponent
liecinieks *n*. witness
lieks *a*. redundant
lieks *a*. superabundant
lieks *a*. superfluous
lieks *a*. waste
liekt *v. t* bend
liekties *v. t* bow
liekties *v.i.* lean
liekulība *n*. hypocrisy
liekulīgs *a*. hypocritical
liekulis *n*. hypocrite
liela izmēra *a* bulky
liela izmēra- *a*. outsize
liela savrupmāja *n*. mansion
lielā skatā *a*. numerous
lieldienas *a* easter
lielgabals *n*. cannon
lielībnieks *n* bouncer
lielībnieks *n* bully
lielīšanās *n* brag
lielisks *a*. excellent
lielisks *a*. magnificent
lielisks *a*. nonpareil

lielisks *a*. splendid
lielisks *a*. superb
lielīt *v. t* commend
lielīties *v.i* boast
lielīties *v. i* brag
liellaiva *n*. barge
liellopi *n*. cattle
liellopu gaļa *n* beef
lielos apmēros *adv.* wholesale
liels *a* big
liels *a*. grand
liels *a* great
liels daudzums *n*. multitude
liels daudzums *n* shoal
liels vilnis *n* billow
liesa *n*. spleen
liešana *n* casting
liesma *n* blaze
liesma *n* flame
liesmās *adv.* aglow
liesmojošs *adv.* ablaze
liesmot *v.i* flame
liesmot *v.i* flare
liesums *n*. lean
lieta *n*. affair
lieta *n* file
lieta *n*. thing
lietains *a*. rainy
lietderība *n*. utility
lietošana *n*. usage
lietošana *n*. use
lietot kalambūrus *v.i.* pun
lietots *a*. worn
lietpratējs *n*. adept
lietpratīgs *a*. adept
lietus *n* rain
lietus gāze *n* downpour
lietusmētelis *n* waterproof
lietussargs *n*. umbrella
lietuve *n*. foundry
lietvārds *n*. noun
lievenis *n*. porch

lifts *n.* lift

līga *n.* league

līgava *n* bride

līgavainis *n.* groom

līgavainis *n.* bridegroom

lignīts *n.* lignite

līgums *n* contract

līgums *n.* pact

līgums *n.* treaty

ligzda *n.* nest

ligzda *n.* socket

līķis *n* corpse

līkloču *a.* zigzag

likme *n.* rate

līkne *n* curve

līksme *n.* mirth

līksmība *n.* glee

līksms *adj* alacrious

liksta *n.* affliction

likt *v.t* bid

likt *v.t.* lay

likt *v.t.* put

likt jūgā *v.t.* yoke

likt manīt *v.t.* insinuate

likt punktu *v. t* dot

likt silē *v.t.* rack

likt sliedes *v.t.* rail

likt uz spilvena *v.t.* pillow

liktenīgs *a.* weird

liktenis *n* destiny

liktenis *n* doom

liktenis *n* fate

liktenis *n* lot

liktenis *n.* providence

līķu nestuves *n* bier

likuma pārkāpšana *n* breach

līkumains *adj* anfractuous

līkumains *a.* sinuous

likumdevēja vara *n.* legislature

Likumdevējs *n.* legislator

likumdošana *n.* legislation

likumdošanas *a.* legislative

likumība *n.* legality

likumība *n.* legitimacy

likumīgs *a.* lawful

likumīgs *a.* legitimate

līkumots *a.* tortuous

likumpārkāpējs *n.* offender

likumprojekts *n* bill

likums *n.* law

līkums *n* bend

līkums *n* wriggle

likvidācija *n.* liquidation

likvidēšana *v* abolition

likvidēšana *n* disposal

likvidēt *v.t.* abolish

likvidēt *v* eliminate

likvidēt *v.t.* liquidate

likvidēt *v.t.* undo

lilija *n.* lily

liliputs *n.* midget

līme *n.* glue

līmenis *n.* level

līmēt *v.t.* paste

limitēt *v.t.* limit

limonāde *n.* lemonade

līņāt *v. i* drizzle

linčot *v.t.* lynch

linga *n.* sling

lingvistisks *a.* lingual

lingvistisks *a.* linguistic

lingvists *n.* linguist

līnija *n.* line

linsēklas *n.* linseed

lipīgs *a.* adhesive

lipīgs *a* contagious

lipīgs *n.* sticky

lipīgums *n.* adhesion

lipoma *n.* wen

lira *n.* lyre

lirisks *a.* lyric

lirisks *a.* lyrical

lirisks dzejolis *n.* lyric

lišķēt *v.t.* wheedle

lišķīgi glaimi *n* adulation
liškis *n.* sycophant
līt *v.i.* rain
literārs *a.* literary
literāts *n.* litterateur
literatūra *n.* literature
litrs *n.* litre
liturģisks *a.* liturgical
livreja *n.* livery
loceklis *n.* limb
locītava *n.* joint
locīties *v.i.* writhe
lodalva *n.* solder
lode *n* bullet
lodēt *v.t.* solder
lodīte *n* bead
ļodzīgs *a.* rickety
logaritms *n.* logarithm
loģika *n.* logic
loģiķis *n.* logician
loģisks *a.* logical
logs *n.* window
lojalitāte *n.* allegiance
lojalitāte *n.* loyalty
lojāls *a.* loyal
lokalizēt *v.t.* localize
lokans *a* flexible
lokans *a.* supple
lokomotīve *n.* locomotive
loks *n.* arc
lolot *v. t.* cherish
lolot *v* entertain
loma *n.* role
lopbarība *n* fodder
lopkopība *n.* husbandry
lops *n* beast
lops *n* brute
losjons *n.* lotion
loterija *n.* lottery
ļoti *adv.* highly
ļoti *adv* much
ļoti lūgt *v* entreat

ļoti lūgt *v.t.* implore
ļoti lūgt *v.i.* pray
ļoti lūgt *v.t.* solicit
ļoti mazs priekšmets *n* mite
ļoti smalks *a.* superfine
ļoti svarīgs *a.* vital
ļoti tievs *a.* waspish
lotoss *n.* lotus
loze *n.* lot
lozēšana *n* toss
ložņāt *v.i.* sneak
lozungs *n.* watchword
lucerna *n.* lucerne
lūdzu *interj* please
lūgšana *n.* prayer
lūgšanās *n* entreaty
lūgt *v.t.* invoke
lūgt *v.t.* request
lūgums *n.* plea
lūgums *n.* solicitation
lūka *n.* manhole
lūks *n.* bass
lunātiķis *n.* somnambulist
luncināt *v.i.* wag
lūpa *n.* lip
lupata *n.* rag
lūpu *a.* labial
lutināt *v. t* cocker
lutināt *v.t.* pamper
lūzums *n.* fracture

māceklis *n.* apprentice
māceklis *n* disciple
mācība *n.* lesson
mācība *n.* lore
mācību *a.* scholastic
mācību laiks *n.* tutorial

mācību programma *n* curriculum
mācību programma *n*. syllabus
mācīšanās *n*. learning
mācīt *v.t.* teach
mācītājs *n*. parson
mācītājs *n*. prelate
mācītājs ar draudzi *n*. incumbent
mācīties *v.i.* learn
mācīties *v.i.* study
mācīts *a*. bookish
mācīts *a*. literate
mācīts *a*. scholarly
mačs *n*. match
maģija *n*. witchcraft
maģistrāts *n*. magistracy
magnāts *n*. magnate
magnētisks *a*. magnetic
magnētisms *n*. magnetism
magnetīts *n*. loadstone
magnēts *n*. magnet
maigs *a*. gentle
maigs *a*. mild
maigs *a* tender
Maijs *n*. May
maikste *n*. maulstick
maiņa *n*. change
maiņa *n* exchange
maiņa *n*. reversal
mainīgs *a*. alternate
mainīgs *a*. variable
mainīt *v.t.* alternate
mainīt *v.t.* barter1
mainīt *v. t.* change
mainīt objektīva fokusa attālumu *v.i.* zoom
mainīt virzienu *v.t.* reverse
maisījums *n* blend
maisījums *v.i* mix
maisījums *n*. mixture
maisīt *v.t.* mingle

maisīt *v.i.* stir
maiss *n*. bag
maiss *n*. sack
maize *n* bread
maiznīca *n* bakery
maiznieks *n*. baker
māja *n*. home
māja *n* house
mājas *a* domestic
majestātisks cēls *a*. majestic
majestātiskums *n*. majesty
mājiens *n* allusion
mājiens *n*. beck
mājiens *n*. hint
mājiens *n*. insinuation
mājīgs *a*. cosy
mājīgs *n*. snug
mājkalpotāja *n* domestic
mājoklis *n* abode
mājoklis *n*. habitation
majors *n* major
mājputni *n*. poultry
mājvieta *n*. accommodation
mākoņains *a* cloudy
mākonis *n*. cloud
maks *n*. purse
maks *n*. wallet
maksa *n* fee
maksājams *a*. payable
maksājums *n*. payment
maksāt *v.t.* pay
maksātnespēja *n*. insolvency
maksātnespējīgs *a*. insolvent
maksātspējas *n*. solvency
maksima *n*. maxim
maksimāls *a*. maximum
maksimums *n* maximum
makšķere *n*. rod
makšķerēt *v.i* fish
māksla *n*. art
mākslīgs *a*. artificial
māksliniecisks *a*. artistic

mākslinieks *n.* artist
mākslota izturēšanās *n* affectation
maksts *n.* scabbard
maksts *n.* vagina
mala *a* edge
mala *n.* rim
malā *adv.* aside
māla trauki *n.* crockery
malārija *n.* malaria
malārija [med.] *n* ague
maldi *n* fallacy
maldīgs priekšstats *n.* delusion
maldināšana *n* deception
maldināt *v. t* beguile
maldināt *v. t* deceive
maldināt *v.t.* delude
maldināt *v.t.* misguide
maldināt *v.t.* mislead
maldīšanās *n.* misbelief
malks *n.* sip
māls *n* clay
malt *v.i.* grind
malt *v.t.* mill
mālu java *n.* daub
malvāzija *n.* malmsey
māmiņa *n.* mamma
māmiņa *n.* mummy
mamons *n.* mammon
mamuts *n.* mammoth
man *pron.* me
mandāts *n.* mandate
mandele *n.* tonsil
mandeļkoks *n.* almond
manekens *n.* mannequin
manevrēt *v.i.* manoeuvre
manevrs *n.* manoeuvre
mangāns *n.* manganese
mango *n* mango
mangusts *n.* mongoose
maniaks *n.* maniac
manierīgums *n.* mannerism

manifestācija *n.* manifestation
manifests *n.* manifesto
mānija *n* mania
manikīrs *n.* manicure
manipulācija *n.* manipulation
manipulēt *v.t.* manipulate
mānīšana *n.* hoax
manna *n.* manna
mans *pron.* mine
mans *pron.* my
mantas *n.* belongings
māņticība *n.* superstition
māņticīgs *a.* superstitious
mantija *n.* robe
mantinieks *n.* heir
mantkārīgs *a.* greedy
mantojams *a.* heritable
mantojums *n.* heritage
mantojums *n.* inheritance
mantojums *n.* legacy
mantot *v.t.* inherit
mantrausība *n.* avarice
manufaktūras preču tirgotājs *n* draper
manuskripts *n.* manuscript
maratonskrējiens *n.* marathon
mārciņa *n.* pound
margarīns *n.* margarine
margas *n.* railing
margināls *a.* marginal
margrietiņa *n* daisy
marināde *n.* pickle
marionete *n.* marionette
marionete *n.* puppet
marķieris *n.* marker
marmelāde *n.* marmalade
marmors *n.* marble
marodieris *n.* marauder
maršals *n* marshal
maršruts *n.* route
Marss *n* Mars
Marts *n* march

masa *n.* mass
māsa *n.* sister
masa vairumā *n.* gross
masalas *n* measles
māsas *a.* sisterly
masāža *n.* massage
masēt *v.t.* massage
masieris *n.* masseur
mašīnrakstītāja *n.* typist
masīvs *a.* massive
maska *n.* mask
maskarāde *n.* masquerade
maskavietis *n.* muscovite
maskējums *n.* guise
maskēt *v.t.* mask
masts *n.* mast
masturbēt *v.i.* masturbate
māsu radniecība *n.* sisterhood
masu slepkavošana *n* carnage
masveida iznīcināšana *n.* holocaust
māt *v.i.* motion
matadors *n.* matador
māte *n* mother
matemātika *n* mathematics
matemātiķis *n.* mathematician
matemātisks *a.* mathematical
materiālisms *n.* materialism
materializēt *v.t.* materialize
materiāls *n* material
mātes *a.* maternal
mātes *a.* motherly
mātes slepkavība *n.* matricide
mātes stavoklis *n.* motherhood
mātes stāvoklis *n.* maternity
mātes valoda *n.* vernacular
mati *n* hair
matracis *n.* mattress
matriarhāts *n.* matriarchy
matrica *n* matrix
matrona *n.* matron
mats *n* mate

matu sproga *n* forelock
mauriņš *n.* lawn
maurs *n* green
maut *v.i* moo
mauzolejs *n.* mausoleum
maz *adv* few
maz ticams *a.* unlikely
mazāk *adv.* less
mazākais *a.* least
mazākais skaits *n* less
mazāks *a.* less
mazāks *a.* lesser
mazbērnu novietne *n.* nursery
mazgājams *a.* washable
mazgāšana *n* wash
mazgāt *v.t.* launder
mazgāt *v.t.* wash
mazgātājs *n.* washer
mazināšanās *n* decrease
mazināties *v. i* ebb
mazliet *adv.* little
mazliet *adv.* something
mazs *a.* little
mazulis *n* cub
mazulis *n.* kid
mazumā *adv.* retail
mazumiņš *n.* modicum
mazums *n.* little
mazumtirdzniecība *n.* retail
mazumtirgotājs *n.* retailer
mēbeles *n.* furniture
mēbelēt *v.t.* furnish
medaļa *n.* medal
medaļas saņēmējs *n.* medallist
medaljons *n.* locket
medalus *n.* mead
medības *n* hunt
Medicīniski *n.* medico
medicīnisks *a.* medical
medijs *n* medium
medikaments *n.* medicament
medīšana *n.* kill

medīt *v.t.* hunt
medīt *v.i.* prey
mediums *n.* spiritualist
medmāsa *n.* nurse
mednieks *n.* hunter
mednieks *n.* huntsman
medus *n.* honey
medus kāre *n.* honeycomb
medus mēnesis *n.* honeymoon
megalītu *a.* megalithic
mēģinājums *n.* attempt
mēģinājums *n.* rehearsal
mēģinājums *n* try
mēģināt *v.t.* attempt
mēģināt *v.i.* try
mehānika *n.* mechanics
mehāniķis *n.* mechanic
mehānisks *a.* mechanical
mehānisms *n.* gear
mehānisms *n.* mechanism
meistardarbs *n.* masterpiece
meistarība *n.* mastery
meistarība *n.* workmanship
meistarīgs *a.* masterly
meistars *n* foreman
meistars *n.* master
meita *n* daughter
meitene *n.* girl
meitene *n.* lass
meitenes *a.* girlish
meklēšana *n.* quest
meklēšana *n.* search
meklēt *n* browse
meklēt *v.t.* quest
meklēt *v.t.* search
meklēt *v.t.* seek
meklēt ziņas *v.i.* quarry
melanholija *n.* melancholia
melanholisks *a.* melancholic
melase *n* molasses
mēle *n.* tongue
meli *v.i.* lie

melīgs *a.* mendacious
meliorēt *v.t.* meliorate
melis *n.* liar
melnādainais *n.* nigger
melnīgsnējs *a.* swarthy
melnkoks *n* ebony
melns *a* black
melodija *n.* melody
melodija *n.* tune
melodisks *a.* melodious
melodrāma *n.* melodrama
melone *n.* melon
melone *n.* water-melon
melot *v.i* lie
melsa *n.* windbag
mēmais *n.* mute
membrāna *n.* membrane
memorands *n* memorandum
mēms *adj* dumb
mēms *a.* mute
memuāri *n.* memoir
menedžeris *n.* manager
mēnesis *n.* month
mēnešraksts *n* monthly
mēnešreizes *n* period
Mēness *a.* lunar
mēness *n.* moon
mēnessērdzība *n.* somnam-
bulism
meningīts *n.* meningitis
menors *n.* lordship
menstruācija *n.* menses
menstruācija *n.* menstruation
menstruāciju *a.* menstrual
mentalitāte *n.* mentality
mente *n.* churn
mēraukla *n.* measure
mērce *n* dressing
mērce *n.* sauce
mērcēšana *n.* soak
mērcēt *v. t* drench
mērcēt *v.t.* soak

mērcēt *v.t.* wet
mērenība *n.* moderation
mērens *a.* moderate
mērens *a.* temperate
merģelis *n.* marl
meridiāns *n* meridian
mērīšana *n.* measurement
mērīt *v.t.* size
mērītājs *n.* gauge
mērītājs *n* metre
mērķa centrs *n* bull's eye
mērkaķis *n.* monkey
mērķis *n.* aim
mērķis *n.* goal
mērķis *n.* object
mērķis *n.* objective
mērķis *n.* purpose
mērķis *n.* target
mērķtiecīgs *a.* objective
Merkurs *n* Mercury
mērogs *n.* scale
mēroties *v.i.* match
mērs *n.* mayor
merserizēt kokvilnu *v.t.* mercerise
mesalliance *n.* misalliance
mešanās lejup *n* swoop
mesija *n.* messiah
mēsli *n* dung
mēsli *n.* manure
mēslojums *n* fertilizer
mēslot *v.t.* manure
mest *v. t.* cast
mest *v. i.* dash
mest *v.i.* heave
mest *v.t.* hurl
mest *v.t.* throw
mest pret zemi *v.i.* dap
mest spalvas *v.i.* moult
mest tīklu *v.t.* net
mesties *v.t.* rush
mesties ceļos *v.i.* kneel

metabolisms *n.* metabolism
metafizika *n.* metaphysics
metafiziķis *a.* metaphysical
metafora *n.* metaphor
metālisks *a.* metallic
metāls *n.* metal
metalurģija *n.* metallurgy
metamorfoze *n.* metamorphosis
metams *a* projectile
mētāties *v.t.* toss
mētelis *n* coat
mētelis *n.* overcoat
meteorisks *a.* meteoric
meteoroloģija *n.* meteorology
meteorologs *n.* meteorologist
meteors *n.* meteor
metiens *n.* cast
metiens *n.* throw
metināšana *n* weld
metināt *v.t.* weld
metode *n.* method
metodisks
   a. methodical
metriskā tonna *n.* tonne
metrisks *a.* metric
metrisks *a.* metrical
metropolīts *a.* metropolitan
metropolīts *n.* metropolitan
metrs *n.* meter
metrs *n.* metre
meža *a.* sylvan
mežāzis [astr.] *n* Capricorn
mežģīnes *n.* lace
mežģīņu *a.* lacy
mezgls *n.* knot
mezgls *n.* node
meži *n.* woodland
mežkopība *n* forestry
mežonība *n.* savagery
mežonīgs *a* ferocious
mežonīgs *a.* savage
mežonīgs apgabals *n.* wilderness

mežonis *n* savage
mežs *n* forest
mežs *n*. woods
mežsargs *n* forester
mežzinis *n*. ranger
mialģija *n*. myalgia
mīdīt *v.t.* trample
mīdīt ar kājām *v.t.* conculcate
midzenis *n*. lair
miecētājs *n*. tanner
miecētava *n*. tannery
miegā *adv.* asleep
miegainība *n*. somnolence
miegains *a*. sleepy
miegains *n*. somnolent
miegs *n*. sleep
miegs *n*. slumber
mieloties *v.i* feast
mierīgs *a*. peaceable
mierīgs *a*. placid
mierīgs *a*. tranquil
mierinājums *n* consolation
mierinājums *n*. solace
mierināt *v. t* comfort
mierināt *v. t* console
mierināt *v.t.* solace
mierināt *v.t.* soothe
miermīlīgs *a*. pacific
miermīlīgs *a*. peaceful
miers *n*. calm
miers *n*. peace
miers *n*. tranquility
miertiesnesis *n*. magistrate
miesa *n* flesh
miesas *a* bodily
miesas *a* corporal
miesassargs *n*. bodyguard
miesnieks *n* butcher
miets *n*. picket
miežgrauds *n*. sty
mieži *n*. barley
miga *n* den

migla *n* fog
migla *n*. mist
miglains *a*. misty
miglains *a*. shadowy
miglājs *n*. nebula
migrācija *n*. migration
migrēna *n*. migraine
migrēt *v.i.* migrate
mija *n*. vicissitude
mīkla *n*. conundrum
mīkla *n* dough
mīkla *n* enigma
mīkla *n*. riddle
mikrofilma *n*. microfilm
mikrofons *n*. microphone
mikrometrs *n*. micrometer
mikroskopisks *a*. microscopic
mikroskops *n*. microscope
mikrovilnis *n*. microwave
mīkstināt *v.t.* mitigate
mīkstināt *v.t.* soften
mīksts *a*. pulpy
mīksts *n*. soft
mīkstums *n*. pulp
mīļākais *n*. lover
mīļākais *n*. paramour
mīlas *adj* amatory
mīlestība *n* amour
mīlestība *n* love
mīlēt *v.t.* love
milicija *n*. militia
mīlīga sarunāšanās *n* coo
mīlīgs *adj.* bland
militārs *a*. military
miljonārs *n*. millionaire
miljons *n*. million
mīlošs *a*. loving
mīļotā *n* beloved
mīļotais *a* beloved
mīļotais *a* dear
mīļš *a* darling
milti *n* flour

miltrasa *n.* mildew
mīlulis *n.* minion
mīlulis *n.* pet
milzīgs *a* enormous
milzīgs *a.* huge
milzīgs *a.* immense
milzīgs *a* mammoth
milzīgs *a.* stupendous
milzīgs *a.* tremendous
milzu- *a.* herculean
mīmikas *a.* mimic
mīmiķis *n* mimic
mīmikrija *n.* mimesis
mīms *n.* mime
mīna *n* mine
minarets *n.* minaret
minējums *n* conjecture
minējums *n.* guess
minējums *n.* surmise
minerāl- *a* mineral
mineraloģija *n.* mineralogy
mineralogs *n.* mineralogist
minerāls *n.* mineral
minēt *v.i.* allude
minētais *n.* ditto
miniatūra *n.* miniature
miniatūrs *a.* miniature
minimāls *a.* minimal
minimums *n.* minimum
ministrs *n.* minister
ministru kabinets *n.* ministry
minoritāte *n.* minority
minuskulis *n* minuscule
mīnuss *n* minus
minūte *n.* minute
mirāža *n.* mirage
mirdzēt *v.i.* glance
mirdzēt *v.i.* glitter
mirdzums *n* glitter
mirdzums *n.* radiance
mirdzums *n.* refulgence
mirdzums *n* shine

mirgoņa *n* flicker
mirgot *v. t. & i* blink
mirgot *v.t* flicker
mirgot *v.i.* twinkle
miriāde *n.* myriad
mirkšķināšana *n* wink
mirkšķināt *v.i.* wink
mirres *n.* myrrh
miršanas *a.* obituary
mirstība *n.* mortality
mirstīgais *n* mortal
mirstīgs *a.* mortal
mirstošas *a.* moribund
mirt *v. i* die
mirte *n.* myrtle
mirušais *a* dead
misija *n.* mission
misiņš *n.* brass
misionārs *n.* missionary
misters *n.* mister
misticisms *n.* mysticism
mistificēt *v.t.* mystify
mistiķis *n* mystic
mistisks *a.* mystic
mistisks *a.* occult
mīt *v.t.* tread
miteklis *n* haunt
mītisks *a.* mythical
mītne *n.* lodging
mītnēs *n.* cantonment
mitoloģija *n.* mythology
mitoloģisks *a.* mythological
mitrs *a* damp
mitrs *a.* humid
mitrs *a.* moist
mitrums *n* damp
mitrums *n.* humidity
mitrums *n.* moisture
mitrums *n.* wetness
mīts *n.* myth
miza *n.* peel
mizantrops *n.* misanthrope

miziņa *n.* husk
mizot *v.t.* peel
mobilizēt *v.t.* mobilize
mobils *a.* mobile
moceklis *n.* martyr
mocīt *v.t.* tantalize
mocīt *v.t.* torment
mocīties agonijā *v.t.* agonize
modalitāte *n.* modality
mode *n* fashion
modelēt *v.t.* model
modelis *n* make
modelis *n.* model
modelis *n.* pattern
modernizēt *v.t.* modernize
moderns *a* fashionable
moderns *a.* up-to-date
modifikācija *n.* modification
modināt *v.t.* arouse
modiste *n.* milliner
modrība *n.* alertness
modrība *n.* vigilance
modrs *a.* alert
modrs *a.* vigilant
modrs *a.* wakeful
modulēt *v.t.* modulate
mokas *n.* martyrdom
mokas *n.* torment
molārs *a* molar
molekula *n.* molecule
molekulārs *a.* molecular
mols *n.* mole
moments *n.* instant
moments *n.* moment
monarhija *n.* monarchy
monarhists *n.* loyalist
monarhs *n.* monarch
monēta *n* coin
monitors *n.* monitor
monogrāfija *n.* monograph
monogramma *n.* monogram
monohromatisks *a.* monochro-

matic
monoklis *n.* monocle
monokulārs *a.* monocular
monolīts *n.* megalith
monolīts *n.* monolith
monologs *n.* monologue
monopolists *n.* monopolist
monopolizēt *v.t.* monopolize
monopols *n.* monopoly
monoteisms *n.* monotheism
monoteists *n.* monotheist
monotonija *n* monotony
monotons *a.* monotonous
montieris *n* fitter
monumentāls *a.* monumental
morāle *n.* moral
morāle *n.* morale
morālists *n.* moralist
moralizēt *v.t.* moralize
morāls *a.* moral
morāls stāstījums *n* apologue
morfijs *n.* morphia
morgs *n.* morgue
mošeja *n.* mosque
motelis *n.* motel
motivācija *n.* motivation
motivēt *v* motivate
motīvs *n.* motif
motīvs *n.* motive
motora pārsegs *n* bonnet
motors *n* engine
mozaīka *n.* mosaic
muca *n.* barrel
muca *n* cask
muca *n.* pin
mudināt *v.t* urge
mudžēt *v.i.* teem
muguras *a.* spinal
mugurkauls *n.* backbone
mugurkauls *n.* spine
mugurpuse *n.* back
muiža *n.* manor

muižniecība *n.* nobility
mūķene *n.* nun
muklājs *n.* mire
mūks *n.* monk
mukšana *n* bunk
mulats *n.* mulatto
muldēšana *n* yap
muldēt *v.i.* gabble
mūlis *n.* mule
muļķīgs *a* foolish
muļķīgs *a.* witless
muļķis *n* blockhead
muļķis *n.* coot
muļķis *n* dunce
muļķis *n* fool
muļķis *n.* gander
muļķis *n.* loggerhead
mulla *n.* mullah
mulsināt *v. t* bewilder
multiplekss *a.* multiplex
mūmija *n* mummy
munīcija *n.* ammunition
munīcija *n.* munitions
municipalitāte *n.* municipality
murgs *n.* nightmare
murmināt *v.i.* mumble
mūrnieka darbs *n.* masonry
mūrnieks *n.* mason
muša *n* fly
mūsdienu *a* contemporary
mūsdienu *a.* modern
musinošs *a.* seditious
muskete *n.* musket
musketieris *n.* musketeer
muskuļains *a.* muscular
muskulis *n.* muscle
muskuss *n.* musk
musons *n.* monsoon
mustangs *n.* mustang
mūsu *pron.* our
mutācija *n.* mutation
mute *n.* mouth

mutes *a.* oral
muti iepletis *adv.,* agape
mutiski *adv.* orally
mutuļot *v.i.* seethe
mutvārdiem *adv.* verbally
mutvārdu *a.* verbal
mūza *n* muse
mūža *a.* lifelong
mūžam zaļojošs *a* evergreen
mūžam zaļojošs augs *n* evergreen
muzejs *n.* museum
mūžība *n* eternity
mūžīgs *adj* eternal
mūžīgs *a.* everlasting
mūžīgs *a.* perpetual
mūzika *n.* music
mūziķis *n.* musician
mūzikls *a.* musical

nabadzība *n.* poverty
nabadzīgs *a.* scant
nabobs *n.* nabob
nacionālisms *n.* nationalism
nacionālists *n.* nationalist
nacionalizācija *n.* nationalization
nacionalizēt *v.t.* nationalize
nadirs *n.* nadir
nafta *n.* petroleum
nagla *n.* nail
nags *n* claw
nags *n.* hoof
naidīgs *a.* inimical
naidīgums *n.* hostility
naids *n* animosity
naids *n.* feud

naids *n.* hate
naids *n.* odium
naivitāte *n.* naivety
naivs *a.* naive
naivums *n.* naivete
nākamais *a.* forthcoming
nākamais *a.* next
nākamajā lappusē *adv.* overleaf
nākošais *a* secondary
nākošo reizi *adv.* next
nākotne *n* future
nākotnes *a.* future
nākt *v. i.* come
nākt *v.i.* teethe
nākt tronī *v.t.* throne
naktī *adv.* nightly
nakts *n.* night
nakts *a.* nocturnal
nakts pārsteigts *a* benight
naktstērps *n.* nightie
namdara amats *n.* carpentry
namdaris *n.* carpenter
namiņš *n.* lodge
narcise *n.* daffodil
narcise *n* narcissus
narcisms *n.* narcissism
narkotika *n.* narcotic
narkotiķis *n.* addict
narkotiska viela *n* drug
narkoze *n.* narcosis
nārstot *v.i.* spawn
nāsenis *n* nasal
nāss *n.* nostril
nātre *n.* nettle
naturālists *n.* naturalist
naturalizēt *v.t.* naturalize
nauda *n* coinage
nauda *n.* money
nauda *n.* pelf
naudas *a.* monetary
naudas *a.* pecuniary
naudas balva *n.* gratuity

naudas pārvedums *n.* remittance
naudas saņēmējs *n.* payee
nav *adv.* no
nav *adv.* not
nav piemērojams *a.* inapplicable
nāve *n* death
nāve *n* decease
nāvējošs *a.* murderous
nāvīga *a* deadly
navigācija *n.* navigation
navigators *n.* navigator
nāvīgi nospiests *adj.* alamort
nāvīgs *a.* lethal
nazis *n.* knife
nē *adv.* nay
neaizmirstams *a.* memorable
neaizskarams *a.* inviolable
neapdomāts *a.* injudicious
neapdomāts *a.* wild
neapdomība *n.* indiscretion
neapdomīgs *a.* indiscreet
neapmierināt *v. t.* dissatisfy
neapmierinātība *n* discontent
neapmierinātība *n* displeasure
neapmierinātība *n* dissatisfaction
neapmierināts *a.* malcontent
neapmierināts cilvēks *n* malcontent
neaprakstāms *a.* indescribable
neapspalvojies *adj* callow
neapstrādāts *a.* raw
neapstrīdams *a.* indisputable
neapstrīdams *a.* irrefutable
neaptēsts *a.* uncouth
neapzināti *adv.* unawares
neārstējams *a.* incurable
neatdarināms *a.* inimitable
neatgūstams *a.* irrecoverable
neatkarība *n.* independence
neatkarīgs *a.* independent
neatkarīgs *a.* irrespective
neatkarīgs *a* sovereign

neatlaidība *n.* insistence
neatlaidība *n.* perseverance
neatlaidība *n.* persistence
neatlaidība *n.* tenacity
neatminams *a.* immemorial
neatņemams *a.* integral
neattaisnojams *a.* indefensible
neatzīt *v. t* disapprove
neaudzināts *a* unmannerly
neauglīgs *adj.* acarpous
neauglīgs *a* barren
nebalināts audums *n.* muslin
nebūtība *n.* nonentity
necaurejams *a.* impenetrable
necaurredzamība *n.* opacity
necaurredzams *a.* opaque
necieņa *n* disrespect
neciešams *a.* intolerable
necilvēcība *n* barbarity
necilvēcīgs *a.* inhuman
nedalāms *a.* indivisible
nedalāms *a.* inseparable
nedaudz *adv.* somewhat
nededzināts ķieģelis *n.* adobe
nedēļa *n.* week
nedēļas *a.* weekly
nedēļas *n.* weekly
nederīgs *a.* invalid
nedrošība *n.* insecurity
nedrošs *a.* insecure
nedzērājs *a.* teetotal
nedzirdams *a.* inaudible
nedzīvs *a.* inanimate
nedzīvs *a.* lifeless
neērts *a.* inconvenient
neformāls *a.* informal
nefunkcionējošs *a.* inoperative
negaidīta neveiksme *n.* rebuff
negants *a.* furious
negatīvs *a* minus
negatīvs *a.* negative
negatīvs lielums *n* minus

negausīgs *a.* insatiable
neģēlīgs *a.* vile
nēģeriete *n.* negress
nēģeris *n.* negro
neglīts *a.* ugly
neglītums *n.* ugliness
negodīgs *a* crooked
negodīgs *a* dishonest
negodīgs *a* unfair
negodīgums *n.* dishonesty
negods *n* dishonour
negods *n.* slur
negods *n.* taint
negribīgs *a.* averse
negribīgs *a.* loath
negribīgs *a.* reluctant
negribot *adv.* unwittingly
neiecietība *n.* intolerance
neiecietīgs *a.* intolerant
neiedarbīgs *a.* ineffective
neierašanās *n* absence
neierasties *v.t* absent
neieredzēt *v. t* dislike
neierobežots *a.* limitless
neiespējamība *n.* impossibility
neiespējams *a.* impossible
neiet vaļā *v.i.* misfire
neievērot *v. t* disregard
neilons *n.* nylon
neiroloģija *n.* neurology
neirologs *n.* neurologist
neiroze *n.* neurosis
neīsts *adj* mock
neīsts *a* sham
neīsts *a.* spurious
neitralizēt *v.t.* neutralize
neitrāls *a.* neuter
neitrons *n.* neutron
neizdevies *adv* abortive
neizdevīgs stāvoklis *n* disadvantage
neizdošanās *n.* mischance

neizdoties *v.i* fail
neizglītots cilvēks *a.* illiterate
neizlemts *a* pending
neizmērojams *a.* immeasurable
neizmērojams *a.* measureless
neiznīcīgs *a.* imperishable
neizpildāmība *n.* impracticability
neizprotams *a.* inexplicable
neizturīgs *a* flimsy
neizvēlīgs *a.* indiscriminate
nejauši sastapt *v. t* encounter
nejaušība *n.* contingency
nejaušs *a* accidental
nejaušs *a.* haphazard
nejaušs *a.* incidental
nejaušs *a.* random
nejutīgs *a.* insensible
nejutīgums *n.* insensibility
nekad *adv.* never
nekārtīgi samest *v. t* clutter
nekas *n.* nothing
nekatra dzimte *n* neuter
nekauņa *n* cad
nekaunība *n.* insolence
nekautrība *n.* immodesty
nekautrīgs *a.* immodest
nekavējoties *adv.* forthwith
nekavējoties *adv* immediate
nekavējoties *adv.* instantly
neķītras lamas *n.* bawd
neķītrība *n.* obscenity
neķītrs *a.* impure
neķītrs *a.* obscene
nekļūdīgs *a.* infallible
nekompetents *a.* incompetent
nekrietns *a.* mean
nekromantija *n.* necromancy
nektārs *n.* nectar
nekur *adv.* nowhere
nekustīgs *a.* immovable
nekustīgs *a.* motionless

nelaba dūša *n.* nausea
nelabais *n.* nick
nelabojams *n.* arrant
nelabojams *a.* incorrigible
nelabs *a.* wicked
nelabvēlīgs *a* adverse
nelabvēlīgs *a.* untoward
nelaikā dzemdēt *v.i* abort
nelaikā noticis *a.* inopportune
nelaime *n* disaster
nelaime *n.* misfortune
nelaime *n.* tribulation
nelaime *n.* calamity
nelaimes *n* ill
nelaimes gadījums *n* accident
nelaimes gadījums *n.* casualty
nelaimes gadījums *n.* misadventure
nelaimīgs *a.* inauspicious
nelaimīgs *a.* unhappy
nelegāls *a.* illegal
nelegālu *adj.* clandestine
nelīdzens *adj* bumpy
nelīdzens *a.* rugged
nelīdzenums *n.* undulation
neliels *a.* small
neliels skaits *n.* paucity
nelietis *n.* hound
nelietis *n.* scoundrel
nelietis *n.* villain
nelikumīgi piesavināties *v.t.* misappropriate
nelikumīgs *a.* illegitimate
nelikumīgs *a.* illicit
nelikumīgs *a.* lawless
neļķe *n* pink
neloģisks *a.* illogical
nelokāms *a.* staunch
nelokāms *a.* stalwart
nelokāms *a.* steadfast
nemainīgs *a* stagnate
nemākslotība *n.* rusticity

nemākslots *a.* artless
nemateriāls *a.* immaterial
nemaz *adv.* none
nemaz *adv.* nothing
nemieri *n* unrest
nemiernieks *n.* insurgent
nemiers *a* anxiety
nemirstība *n.* immortality
nemirstīgs *a.* immortal
ņemot vērā *prep.* considering
ņemt *v.t* take
ņemt pirkstos *v.t* finger
nenobriedis *a.* immature
nenobriedis *a.* verdant
nenodarbināts *a* leisure
nenosakāms *a.* incalculable
nenoteiktas artikuls
  art an
nenoteiktība *n.* abeyance
nenoteiktība *n.* shilly-shally
nenoteikts *a.* indefinite
nenoteikts *a.* uncertain
nenotraipīts *a.* spotless
nenotverams *adj* elusive
nenovēršami *a.* imminent
nenovēršams *a.* inevitable
nenovērtējams *a.* invaluable
nenozīmīgs *a.* insignificant
nenozīmīgs *a.* irrelevant
nenozīmīgs *a.* meaningless
nenozīmīgs *a.* null
nenozīmīgums *n.* insignificance
neolīta *a.* neolithic
neomulīgs *a.* uneasy
neons *n.* neon
nepacietība *n.* impatience
nepacietīgs *a.* impatient
nepaklausīgs *a.* unruly
nepaklausīt *v. t* disobey
nepakļāvība *n.* insubordination
nepakļāvīgs *a.* insubordinate
nepamatotas baumas *n* canard

nepamatots *a.* baseless
nepanesams *a.* insupportable
neparasts *a.* quaint
nepārdomāts *a.* rash
nepareiza lietošana *n.* misnomer
nepareiza lietošana *n.* misuse
nepareiza rīcība *n.* malpractice
nepareiza vadība *n.* mismanagement
nepareizi *adv.* wrong
nepareizi iespiest *v.t.* misprint
nepareizi iztulkot *v.t.* misconstrue
nepareizi lietot *v.t.* misuse
nepareizi norādīt *v.t.* misdirect
nepareizi nosaukt *v.t.* miscall
nepareizi uztvert *v.t.* misconceive
nepareizs *a.* improper
nepareizs *a.* incorrect
nepareizs *a.* wrong
nepareizs lietojums *n.* misapplication
nepareizs norādījums *n.* misdirection
nepareizs priekšstats *n.* misconception
nepārejams *a.* impassable
nepārspējams *a.* matchless
nepārtraukti *adj.* continual
nepārtraukts *~a.* ceaseless
nepārtraukts *a* continuous
nepārvarams *a.* insurmountable
nepateicība *n.* ingratitude
nepateicīgs *a.* thankless
nepatiesīgums *n.* insincerity
nepatiess *a.* insincere
nepatika *n.* reluctance
nepatīkams *a.* disagreeable
nepatīkams *a.* obnoxious
nepatīkams gadījums *n.* nuisance

nepatīkams stāvoklis *n.* predicament

nepatikšanas *n.* trouble

nepatikt *v. t* displease

nepieciešami *adv.* needs

nepieciešamība *n.* necessity

nepieciešamība *n.* necessary

nepieciešams *a.* indispensable

nepieciešams *a* necessary

nepieciešams *a.* needful

nepieciešams *a.* requisite

nepieklājība *n.* impropriety

nepieklājība *n.* indecency

nepieklājīgs *a* discourteous

nepieklājīgs *a.* impolite

nepieklājīgs *a.* indecent

nepiekrišana *n* disapproval

nepiekrist *v. i* disagree

nepiekukuļojams *a.* incorruptible

nepielūdzams *a.* inexorable

nepieņemams *a.* inadmissible

nepietiekams uzturs *n.* malnutrition

nepietiekošs *a.* insufficient

nepievienošanās *n.* non-aligment

nepilnīgs *adj.* deficient

nepilnīgs *a.* imperfect

nepilnīgs *a .* incomplete

nepotisms *n.* nepotism

neprātīgs *a.* mindless

neprāts *n* folly

neprāts *n.* frenzy

neprecējusies *a* maiden

neprecīzs *a.* inaccurate

neprecīzs *a.* inexact

Neptūns *n.* Neptune

nerātns *a.* naughty

neraudzēta vīnogu sula *n* must

nerealizējams *a.* impracticable

neredzams *a.* invisible

neredzīgo raksts *n* braille

neregularitāte *n.* irregularity

neregulārs *a.* irregular

nerunīgs *a.* taciturn

nerūsējošs *a.* stainless

nervozs *a.* nervous

nervs *n.* Nerve

nesagremojams *a.* indigestible

nesakarīgs *a.* incoherent

nesalasāmība *n.* illegibility

nesalasāms *a.* illegible

nesalīdzināms *a.* peerless

nesalīdzināms *a.* incomparable

nesalīdzināms *n.* nonpareil

nesaliecams *a.* inflexible

nesamierināms *a.* irreconcilable

nesaprašana *n.* quandary

nesaskaņas *n.* strife

nešaubīgs *a.* implicit

nesaudzīgs *a.* pitiless

nesējs *n.* carrier

nesen *adv.* lately

nesen *adv.* recently

nesens *a.* recent

neskaidras aprises *n* loom

neskaidri iezīmēties *v.i.* loom

neskaidrība *n.* ambiguity

neskaidrība *n.* vagueness

neskaidrs *a* blear

neskaidrs *a.* indistinct

neskaidrs *a.* obscure

neskaidrs *a.* vague

neskaitāms *a.* countless

neskaitāms *a.* innumerable

neskaitāms *a.* manifold

neskaitāms *a* myriad

neskaitāms *a.* numberless

neskarts *a.* intact

neskarts *a.* scot-free

neskatoties uz *prep.* notwithstanding

neskatoties uz to *conj.* yet
nešķīdināms *n.* insoluble
nešķirot *v.t.* lump
neslava *n.* slander
neslavas celšana *n* defamation
nesodāmība *n.* impunity
nespēcīgs *a.* impotent
nespēcīgs *a.* infirm
nespēja *n* disability
nespēja *n.* inability
nespēja *n.* incapacity
nespējīgs *a* disabled
nespējīgs *a.* incapable
nespējīgs *a.* invalid
nespējīgs *a.* unable
nespodrs *a.* lacklustre
nestabilitāte *n.* instability
nestabils *adj.* astatic
nesteidzīgs *a.* leisurely
nestuves *n.* stretcher
netaisnība *n.* injustice
netaisns *a.* unjust
netaisns *a.* wrongful
netaktisks *a.* maladroit
neticams *a.* incredible
netiešs *a.* indirect
netiklis *n.* libertine
netikls *a.* lewd
netikls *a.* profligate
netikumība *n.* immorality
netikums *n.* vice
netīrība *n.* squalor
netīrīgs *a.* slovenly
netīrs *a* dirty
netīrs *a.* foul
netīrs *a.* sordid
netīrs *a.* squalid
netīrumi *n* dirt
netīrumi *n* filth
netīrumi *n.* muck
neto *a* net
netverams *a.* intangible

neuzmanīgs *a.* careless
neuzmanīgs *a.* inattentive
neuzticams *a* disloyal
neuzticams *a.* unreliable
neuzticēšanās *n* distrust
neuzticēties *v.t.* mistrust
neuzticība *n.* perfidy
neuzvarams *a.* invincible
nevainība *n.* chastity
nevainība *n.* innocence
nevainīgs *a.* chaste
nevainīgs *a.* innocent
nevainojams *a.* perfect
nevajadzīgs *a.* needless
nevaldāms *a.* indomitable
neveikls *a.* awkward
neveikls *a* clumsy
neveikls *a.* ungainly
neveiksme *n.* adversity
neveiksme *n* failure
neveiksme *n.* mishap
neveiksme *n* overthrow
neveiksmīgs *a.* luckless
neveiksmīgs *a.* unfortunate
neveiksminieks *n* underdog
nevērīga izturēšanās *n* neglect
nevērīgs *a.* negligent
nevērīgs (pret citiem) *a.* inconsiderate
nevērtīgs *a.* worthless
neveselība *n.* ailment
nevesels *a.* indisposed
nevesels *a.* unwell
nevienādība *n* disparity
neviens *a.* no
neviens *pron.* nobody
neviens *pron.* none
neviesmīlīgs *a.* inhospitable
nevietā *adv.* amiss
nevīžīgs *a.* slatternly
nevīžīgs *a.* slipshod
nezāle *n.* weed

nežēlība *n* cruelty
nežēlīgs *a.* atrocious
nežēlīgs *adj.* merciless
nežēlīgs *a.* relentless
nežēlīgs *a.* ruthless
neziņa *n.* nescience
neziņa *n.* suspense
nezināšana *n.* ignorance
nezinošs *a.* ignorant
nianse *n.* nuance
nicināms *a* despicable
nicināšana *n* contempt
nicināt *v. t* despise
nicināt *v. t.* disdain
nicinošs *a* contemptuous
ņieburs *n* bodice
niecīgs *a.* negligible
niecīgs *a.* paltry
niecīgs *a.* petty
niecīgs *a.* tiny
niecīgs *a.* trivial
niecīgs daudzums *n.* pittance
niekoties *v.i.* toy
niere *n.* kidney
nievājums *n* disdain
nievas *n* taunt
nievāt *v.t.* scorn
nieze *n.* itch
niezēt *v.i.* itch
nīgrs *a.* morose
nihilisms *n.* nihilism
niķelis *n.* nickel
niķīgs *a.* restive
niķīgs *a.* wayward
nikns *a* fierce
nikns *a.* rampant
niknums *n.* ire
niknums *n.* rancour
nikotīns *n.* nicotine
nīkulīgs *a.* puny
nīkuļot *v.i.* languish
nimfa *n.* nymph

ņiprs *adj* brisk
ņirgāšanās *n.* mockery
ņirgāties *v.i.* jeer
ņirgāties *v.i.* scoff
niršana *n* dive
niršana *n* plunge
nirt *v. i* dive
niša *n.* niche
nīst *v.t.* loathe
no *prep.* from
no ārpuses *adv* outside
no jauna *adv.* afresh
no jauna *adv.* anew
no jauna atgriezties *v.i.* relapse
no kurienes *adv.* whence
no turienes *adv.* thence
noapaļot *v.t.* round
nobālēt *v.i.* pale
nobārstīt *v.t.* stud
nobažījies *a.* apprehensive
nobēdājies *a.* woebegone
nobēdājies *n.* woeful
nobiedēt *v.t.* scare
nobiedēt *v.t.* terrify
nobijies *a.* afraid
nobrāzums *n* graze
nobrāzums *n.* scratch
nobriedis *a.* mature
nobriest *v.i* mature
nobriest *v.i.* ripen
nobružāts *a.* shabby
nocenot *v.t.* price
nocietināt *v.t.* harden
nocirst galvu *v. t.* behead
nodaļa *n.* chapter
nodaļa *n* department
nodaļa *n* division
nodalījums *n.* compartment
nodalīšana *n.* partition
nodarbināts *a* busy
nodarbošanās *n* employ
nodarbošanās *n* occupation

nodarboties ar kontrabandu *v.t.*
smuggle
nodarboties ar pūšļošanu *v*
quack
nodarboties ar sportu *v.i.* sport
nodarījums *n.* offence
noderīgs *a.* apposite
noderīgs *a* expedient
noderīgs *a.* helpful
noderīgs *a.* useful
nodeva *n.* toll
nodevējs *n.* traitor
nodevība *n* betrayal
nodevība *n.* treachery
nodevība *n.* treason
nodevīgs *a.* treacherous
nodibināt *v. t.* establish
nodīrāt *v.t* skin
nodoklis *n.* Scot
nodoklis *n.* tax
nodomāt *v.t.* intend
nodomāt *v.t.* purpose
nodoms *n.* intent
nodoms *n.* intention
nodošana *n.* transfer
nodot *v.t.* betray
nodoties *v.t.* addict
nodrebēt *v.i.* shudder
nodrošināt *v. t* ensure
nodrošināties *v.t* hedge
noenkurošanās vieta *n* anchorage
noenkuroties ostā *v.t* harbour
nogalināt *v.t.* assassinate
nogalināt *v.t.* kill
nogalināt *v.t.* murder
nogalināt ar zobenu *v.t.* sabre
nogaršot *v.t.* sample
nogaršot *v.t.* taste
nogatavojies *a* ripe
nogāzt zemē *v.t* floor
noģībt *v.i* faint

noģībt *v.i* swoon
noglabāt kā dārgumu *v.t.* enshrine
nogludināt *v.t.* smooth
nogriezt *v.t.* lop
nogrimt *v.i.* sink
noguldījums *n.* deposit
noguldīt *v. t* deposit
noguldīt bankā *v.t.* bank
nogulsnes *n.* sediment
nogulumi *n.* silt
nogurdināt *v.t* fatigue
nogurdināt *v.t.* prostrate
nogurdinošs *a.* tiresome
nogurdinošs *a.* trying
nogurdinošs *a* weary
nogurums *n* fatigue
noindēt *v.t.* poison
nojausma *n.* inkling
nojaust *v.t.* suspect
nojauta *n.* hunch
nojume *n* shed
nokalst *v.i.* wither
nokāpt *v.i.* alight
nokaunējies *a.* ashamed
nokavēts *a.* overdue
noķert tīklā *v.t* mesh
noklāt ar akmeņiem *v.t.* stone
noklāt ar dakstiņiem *v.t.* tile
noklīdis bērns *n* stray
noklikšķēšana *n.* click
noklīst *v.i.* straggle
noklīst no ceļa *v.i.* stray
noklusēt *v. t* burke
noklusēt *v. t.* conceal
noklusēt *v. t* cushion
nokrāsa *n.* shade
nokrāsa *n.* smack
nokrāsa *n.* tinge
nokrāsot *v.t.* tint
nokrist ar dobju troksni *v.i.*
thud

nolādēt *v. t* curse
nolādēts *a.* accursed
nolaidība *n.* negligence
nolaišanās *n.* descent
nolaišanās *n.* landing
nolaist *v. t* down
nolaisties *v. i.* descend
nolaisties *v.i.* land
nolakot *v.t.* varnish
nolaupīšana *n* abduction
nolaupīt *v.t.* abduct
nolaupīt *v.t.* kidnap
nolaupītajs *n* abactor
nolaupīts *a.* rapt
nolemt *v. t* decide
nolidot *v.t* flutter
nolīdzināšana *n.* alignment
nolīdzināt *v. t.* equalize
nolīdzināt *v.t.* level
noliegt *v. t.* deny
noliegt *v.t.* gainsay
noliegt *v.t.* negative
noliegums *n* denial
noliegums *n.* negation
noliegums *n.* negative
noliegums *n* no
noliegums *n.* repudiation
noliekt *v.i.* tilt
noliesējis *a.* haggard
nolīgt *v.t* hire
nolīgums *n.* stipulation
nolikt nevietā *v.t.* misplace
nolikt uz plaukta *v.t.* shelve
noliktava *n.* granary
nolikums *n.* provision
noma *n.* hire
noma *n.* lease
noma *n.* rent
noma *n.* tenancy
nomācošs *a.* oppressive
nomadu *a.* nomadic
nomainīšana *n.* replacement

nomainīt *v.t.* replace
nomākšana *n.* suppression
nomākt *v. t* deject
nomākt *v. t* depress
nomāktība *n* dejection
nomaldījies *a* stray
nomaldīties *adv.*, astray
nomaļš *a.* remote
nomenklatūra *n.* nomenclature
nometne *n.* camp
nomierināt *v.t.* appease
nomierināt *v.t.* assuage
nomierināt *v.t.* pacify
nomierināt *v.t.* quiet
nomierināt *v.t.* reassure
nomierināt *v.t.* sedate
nomierināt *v.t.* tranquillize
nomierināt *v. t.* calm
nomierinošs *a.* sedative
nomierinošs līdzeklis *adj* calmative
nomināls *a.* nominal
nomināls *a.* titular
nomirt *v. i* decease
nomnieks *n.* lessee
nomnieks *n.* tenant
nomocīt *v.t.* harass
nomocīties *v.i.* toil
nomodā *a* awake
nomods *n.* vigil
nonākt konfliktā *v. t.* clash
nonākt konfliktā *v. i* conflict
nonākt lejā *v.t.* avale
noņemams *a.* removable
noņemt *v.t.* remove
noniecināšana *n.* impeachment
nopelnīt *a* earn
nopelšana *n.* damnation
nopelt *v. t.* damn
nopietns *a.* grave
nopietns *a* serious
noplēst mizu *v.t.* bark

noplicināt *v.t.* impoverish
noplūdes *n.* leakage
nopostīt *v.t.* ravage
nopostīt *v.t.* raze
nopūlēties *v.i.* moil
nopūsties *v.i.* sigh
nopūta *n.* sigh
norādījums *n.* indication
norādījums *n.* instruction
norādījums *n.* intimation
norādīt *v. i* denote
norādīt *v.t.* indicate
norādīt *v.t.* point
norādošs *a.* allusive
noraidījums *n.* rejection
noraidīt *v.t.* overrule
noraidīt *v.t.* reject
norašana *n.* snub
norāt *v. t.* censure
norāt *v.t.* snub
norēķinu pārbaude *n.* audit
norīkot *v.t* order
norīkot darbā *v.t.* post
norimt *v.t.* allay
norimt *v.i.* subside
norma *n.* norm
normalitāte *n.* normalcy
normalizēt *v.t.* normalize
normāls *a.* normal
normāls *a.* sane
norobežot ar aizsarggrāvi *v.t.* moat
norūdīt *v.t.* toughen
norunāta tikšanās *n.* appointment
norūpējies *a.* anxious
nosacījumu *a* conditional
nosarkt *v. t* colour
nosarkt *v.t.* redden
nosaukt *v.t.* name
nosaukt *v.t.* term
nosaukums *n.* title

nosebojies *adj.* belated
nosēdināt *v.t.* induct
nosiekalo *v. t* beslaver
noskaidrot *v. t* clarify
noskaņot *v.t.* tune
noskatīties *v.t.* watch
noskaust *v.t.* overlook
nošķirt *v.t* abstract
nošķirt *v.t.* seclude
nošķirt *v.t.* segregate
nošķirt no baznīcas *v. t.* excommunicate
noskriet *v.t.* outrun
noskriet no sliedēm *v. t.* derail
noskumis *a.* rueful
noskūties *v.t.* shave
noslāpēt *v.t.* smother
noslāpēt *v.t.* stifle
noslaucīt *v.t.* whisk
noslaucīt *v.t.* wipe
noslaucīt dvieli *v.t.* towel
noslēgšana *n.* close
noslēgt *v. t* conclude
noslēgt *v.t.* transact
noslēgt līgumu *v. t* contract
noslēgts *a.* secretive
noslepkavot *v.t.* slay
noslēpt *v. t* disguise
noslēpumains *a.* mysterious
noslēpumains *a.* secret
noslēpums *n.* mystery
noslēpums *n.* secret
noslīcināt *v.i* drown
noslīpēt *v.i.* file
nosmakšana *n.* suffocation
nosmērēt *v.t.* soil
nosmērēt *v.t.* thumb
nosmieties *v. i* chuckle
nosodāms *a.* objectionable
nosodīšana *n* condemnation
nosodīt *v. t.* condemn
nospiedums *n.* imprint

nospiedums *n* print
nospiest *v.t.* press
nospiest pedāli *v.t.* pedal
nostādīt kaujas ierindā *v.t.* array
nostādīt pozā *v.i.* pose
nostādīt pretī *v. t* contrast
nostādīt rindā *v.t.* align
nostādīt rindā *v.t.* deploy
nostiprināt *v. t.* consolidate
nostiprināt *v.t.* secure
nostiprināt *v.t.* steady
nosūtīt *v.t.* consign
nosūtīt *v.t.* post
nosūtīt *v.t.* send
nosūtīt apcietinājumā *v.t.* remand
nosūtīt katorgā *v.i.* lag
nosvērt *v.t.* weigh
nosvērties *v.i.* incline
nosvērts *a.* sedate
nosvērts *a.* staid
notācija *n.* notation
notārs *n.* notary
notecēt *v. t* drain
noteikšana *n.* determination
noteikt *v.t.* assess
noteikt *v. t* define
noteikt *v. t* determine
noteikt *v.t.* prescribe
noteikt *v.t* set
noteikt laiku *v.t.* time
noteikts *a* certain
noteikts *a* definite
noteikts *a* express
noteikts *a* set
noteikums *n.* rule
noteka *n* drain
noteka *n.* gutter
noteku ūdens *n.* sewage
notiesāt *v. t.* doom
notiesātais *n* convict
notikt *v. t* befall

notikt pirms kaut kā *v.t.* antecede
notikums *n* event
notikums *n.* happening
notikums *n.* occurrence
notīrīt *v. t* clear
notīt *v.i.* reel
notraipīt *v. t* bemire
notraipīt *v. t* blot
notraipīt *v.t.* stain
noturīgs *a.* steady
notveršana *n.* capture
notvert *v. t.* capture
notvert *v.t.* nab
notvert lamatās (slazdā) *v.t.* snare
notverts *a.* captive
novācējs *n.* reaper
novājēt *v.t.* thin
novājināt *v. t.* enfeeble
novājināt *v.t. & i* weaken
novārdzināt *v. t.* exhaust
novārījums *n.* concoction
novators *n.* innovator
novecojis *a.* antiquated
novecojis *a.* obsolete
novecojis *a.* outdated
novecot *v* date
novēlēt *v. t.* bequeath
novelete *n.* novelette
Novembris *n.* November
novērošana *n.* observation
novērot eksaminējamos eksāmena laikā *v.t.* invigilate
novērotājs *n.* onlooker
novērst *v.t.* avert
novērst *v.t.* ward
novērtējams *a.* appreciable
novērtējums *n.* assessment
novērtējums *n.* estimate
novērtēt *v.t.* appraise
novērtēt *v.t.* appreciate

novērtēt *v. t* estimate
novērtēt *v. t* evaluate
novērtēt *v.t.* rank
novērtēt *v.t.* value
novest nabadzībā *v.t.* depauper-
    ate
novietojums *n* lie
novietot *v. t* bestow
novietot *v.t.* lodge
novietot *v.t.* park
novietot *v.t.* position
novietot noliktavā *v.t* warehouse
novietot pretstatījumā *v.t.* con-
    trapose
novietot stallī *v.t.* stable
novietot telpās *v.t* house
novilcināt *v.i.* slow
novirzīšanās *n* deviation
novirzīšanās no pareizā ceļa *n.*
    aberrance
novirzīt *v.t.* deflect
novirzīt *v. t* divert
novirzīties *v.i.* deflect
novirzīties *v. i* deviate
nozagt *v.i.* steal
nozare *a.* realm
nožēla *n.* compunction
nožēla *n* regret
nožēlojams *a.* abject
nožēlojams *a* deplorable
nožēlojams *a.* miserable
nožēlojams *a.* pitiable
nožēlojams *a.* sorry
nožēlojams *a.* wretched
nožēlojams cilvēks *n.* wretch
nožēlojošs *a.* repentant
nožēlošana *n.* repentance
nožēlot *v.i.* regret
nožēlot *v.i.* repent
nožēlot *v.t.* rue
noziedēt *v.i.* wallow
noziedznieks *n* criminal

noziegums *n* crime
noziegums *n.* misdeed
nozīme *n.* importance
nozīme *n.* meaning
nozīme *n.* significance
nozīme *n.* signification
nozīmēt *v.t.* signify
nozīmīgums *n.* notability
nožņaugt *v.t.* strangle
nožņaugt *v.t.* throttle
nožogot *v.t* hurdle2
nožūt *v. i.* dry
nūja *n.* stick
nulle *n.* nil
nulle *n.* nought
nulle *n.* zero
numurēt lappuses *v.t.* page
ņurdēt *v.i.* growl
ņurrāšana *n.* purr
ņurrāt *v.i.* purr

oāze *n.* oasis
objektivitāte *n.* impartiality
objektivitātes trūkums *n.* par-
    tiality
objektīvs *a.* impartial
objektīvs *n.* lens
obligāts *a.* prerequisite
obligāts *a.* mandatory
obligāts *a.* obligatory
observatorija *n.* observatory
obstrukcija *n.* obstruction
oda *n.* ode
odere *n* lining
ods *n.* mosquito
oficiāla vēstule *n.* missive
oficiāli *adv.* officially

oficiāls *a* formal
oficiāls *a.* official
ogleklis [ķīm.] *n.* carbon
oglracis *n.* pitman
oglracis *n.* miner
oglu *n* coal
okeāna *a.* oceanic
okeāns *n.* ocean
oktāva *n.* octave
oktobris *n.* october
okulārs *a.* ocular
okupācija *n.* occupancy
okupācija *n.* occupation
okupants *n.* occupant
okupants *n.* occupier
okupēt *v.t.* occupy
ola *n* egg
olas baltums *n* albumen
olas dzeltenums *n.* yolk
oļi *n.* pebble
oligarhija *n.* oligarchy
olimpiāde *n.* olympiad
olīva *n.* olive
olnīca *n.* ovary
olu krēms *n* custard
omārs *n.* lobster
omega *n.* omega
omlete *n.* omelette
opāls *n.* opal
opera *n.* opera
operācija *n.* operation
operatīvs *a.* operative
operators *n.* operator
opijs *n.* opium
oportūnisms *n.* opportunism
opozīcija *n.* opposition
optiķis *n.* optician
optimāls *a* optimum
optimisms *n.* optimism
optimistisks *a.* optimistic
optimists *n.* optimist

orākuls *n.* oracle
oranžs *a* orange
oratorisks *a.* oratorical
orators *n.* orator
orbīta *n.* orb
orbīta *n.* orbit
orda *n.* horde
oreols *n.* nimbus
organisks *a.* organic
organisms *n.* organism
organizācija *n.* organization
organizēt *v.t.* organize
orgāns *n.* organ
orģijas *n.* revelry
orientēt *v.t.* orient
orientēt *v.t.* orientate
oriģinalitāte *n.* originality
oriģināls *a.* original
orkāns *n.* hurricane
orķestra *a.* orchestral
orķestris *n.* orchestra
ornaments *n.* ornament
ornaments *n.* ornamentation
ortodoksāls *a.* orthodox
oscilēt *v.i.* oscillate
osis *n.* ash
osmanis *n.* ottoman
ošņāšana *n.* snuff
osta *n.* harbour
osta *n.* port
ostīt *v.t* nose
ostīt *v.* nuzzle
otrādi *adv.* vice-versa
otrais *a.* second
ovācija *n.* cheer
ovācija *n.* ovation
ovācijas *n* acclamation
ovāls *a.* oval
ovāls *n* oval
ozols *n.* oak

P

pa labi *adv* right
pa nakti *adv.* overnight
paātrinājums *n* acceleration
paātrināt *v.t* accelerate
paātrināt *v. t.* expedite
paātrināt *v.t* forward
paātrināta sirdsdarbība *n.* palpitation
paaudze *n.* generation
paaugstinājums *n* eminence
paaugstinājums *n.* promotion
paaugstinājums zāles galā *n.* dais
paaugstināšana *n* raise
paaugstināt *v.t.* raise
pabalsts *n.* alms
pabāzt *v.t.* poke
pabeigšana *n* completion
pabeigt *v. t* complete
pabeigt *v.t* finish
pabeigts *a* accomplished
pacelt *v* elevate
pacelt *v.t.* heighten
pacelt *v.t.* lift
pacelt *v.t.* uplift
pacelt ar domkratu *v.t.* jack
pacelties *v.i.* tower
pacēlums *n* elevation
pacēlums *n.* upheaval
pacēlums *n* uplift
paceplītis *n.* wren
pacients *n* patient
paciest *v* endure
pacietība *n.* patience
pacietīgs *a.* patient
pacilāt *v. t* exalt
paciņa *n.* packet
padarīt *v.t.* render
padarīt cildenāku *v* ennoble

padarīt cilvēcīgu *v.t.* humanize
padarīt jaunāku *v.t.* rejuvenate
padarīt lokanu (pakļāvīgu) *v.t.* limber
padarīt mīļu *n.* endear
padarīt neasu *v. t.* dull
padarīt nederīgu *v.t.* invalidate
padarīt nespējīgu *v. t* disable
padarīt par bāreni *v.t* orphan
padarīt par sievišķīgu *v* effeminate
padarīt par stereotipu *v.t.* stereotype
padarīt ūdensnecaurlaidīgu *v.t.* waterproof
padevīgs *a.* submissive
padomdevējs *n.* mentor
padome *n.* council
padomju vēlamība *n* advisability
padomnieks *n.* councillor
padoms *n* advice
padoms *n.* counsel
padoms *n.* tip
padošanās *n* surrender
padoties *v.i.* succumb
padoties *v.t.* surrender
padziļinājums *n.* recess
padziļinājums *n.* recession
padzīvojis *adj* elderly
pagaidu *a.* provisional
pagaidu *a.* temporary
pagaidu uzturēšanās *n* sojourn
pagājis *adj* elapsed
pagājis *a.* past
pagalms *n.* yard
pagarināšana *n.* prolongation
pagarināt *v.t.* lengthen
pagarināt *v.t.* prolong
pagasts *n.* parish
pagātne *n.* past
pagoda *n.* pagoda
pagodināt *v.t.* vouchsafe

pagraba telpas *n* cellar
pagrieziena punkts *n* milestone
pagrimums *n* decay
pagrūdiens *n.* shove
paiet *v* elapse
paipala *n.* quail
paisuma un bēguma *a.* tidal
pajūgs *n.* cart
pajumte *n.* shelter
paka *n.* package
pakaiši *n.* litter
pakaisīt *v.t.* litter
pakaļdzīšanās *n.* chase
pakaļdzīšanās; *n.* pursuit
pakaļgals *n.* stern
pakalpība *n.* complaisance
pakalpīgs *adj.* complaisant
pakalpojums *n.* attendance
pakalpojums *n.* service
pakampt *v.t.* snatch
pakāpe *n* degree
pakāpe *n.* grade
pakāpenisks *a.* gradual
pakāpiens *n.* rung
pakāpiens *n.* stair
pakāpiens *n* tread
pakārt *v.t.* hang
pakausis *n.* nape
pakavēties *v.i.* dwell
paklājiņš *n.* mat
paklājs *n.* rug
paklanīšanās *n.* obeisance
pakļaušana *n.* subjection
pakļaušana *n.* subjugation
pakļaušanās *n.* conformity
paklausība *n.* obedience
paklausīgs *a* docile
paklausīgs *a.* obedient
paklausīt *v.t.* obey
pakļaut *v. t* expose
pakļaut *v.t.* subject
pakļaut *v.t.* subjugate

pakļaut *v.t.* subordinate
pakļaut briesmām (riskam) *v.t.* jeopardize
pakļautība *n.* inferiority
pakļautība *n.* subordination
pakļauts *a.* subordinate
paklupšana *n.* stumble
paklupt *v.i.* stumble
pāksts *n.* pod
pakustēties *v. i. & n* budge
palaidnība *n.* prank
palaidnis *n.* urchin
palaist garām *v.t.* miss
palankins *n.* palanquin
palatāls *a.* palatal
paļaušanās *n.* reliance
paļauties *v.i.* rely
paļāvīgs *a.* trustful
palēciens *n* skip
palete *n.* palette
pāļi *n.* piles
palīdzēt *v.t* aid
palīdzēt *v. t.* benefit
palīdzēt *v.t.* help
palīdzēt *v.t.* prop
palīdzēt (briesmās, nelaimē) *v.t.* succour
palīdzība *n* aid
palīdzība *n* help
palīdzība *n.* succour
paliec sveiks! *interj.* bye-bye
paliekas *n.* wastage
palielināšanās *n.* augmentation
palielināt *v.t.* augment
palielināt *v. t* boost
palielināt *v. t.* enlarge
palielināt *v.t.* increase
palielināt *v.t.* maximize
palīgs *n.* adjunct
palīgs *n.* auxiliary
palīgs *n.* helpmate
palikt *v.i.* remain

palikt *v.i.* stay
palikt uzticīgam *v.i.* abide
paliktnis *n.* pad
palma *n.* palm
palocīšanās *n* bow
palūrēt *v.i.* peep
pamācība *n.* precept
pamāt ar roku *v.t.* beckon
pamata *adj.* basal
pamata *a.* basic
pamata *a.* capital
pamata *a.* fundamental
pamatīga pārbaude *n.* overhaul
pamatīgi apskatīt *v.t.* overhaul
pamatīgs *a* thorough
pamatojums *n.* rationale
pamatojums *n.* substantiation
pamatot *v.t.* base
pamatot *v.t.* substantiate
pamatoti *adv.* justly
pamatotība *n.* propriety
pamatots *a.* sound
pamats *n.* basis
pamats *n.* foundation
pamazināšana *n.* abatement
pamazināt *v.t.* abate
pamest *v.t.* abandon
pamest *v.t.* forsake
pamfletists *n.* pamphleteer
pamflets *n.* lampoon
pamiers *n.* truce
pamosties *v.t.* awake
pampt *v.i.* swell
pamudinājums *n.* incentive
pamudinājums *n.* inducement
pamudināt *v.t.* prompt
pamudinātājs *n.* prompter
pamuļķīgs *a.* sheepish
panaceja *n.* panacea
panegiriks *n.* panegyric
panelis *n.* panel
panika *n.* panic

panikā bēgt *v.i* stampede
panīkums *n* decline
paniņas *n* buttermilk
paniska bēgšana *n.* stampede
panorāma *n.* panorama
panteisms *n.* pantheism
panteists *n.* pantheist
panteris *n.* panther
pantomīma *n.* pantomime
papagailis *n.* parrot
papēdis *n.* heel
papele *n.* poplar
papildinājums *n* extra
papildinājums *n.* supplement
papildināt *n* complement
papildināt *v. t* enrich
papildināt *v.t.* replenish
papildināt *v.t.* supplement
papildnodoklis *n.* surtax
papildu *adj* adscititious
papildu *a.* auxiliary
papildu *a* complementary
papildu *a.* plus
papildu *a.* subsidiary
papildu *a.* supplementary
papildu
   a. additional
papīrs *n.* paper
paplāksne *n.* gasket
paplašināšana *n* amplification
paplašināt *v.t.* amplify
paplašināt *v.t.* expand
paplašināt *v. t* extend
paplašināt *v.t.* widen
paplāte *n.* tray
papuve *n* fallow
par *prep* about
par *prep* for
par *prep.* per
pār bortu *adv.* overboard
par laimi *adv.* luckily
parabola *n.* parable

parāde *n.* parade
parādība *n.* phenomenon
paradis *a.* wont
parādīt *v.t.* show
paradīze *n.* paradise
parādnieks *n* debtor
paradoksāli *a.* paradoxical
paradokss *n.* paradox
parādos *a.* indebted
parāds *n.pl.* arrears
parāds *n* debt
parāds *n* due
parafīns *n.* paraffin
parafrāze *n.* paraphrase
parafrāzēt *v.t.* paraphrase
paragrāfs *n.* par
pāragrs *a.* premature
pārāk *adv.* too
pārak augsta cena *n* overcharge
pārāk liela deva *n.* overdose
pārāks *a.* superior
parakstīt *v.t.* sign
parakstīt ar iniciāļiem *v.t* initial
parakstītājs *n.* signatory
paraksts *n.* signature
pārākums *n.* pre-eminence
pārākums *n.* superiority
paralēle *n.* parallel
paralēlisms *n.* parallelism
paralelograms *n.* parallelogram
paralītisks *a.* paralytic
paralīze *n.* palsy
paralīze *n.* paralysis
paralizēt *v.t.* paralyse
parasti *adv.* generally
parasti *adv.* ordinarily
parasti *adv.* usually
parasts *a.* commonplace
parasts *a.* usual
parasts *a.* wonted
paraugs *n.* norm
paraugs *n.* paragon

paraugs *n.* sample
paraugs *n.* specimen
pāraugt *v.t.* outgrow
paraustīt plecus *v.t.* shrug
paraža *n* wont
parazīts *n.* parasite
parazīts *n.* pest
paražu *a* customary
pārbaudāmais *n.* probationer
pārbaude *n* check
pārbaude *n.* inspection
pārbaude *n.* roll-call
pārbaude *n* test
pārbaude *n.* verification
pārbaudi *n.* scrutiny
pārbaudīt *v.t.* audit
pārbaudīt *v. t.* check
pārbaudīt *v. t.* essay
pārbaudīt *v. t* examine
pārbaudīt *v.t.* test
pārbaudīt *v.t.* verify
pārbaudīt jautājot *v.t.* quiz
pārbēdzējs *n* convert
pārceļotājs *n.* migrant
pārcelšanās *n.* removal
pārcelšanās *n.* trek
pārcelt *v.t* ferry
pārcelties *v.i.* trek
pārciest *v.t.* weather
pārcilvēcisks *a.* superhuman
pārcilvēks *n.* superman
pārdabisks *a.* supernatural
pārdevēja *n.* seller
pārdevējs *n.* monger
pārdevējs *n.* salesman
pārdevējs *n.* vendor
pārdodams *a.* marketable
pārdomas *n* contemplation
pārdomas *n.* reflection
pārdomas *n.* rumination
pārdošana *n.* sale
pārdot *v.t.* sell

pārdot mazumā *v.t.* retail
pārdot ūtrupē *v.t.* auction
pārdozēt *v.t.* overdose
pārdrošība *n.* daring
pārdrošs *a.* venturous
pārdrošs *a.* adventurous
pārdrošs *a* daring
pārdrošs *a.* reckless
pārdrošs *a.* venturesome
pārdurt *v.t.* puncture
pārdzīvot *v.i.* outlive
pārdzīvot *v.i.* survive
paredzams *a.* prospective
paredzējums *n.* anticipation
paredzējums *n.* prescience
paredzēt *v.t.* anticipate
paredzēt *v.t.* apprehend
paredzēt *v.t* forecast
paredzēt *v.t* foresee
pareģis *n.* seer
pareģojums *n.* prophecy
pareģošana *n.* prediction
pareģot *v.t.* auspicate
pareģot *v.t* foretell
pareģot *v.t.* portend
pareģot *v.t.* prophesy
pareizi *adv* aright
pareizi *adv.* aright
pareizs *a* correct
pareizticība *n.* orthodoxy
pāreja *n* pass
pāreja *n.* transition
pārejošs *n.* transitive
pārejošs *n.* transitory
pārģērbšanās *n* disguise
pārgreizt uz pusēm *v. t* bisect
pāri *adv.* beyond
pāri *prep.* past
pāris *n* couple
pāris *n.* pair
paritāte *n.* parity
pārkāpšana *n.* transgression

pārkāpšana (likuma) *n.* infringement
pārkāpt *v.t.* infringe
pārkāpt *v.i.* stride
pārkāpt *v.t.* transgress
pārkāpt *v.i.* trespass
pārkāpt *v.t.* violate
pārkāpums *n.* misdemeanour
pārkāpums *n.* trespass
pārkauloties *v.t.* ossify
pārķeršana *n.* interception
pārķert *v.t.* intercept
pārklājs *n.* coverlet
pārklāt *v.t.* sheet
pārklāt ar kvēpiem (sodrējiem) *v.t.* soot
pārklāts ar vasku *adj.* cerated
parks *n.* park
pārlādēt *v.t.* overcharge
pārlaidums *n* overlap
parlamenta *a.* parliamentary
parlamenta loceklis *n.* parliamentarian
parlaments *n.* parliament
pārlidošana *n* over
pārliecība *n* confidence
pārliecība *n* conviction
pārliecība *n* creed
pārliecināšana *n.* persuasion
pārliecināt *v.t.* assure
pārliecināt *v. t* convince
pārliecināt *v.t.* persuade
pārliecināts *a.* confident
pārliecināts *a.* sure
pārliecinošs *adj.* cogent
pārliecinošs *a* conclusive
pārmainīšana *n.* permutation
pārmeklēt *v.t.* rifle
pārmērība *n.* redundance
pārmērība *n.* satiety
pārmērība *n.* superfluity
pārmērība *n.* surfeit

pārmērīgs *a.* undue
pārmest *v. t.* chide
pārmest *v.t.* rebuke
pārmest *v.t.* reproach
pārmest *v.t* upbraid
pārmetums *n.* rebuke
pārmetums *n.* reproach
parodija *n.* parody
parole *n.* parole
pāroties *v.t.* mate
pārpalikums *n* excess
pārpalikums *n.* surplus
pārpilnība *n* abundance
pārpilnība *n* glut
pārpilnība *n.* luxuriance
pārpilnība *n.* plenty
pārpilnība *n.* profusion
pārpilns *a* abundant
pārpilns *a.* affluent
pārplūdināt *v.t.* swamp
pārplūst *v.t* flood
pārprast *v.t.* misapprehend
pārprast *v.t.* misunderstand
pārpratums *n* misapprehension
pārpratums *n.* misunderstanding
pārraide *n.* transmission
pārraidīt *v.t.* relay
pārraidīt *v.t.* televise
pārraidīt pa radio *v.t.* radio
pārraidīt pa televīziju *v.t.* telecast
pārraut *v.t.* rupture
pārrēķināšanās *n.* miscalculation
pārrēķināties *v.t.* miscalculate
pārsātināt *v.t.* glut
pārsedze *n.* lintel
pārsējums *~n.* bandage
pārsiet *v.t* bandage
pārskatīšanās *n.* oversight
pārskats *n* review
pārslēgt *v.t.* switch

pārslodze *n* overload
pārslodze *n.* overwork
pārslogot *v.t.* overburden
pārslogot *v.t.* overload
pārslogot *v.t.* surcharge
pārsniegt *v.t* exceed
pārsniegt *v.t* overrun
pārsniegt *v.t.* transcend
pārspēt *v.t.* outbid
pārspēt *v.t.* outdo
pārspēt *v.t.* overpower
pārspēt *v.t.* surpass
pārspēt *v.t.* top
pārspēt skaita ziņā *v.t.* outnumber
pārspēt viltībā *v.t.* outwit
pārspīlēšana *n.* exaggeration
pārspīlēt *v. t.* exaggerate
pārspīlēt *v.t.* magnify
pārspīlēt *v.t.* overdo
pārspīlēt *v.t.* overdraw
pārstādīt *v.t.* transplant
pārstāvēt *v.t.* represent
pārstāvība *n.* representation
pārstāvis *n.* representative
pārstāvju *a.* representative
pārsteidzība *n.* imprudence
pārsteidzīgi *adv.* headlong
pārsteidzīgs *a.* imprudent
pārsteigt *v.t.* amaze
pārsteigt *v.t.* astonish
pārsteigt *v. t* bemuse
pārsteigt *v.t.* overtake
pārsteigt *v.t.* startle
pārsteigt *v.t.* surprise
pārsteigums *n.* amazement
pārsteigums *n.* astonishment
pārsteigums *n.* surprise
pārstrādāties *v.i.* overwork
pārsūdzētājs *n.* appellant
pārsūtīt *v.t.* transfer
pārsvars *n.* predominance

pārsvars *n.* preponderance
pārtaisīšana *n* alteration
pārticis *a.* well-to-do
partija *n.* party
pārtika *n* edible
pārtika *n* food
pārtika *n. pl* victuals
pārtikas (bakalejas) preču
tirgotājs *n.* grocer
pārtikas veikals *n.* grocery
partizāns *n.* guerilla
partizānsks *n* partisan
partneris *n.* partner
pārtraukt *v.t.* interrupt
pārtraukt *v.t.* stop
pārtraukums *n.* interruption
pārtraukums *n.* parenthesis
parūka *n.* wig
paruna *n.* adage
paruna *n* byword
parunas- *a.* proverbial
pārvadāšana *n* conveyance
pārvadāšana ar pajūgiem *n.*
cartage
pārvadāt *v. t.* convey
pārvākšanās *n.* move
pārvalde *n.* administration
pārvalde *n.* government
pārvaldīt *v.t.* administer
pārvaldīt *v.t.* govern
pārvaldīt *v.t.* manage
pārvaldīt *v.t.* master
pārvaldnieks *n.* administrator
pārvarēt *v.t.* overcome
pārvarēt *v.t.* surmount
pārveidošana *n.* transfiguration
pārveidot *v.t.* transfigure
pārveidot *v.* transform
pārveidotājs *n.* reformer
pārvēršana *n* conversion
pārvērst etiķī *v.* acetify
pārvērst gāzveida stāvokl *v.t.*

aerify
pārvērst šķidrumā *v.t.* liquefy
pārvērtēt *v.t.* overrate
pārvešana *n* ferry
pārvietojams *a.* movable
pārvietojams *a.* transferable
pārvietošana *n.* transmigration
pārvietošanās *n.* movement
pārvietot *v. t* displace
pārvietot *v.t.* move
pārvietot *n* shift
pārvirze *v.t.* shift
pārziemošana *n.* hibernation
pārziemot *v.i* winter
pārzināt *v.t.* superintend
paša *a.* own
pašaizliedzība *n* abnegation
pašaizliedzīgs *a.* selfless
pasakains *a* fabulous
pasaknis *n.* stub
pašanalīze *n.* introspection
pašapmierināts *adj.* complacent
pasaule *n.* world
pasaules *a.* global
pasaulīgs *a.* mundane
pasaulīgs *a.* worldly
pasažieris *n.* passenger
pase *n.* passport
pasīvs *a.* passive
paskaidrojums *n* explanation
paslēpties *v* elope
paslēptuve *n.* ambush
pasliktināšana *n.* aggravation
pasliktināt *v.t.* aggravate
pasliktināt *v.t.* worsen
pasludināt ārpus likuma *v.t*
outlaw
pašnāvība *n.* suicide
pašnāvības *a.* suicidal
pasniedzējs *n.* lecturer
pasniegt *v.t* hand
pašpārliecība *n.* assurance

pašreizējais *a* current
pasta *n.* paste
pasta *n.* post
pasta *a.* postal
Pasta *n.* post-office
pasta izdevumi *n.* postage
pasta priekšnieks *n.* postmaster
pasta rati *n* chaise
pasta sūtījums *n.* parcel
pastaiga *n* ramble
pastaiga *n* stroll
pastaiga *n* walk
pastaigāties *v.i.* stroll
paštaisns *a.* righteous
pastāvēšana *n* existence
pastāvēt *v. i* exist
pastāvēt *v.t.* insist
pastāvēt uz savu *v.i.* persist
pastāvība *n.* permanence
pastāvīgie enkuri *n.* mooring
pastāvīgs *a* abiding
pastāvīgs *a.* perennial
pastāvīgs *a.* permanent
pastāvīgs *a.* persistent
pastelis *n.* pastel
pastiprināšana *n.* reinforcement
pastiprināt *v.t.* intensify
pastiprināt *v.t.* reinforce
pastiprinātājs *n* amplifier
pastnieks *n.* postman
pastorāle *a.* pastoral
pasts *n.* mail
pasūtīt *v. t.* book
pasūtīt *v* order
pašvaldības *a.* municipal
pasvītrot *v.t.* underline
pat *adv* even
pātaga aukla *n.* whipcord
pātagot *v* lash
patapināt *v. t* borrow

patapināt *v.t.* loan
pateicība *n.* gratitude
pateicība *n.* thanks
pateicīgs *a.* grateful
pateicīgs *a.* thankful
pateikt *v.t.* tell
pateikties *v.t.* thank
patentēt *v.t.* patent
patentēts *a.* patent
patentlīdzeklis *n.* nostrum
patents *n* patent
patērēšana *n* consumption
patērēt *v. t* consume
patēriņa priekšmets *n.* commodity
patēriņš *n* consumption
patētisks *a.* pathetic
patiešām *adv.* indeed
patiesi *adv* bonafide
patiesība *n.* truth
patiesīgs *a.* truthful
patiess *a.* actual
patiess *a* bonafide
patiess *a.* genuine
patiess *a.* sterling
patiess *a.* true
patika *n.* liking
patīkams *a.* agreeable
patīkams *a.* pleasant
patikt *v.t.* like
patoss *n.* pathos
patrimonijs *n.* patrimony
patriotisks *a.* patriotic
patriotisms *n.* patriotism
patriots *n.* patriot
patronāža *n.* patronage
patrons *n.* patron
patruļa *n* patrol
patrulēt *v.t.* picket
pats *n.* self
pats *a.* very
pats svarīgākais *n.* paramount

patskanis *n.* vowel
paturēšana *n.* retention
paturēt *v.t.* retain
paturēt prātā *v.t.* mind
patvaldība *n* autocracy
patvaldnieks *n* autocrat
patvaļīgs *a.* arbitrary
patvarīgs *a* autocratic
patverties *v.i.* resort
patverties *v.t.* shelter
patvērums *n* asylum
patvērums *n.* haven
patvērums *n.* recourse
patvērums *n.* refuge
patvērums *n* resort
paugurs *n.* mound
paukot *v.t* fence
paukšķis *n* pop
pauze *n.* pause
pavada *n.* rein
pavadīt *v. t* escort
pavadīt *v.t.* spend
pavadonis *n.* guide
pavadzīme *n.* invoice
pavairošana *n.* propagation
pavards *n.* hearth
pavārs *n* cook
pavasara *a.* vernal
pavasaris *n* spring
pavediens *n* clue
pavedināt
  v entice
paveikt *v.t.* accomplish
pavēles *a.* imperative
pavēlošs *a.* magisterial
pavest *n.* seduce
pāvesta *a.* papal
pāvesta amats *n.* papacy
pavēste *n.* summons
pāvests *n.* pope
paviāns [zool.] *n.* baboon
paviljons *n.* pavilion

pavirši strādāt *v* bungle
paviršība *n.* superficiality
paviršs *a* cursory
paviršs *a.* lax
paviršs *a.* sketchy
pavisam *adv.* utterly
pāvs *n.* peacock
pāvu mātīte *n.* peahen
pazeme *n.* underworld
pazemība *n.* humility
pazemības *n.* lowliness
pazemīgs *a.* humble
pazemināt *v.t.* lower
pazemināt cenu *v. t.* cheapen
pazemināties *v. i* drop
pazemojums *n* abasement
pazemojums *n.* humiliation
pazemot *v.t.* abase
pazemot *v.t.* humiliate
pazīme *n.* hallmark
pazīme *n.* omen
paziņa *n.* acquaintance
paziņojums *n.* announcement
paziņojums *a.* notice
paziņojums *n.* notification
paziņojums *n.* statement
paziņot *v.t.* apprise
paziņot *v.t.* manifest
paziņot *v.t.* notice
paziņot *v.t.* notify
pazīstams *a* familiar
pazoboties *v.t.* rally
pazolēt *v.t* sole
pazudināt *v.t.* ruin
pēc *prep.* after
pēc *prep* upon
pēc izvēles *a.* optional
pēc kā *conj.* whereupon
pēc pirmā iespaida *adv.* prima
  facie
pēc tam *adv.* thereafter
pēc tam *conj.* when

pēc tam kad *conj.* after
pēc vēlēšanām *n* by-election
pēcnācēji *n.* progeny
pēcnācēji *n.* spawn
pēcnācējs *n* descendant
pēcnācējs *n.* offspring
pēcnāves *a.* posthumous
pēcnāves *a.* post-mortem
pēcteči *n.* posterity
pēctecis *n.* successor
pēda *n* foot
pedagoģija *n.* pedagogy
pedagogs *n.* pedagogue
pedālis *n.* pedal
pedantisks *n.* pedantic
pedantisks *a.* smug
pedantisms *n.* pedantry
pedants *n.* martinet
pedants *n.* pedant
pēdas *n.* trace
pēdējais *a.* last1
pēdējais (no diviem minētajiem) *a.* latter
pēdējo reizi *adv.* last
pediņš *n* faggot
peilēt *v.t* fathom
pekles *a.* infernal
pēkšķēšana *n* quack
pēkšķēt *v.i.* quack
pēkšņas sāpes *n.* pang
pēkšņi *adv.* suddenly
pēkšņs *n.* sudden
peldēšana *n* swim
peldēt *v.i* float
peldēt *v.i.* swim
peldētājs *n.* swimmer
peldēties *v. t* bathe
peldošā stāvoklī *adv.* afloat
peldspējas *n* buoyancy
pele *n.* mouse
pelējums *n.* mould
pelējums *n.* must

pelēks *a.* grey
peļķe *n.* puddle
peļņa *n* emolument
peļņa *n.* lucre
peļņa *n.* profit
pelnīt *v. t.* deserve
pelnīt *v.t* merit
peļņu nesošs *a.* lucrative
penijs *n.* penny
penis *n.* penis
pensija *n.* pension
pensionārs *n.* pensioner
Pentagons *n* pentagon
perambulators *n.* perambulator
perējums *n* brood
perējums *n* clutch
perēt *v.t.* nest
perforators *n.* punch
perforēt *v.t.* perforate
perifērija *n.* periphery
perināt *v* whelp
periodiski *a.* periodical
periodisks izdevums *n.* periodical
periods *n.* period
periods *n.* spell
periods *n* spell
pērkamība *n.* venality
pērkons *n.* thunder
pērle *n.* pearl
perpendikulārs *a.* perpendicular
perpendikulārs *n.* perpendicular
persiks *n.* peach
persona *n.* person
personāls *n.* staff
personība *n.* personality
personifikācija *n.* personification
personīgi *adv.* bodily
personisks *a.* personal
perspektīva *n.* outlook
perspektīva *n.* perspective
perspektīva *n.* prospect

pērt *v.t* flog
pērtiķim līdzīgs *a.* apish
pērtiķis *n* ape
perversitāte *n.* perversion
pesimisms *n.* pessimism
pesimistisks *a.* pessimistic
pesimists *n.* pessimist
pesticīds *n.* pesticide
petarde *n* maroon
petīcija *n.* petition
pētījums *n.* study
pētīt *v.i.* research
pētniecība *n* research
petroleja *n.* kerosene
pianists *n.* pianist
pie *prep.* at
pie *prep* by
pie *prep.* near
pie *prep.* on
pie tam *adv.* withal
pieaudzis *a.* marriageable
pieaugt *v.i.* accrue
pieaugt *v.* rise
pieaugums *n* gain
pieaugums *n* increase
pieaugums *n.* increment
pieaugušais *a* adult
pieaugušais *n.* adult
piebērt cukuru *v.t.* sugar
piebilst *v.t.* remark
piecdesmit *n.* fifty
pieci *num* five
piecpadsmit *num* fifteen
piecstūris *n.* pentagon
piedalīties *v.i.* partake
piedalīties *v.i.* participate
piedāvājums *n* offer
piedāvājums *n* tender
piedāvāt *v.t.* offer
piedāvāt *v.t.* tender
piederēt *v.i.* adhere
piederēt *v. i* belong

piederēt *v.t.* own
piederība *n.* affiliation
piederība *n.* membership
piederumi *n* accessory
piederumi *n.* outfit
piederumi *n. pl* paraphernalia
piederumi *n.* tackle
piederums
  n appurtenance
piedēvēt *v.t.* impute
piedodams *a.* pardonable
piedodams *a.* venial
piedošana *n.* pardon
piedot *v.t* forgive
piedurkne *n* sleeve
piedzēries *a.* tipsy
piedziedājums *n* refrain
piedziņa *n* drive
piedzīt *v.t.* levy
piedzīvojis *a.* versed
piedzīvojis *a.* veteran
piedzīvojums *n* adventure
piedzīvot *v. t.* experience
pieēdināt *v.t.* satiate
pieeja *n* access
pieeja *n* accession
pieeja *n.* approach
pieejams *a* available
piegādāt *v. i* cater
piegādāt *v. t* deliver
piegādāt *v.t.* supply
piegādātājs *n.* supplier
piegāde *n* delivery
piegāde *n* supply
piegarša *n* relish
pieglaimošanās *n.* subservience
piejaukšana *n.* adulteration
piejaukt *v.t.* adulterate
piejaukt *v.t.* sophisticate
piejaukums *n.* smack
piekabe *n.* trailer
piekāpība *n.* compliance

piekāpīgs *adj.* compliant
piekāpties *v.t.* concede
pieķeršanās *n.* adherence
pieķeršanās *n.* affection
pieķeršanās *n* devotion
pieķerties sīkumiem *v. t* cavil
pieklājība *n.* courtesy
pieklājība *n* decency
pieklājība *n* decorum
pieklājība *n.* politeness
pieklājīgs *a.* courteous
pieklājīgs *a* decent
pieklājīgs *a.* mannerly
pieklājīgs *a.* polite
pieklāties *v. i* become
piekļauties *v. i.* cling
piekrāpt *v.t.* swindle
piekraste *n* coast
piekrastes *a.* littoral
piekrišana *n.* accord
piekrišana *n.* assent
piekrišana *n.* consent
piekrist & accept
piekrist *v.i.* agree
piekrist *v.i.* assent
piekrist *v. i* consent
piekritējs *n.* henchman
piekritējs *n.* partisan
piektdiena *n.* Friday
piekukuļot *v. t.* bribe
piekūns *n* falcon
piekvēpis *a.* smoky
pielādēt *v. t.* charge
pielāgot *v.t.* suit
pielāgoties *v.t.* adapt
pielāgoties
   v.t. adjust
pieļaujamais *a.* permissible
pieļaujams *a.* admissible
pieļaut *v.t.* allow
pieļaut *v.t.* tolerate
pielavīties *v.i.* stalk

pielīdzināt *v. t* equal
pielīdzināt *v.t.* liken
pielīdzināties *v.* assimilate
pieliekamais *n.* pantry
pieliekties *v. i.* crouch
pieliekties *v.i.* stoop
pielietojams *a.* applicable
pielietot *v.t.* apply
pielietot varmācību *v.t.* outrage
pielietot
   v.t. adhibit
pielikt *v.t.* add
pielikt *v.t.* append
pielikt garšvielas *v.t.* spice
pielikums *n.* addition
pielikums *n.* appendage
pielikums *n.* appendix
pielīmēt *v.t.* stick
pielūdzējs *n* gallant
pielūdzējs *n.* suitor
pielūdzējs *n.* worshipper
piemaisījums *n.* impurity
piemaksa *n.* premium
piemaksa *n.* surcharge
piemānīt *v.t* hoax
piemānīt *v.t.* hoodwink
piemērotība *n.* suitability
piemērots *adj* apposite
piemērots *a.* apt
piemērots *a* becoming
piemērots *adj* eligible
piemērots *adj* fit
piemērots *a.* pertinent
piemērots *a.* suitable
piemērs *n* example
piemiņas *n.* commemoration
piemiņas *a* memorial
piemineklis *n.* memorial
piemineklis *n.* monument
pieminēšana *n.* mention
pieminēt *v.t.* mention
piemiņlieta *n.* keepsake

piemīt *v.t.* possess
piemītošs *a.* inherent
piena *a.* milch
piena *a.* milky
pienācīgi *adv* duly
pienācīgs *a* due
pienācīgs *a.* proper
pienākums *n* duty
pienākums *n.* obligation
pieņemamās telpas *n.* chamber
pieņemams *a* acceptable
pieņemšana *n* acceptance
pieņemt *v. t* conjecture
pieņemt *v.t.* presume
pieņemts vārds *n.* alias
pieņēmums *n.* assumption
pieņēmums *n.* presumption
pieņēmums *n.* presupposition
pieņēmums *n.* supposition
pienene *n.* dandelion
pienotava *n* dairy
piens *n.* milk
piepildīts *a.* replete
piepilsēta *n.* suburb
pieplūdums *n.* affluence
pieplūdums *n.* influx
pieplūdums *n.* rush
pieplūdums *n.* surge
pieprasījums *n* demand
pieprasījums *n* request
pieprasīt *v. t* demand
pieprasīt *v.t.* require
pierādījums *n* evidence
pierādījums *n.* proof
pieradināt *v. t.* habituate
pieradināt *v.t.* tame
pieradināties *v.t.* accustom
pieradināts *a.* tame
pieradis *a.* accustomed
pierādīt *v. t* demonstrate
pierādīt *v.t.* prove
piere *n* forehead

pieredze *n* experience
pieredzes trūkums *n.* inexperience
pierunāšana *n.* admonition
pierunāt *v.t.* admonish
pierunāt *v. t* coax
pierunāt *v.t.* predetermine
piesardzība *n.* caution
piesardzība *n* discretion
piesardzība *n* heed
piesardzība *n.* precaution
piesardzība *n.* prudence
piesardzības *a.* prudential
piesardzīgs *a.* cautious
piesardzīgs *adj.* circumspect
piesardzīgs *a.* mindful
piesardzīgs *a.* prudent
piesardzīgs *a.* wary
piesargāties *v.i.* beware
piesārņojums *n.* pollution
piesārņot *v.t.* contaminate
piesātinājums *n.* saturation
piesātināt *v.t.* saturate
piesaukšana *n.* invocation
piesavināšanās *n.* misappropriation
piesavināties *v.t.* appropriate
piesavināties *v.t.* purse
piesiet *v.t.* tether
piesiet pie mieta *v.t.* stake
pieskāriens *n* touch
pieskarties *v.t.* touch
pieskarties ar purngalu *v.t.* toe
piešķirt *v.t.* assign
piešķirt *v. i* confer
piešķirt *v* endow
piešķirt *v.t.* grant
piešķirt *v.t.* impart
piešķirt (balvu) *v.t* mete
piešķirt nokrāsu *v.t.* tincture
piešķirt nokrāsu *v.t.* tinge
piešķirt pensiju *v.t.* pension

pieslieties *v. t* bide
piešmaukt *v* mug
piespiedu *a* compulsory
piespiešana *n* compulsion
piespiest *v. t* compel
piespiest *v.t* force
piespiest *v.t.* oblige
piesprādzēt *v.t.* strap
piespraust *v.t* fasten
piespraust *v.t.* pin
piespriest *v.t.* sentence
piespriest naudas sodu *v.t* fine
piestātne *n* halt
piestātne *n.* wharfage
piestiprināšana *n.* attachment
piestiprināt *v.t.* affix
piestiprināt *v.t.* attach
piestūķēt *v. t* cram
pietauvot *v. t.* cable
pietauvot *v.t* moor
pieteikt matu *v.t.* mate
pieteikties *v.t.* volunteer
pieteka *n.* tributary
pietekas *a.* tributary
pieticība *n* modesty
pieticīgs *a.* lowly
pieticīgs *a.* modest
pietiekami *adv* enough
pietiekams *adj* enough
pietiekams *n.* sufficiency
pietiekams *a.* sufficient
pietiekams *a.* tolerable
pietikt *v.i.* suffice
pietupties *v.i.* duck
pieturzīmes *n.* punctuation
pietvīcis *adv* ablush
pietvīkums *n* flush
pievērst uzmanību *v.t.* heed
pievienošana *n* annexation
pievienot *v* enclose
pievienot *v.t.* prefix
pievienot *v.t.* tag

pievienot ar varu *v.t.* annex
pievienot sufiksu *v.t.* suffix
pievienoties *v.t.* adjoin
pievienoties *v.t.* join
pievienots *a.* incorporate
pievilcība *n.* attraction
pievilcīgs *a.* attractive
pievilcīgs *a.* lovable
pievilt *v. t.* disappoint
piezīme *n.* note
piezīme *n.* remark
piezīme *n.* reproof
pigmejs *n.* pigmy
pigmejs *n.* pygmy
pikants *a.* piquant
pikants *a.* spicy
pikantums *n.* savour
piķis *n.* pitch
piķis *n.* lance
pikniks *n.* picnic
pīkstēt *v. i* cheep
pīkstiens *n* peep
pīkstiens *n* squeak
pīlārs *n.* pillar
pildīt *v.i.* officiate
pildspalva *n.* pen
pīle *n* duck
pilēšana *n* drip
pilēt *v. i* drip
piliens *n* drop
pilna karote *n.* spoonful
pilnība *n.* fullness
pilnība *n.* perfection
pilnība *n.* tirade
pilnīga *a* complete
pilnīgi *adv* all
pilnīgi *adv* downright
pilnīgi *adv.* entirely
pilnīgi *adv.* full
pilnīgi *adv.* fully
pilnīgi *adv.* stark
pilnīgi *adv.* wholly

pilnīgi sagraut *n* checkmate
pilnīgi sakaut *v.t.* rout
pilnīgs *adj* entire
pilnīgs *a.* mere
pilnīgs *a.* sheer
pilns *a.* fraught
pilns *a.* full
pilnvara *n.* proxy
pilnvarot *v.t.* accredit
pilnvarot *v* empower
pilnvarotais *n.* assignee
pilnvarotais *n.* trustee
pilots *n.* pilot
pils *n.* castle
pils *n.* palace
pilsēta *n.* town
pilsētas *n* city
pilsētas *a.* urban
pilsoņa *a* civic
pilsonība *n* citizenship
pilsonība *n.* nationality
pilsonis *n* citizen
pilsoniskā izglītība *n* civics
pilsoniskās *a* civil
pilsveidīgs *a.* palatial
pinamās kļūdziņas *n.* wicker
pinkšķēt *v.i.* whimper
pinnacle *n.* pinnacle
pionieris *n.* pioneer
pipari *n.* pepper
piparmētra *n.* mint
piparot *v.t.* pepper
piramīda *n.* pyramid
pirātisms *n.* piracy
pirāts *n.* pirate
pircējs *n.* buyer
pirksts *n* finger
pirksts *n.* toe
pirkt *v. t.* buy
pirkt *v.t.* purchase
pirkums *n.* purchase
pirmais *a* first

pirmais *a.* premier
pirmatnējs *a.* primeval
pirmavots *n* original
Pirmdiena *n.* Monday
pirmizrāde *n.* premiere
pirms *adv.* ago
pirms *prep* before
pirms *adv.* prior
pirmsdzemdību *adj.* antenatal
pirmslaulības *adj.* antenuptial
pirmslaulības *a.* premarital
pīšļi *n.* clod
pistole *n.* gun
pistole *n.* pistol
pisuārs *n.* urinal
pitons *n.* python
pivilcīgas īpašības *n* grace
pjedestāls *n.* pedestal
plaisa *n* cleft
plaisa *n* crack
plaisa *n* flaw
plaisa *n* gap
plaisa *n.* rift
plaisa *n* split
plakans *a* flat
plakāts *n.* poster
plakne *n.* plane
plāksne *n.* slab
plāksteris *n* patch
plāksteris
    n. adhesive
plandīties *v.i.* nod
planēt *v.i.* soar
planēta *n.* planet
planētas *a.* planetary
planieris *n.* glider
planka *n.* plank
plānošana *n.* projector
plānot *v.t.* plan
plāns *n.* plan
plāns *n.* plot
plāns *a.* thin

plantācija *n.* plantation
pļāpāšana *n.* prattle
pļāpāt *v. t. & i* blab
pļāpāt *v. i.* chat2
plaši *adv.* wide
plaši izplatīts *a.* widespread
plaši izrunāties *v. t.* expatiate
plaši pazīstams *a.* well-known
plašs *a.* ample
plašs *a.* large
plašs *a.* vast
plašs *a.* wide
plate *n.* plate
platforma *n.* platform
plātīšanās *n* boast
plato *n.* plateau
platonisks *a.* platonic
plats *a* broad
plats *a.* obtuse
platums *n* breadth
platums *n.* latitude
platums *n.* width
pļaukāt *v. t* cuff
plauksta *n.* palm
plaukstas locītava *n.* wrist
plaukt *v.i* flourish
plaukt *v.i.* prosper
plaukts *n.* rack
plaukts *n.* shelf
plaukums *n* pride
plauša *n* lung
pļaut *v.t.* mow
pļaut *v.t.* reap
pļaut *v.t.* scythe
pļava *n.* lea
pļava *n.* meadow
pļāvējs *n.* haverster
plebiscīts *n.* plebiscite
plecs *n.* shoulder
plecu paraustīšana *n* shrug
plecu šalle *n.* shawl
plēšas

n. bellows
pletne *n* lash
pliekans *a.* insipid
plikgalvains *a.* bald
pliķis *n.* slap
pliknis *n* nude`
plikpaurains *a.* bold
plīsums *n* fissure
plīsums *n.* rupture
plīsums *n.* tear
plīts *n* cooker
plīts *n.* stove
plīvurs *n.* veil
plosīties *v.i.* romp
plūdi *n* flood
plūdi *n.* spate
pludmale *n* beach
plūkšana *n* pluck
plūkšanās *n.* scuffle
plūkties *v.i.* scuffle
plūme *n.* plum
plunčāties *v. i.* dabble
plūsma *n* flow
plūsma *n.* stream
pluss *n* plus
plūst *v.i* flow
plūst *v.i.* stream
plūstošās smiltis *n.* quicksand
plūstošs *a* fluent
pneimonija *n* pneumonia
podagra *n.* gout
podnieks *n.* potter
podnieku māls *n* argil
pods *n.* pot
poētika *n.* poetics
poēzija *n.* poesy
poga *n* button
poga *n.* stud
pogāt *v. t.* button
polārs *n.* polar
Polārzvaigzne *n.* loadstar
policija *n.* police

policijas stunda *n* curfew
policists *n* constable
policists *n.* policeman
poligamija *n.* polygamy
poligamijas *a.* polygamous
poliglots *n.* polyglot
politehnikums *n.* polytechnic
politehnisks *a.* polytechnic
politeisms *n.* polytheism
politeists *n.* polytheist
politika *n.* policy
politika *n.* politics
politiķis *n.* politician
politisks *a.* political
polo *n.* polo
pols *n.* pole
polsterējums *n.* padding
polsterēt *v.t.* pad
pompa *n.* pomposity
pompozs *a.* pompous
ponijs *n.* nag
ponijs *n.* pony
poplīns *n.* poplin
popularitāte *n* celebrity
popularitāte *n.* popularity
popularitāte *n.* vogue
popularizēt *v.t.* popularize
populārs *a.* popular
pora *n.* pore
porcelāns *n.* porcelain
porcija *n* portion
portāls *n.* portal
portatīvs *a.* portable
porteris *n.* porter
portfelis *n.* portfolio
portiks *n.* portico
portrets *n.* portrait
portretu gleznlecība *n.* portraiture
posmains *a.* articulate
posms *n.* stage
postījumi *n.* ravage

postošs *a* disastrous
posts *n.* misery
posts *n.* scourge
postskripts *n.* postscript
potašs *n.* potash
potence *n.* potency
potencialitāte *n.* potentiality
potenciāls *a.* potential
potents *a.* potent
potēšana *n.* inoculation
potēt *v.t.* inoculate
potēt *v.t.* vaccinate
potīte *n.* ankle
potzars *n.* graft
poza *n.* pose
poza *n.* posture
pozitīvs *a.* positive
pragmatisms *n.* pragmatism
prakse *n.* practice
praktikants *n.* trainee
praktisks *a.* practical
praktisks *a.* pragmatic
praktiskums *n.* practicability
praktizēt *v.t.* practise
prasība *n* claim
prasība *n.* requirement
prasīt *v.t.* necessitate
prasītājs *n* claimant
prasītājs *n.* petitioner
prasītājs *n.* plaintiff
prasme *n.* proficiency
prasme *n.* skill
prasmīgs *a* expert
prasmīgs *a.* proficient
prasmīgs *a.* skilful
prātīgs *a.* sober
pratināšana *n.* interrogation
prātot *v.i.* ruminate
prāts *n.* mind
pravietisks *a.* oracular
pravietisks *a.* prophetic
prāvnieks *n.* litigant

prāvs *a.* sizable
preambula *n.* preamble
precedents *n.* precedent
precēties *v.t.* marry
precēties *v.t.* wed
precību gados *a.* nubile
precizēt *v.t.* specify
precīzi *adv.* minutely
precizitāte *n.* punctuality
precizitāte *n.* accuracy
precizitāte *n.* precision
precīzs *a.* accurate
precīzs *a* exact
precīzs *n.* precise
precīzs *a.* prompt
preču maiņa *n.* barter2
preču noliktava *n.* godown
predestinācija *n.* predestination
prefekts *n.* prefect
prefikss *n.* prefix
prēmija *n* bonus
premjerministrs *n* premier
preparēt *v. t* dissect
prerogatīva *n.* prerogative
prese *n* press
prestiža- *a.* prestigious
prestižs *n.* prestige
pret *prep.* versus
pretdabisks *a.* perverse
pretējā gadījumā *adv.* otherwise
pretēji *prep.* against
pretēji *pref.* contra
pretēji *prep* unlike
pretējs *a* contrary
pretējs *a.* opposite
pretējs *a.* reverse
pretenzija *n.* pretension
pretestība *n.* resistance
pretgaisa *a.* anti-aircraft
pretīgs *a* beastly
pretīgs *a.* hideous
pretīgs *a.* loathsome

pretīgs *a.* repulsive
pretinde *n.* antidote
pretinieks *n.* adversary
pretinieks *n.* opponent
pretoties *v.t.* oppose
pretoties *v.t.* resist
pretruna *n* contradiction
pretruna *n.* variance
pretruna *n.* antinomy
pretrunīgs *a.* repugnant
pretspars *n.* repulse
pretsūdzība *n.* countercharge
preventīvs *a.* preventive
prezidenta *a.* presidential
priecāties *v.i.* frolic
priecāties *v.i.* rejoice
priecīgs *a.* glad
priecīgs *n.* joyful, joyous
priede *n.* pine
prieks *n.* joy
priekšā *prep.* afore
priekšā *adv.* ahead
priekšā *adv.* before
priekšauts *n.* apron
priekšējais *a.* forward
priekšējais *a* front
priekšgājējs *n.* predecessor
priekškāja *n* foreleg
priekšlaicīgi dzemdēt *v.i.* miscarry
priekšlaikus apbruņot *v.t* forearm
priekšlikums *n.* proposal
priekšlikums *n.* proposition
priekšmets *n* article
priekšnieks *n.* principal
priekšnojauta *n.* foreknowledge
priekšnoteikums *n* prerequisite
priekšpilsēta *n.pl.* outskirts
priekšpostenis *n.* outpost
priekšpusdiena *n* forenoon
priekšraksts *n.* writ

priekšrocība *n.* advantage
priekšrocības *a.* preferential
priekšroka *n.* preference
priekšsēdētājs *n* chairman
priekšsēdētājs *n.* president
priekšstats *n.* apprehension
priekštecis *n.* ancestor
priekštecis *n* forerunner
priekštecis *n.* precursor
priekšvārds *n* foreword
priekšvārds *n.* preface
priestera amats *n.* priesthood
priesteriene *n.* priestess
priesteris *n.* priest
prievārds *n.* preposition
prievīte *n.* garter
primitīvs *a.* primitive
princese *n.* princess
princips *n.* principle
princips *n.* tenet
princis *n.* prince
priorisa *n.* prioress
prioritāte *n.* precedence
prioritāte *n.* priority
privāts *a.* private
privātskolotājs *n.* tutor
privātums *n.* privacy
privilēģija *n.* privilege
probācija *n.* probation
problēma *n.* problem
problemātisks *a.* problematic
procedūra *n.* procedure
procenti *n.* interest
procenti *n.* percentage
procents *n* per cent
procesija *n.* procession
process *n.* process
produkcija *n.* produce
produktīvs *a.* multiparous
produktīvs *a.* productive
produkts *n.* product
profāns *a.* profane

profesija *n.* profession
profesionāls *a.* professional
profesionāls žargons *n.* lingo
profesors *n.* professor
profils *n.* profile
prognoze *n* forecast
prognozēt *v.t.* predict
programma *n.* programme
progresīvs *a.* progressive
progress *n.* progress
prohibitīvs *a.* prohibitive
projām *adv.* away
projekcija *n.* projection
projektēt *v.t.* project
projektēt *v.i.* scheme
projekts *n.* project
proklamēšana *n.* proclamation
proklamēt *v.t.* proclaim
proksimitāte *n.* proximity
proktors *n.* proctor
prokurors *n.* prosecutor
prologs *n.* prologue
promesošs *a* absent
propaganda *n.* propaganda
propagandists *n.* propagandist
proporcija *n.* proportion
proporcija *n.* ratio
proporcionāls *a.* proportional
prosa *n.* millet
prostitūcija *n.* prostitution
prostituēt *v.t.* prostitute
prostitūta *n.* prostitute
prostitūta *n.* strumpet
prostitūta *n.* whore
protams *adv.* certainly
protams *adv.* surely
proteīns *n.* protein
protektīvs *a.* protective
protestēt *v.i.* protest
protests *n.* protest
protests *n.* protestation
proti *adv.* namely

prototips *n.* prototype
provianta slēptuve *n* cache
province *n.* province
provinces *a.* provincial
provinciālisms *n.* provincialism
provocēt *v.t.* provoke
provokācija *n.* provocation
proza *n.* prose
prozodija *n.* prosody
prusaks *n* cockroach
psalms *n.* psalm
pseidonīms *n.* pseudonym
psihe *n.* psyche
psihiatrija *n.* psychiatry
psihiatrs *n.* psychiatrist
psihisks *a.* psychic
psiholoģija *n.* psychology
psiholoģiska atkarība no citiem
 [med] *n* anaclisis
psiholoģisks *a.* psychological
psihologs *n.* psychologist
psihopāts *n.* psychopath
psihoterapija *n.* psychotherapy
psihoze *n.* psychosis
pubertāte *n.* puberty
publicēšana *n.* publication
publicēt *v.t.* publish
publicitāte *n.* publicity
publika *n.* audience
publisks *a.* public
pūce *n.* owl
pudele *n* bottle
pudelīte *n.* phial
pudelīte *n.* vial
pūderēties *v.t.* powder
pudiņš *n.* pudding
puicisks *a.* puerile
puisis *n* fellow
puķains *a* flowery
pūķis *n* dragon
pūķis *n.* kite
pukstēt *v.i.* palpitate

pukstēt *v.i.* throb
puksts *n.* throb
puķu pušķis *n* bouquet
puķu tirgotājs *n* florist
pulciņš *n* party
pūles *n* effort
pūles *n* endeavour
pulēšana *n* polish
pūlis *n.* mob
pūlis *n* crowd
pulks *n.* array
pulks *n.* regiment
pulks *n.* troop
pulkstenis *n.* clock
pulkstenis *n.* watch
pulkvedis *n.* colonel
pulovers *n.* pullover
pulsācija *n.* pulsation
pulsēt *v.i.* pulse
pulss *n.* pulse
pulveris *n.* powder
pumpurs *n* bud
punduris *n* dwarf
pundurvista *n.* bantam
punkcija *n.* puncture
punkts *n* dot
punkts *n.* item
punkts *n.* paragraph
punkts *n.* point
punktu skaitītājs *n.* scorer
punktu skaits *n.* score
punktuāls *a.* punctual
pupa *n.* bean
pups *n.* teat
puravs *n.* leek
purgatorijs *n.* purgatory
pūrists *n.* purist
puritānis *n.* puritan
puritānisks *a.* puritanical
purns *n.* muzzle
pūrs *n* dowry
purvains *a.* marshy

purvs *n* bog
purvs *n.* marsh
purvs *n.* swamp
pus *a* half
pusakls *n.* purblind
pusaudzis *n* minor
pusaudzis *n.* teenager
pusdiena *n.* midday
pusdienas *n.* lunch
pusdienas *a.* meridian
pusdienot *v. t.* dine
puse *n.* half
puse *n.* side
pūslis [anat.] *n* bladder
puslode *n.* hemisphere
pūšļošana *n.* quackery
pusnakts *n.* midnight
pusnots *n.* minim
pūst *v.i.* blow
pūst *v.t.* wind
pustonis *n.* undertone
pušums *n* sore
pusvirus *adv.* ajar
putas *n* foam
putekļi *n* dust
puteklītis *n.* mote
putekšņi *n.* pollen
pūtīte *n* acne
pūtīte *n.* pimple
pūtīte *n.* spot
putna gaļa *n.* fowl
putnēns *n.* nestling
putns *n* bird
putnu māja *n.* aviary
putot *v. t. & i.* churn
putot *v.t* foam
putra *n.* mush
putra *n.* porridge
puve *n.* rot
puzle *n.* puzzle

rācenis *n.* turnip
racionalitāte *n.* rationality
racionalizēt *v.t.* rationalize
racionāls *a.* rational
radi un paziņas *n.* kith
radiācija *n.* radiation
rādijs *n.* radium
radījums *n* creature
radikāls *a* drastic
radikāls *a.* radical
radinieks *n.* relative
radio *n.* radio
radio *n* wireless
radiopārraide *n* broadcast
radīšana *n* bearing
radīšana *n* creation
radīt *v. t* beget
radīt *v.t.* generate
radīt *v.t.* inflict
radīt *v.t* occasion
radīt aizdusu *v.t.* wind
radīt izbrīnu *v.t* astound
rādīt trikus *v.i.* conjure
rādītājpirksts *n* forefinger
radītājs *n* creator
rādītājs *n.* indicator
rādiuss *n.* radius
radniecība *n.* kinship
radniecīgs *a.* akin
radniecisks *adj* cognate
radošs *adj.* creative
raduraksti *n.* lineage
radzenes *n* cornea
radziņš *n.* cornicle
rafinēšanas fabrika *n.* refinery
rafinēt *v.t.* refine
ragana *n.* witch
ragnesis *n.* cuckold

rags *n* bugle

rags *n.* horn

rahīts *n.* rickets

raibs *a.* motley

raibums *n.* mottle

raidījums *n.* telecast

raidīt *v.t.* transmit

raidītājs *n.* transmitter

rājiens *n.* censure

rājiens *n.* reprimand

rajons *n* district

rakete *n.* racket

raķete *n.* rocket

raķetes *n.* missile

rakņāšanās *n* rummage

rakņāties *v.i.* rummage

rakstāmgalds *n* desk

rakstāmlietas *n.* stationery

rakstāmlietu tirgotājs *n.* stationer

rakstāmspalva *n.* nib

rakstīt *v.t.* write

rakstīt ar zīmuli *v.t.* pencil

rakstīt pamfletus *v.t.* lampoon

rakstnieks *n.* writer

raksts *n* article

rakstura stingrība *n.* fortitude

raksturīga īpašība *n.* peculiarity

raksturīga pazīme *v.t.* attribute

raksturs *n.* character

rakt *v.t.* dig

rakt *v. t.* excavate

rakt *v.t.* spade

rakt sapu *v.t.* sap

rakt tuneli *v.i.* tunnel

rallijs *n* rally

rāmis *n* frame

rampas gaisma *n.* limelight

rāms *a.* serene

rāmums *n.* serenity

rangs *n.* rank

rapieris *n.* rapier

rāpošana *n* crawl

rāpot *v. t* crawl

rāpot *v. i* creep

rāpšanās *v.i.* scramble

rāpties *v. i* clamber

rasa *n.* dew

rase *n.* race

rasisks *a.* racial

rasisms *n.* racialism

rasties *v.i.* arise

rasties *v. t.* emerge

rasties *v. t* ensue

rasties *v.i.* occur

rasties *v.t.* originate

rati *n.* carriage

rati *n.* wain

ratificēt *v.t.* ratify

raudas *n* cry

raudāt *v.i.* weep

raudāt *v. i* cry

raudulīgs *a.* lachrymose

raudulīgs *a.* tearful

raugs *n.* yeast

raut *v.t.* tug

rauts *n* rout

rāvējslēdzējs *n.* zip

ravēt *v.t.* weed

rāviens *n.* pull

raža *n* crop

raža *n.* harvest

raža *n* yield

ražīgs *a.* prolific

ražīgums *n.* productivity

ražošana *n* fabrication

ražošana *n.* production

ražot *v.t* fabricate

ražot *v.t.* manufacture

ražot *v.t.* produce

ražotājs *n* manufacturer

reabilitācija *n.* rehabilitation

reabilitēt *v.t.* rehabilitate

reaģēt *v.i.* react

reaģēt *v.i.* respond
reakcija *n.* reaction
reakcionārs *a.* reactionary
reālisms *n.* realism
reālistisks *a.* realistic
reālists *n.* realist
realitāte *n.* reality
realizācija *n.* realization
realizējams *a.* practicable
realizēt *v.t.* realize
reāls *a.* real
receklis *n.* clot
recenzēt *v.t.* review
recepte *n.* prescription
recepte *n.* recipe
recidīvs *n.* relapse
rēciens *n.* roar
recipients *n.* recipient
redaktora *adj* editorial
redaktors *a* editor
redeļu kaste *n.* crate
rediģēt *n* edit
redīss *n.* radish
redzamība *n.* visibility
redzams *a.* visible
redze *n.* vision
redzes *a.* optic
redzes *a.* visual
redzes zuduma *n* amaurosis
redzēt *v. t* behold
redzēt *v.t.* see
referendums *n.* referendum
refleksa *a* reflex
reflekss *n.* reflex
reforma *n.* reform
reformācija *n.* reformation
reformēt *v.t.* reform
reģenerācija *n.* recovery
reģenerācija *n.* regeneration
reģionāls *a.* regional
reģions *n.* region
reģistrācija *n.* registration

reģistrācija *n.* registry
reģistrators *n.* recorder
reģistrators *n.* registrar
reģistrēt *v.t* file
reģistrēt *v.t.* register
reģistrs *n.* register
regulāri braukāt *v* commute
regularitāte *n.* regularity
regulārs *a.* regular
regulators *n.* regulator
regulēšana *n.* regulation
regulēt *v.t.* regulate
regulēt *v.t.* temper
reibināt *v.t.* intoxicate
reibinošs *a.* giddy
reibinošs dzēriens *n.* intoxicant
reids *n.* raid
reimatisma *a.* rheumatic
reimatisms *n.* rheumatism
reiss *n.* voyage
reize *n* bout
reizi divos mēnešos *adj* bimenasl
reizi divos mēnešos *adj.* bi-
  monthly
reizināmais *n.* multiplicand
reizināšana *n.* multiplication
reizināt *v.t.* multiply
rējiens *n.* bay
rēķināt *v.t.* compute
rēķins *n.* account
rēķins *n* bill
reklamācija *n* reclamation
reklamēt *v.t.* publicize
reklāmizdevums *n.* prospectus
reklāmlapiņa *n.* leaflet
rēkt *v.i.* roar
rekviēms *n.* requiem
rekvizēt *v.t.* requisition
rekvizīcija *n.* requisition
rekvizīti *n.* prop
relatīvs *a.* relative
relejs *n.* relay

reliģija *n.* religion
reliģisks *a.* religious
relikts *n.* relic
remdens *a.* lukewarm
remdēt *v.t.* quench
remdēt *v.t.* remit
remdinājums *n.* mitigation
remontēt *v.t.* repair
remonts *n.* repair
rentgens *n.* x-ray
repatriācija *n.* repatriation
repatriēt *v.t.* repatriate
reportieris *n.* reporter
reproducējošs *a.* reproductive
reproducēt *v.t.* reproduce
reprodukcija *n.* replica
reptilis *n.* reptile
republika *n.* republic
republikānis *n* republican
republikānisks *a.* republican
reputācija *n.* reputation
resnā zarna *n* colon
resns *a* fat
resns *a.* stout
restaurācija *n.* restoration
restaurēt *v.t.* restore
restorāns *n.* restaurant
resursi *n.* resource
rēta *n* scar
reti *adv.* seldom
retorika *n.* rhetoric
retorikas *n.* oratory
retorisks *a.* rhetorical
retorte *n.* retort
rets *a.* rare
retušēt *v.t.* retouch
revidents *n.* auditor
revīzija *n.* revision
revolūcija *n.* revolution
revolucionārs *a.* revolutionary
revolucionārs *n* revolutionary
revolveris *n.* revolver

rezerves *a* spare
rezerves daļa *n.* spare
rezervēšana *n.* reservation
rezervēt *v.t.* reserve
rezervuārs *n.* reservoir
režģis *n.* lattice
rezidents *n* resident
režīms *n.* regime
rezolūcija *n.* resolution
rezonanse *n.* resonance
rezonējošs *a.* resonant
rezultāts *n.* outcome
rezultāts *n.* result
rezultāts *n.* sequel
rezumēt *v.t.* summarize
riba *n.* rib
rībēt *v.i.* rumble
ribu *adj.* costal
rīcība *n.* dealing
rīcība *n.* proceeding
rīcineļļa *n.* castor oil
riebīgs *a* abominable
riebīgs *a.* odious
riebums *n.* abhorrence
riebums *n.* repugnance
riekstkoks *n.* walnut
rieksts *n* nut
riepa *n.* tyre
riests *n.* rut
Rietumi *n.* occident
Rietumi *n.* west
rietumu *a.* occidental
rietumu *a.* west
rietumu *a.* westerly
rietumu *a.* western
rieva *n.* groove
rieva *n.* wrinkle
rievot *v.i* flute
rijīgs *a.* voracious
rīkle *n.* throat
rīkles *a.* guttural
rīkojums *n.* injunction

rīkojums *n.* order
rīkojums *n.* ordinance
rīkojums *n.* warrant
rīkot banketu *v.t.* banquet
rīkoties *v.i.* act
rīkoties *v.t* handle
rīkoties (ar) *v.t.* ply
rīks *n.* implement
rikša *n.* rickshaw
rikši *n* trot
rikšot *n* canter
rikšot *v.i.* trot
rīma *n.* glutton
rīmju kalējs *n.* poetaster
rīmju kalējs *n.* rhymester
rinda *n.* queue
rinda *n.* row
rinda *n.* string
rinda *n.* tier
riņķojums *n.* circuit
riņķveidīgs *a* circular
ripināt *v.i* bowl
ripot *v.i.* roll
rīšana *n.* swallow
rīse *n.* ream
rīsi *n.* rice
risinājums *n.* solution
risināt *v.t.* tackle
riskants *a.* perilous
riskants *a.* risky
riskēt *v.i.* gamble
riskēt *v.t* hazard
riskēt *v.t.* risk
risks *n.* risk
risks *n.* venture
rīstīties *v.t.* gag
rīt *v. t* devour
rīt *n.* gobble
rīt *v.t.* swallow
rīt *adv.* tomorrow
rītdiena *n.* morrow
rītdiena *n.* tomorrow

ritenis *n.* wheel
ritmisks *a.* rhythmic
ritms *n.* rhythm
rīts *n.* morning
rituāls *n.* rite
rituāls *n.* ritual
rituāls *a.* ritual
rīvēt *v.t* grate
robeža *n* border
robeža *n.* bound
robeža *n* boundary
robeža *n.* frontier
robeža *n.* limit
robeža *n.* margin
robežot *v.t* border
robežoties *v* neighbour
robots *n.* robot
robs *n.* lacuna
rojālists *n.* royalist
roka *n.* arm
roka *n* hand
rokas *a.* manual
rokas granāta *n* bomb
rokasgrāmata *n.* handbook
rokasgrāmata *n* manual
rokassprādze *a* armlet
rokassprādze *n.* bangle
rokassprādze *n* bracelet
rokdarbs *n.* handicraft
rokturis *n* grip
rokturis *n.* handle
roku darbs *n.* handiwork
roku dzelži *n.* handcuff
romance *n.* romance
romānists *n.* novelist
romāns *n* novel
romantisks *a.* romantic
ronis *n.* seal
rosība *n.* alacrity
rosīgs *a.* strenuous
rosīties *v. t* brustle
rotācija *n.* rotation

rotācijas *a.* rotary
rotaļlieta *n.* toy
rotaslietas *n.* jewellery
rotāt ar vītni *v.t.* garland
rozā *a.* pinkish
rožains *a.* roseate
rožains *a.* rosy
roze *n.* rose
rozīne *n.* raisin
rožu audzētava *n.* rosary
rubīns *n.* ruby
rublis *n.* rouble
rūda *n.* ore
rudens *n.* autumn
rudimentārs *a.* rudimentary
rudiments *n.* rudiment
rudzi *n.* rye
rugāji *n.* stubble
rūgšana *v.t.* fret
rūgt *v.t* ferment
rūgts *a* bitter
rukšķē *v.i.* grunt
rukšķēšana *n.* grunt
rullēt *v.t.* mangle
rullis *n.* roll
rumba *n.* hub
rums *n.* rum
runa *n.* say
runa *n.* speech
runa *n* talk
runas maniere *n.* parlance
runāšana pašam ar sevi *n.* soliloquy
runāt *v. i* blether
runāt *v.i.* speak
runāt *v.i.* talk
runātājs *n.* speaker
runātājs *n.* spokesman
runcis *n.* tomcat
runga *n* cudgel
runīgs *a.* talkative
runīgs *a.* verbose

runīgums *n.* verbosity
rūnīt *v.t.* geld
rūpes *n.* care
rūpes *n.* preoccupation
rūpēties *v. i.* care
rūpēties kā mātei *v.t.* mother
rūpīgi izlasīt *v.t.* peruse
rūpīgi izstrādāt *v. t.* elaborate
rūpīgi izstrādāts *adj* elaborate
rūpīgs *a* careful
rūpīgs *a* curious
rūpija *n.* rupee
rupja kļūda *n* blunder
rupja maluma milti *n.* meal
rupja pārkāpšana *n.* violation
rupji apieties *v.t.* manhandle
rupjš *a* coarse
rupjš *adj.* crass
rupjš *a* gross
rupjš *a.* rude
rūpnīca *n* factory
rūpniecība *n.* industry
rūpniecības *a.* industrial
rupors *n.* megaphone
rūsa *n.* rust
rūsgans *a* false
rutīna *n.* routine
rūts *n.* pane

S

šā brīža *adv.* henceforward
saaugt *v.t.* accrete
saaugums *n.* concrescence
saaukstēšanās *n* cold
sabats *n.* sabbath
sabiedrība *n.* partnership
sabiedrība *n.* public
sabiedrība *n.* society

sabiedrisks *a* communal
sabiedrisks *a.* sociable
sabiedrisks cilvēks *n.* joiner
sabiedriskums *n.* sociability
sabiedrotais *n.* ally
sabiezēt *v.t.* rope
sabiezēt *v.i.* thicken
sabojāt *v. t.* damage
sabojāt *v.t.* mar
sabojāt *v.t.* spoil
sabojāt *v.t.* taint
sabojāts *a.* corrupt
sabotāža *n.* sabotage
sabotēt *v.t.* sabotage
sabrukt *v. i* crash
sabrukums *n* breakdown
sabrukums *v. i* collapse
sacelšanās *n.* insurrection
sacelšanās *n.* rebellion
sacelšanās *n.* revolt
sacelšanās *n.* riot
sacelšanās *n.* uprising
sacelt traci *v.i.* snake
sacelt trauksmi *v.t* alarm
sacelties *v.i.* rebel
sacelties *v.t.* riot
sacensība *n.* rivalry
sacensties *v. i* emulate
sacensties *v.t.* rival
sacensties *v.i.* vie
sacerēt *v. t* compose
sacerēt *v.t.* pen
sacerēt parodiju *v.t.* parody
sacietējums *n.* lump
sacietēt *v.t.* stale
sacukuroti augļi *n.* sweetmeat
sadalīšanās *n.* decomposition
sadalīt *v.t.* apportion
sadalīt *v. t* distribute
sadalīt *v. t* divide
sadalīt *v.i.* split
sadalīt četrās daļas *v.t.* quarter

sadalīt daļās *v.t.* portion
sadalīt proporcionāli *v.t.* proportion
sadalīt slāņos *v.t.* laminate
sadalīties *v. t.* decompose
sadarbība *n* co-operation
sadarbībā *n* collaboration
sadarbības *n.* liaison
sadarboties *v. i* collaborate
sadarboties *v. i* co-operate
saderēt *v.i* bet
saderināšanās *n.* betrothal
saderināšanās *n* engagement
saderināt *v. t* betroth
sadisms *n.* sadism
sadists *n.* sadist
šāds *pron.* such
sadumpoties *v.i.* revolt
sadursme *n* affray
sadursme *n.* clash
sadursme *n* collision
sadursme *n* encounter
sadursme *n* fray
sadursme *n.* skirmish
sadursme *n* smash
sadurties *v. i.* collide
sadūšot *v.t.* man
safīrs *n.* sapphire
safrāndzeltena krāsa *a* saffron
safrāns *n.* saffron
sagādāt *v.t.* procure
sagādāt ciešanas *v.t.* afflict
sagāde *n.* procurement
sagaidīt *v.t.* await
sagatavošana *n.* preparation
sagatavošanas- *a.* preliminary
sagatavošanas- *a.* preparatory
sagatavot *v.t.* prepare
saglabājošs *a.* retentive
saglabāšana *n.* preservation
saglabāt *v.t.* condite
saglabāt *v. t* conserve

saglabāt *v.t.* maintain
saglabāt *v.t.* preserve
saglabāt *v.t.* save
sagrābt *v.t.* grab
sagrābt *v.t.* obsess
sagrābt *v.i.* swoop
sagraut *v. t.* demolish
sagraut *v. t* disrupt
sagraut *v.t.* smash
sagremot *v. t.* digest
sagriešana *n* dissection
sagriešana *n.* twist
sagriezt *v.t.* convolve
sagriezt *v.t.* slice
sagriezt *v.t.* twist
sagrozīt *v.t.* misrepresent
sagrozīt *v.t.* pervert
saharīns *n.* saccharin
saharīns *a.* saccharine
šahs *n.* chess
saieties *n.* consort
saimniece *n.* mistress
saimniecība *n* farm
saimniecības ēka *n.* outhouse
saimnieks *n.* host
saindēšanās *n.* intoxication
saīsinājums *n* abbreviation
saīsinājums *n* abridgement
saīsinājums *n.* breviary
saīsināt *v.t.* abbreviate
saīsināt *v.t* abridge
saīsināt *v.t.* retrench
saīsināt *v.t.* shorten
saišķis *n* bundle
saišķis *n.* sheaf
saistība *n.* relevance
saistības *n* bond
saistību nepildīšana *n.* default
saistīt *v.t* fetter
saistīt *v.t* link
saistīts ar vasaras mēnešiem *adj* aestival

saistošs *a* binding
saistošs *a* incumbent
saite *n.* link
sajaukt *v* compound
sajaukt *v. t* confuse
sajaukt *v.i* mess
sajaukt *v.i.* snarl
sajaukums *n.* miscellany
sajukt *v.t.* jumble
sajukums *n* disorder
sājums *n.* insipidity
sajūsma *n* delight
sajūsmināt *v. t* enrapture
sajūsmināties *v. t.* delight
sajūsmināts *adj* enthusiastic
sajūsmināts *a* overjoyed
sajust *v.t.* sense
sajust riebumu *v.t.* abhor
sajūta *n* feeling
sajūta *n.* sensation
sajūta *n.* sense
sakabināt *v. t* couple
šakālis *n.* jackal
sakāmvārds *n.* proverb
sakari *n.* intercourse
sakarīgs *a* coherent
sakars *n.* rapport
sakārtojums *n.* arrangement
sakārtot *v.t* marshal
sakārtot *v.t.* tidy
sakārtot kartotēka *v.t* file
sakārtot pa pāriem *v.t.* pair
sakārtot tabulās *v.t.* tabulate
sakausēšana *n* amalgamation
sakausēt *n.* alloy
sakausēt *v.t.* amalgamate
sakaut *v. t.* defeat
sakāve *n* defeat
sakē *n.* sake
saķerties *v.i.* grapple
saķerties *v.t.* interlock
saķīlēt *v.t.* wedge

saķīlēties *v.t.* jam
sakne *n.* root
sakopot *v.t.* aggregate
sākotnējs *a.* prime
sakratīt *v.t.* agitate
sakraut *v.t* heap
sakrist *v. i* coincide
sakropļošana *n.* mutilation
sakropļot *v.t.* lame
sākt *v.t.* begin
sākt *v. t* commence
sākt *v.t.* start
sākt vārīties *v.i.* simmer
sakult *v.t.* whip
sākuma *a.* initial
sākums *n.* beginning
sākums *n* commencement
sākums *n.* onset
sākums *n.* outset
sākums *n.* prime
sākums *n* start
sala *n.* island
sala *n.* isle
salabot *v.t.* mend
salaka *n* smelt
salas- *a.* insular
salasāmi *adv.* legibly
salasāms *a.* legible
salāti *n.* salad
saldināt *v.t.* sweeten
saldkaisls *a.* lustful
salds *a.* luscious
salds *a.* sweet
saldums *n.* sweetness
salīdzinājums *n* comparison
salīdzinājums *n.* simile
salīdzināt *v. t* compare
salīdzinošs *a* comparative
saliedēta *adj* cohesive
saliekšanās *n* stoop
saliekt *v.* crook
salīgs *a* chilly

salikts *a* compound
sālīt *v.t* salt
šalle *n.* scarf
salms *n.* straw
salmu grīste *n* whisk
salocīt *v.t* fold
salons *n.* saloon
sals *n.* frost
sāls *a.* saline
sāls *n.* salt
sāļš *a.* salty
sālsūdens *n* brine
šalts *n.* gale
sāļums *n.* salinity
salutēt *v.t.* salute
salūts *n* salute
salvete *n.* napkin
salvija *n.* sage
samaisīt *v. t* blend
samaitāt *v. t.* corrupt
samaitāt *v. t.* debauch
samaitāt *v.t.* vitiate
samaksa *n.* refund
samazināšana *n.* reduction
samazināšanās *n.* decrement
samazināt *v. t* curtail
samazināt *v. t* decrease
samazināt *v. t* degrade
samazināt *v. t* diminish
samazināt *v.t* lessen
samazināt *v.t.* minimize
samazināt *v.t.* reduce
samazināt uz pusi *v.t.* halve
samazināties *v. t* dwindle
samazināts līdz minimumam *a* minimum
samērīgs *a.* proportionate
samērīgs *a.* shapely
samezglot *v.t.* tangle
samīcīt *v.t* mash
samīcīt *v* squash
samierināšanās *n.* acquiescence

samierināšanās *n.* reconciliation
samierināt *v.t.* conciliate
samitrināt *v.t.* moisten
šampūns *n.* shampoo
samtains *a.* velvety
samts *n.* velvet
samulsināt *v.t.* abash
samulsināt *v.t.* nonplus
samulsums *n.* perplexity
sanākt kopā *v.t.* assemble
sanatorija *n.* sanatorium
sandale *n.* sandal
sandalkoka *n.* sandalwood
sandaraks *n* pounce
saņēmējs *n.* receiver
saņemšana *n.* receipt
saņemt *v.t.* get
saņemt *v.t.* receive
sanēšana *n.* buzz
sanēšana *n.* murmur
sangvīns *a.* sanguine
sānieliņa *n.* noon
saniknot *v.t.* infuriate
sānis *adv.* apart
sānis *n.* aside
sanitārs *n.* orderly
sanitārs *a.* sanitary
sankcija *n.* sanction
sankcionēt *v.t.* authorize
sankcionēt *v.t.* ·sanction
šantāža *n* blackmail
šantažēt *v.t* blackmail
santehniķis *n.* plumber
sānu *v.i.* side
saost *v.t.* smell
sapelējis *a.* mouldy
sapelēt *v.t.* mould
sāpes *n.* ache
sāpes *n* distress
sāpes *n.* pain
sāpēt *v.i.* ache
sāpēt *v.t.* pain

sāpīgs *a.* painful
sāpīgs *a.* sore
sapīkums *n.* annoyance
sāpināt *v.t.* ail
sāpināt *v. t* distress
sapīties *v. t* entangle
saplēst *v.t.* tear
saplēst driskās *v.t* tatter
saplosīt *v.t.* lacerate
saplūšana *n.* fusion
saplūst *v.t.* fuse
saplūstošs *adj.* confluent
sapnis *n* dream
sapņojums *n.* reverie
sapņot *v. i.* dream
sapņotājs *n.* visionary
saprast *v. t* comprehend
saprast *v.t.* understand
saprātīgs *a.* judicious
saprātīgs *a.* reasonable
saprātīgs *a.* sensible
saprotams *a.* intelligible
sapulce *n.* assembly
sapulce *n.* meeting
sapulcēšanās (apskatei, pārbaudei) *n* muster
sapulcēšanās vieta *n.* meet
sapulcināt *v.i* mass
sapūt *v.i.* rot
saputrot *v.t.* muddle
sapuvis *adj* addle
saraksts *n.* list
saraukt *v.t.* wrinkle
saraukt pieri *v.i* frown
saraušanās *n.* shrinkage
saraust *v.t.* shovel
saraustīts *a.* jerky
sarauties *v.i* shrink
sarauties *v.i.* wince
sarauties *v.i.* cower
sardonisks *a.* sardonic
sarecēt *v. t* clot

sarežģīt *v. t* complicate
sarežģīt *v.t.* perplex
sarežģīts *a* complex
sarežģīts *a.* thorny
sargāt *v.i.* guard
sargpostenis *n.* sentry
sargs *n* guard
sargs *n.* sentinel
sari *n* bristle
saritināties *v.i.* nestle
sarkana krāsa *n.* red
sarkanīgi oranža krāsa *n.* vermillion
sarkanīgs *a.* reddish
sarkankoks *n.* mahogany
sarkans *a.* red
sarkasms *n.* sarcasm
sarkastisks *a.* sarcastic
sarkt *v.i* blush
šarms *n.* glamour
sārms [ķīm.] *n* alkali
sārts *n.* pink
sārts *n.* pyre
sārtums *n* blush
sarūgtināt *v.t.* aggrieve
sarūgtināt *v. t.* embitter
saruna *n.* parley
saruna *n* conversation
saruna divatā *n.* tete-a-tete
sarunas *n.* negotiation
sarunāties *v.t.* converse
sarunu vedējs *n.* negotiator
sarūsējis *a.* rusty
saržs *n.* serge
sasaldēšana *n.* refrigeration
sasāpējis jautājums *n* subject
sasaukšana *n.* convocation
sasaukt *v. t* convene
sasaukt *v.t.* convoke
sašaurināt *v.t.* narrow
sašaurināt *v.i.* specialize
sašaurināt *v.t.* straiten

sasiet *v* brace
sasiet *v.t.* tie
sasiet ar auklu *v* cord
sasiet ar lenti *v.t* tape
sasiet cilpā *v.t.* noose
sasiet mezglā *v.t.* knot
sasildīt *v.t.* warm
saskābt *v.t.* sour
saskaitīt kopā *v.t.* total
saskaņā ar *prep.* under
saskaņā ar *a* under
saskanēt *v.i.* rhyme
saskaņot *v.t.* accord
saskaņot *v.t.* reconcile
saskaņots *a.* co-ordinate
saskare *n.* contact
saskarties *v* abutted
saskatīt *v.t.* spot
sašķiebt *v.t.* slant
sašķiebties *v.i.* topple
sašķobīts *a.* wry
saskrāpēt *v.t.* scratch
saslimšanas gadījumu skaits *n* morbidity
sasmacis *a.* stale
sasmacis (par gaisu) *a.* stuffy
sasmalcināt *v. t* crush
sasmalcināt *v.t.* pound
sasmaržot *v.t.* scent
sasniedzis zināmu vecumu *a.* aged
sasniegt *v.t.* achieve
sasniegt *v.t.* attain
sasniegt *v.t.* reach
sasniegums *n.* achievement
sasniegums *n.* attainment
sašņorēt *v.t.* lace
sasodīts! *interj.* botheration
saspiest *v. t.* compress
saspiest *v.t.* pinch
saspiest *v.t.* squeeze
saspīlējums *n.* tension

sasprādzēt *n* clasp
sasprindzināt *v.t.* strain
saspringts *a.* tense
sastādīt *v. t* compile
sastādīt programmu *v.t.* programme
sastādīt sarakstu *v.t.* list
sastādošs *adj.* component
sastāties rindā *v.t.* line
sastatnes *n.* scaffold
sastāvdaļa *n.* ingredient
sastāvēt *v. i* consist
sastāvets no divām vai vairākām daļām *n.* compounder
sastāvs *n* composition
sastiepums *n.* spray
sastindzis *a* stark
sastindzis *a.* numb
sastindzis *n.* stiff
sastingt *v.t.* stiffen
sastiprinājums *n* brace
sašūt *v.t.* seam
sašutis *a.* indignant
sašutums *n.* indignation
sasvērties (par kuģi) *v.i.* lurch
sasvītrot *v.t.* stripe
sātans *n.* satan
satelīts *n.* satellite
saticība *n.* concord
satikšanās *n.* rendezvous
satikšanās *n.* tryst
satikšanās vieta *n.* venue
satiksme *n.* traffic
satikties *v.t.* meet
satīra *n.* satire
satīra *n.* skit
satīriķis *n.* satirist
satīrisks *a.* satirical
satīt *v.t.* furl
satracināt *v. t* enrage
satraukt *v. t* excite

satraukt *v.i* fuss
satraukums *n.* fret
satraukums *n.* ado
satraukums *n* disquiet
satraukums *n.* fuss
satraukums *n.* tumult
satricinājums *n.* turmoil
satricināt *v.t.* shatter
satriekt *v.t.* shock
satumst *v.i.* darkle
satur *v.t.* contain
saturēt *v.t.* store
saturs *n* content
šaubas *n* doubt
šaubīties *v.i.* waver
šaubīties *v. i* doubt
sauciens *n.* call
sauciens *n* cry
saudzēt *v.t.* spare
saudzīgs *a.* lenient
saudzīgs *a.* considerate
sauja *n.* handful
sauklis *n.* slogan
saukšana *n.* calling
saukt *v. t.* call
saulains *a.* sunny
saule *n.* sun
saules *a.* solar
sauļoties *v.t.* sun
šaurs *a.* narrow
šaurs kalnu ceļš *n.* defile
šaurums *n.* strait
sausiņš *n* cracker
šausmas *n.* horror
šausmīgs *a.* awful
šausmīgs *a* dire
šausmīgs *a* flagrant
šausmīgs *a.* ghastly
šausmīgs *a.* terrible
šausmināt *v.t.* horrify
šausmu pārņemts *a.* aghast
sauss *a* dry

šaust *v.t.* scourge
sausums *n* drought
šaut *v.t* fire
šaut *v.t.* shoot
šaut zalvēm *v.t* volley
sautējums *n.* stew
šautene *n* rifle
šautenes gailis *n* nab
sautēt *v.t* foment
sautēt *v.t.* stew
šautra *n.* dart
savāds *adj* bizarre
savāds *a.* odd
savāds *a.* queer
savākšanas *n* collection
savākt *v. t* collect
savākt *v.t.* gather
savaldība *n.* composure
savaldīgs *a* continental
savaldīšana *n.* shrew
savaldzināt *v.t.* mesmerize
savārīt *v. t* concoct
savārstījums *n.* hotchpotch
savervēt *v. t.* enlist
savienība *n.* alliance
savienība *n.* union
savienojuma vieta *n.* juncture
savienojums *n* compound
savienojums *n* connection
savienojumvieta *n.* commissure
savienot *v. t.* connect
savienots *adj.* conjunct
šāviens *n.* shot
savilkt *v.t.* constrict
savilkt *v.t.* tighten
saviļņojums *n* commotion
ˈnš *n.* projectile
ˈt *v.t.* ruffle
seasonable
outsider
ˈa *n.* inter-

savstarpēja atkarība *n.* interdependence
savstarpēja iedarbība *n.* interplay
savstarpēji atkarīgs *a.* interdependent
savstarpēji saistīties *v.t.* correlate
savstarpējs *a.* mutual
savstarpējs *a.* reciprocal
savtīgs *a.* selfish
savtīgs *a.* venal
sazināties *v. t* communicate
sazinieties ar *v. t* contact
sazvērestība *n.* conspiracy
scenārijs *n.* script
scepteris *n.* sceptre
scepteris *n.* warder
secība *n* continuity
secība *n.* sequence
secība *n.* succession
secīgi *adv* consecutively
secinājums *n.* conclusion
secinājums *n.* inference
secināt *v.t.* infer
sedans *n.* sedan
sedatīvs līdzeklis *n* sedative
sēdēt *v.i.* sit
sēdināt tronī *v* enthrone
sēdošs *a.* sedentary
sēdvieta *n.* seat
šefība *n.* auspice
sega *n* blanket
sega *n.* shroud
segli *n.* saddle
segments *n.* segment
segregācija *n.* segregation
segt *v. t.* cover
seifs *n.* safe
seismisks *a.* seismic
šeit *adv.* here
šeit pat tuvumā *adv.* hereabouts
seja *n* face

seja *n.* visage
sejas *a* facial
sejas aizsegs (plīvurs) *n.* wimple
sejas izteiksme *n.* countenance
sējums *n.* tome
sekas *n* consequence
sekcija *n.* sector
sēkla *n.* seed
sēklas *a.* seminal
sēklinieks *n.* testicle
sēklis *n.* shoal
sekls *a.* shallow
sekls *a* shoal
sekojošais *a.* subsequent
sekojošs *a* after
sekot *v.t* follow
sekotājs *n* follower
sekrēcija *n.* secretion
Sekretariāts *n.* secretariat (e)
sekretārs *n.* secretary
seksualitāte *n.* sexuality
seksuāls *n.* sexy
seksuāls *a.* sexual
sekta *n.* sect
sektantisks *a.* sectarian
sekunde *n* second
selektīvs *a.* selective
selga *n.* offing
semestris *n.* semester
seminārs *n.* seminar
senatora *a.* senatorial
senators *n.* senator
senāts *n.* senate
sencis *n* forefather
senču *a.* ancestral
sēne *n.* mushroom
senilitāte *n.* senility
senils *a.* senile
sēnīte *n.* fungus
senlaicīgs *a.* antiquarian
sens *a.* ancient

sens *a.* antique
sensacionālais *a.* sensational
sensuālists *n.* sensualist
sentimentāli raudulīgs *a* maudlin
sentimentāls *a.* sentimental
sepse *n.* sepsis
Septembris *n.* September
septiņdesmit *n.*, *a* seventy
septiņdesmitais *a.* seventieth
septiņi *n.* seven
septiņpadsmit *n.*, *a* seventeen
septiņpadsmitais *a.* seventeenth
septisks *a.* septic
septītais *a.* seventh
sēra *a.* sulphuric
sēras *n.* mourning
sērdienība *n.* orphanage
sērga *n* plague
sērials *n.* serial
sērīgs *a* mournful
sērija *n.* series
sērijas *a.* serial
sērkociņš *n* match
sērot *v.i.* mourn
sērot *v.i.* yearn
sērotājs *n.* mourner
serpentīns *n.* serpentine
sērs *n.* sulphur
serve *n.* serve
seržants *n.* sergeant
sešdesmit *n.*, *a.* sixty
sešdesmitais *a.* sixtieth
seši *n.*, *a* six
sesija *n.* session
sešpadsmit *n.*, *a.* sixteen
sešpadsmitais *a.* sixteenth
sestais *a.* sixth
sestdiena *n.* Saturday
sēt *v.t.* seed
sēt *v.t.* sow
sēta *n.* courtyard
sevi *pron.* myself

sēžamvieta *n* buttocks
sezona *n.* season
sezonas *a.* seasonal
sfēra *n.* sphere
sfērisks *a.* spherical
shēma *n.* scheme
shizma *n.* schism
siekalas *n.* saliva
siekalas *n* spittle
sieksta *n.* snag
siena *n.* wall
sienas *a.* mural
siens *n.* hay
siers *n.* cheese
siesta *n.* siesta
siet *v.t* bind
siet *v.t.* string
siets *n* bolt
siets *n.* sieve
sieva *n.* wife
sievai pakļauts *a.* henpecked
sievas (vai vīra) radi *n.* in-laws
sieviešu *a* female
sieviešu klosteris *n.* nunnery
sieviete *n* female
sieviete *n.* woman
sievietes *a* womanish
sievišķība *n.* womanhood
sievišķīgs *a* feminine
šīferis *n.* slate
šifra *n.* cipher, cipher
šifrs *n* cypher
signalizēt *v.t.* signal
signāls *n.* signal
signāluguns *n* beacon
sija *n* beam
sija *n.* girder
sijāt *v.t.* sieve
sīki izstāstīt *v. t* detail
sīki vilnīši *n.* lop
sikomora *n.* sycamore
sīks *a.* minute

sīkšana *v.i.* whiz
siksna *n.* strap
sikspārnis *n* bat
sīksts *a.* tenacious
sīkstulīgs *a.* miserly
sīkstulis *n* churl
sīkumi *n.* nicety
sīkums *n.* particular
sīkums *n.* trifle
sildāmais *n* cozy
sile *n.* manger
silfīda *n.* sylph
šiliņš *n.* shilling
sīlis *n.* jay
siļķe *n.* herring
sillabisks *a.* syllabic
silts *a.* warm1
siltuma *a.* thermal
siltums *n.* heat
siltums *n.* warmth
siluets *n.* silhouette
simbolisks *a.* symbolic
simbolisms *n.* symbolism
simbolizēt *v.t.* symbolize
simbols *n.* symbol
simetrija *n.* symmetry
simetrisks *a.* symmetrical
simfonija *n.* symphony
šimpanze *n.* chimpanzee
simpātisks *a.* sympathetic
simpozijs *n.* symposium
simptoms *n.* symptom
simt gadu vecs *n* centenarian
simtgadu atceres diena *adj.* centennial
simtgadu jubileja *n.* centenary
simtgrādu *a.* centigrade
simtkājis *n.* multiped
simtkājis [zool.] *n.* centipede
simtkārtīgs *n. & adj* centuple
simts *n.* hundred
sinepes *n.* mustard

sinonīmisks *a.* synonymous
sinonīms *n.* synonym
sintakse *n.* syntax
sintētiskā šķiedra *n* synthetic
sintētisks *a.* synthetic
sintēze *n.* synthesis
sīpols *n.* onion
sirds *adjs* cardiac
sirds *a* cordial
sirds *n.* heart
sirdsapziņa *n* conscience
sirdsapziņas pārmetumi *n.* remorse
sirdsveidīgs *adj.* cordate
sirēna *n.* mermaid
sirēna *n.* siren
sirpis *n.* sickle
sirsenis *n.* hornet
sirsnība *n.* sincerity
sirsnīgi *adv.* heartily
sirsnīgs *a.* affectionate
sirsnīgs *a.* sincere
sirsnīgs *a.* whole-hearted
sirsnīgs lūgums *n* adjuration
sirsnīgs skatiens *n* ogle
sīrups *n.* syrup
sisenis *n* locust
sist *v. t.* beat
sist *v.t* hammer
sist *v.t.* punch
sist *v.t.* wallop
sist ar nūju *v. i* bat
sist ar nūju *v. t.* cane
sist ar veseri *v.t* maul
sist bungas *v.i.* drum
sistēma *n.* system
sistemātisks *a.* systematic
sistematizēt *v.t.* systematize
sitējs *n.* batsman
sitiens *n* beat
sitiens *n* blow
sitiens *n.* coup

sitiens *n* hit
sitiens *n.* jolt
sitiens *n* thrust
sitienu ritms *n* pulse
situācija *n.* situation
sīvums *n.* poignancy
skābe *n* acid
skābeklis *n.* oxygen
skābēt *v.t* pickle
skābi neitralizējošs [med.] *adj.* antacid
skābs *a* acid
skābs *a.* sour
skābums *n.* acidity
skaidra nauda *n.* cash
skaidri *adv* clearly
skaidrība *n* clarity
skaidrojums *n* clarification
skaidrs *a* clear
skaidrs *a.* evident
skaidrs *adj* explicit
skaidrs *a.* manifest
skaidrs *a.* obvious
skaists *a* beautiful
skaists *a.* handsome
skaistule *n* belle
skaistums *n* beauty
skaitīt *v. t.* count
skaitīt *v.t.* number
skaitīt balsis *v.t.* poll
skaitītājs *n.* counter
skaitītājs *n.* numerator
skaitļa *a.* numerical
skaitļa vārds *a.* numeral
skaitlis *n* figure
skaitlis *n* numeral
skaits *n.* count
skaits *n.* number
skaļa piekrišana *n* acclaim
skaldīt *v.t.* splinter
skaļi *adv.* aloud
skaļi apsveikt *v.t* acclaim

skaļi taurēt v. t blare
skalos n scalp
skalot v.i. gargle
skalot v.t. rinse
skals n spill
skaļš a. loud
skaļš a. strident
skaņa n sound
skaņas a. sonic
skandāls n scandal
skandēt v.t. scan
skandināt n. clink
skandināt v.i. resound
skanēt v.i. sound
skanēt svilpojoši v. assibilate
skanīgums n. sonority
skapis n. closet
skapis n cupboard
skapis n. wardrobe
skarba gumija no pētersīļu
   augiem n. asafoetida
skarbs a. harsh
skarbs a. rough
skārda kārba n. canister
skārdnieks n. tinker
skart v.t. hit
skatiens n. frown
skatiens n. glance
skatiens n look
skatiens n. stare
skatītājs n. spectator
skatīties v.i look
skatīties v.i. stare
skats n. sight
skats n. spectacle
skats n. view
skats n. vista
skatuvisks a. scenic
skaudība n envy
skaudīgs a envious
šķaudīt v.i. sneeze
skaust v.t. grudge

šķautne n facet
skauts n scout
skava n clamp
šķavas n sneeze
šķebinošs a. nasty
šķēle n. slice
skelets n. skeleton
šķelmīgs a. roguish
šķēlums n. slit
šķemba n. splinter
šķendēties v.t. nag
šķēpa smaile n. spearhead
šķēps n. javelin
šķēps n. spear
skepticisms n. scepticism
skeptiķis n. sceptic
skeptisks a. sceptical
šķēres n. scissors
šķēres n. pl. shears
šķērsām adv. across
šķērsām prep. athwart
šķērsām adv bias
šķērsām pāri prep. across
šķērslis n drag
šķērslis n. hindrance
šķērslis n. hurdle1
šķērslis n. impediment
šķērslis n. obstacle
šķērslis n. obstinacy
šķērsojums n. crossing
šķērsot v. t cross
šķetere n. skein
šķībs a. oblique
skice n. sketch
skicēt v. t draft
skicēt v.t. sketch
šķīdība n. solubility
šķīdināms a. soluble
šķīdinātājs n solvent
šķīdinošs a. solvent
šķīdoņa- a. slushy
šķīdonis n. slush

šķidrs *a* fluid
šķidrs *a.* liquid
šķidrums *n* fluid
šķidrums *n* liquid
šķidrums *n.* liquor
šķiedra *n* fibre
šķielēšana *n* squint
šķielēt *v.i.* squint
šķiltavas *n.* lighter
šķindoņa *n.* jingle
šķīrējtiesa *n.* arbitration
šķīrējtiesnesis *n.* arbitrator
šķirne *n* breed
šķirošasloksne starp logiem *n.* mullion
šķirot *v.t.* assort
šķirot *v.t* sort
šķiršana *n.* seclusion
šķiršanās *n* divorce
šķirstiņš *n* casket
šķirt *v. t* divorce
šķirt *v.t.* sunder
skirt *v.t.* skirt
šķirties *v.t.* part
šķist *v.i.* seem
šķīstīšanās *n.* sanctification
skola *n.* school
skolēns *n.* learner
skolēns *n.* pupil
skolotājs *n.* preceptor
skolotājs *n.* teacher
skops *a* mean
skops *a.* stingy
skopulīgs *a.* niggardly
skopulis *n.* miser
skopulis *n.* niggard
skopums *n.* meanness
skorpions *n.* scorpion
skotu *a.* scotch
skotu dialekts *n.* scotch
skrandas *n.* tatter
skrējējs *n.* runner

skrējiens *n.* run
skrejlapa *n.* handbill
skriemelis *n.* pulley
skriet *v.i.* run
skriet īsās distances *v.i.* sprint
skropsta *n* eyelash
skrubināšana *n* nibble
skrūve *n.* screw
skrūvēt *v.t.* screw
skudra *n* ant
skuķis *n.* jade
skuķis *n.* wench
skulptūra *n.* sculpture
skumdināt *v.t.* sadden
skumjas *n.* grief
skumjas *n.* melancholy
skumjš *a* cheerless
skumjš *adj* melancholy
skumjš *a.* sad
skumjš *a.* wistful
skumt *v.i.* sorrow
šķūnis *n.* barn
skūpstīt *v.t.* kiss
skūpsts *n.* kiss
skurstenis *n.* chimney
skurstenis *n* stall
skūšana *n* shave
skuters *n.* scooter
skuveklis *n.* razor
skvairs *n.* squire
skvošs *n* squash
slābans *a.* nerveless
slābs *a* flabby
slaids *a.* slim
slaistīties *v.i.* laze
slaists *n* dawdle
šļakata *n* splash
slaktiņš *n.* massacre
slampa *n.* slattern
slampa *n.* slut
slampāt *v.i.* splash

slānis *n.* stratum
slānīt *v.t.* lambaste
slāpeklis *n.* nitrogen
slāpes *n.* thirst
slapjš *a.* wet
slapstīties *v.i.* abscond
slāpt *v.i.* thirst
slaucīšana *n.* sweep
slaucīt *v.i.* sweep
slaukt *v.t.* milk
slava *n* fame
slava *n.* glory
slava *n* laud
slava *n.* renown
slavas dziesma *n* carol
slavējams *a.* commendable
slavējams *a* creditable
slavējams *a.* praiseworthy
slavens *a* famous
slavens *a.* glorious
slavens *a.* renowned
slavēt *v.t.* praise
slavināt *v.t.* glorify
slavināt *v.t.* laud
slazds *n. pl.* toils
slēdzējs *n.* locker
slēdzene *n* lock
slēdzis *n.* switch
slēģis *n.* shutter
slēgšana *n.* closure
slēgt *v. t* close
slengs *n.* slang
slepenība *n.* secrecy
slepens *n* clandestine
slepens *a.* underhand
slepkava *n.* assassin
slepkava *n.* homicide
slepkava *n.* murderer
slepkava *n.* thug
slepkavība *n* assassination
slepkavība *n.* murder
slepkavošana *n.* slaughter

slepkavot *v.t.* massacre
slepkavot *v.t.* slaughter
slepkavot *v. t* butcher
slēpt *v.t* hide
slēpties *v. t* bemask
slepus aizmukt *v. i* decamp
slepus noklausīties *v.t.* overhear
slida *n.* skate
slidens *a* slick
slidens *a.* slippery
slīdēt *v.t.* glide
slīdēt *v.i.* slide
slīdēt *v.i.* slip
slidkalniņš *n* slide
slidot *v.t.* skate
slieksnis *n.* threshold
slīksnājs *n.* slough
slikta apiešanās *n.* maltreatment
slikta pārvalde *n.* mal adminis-
tration
slikta slava *n* disrepute
slikta slava *n.* notoriety
slikta uzvedība *n.* misbehaviour
slikta vadība *n.* misconduct
sliktāks *a.* inferior
slikti *adv.* badly
slikti *adv.* ill
slikti apieties *v* mistreat
slikti pārvaldīt *n.* misrule
slikti pieguļošs apģērbs *n.* misfit
slikti uzvesties *v.i.* misbehave
slikts *a.* bad
slikts *n* bungle
slikts *a.* poor
slimība *n* disease
slimība *n.* illness
slimība *n.* malady
slimība *n.* sickness
slimīgs *a.* morbid
slimīgs *a.* sickly
slimnīca *n.* hospital
slims *a.* ill

slims *a.* sick
sliņķis *n.* idler
sliņķis *n.* loafer
sliņķis *n.* sluggard
slinkot *v.i.* loaf
slinks *n.* lazy
slinks *n.* slothful
slinkums *n.* idleness
slinkums *n.* laziness
slinkums *n.* sloth
slīps *adj.* declivous
slīps rokraksts *n.* backhand
slīpsvītra *n* slash
slīpums *n* slant
slīpums *n.* slope
slīpums *n.* tilt
šļirce *n.* syringe
slodze *n.* load
slogs *n* burden
sloksne *n.* strip
slota *n* broom
slota mazgāšanai *n.* mop
sludinājums *n* advertisement
sludināt *v.i.* preach
sludinātājs *n.* preacher
šļupstēšana *n* lisp
šļupstēt *v.t.* lisp
šļūtene *n.* hose
slūžas *n.* sluice
smadzenes *n* brain
smadzeņu [anat.] *adj* cerebral
smagi soļot *v.t* stump
smags *a.* grievous
smags *a.* severe
smags *a.* weighty
smags darbs *n.* toil
smags pārbaudījums *n.* ordeal
smags zaudējums *n* bereavement
smagums *n.* severity
smaidīt *v.i.* smile
smaids *n.* smile
smaile *n* pinnacle

smaile *n.* spike
smaka *n.* stench
smalks *a* fine
smalks *n.* subtle
smalks *a.* urbane
smalks lietus *n* drizzle
smaragds *n* emerald
smarža *n.* odour
smarža *n.* scent
smarža *n.* smell
smaržas *n.* perfume
smaržīgs *a.* odorous
smecernieks *n.* weevil
smēde *n* forge
smēķēt *v.i.* smoke
smeldzoši sāpēt *v.i* smart
smelt *v.t.* lade
smelt *v.t.* ladle
smērēt *v. t.* daub
smērēt *v.t.* puddle
smērviela *n.* lubricant
smidzināt *v. t.* sprinkle
smiekli *n.* laugh
smiekli *n.* laughter
smieklīgs *a* comical
smieklīgs *adj* funny
smieklīgs *a.* laughable
smieklīgs *a.* ridiculous
smieties *v.i* laugh
smilga *n* bent
smilšains *a.* sandy
smiltis *n.* sand
smīnēt *v.i* sneer
smirdēt *v. i* hum
smirdēt *v.i.* stink
smirdoņa *n* stink
smirdošs *a* rank
šņauciens *n* sniff
snauda *n.* doze
snauda *n.* nap
šņaukāties *v.i.* sniff
snaust *v. i* doze

snaust *v.i.* nap
snaust *v.i.* slumber
sniega *a.* snowy
sniegputenis *n* blizzard
sniegs *n.* snow
sniegt *v.t.* adduce
sniegt *v.t.* give
sniegt *v.i.* provide
snigt *v.i.* snow
snīpis *n.* spout
snobisks *v* snobbish
snobisms *n.* snobbery
snobs *n.* snob
snuķis *n.* snout
šņukstēt *v.i.* sob
šobrīd *adv.* presently
sociālās normas *n.* condonation
sociālisms *n* socialism
sociālists *n,a* socialist
sociāls *n.* social
socioloģija *n.* sociology
soda *a.* penal
soda- *a.* punitive
soda nauda *n* fine
šodien *adv.* today
šodiena *n.* today
sodīt *v. t.* castigate
sodīt *v.t.* penalize
sodīt *v.t.* punish
Sodomija *n.* sodomy
sodrēji *n.* soot
sods *n.* penalty
sods *n.* punishment
šoferis *n.* chauffeur
sofisms *n.* sophism
sofists *n.* sophist
šokolāde *n* chocolate
šoks *n.* shock
solidaritāte *n.* solidarity
solījums *n.* plight
solījums *n* promise
solis *n* bat

solis *n.* step
solis *n* stride
solīšana *n* bid
solists *n.* soloist
solīt *v.t* promise
solītājs *n* bidder
solo *n* solo
soļot *v.i* march
soļot *v.i.* pace
soļot *v.i.* step
soļot parādē *v.t.* parade
sols *n* bench
soma *n.* satchel
somainais *n.* marsupial
sonets *n.* sonnet
šorti *n. pl.* shorts
šovakar *adv* tonight
soverēns *n.* sovereign
spainis *n* bucket
spainis *n.* pail
špakteļlāpstiņa *n.* trowel
spalgs kliedziens *n.* shriek
spalva *n* feather
spalvu pušķis *n* aigrette
spaniels *n.* spaniel
spānietis *n.* Spaniard
spāņu *a.* Spanish
spāņu valoda *n.* Spanish
spārnots ar spārniem *adj.* aliferous
spārns *n.* wing
speciālists *n.* practitioner
speciālists *n.* specialist
specialitāte *n.* speciality
specializācija *n.* specialization
speciāls *a* especial
specifikācija *n.* specification
specifisks *a.* specific
spēcīgs *a* forceful
spēcīgs *a.* powerful
spēcīgs *a.* robust
spēcīgs *a.* strong

spēcīgs *a.* vigorous
spēcināt *v.t.* fortify
spēcināt *v* nerve
spēja *n* ability
spējas *n.* aptitude
spējas *n.* capability
spēji *adv.* short
spējīgs *a* able
spējīgs *a.* capable
spējīgs viegli uztvert *a.* receptive
speķis *n.* lard
speķis *n.* speck
spēks *n* force
spēks *n.* strength
spekulācija *n.* speculation
spekulants *n.* profiteer
spekulatīvs *a.* notional
spekulēt *v.i.* profiteer
spekulēt *v.i.* speculate
spēle *n.* game
spēle *n.* pastime
spēle *n.* play
spēlēt *v.i.* play
spēlēt ar kauliņiem *v. i.* dice
spēlēt uz naudu *v.i* game
spēlēt vijoli *v.i* fiddle
spēlētājs *n.* player
spēļu kauliņi *n.* dice
spēriens *n.* kick
sperma *n.* semen
sperma *n.* sperm
spert *v.t.* kick
spīdeklis *n.* luminary
spīdēt *v.i.* shine
spīdīgs *a.* glossy
spīdošs *a* brilliant
spīdošs *a.* lucent
spīdošs *a.* luminous
spīdošs *a.* shiny
spīdums *n.* gloss
spīdums *n.* lustre

spīdzināšana *n.* torture
spīdzināt *v.t.* torture
spiediens *n.* pressure
spiedīgs *a.* muggy
spiedogs *n* die
spiegot *v.i.* spy
spiegs *n.* spy
spiegšana *n* scream
spiegt *v.i.* shriek
spieķis *n.* cane
spieķis *n* crook
spieķis *n.* spoke
spiešanās *n* squash
spiest *v.t* wring
spiesties *v.t.* shoulder
spīguļošana *n.* scintillation
spīguļot *v.i.* sparkle
spīles *n.* jaw
spilgta (žilbinoša) gaisma *n.* glare
spilgts *a* bright
spilvens *n* pillow
spināti *n.* spinach
spirāle *n.* spiral
spirālveidīgs *a.* spiral
spiritisms *n.* spiritualism
spirta dedzinātavas *n* distillery
spītīgs *a.* stubborn
spīts *n.* spite
spļaujamtrauks *n.* spittoon
spodrināt *v.t.* polish
spodrināt, *v. t* brighten
spogulis *n* mirror
spokoties *v.t.* haunt
spoks *n* bogle
spoks *n.* ghost
spoks *n.* phantom
spoks *n.* spectre
spole *n.* reel
sponsors *n.* sponsor
spontanitāte *n.* spontaneity
spontāns *a.* spontaneous

sportisks *a.* sportive
sportists *n.* sportsman
sports *n.* sport
spožs *a.* lustrous
spožs *a.* refulgent
spožs *a.* resplendent
spožums *n* brilliance
spožums *n.* lucidity
sprādze *n* buckle
sprādziens *n* blast
sprādziens *n.* explosion
sprāgstošs *a* explosive
sprāgstviela *n.* explosive
sprāgt *v. i.* burst
sprāgt *v.i.* pop
sprakšķēt *v.t.* crackle
sprauslāšana *n.* snort
sprauslāt *v.i.* snort
sprediķis *n.* sermon
sprīdis *n.* span
spriedums *n* estimation
spriedums *n.* judgement
spriedums *n.* verdict
spriest *v.i.* judge
spriest *v.i.* reason
sprints *n* sprint
sprīžot *v.t.* span
sproga *n.* curl
sprogoties *v.t.* ripple
spuldze *n.* bulb
spura *n* fin
Sputnik *n.* sputnik
stabilitāte *n.* stability
stabilizācija *n.* stabilization
stabilizēt *v.t.* stabilize
stabils *a.* stable
stabs *n.* pale
stabs *n* stake
stabule *n* pipe
stacija *n.* station
stacionārs *a.* stationary
stadions *n.* stadium

stādīt *v.t.* plant
stagnācija *n.* stagnation
staigāt *v.t.* ramble
staigāt *v.t.* saunter
staigāt *v.i.* walk
staipeknis *n* creeper
stāja *n* poise
stallis *n* stable
stalts *a.* stately
standarta *a* standard
standartizācija *n.* standardization
standartizēt *v.t.* standardize
standarts *n.* standard
stārks *n.* stork
starojošs *a.* radiant
starp *prep* between
starp- *a.* intermediate
starp citu *adv* appositely
starp *prep.* amid
starp *prep.* amongst
starpbrīdis *n* break
starpība *n* difference
starplaiks *n.* interim
starpniecība *n.* mediation
starpniecība *n.* mediation
starpnieks *n.* intermediary
starpnieks *n.* mediator
starpnieks *n.* middleman
starpsauciens *n.* interjection
starpspēle *n.* interlude
starptautisks *a.* international
stars *n.* ray
stāstījuma- *a.* narrative
stāstījums *n.* narration
stāstīt *v.t.* narrate
stāstītājs *n.* narrator
stāstītājs *n.* teller
stāsts *n.* narrative
stāsts *n.* story
stāsts *n.* tale
stāties *v.t.* accede

statika *n.* statics
statisks *n.* static
statistika *n.* statistics
statistiķis *n.* statistician
statistisks *a.* statistical
statīvs *n.* tripod
statnis *n* strut
štats *n.* personnel
statuja *n.* statue
statūti *n.* statute
stāvēt *v.i.* stand
stāvoklis *n* condition
stāvoklis *n.* position
stāvoklis *n.* standing
stāvoklis *n.* status
stāvs *a.* steep
stāvs *n.* storey
steidzamība *n.* urgency
steidzams *a.* urgent
steidzīgs *a.* hasty
steidzināt *v.i.* hasten
steiga *n.* haste
steiga *n* hurry
steiga *n* rush
steigties *v. t* bustle
steigties *v.t.* hurry
steigties *v.i.* speed
steks *n* baton
stends *n.* stand
stenēt *v.i.* groan
stenogrāfija *n.* stenography
stenogrāfists *n.* stenographer
stepe *n.* steppe
stereotips *n.* stereotype
stereotips *a.* stereotyped
sterilitāte *n.* sterility
sterilizācija *n.* sterilization
sterilizēt *v.t.* sterilize
sterils *a.* sterile
stetoskops *n.* stethoscope
stiebrs *n* stalk
stieple *n.* wire

stiept *v.t.* stretch
stikla atkritumi piemēroti pārkausēšanai *n.* cullet
stiklinieks *n.* glazier
stikls *n.* glass
stilbs *n.* shin
stils *n.* style
stimulēt *v.t.* spur
stimulēt *v.t.* stimulate
stimuls *n.* spur
stimuls *n.* stimulus
stingrība *n.* rigour
stingrība *n.* steadiness
stingrība *n.* stringency
stingrs *adj* censorious
stingrs *a* firm
stingrs *a.* rigid
stingrs *a.* rigorous
stingrs *a.* strict
stingrs *a.* stringent
stipendija *n.* scholarship
stipendija *n.* stipend
stipras sāpes *n.* throe
stiprināt *v.t.* strengthen
stiprs *n.* athletics -
stiprs sitiens *n* crump
stiprs sitiens *n.* smith
stirna *n* doe
stirna *n.* roe
stirpa *n.* rick
stīvināt *v.t.* starch
stjuarts *n.* steward
stoiķis *n.* stoic
stomīties *v.i* falter
stostīšanās *n* stammer
stostīties *v.i.* stammer
strādāt *v.i.* labour
strādāt *v.t.* work
strādāt ar kaltu *v. t.* chisel
strādīgs *a.* industrious
strādnieks *n.* workman
stratēģija *n.* strategy

stratēģis *n.* strategist
stratēģisks *a.* strategic
strauji *adv.* sharp
straujš *a.* rapid
straujš lidmašīnas izrāviens augšu *n.* zoom
straume *n.* torrent
straumēm plūstošs *a.* torrential
strauss *n.* ostrich
strautiņš *n.* rivulet
strautiņš *n.* streamlet
strauts *n.* brook
strāva *n* current
streikot *v.t.* strike
streikotājs *n.* striker
streiks *n* strike
streipuļot *v.i.* stagger
strēlnieks *n* archer
strīdēties *v.i.* quarrel
strīdēties *v.i.* wrangle
strīds *n* controversy
strīds *n* dispute
strīds *n.* wrangle
strofa *n.* stanza
strops *n.* hive
strūkla *n.* jet
strūkla *n* spurt
strūklaka *n.* fountain
struktūra *n.* structure
struktūra *n.* texture
struktūras *a.* structural
strupceļš *n* deadlock
strupceļš *n.* impasse
strupceļš *n.* stalemate
strutas *n.* pus
strutas novadīšana *n.* pyorrhoea
stublājs *n.* stalk
studējošs *a.* studious
students *n.* student
studija *n.* studio
stūkstotis *n.* chiliad
stulbs *a* stupid

stulbums *n.* stupidity
stumbrs *n.* trunk
stumšana *n.* shuffle
stumt *v.t.* push
stunda *n.* hour
stūra iekavas *n* ancon
stūrains *a.* angular
stūre *n.* helm
stūrgalvība *n.* obduracy
stūrgalvīgs *a.* headstrong
stūris *n* corner
subjektīvs *a.* subjective
sublimēt *v.t.* sublimate
subsidēt *v.t.* subsidize
subsīdija *n.* subsidy
sūce *n.* leak
sūcējs *n.* sweeper
sudraba *a* silver
sudrabot *v.t.* silver
sudrabs *n.* silver
sūdzēties *v. i* complain
sūdzība *n* complaint
sūdzība *n.* grievance
sūdzībnieks *ns.* barrator
sufikss *n.* suffix
suga *n.* species
suģestīvs *a.* suggestive
suka *n* brush
sūklis *n.* sponge
sūknēt *v.t.* pump
sūknis *n.* pump
sūkšanās *n.* ooze
sūkties *v.i.* ooze
sūkties *v.i.* seep
sūkties *v.i.* trickle
sula *n* juice
sula *n.* sap
sulainis *n.* lackey
sulīgs *a.* juicy
sulīgs *a.* lush
sumināšana *n.* homage
summa *n* amount

summa *n.* sum
summēt *v.t.* sum
sūna *n.* moss
šūna *n* cell
suns *n* dog
šuntēt *v.t.* shunt
suņubūda *n.* kennel
šūpoles *n* swing
šūpošanās *n* sway
šūpot *v.t.* rock
šūpoties *v.i.* sway
šūpoties *v.i.* swing
šūpuļdziesma *n.* lullaby
šūpulis *n* cradle
šurp *adv.* hither
suspensija *n.* suspension
šūt *v.t.* sew
šūt *v.t.* stitch
šūt apģērbus *v.t.* tailor
sūtījums *n.* consignment
sūtījums *n.* shipment
sūtīt pa pastu *v.t.* mail
šuve *n.* seam
suvenīrs *n.* souvenir
suverenitāte *n.* sovereignty
svaigs *a.* fresh
svarīga persona *n.* personage
svarīgākais *a.* major
svarīgs *a.* important
svarīgs *a.* momentous
svarīgs *a.* relevant
svarīgums *n.* gravity
svārki *n.* skirt
svārpsts [tehn.] *n.* auger
svars *n.* weight
svārstība *n.* oscillation
svārstīgs *a* fickle
svārstīties *v.i.* shilly-shally
svārstīties *v.i.* vacillate
svārsts *n.* pendulum
svece *n.* candle
sveiciens *n.* salutation

sveiciens *n* welcome
šveiciešu *a* swiss
šveicietis *n.* swiss
sveicināt *v.t.* greet
sveiki! *interj.* adieu
sveikt *v.t* welcome
svelmains *a.* torrid
svelme *n* glow
svērt *v.t.* scale
svešinieks *n.* stranger
svētais *n.* saint
svētceļnieks *n.* pilgrim
svētceļojums *n.* pilgrimage
Svētdiena *n.* Sunday
svētība *n* benison
svētie raksti *n.* scripture
svētīt *v. t* bless
svētīt *v.t.* hallow
svētīt *v.t.* sanctify
svētki *n* feast
svētki *n* festivity
svētku *a* festive
svētlaime *n* bliss
svētnīca *n.* sanctuary
svētnīca *n.* shrine
svēts *a.* holy
svēts *a.* sacred
svēts *a.* sacrosanct
svētums *n.* sanctity
sviedri *n.* sweat
sviest *v.t* fling
sviestmaize *n.* sandwich
sviests *n* butter
svilpe *n* whistle
svilpot *v.i.* whistle
svilpšana *n* hiss
svilpt *v.i* hiss
svina *a.* leaden
svinēšana *n.* celebration
svinēt *v. t. & i.* celebrate
svinēt *v. t.* commemorate
svinēt *v.t.* solemnize

svinības *n.* solemnity
svinīga runa *n.* oration
svinīgi solīt *v.t.* vow
svinīgs *a.* ceremonious
svinīgs *a.* solemn
svins *n.* lead
svira *n.* lever
svīšana *n.* perspiration
svīst *v.i.* perspire
svīst *v.i.* sweat
svīta *n.* retinue
svītra *n.* stripe
švīts *n* dandy
švīts *n* nut
švīts *n* smart
švīts *n.* spark

tā *pron.* it
tā *adv.* so
tā *adv.* that
tā sauktais *a.* would-be
tā vietā *adv.* lieu
tabaka *n.* tobacco
tabakdoze *n.* mull
tablete *n.* pill
tablete *n.* tablet
tabu *n.* taboo
tabula *n.* tabulation
tabulācijas *n.* tabulator
tabulveida *a.* tabular
taburete *n.* stool
tacis *n.* weir
taču *adv.* notwithstanding
tad *adv.* then
tādā veidā *adv.* so
tādējādi *adv.* thereby
tādējādi *adv.* thus

tādēļ ka *conj.* because
tāds *a.* such
tagad *adv.* now
tagad kad *conj.* now
taifūns *n.* typhoon
taisīt atzīmi *v.i.* tick
taisnā zarna *n.* rectum
taisni *adv* due
taisni *adv.* straight
taisni *adv.* straightway
taisnīgs *a* equitable
taisnīgs *a.* just
taisnīgums *n.* justice
taisns *a* erect
taisns *a.* straight
taisns *a.* upright
taisnstūra *a.* rectangular
taisnstūris *n.* rectangle
taka *n.* path
taka *n.* trail
taksometrs *n.* cab
taksometrs *n.* taxi
taktika *n.* tactics
taktiķis *n.* tactician
taktisks *a.* tactful
takts *n.* tact
tālāk *adv.* forth
tālāk *adv.* further
tālāks *a* further
talants *n.* talent
tāliene *n* far
talismans *n.* mascot
talismans *n.* talisman
tālredzība *n* foresight
tālredzība *n* forethought
tālredzīgs *a.* provident
tālrunis *n.* telephone
tāls *a* distant
tāls *a* far
tālu *adv.* afar
tālu *adv.* far
tamarinda *n.* tamarind

tangenss *n.* tangent
tankkuģis *n.* tanker
tante *n.* aunt
tapa *n.* peg
tāpat *adv.* like
tāpat *adv.* likewise
tāpatība *n.* oneness
tāpēc *adv.* therefore
tara *n* empty
taranēt *v.t.* ram
tarifs *n.* tariff
tarkšķēt *v.t.* jabber
tārps *n.* worm
tas *dem. pron.* that
tātad *adv.* hence
taukains *a.* greasy
tauki *n* fat
tauki *n* grease
tauki *n.* tallow
taupība *n.* thrift
taupīgs *a.* frugal
taupīgs *a.* thrifty
taure *n.* clarion
taurēt *v.i.* trumpet
taurētājs *n.* winder
tauriņš *n* butterfly
taustāms *a.* palpable
taustāms *a.* tangible
taustes *a.* tactile
taustīties *v.i.* fumble
taustīties *v.t.* grope
tauta *n.* nation
tauta *n.* populace
tautas sapulce *n.* moot
teatrāls *a.* theatrical
teātris *n.* theatre
tecēt *v* course
tehnika *n.* technique
tehnikas *a.* technical
tehniķis *n.* technician
tehniskās īpatnības *n.* technicality

tehnoloģija *n.* technology
tehnoloģiju *a.* technological
tehnologs *n.* technologist
teicams *a.* meritorious
teikt *v.t.* say
teikums *n.* sentence
teisms *n.* theism
teists *n.* theist
tēja *n* tea
tējkanna *n.* kettle
teksta *n.* textual
tekstil- *a.* textile
teksts *n.* text
tēlainība *n.* imagery
tēlains *a* figurative
tēlains *a.* imaginative
telefonēt *v.t.* telephone
telefons *n.* phone
telegrafēšana *n.* telegraphy
telegrafēt *v.t.* telegraph
telegrāfisks *a.* telegraphic
telegrāfists *n.* telegraphist
telegrāfs *n.* telegraph
telegramma *n.* telegram
telekomunikācija *n.* telecommunications
telepātija *n.* telepathy
telepātisks *a.* telepathic
teleskopiskais *a.* telescopic
teleskops *n.* telescope
televīzija *n.* television
tēlniecības *a.* sculptural
tēlnieks *n.* sculptor
tēlojums *n.* impersonation
tēlošana *n.* acting
tēlot *v* enact
tēlot galveno lomu *v.t.* star
tēlot pārspīlēti *v.t.* overact
telpas *a.* spatial
telpās *adv.* indoors
teļš *n.* calf
telts *n.* tent

tēma *n.* theme
tematisks *a.* thematic
temats *n.* subject
temats *n.* topic
tēmēt *v.i.* aim
temperamentīgs *a.* temperamental
temperaments *n.* mettle
temperaments *n.* temper
temperaments *n.* temperament
temperatūra *n.* temperature
templis *n.* temple
tendence *v.i.* tend
tendence *n.* trend
tenderis *n* tender
teniss *n.* tennis
tenkas *n.* gossip
teokrātija *n.* theocracy
teoloģija *n.* theology
teoloģijas *a.* theological
teologs *n.* theologian
teorēma *n.* theorem
teorētiķis *n.* theorist
teorētisks *a.* theoretical
teoretizēt *v.i.* theorize
teorija *n.* theory
terapija *n.* therapy
terase *n.* terrace
tērauds *n.* steel
tērēt *v.t.* waste
teritoriāls *a.* territorial
teritorija *n.* territory
terjers *n.* terrier
termināls *n* terminal
terminēts *a.* terminable
terminoloģija *n.* terminology
terminoloģijas *a.* terminological
termiņš *n.* term
termometrs *n.* thermometer
termoss *n.* thermos (flask)
terora sistēma *n.* terrorism
terorists *n.* terrorist

terorizēt *v.t.* terrorize
terors *n.* terror
terpentīns *n.* turpentine
tērpts
  a bedight
tērzēšana *n.* chat1
tesmenis *n.* udder
tēst *v.t.* hew
tētis *n* dad, daddy
tetovējums *n.* tattoo
tetovēt *v.i.* tattoo
tēva *a.* paternal
tēva slepkava *n.* parricide
tēva slepkava *n.* patricide
tēvocis *n.* uncle
tēvs *n* father
tēze *n.* thesis
tiāra *n.* tiara
ticamība *n.* veracity
ticams *a* credible
ticēt *v. t* believe
ticība *n* belief
ticība *n.* creed
ticība *n* faith
tiekšanās *n.* aspiration
tieksme *n.* lurch
tieksme *n.* addiction
tieksme *n.* appetite
tieksme *n.* inclination
tieksme *n.* proclivity
tieksme *n.* tendency
tieksme vēlēšanāi *n.* conation
tiekties *v.t.* aspire
tiekties *v.i.* hanker
tiesa *n.* court
tiesa *n.* judicature
tiešām *adv.* really
tiesas *a.* judicial
tiesas izpildītājs *n.* bailiff
tiesas sulainis *n.* beadle
tiesāšanās *n.* litigation
tiesāt *v.t.,* umpire

tiesāties *v.t.* litigate
tieši *adv.* outright
tiesības *n* right
tiesneši *n.* judiciary
tiesnesis *n.* judge
tiesnesis *n.* referee
tiesnesis *n.* umpire
tiešs *a* direct
tiešs *a* outright
tievgalis *n* small
tievs *n.* slender
tīfs *n.* typhoid
tīģeriene *n.* tigress
tīģeris *n.* tiger
tikai *adv.* only
tīkams *a.* fragrant
tikko *adv.* barely
tikko *adv.* hardly
tikko *adv.* just
tikko *adv.* scarcely
tīkkoks *n.* teak
tīklene *n.* retina
tīkli *n.* mesh
tīkls *n.* net
tīkls *n.* network
tīkls *n.* web
tikmēr *adv.* meanwhile
tikmēr kamēr *conj* until
tīkot *v.t.* covet
tikt galā *v. i* cope
tikumīgs *a.* virtuous
tikumiska uzvedība *n.* morality
tikums *n.* virtue
tilts *n* bridge
tīņi *n. pl.* teens
tinktūra *n.* tincture
tinte *n.* ink
tipināt *v.t.* mince
tipisks *a.* typical
tipizēt *v.t.* typify
tips *n.* type
tirānija *n.* tyranny

tirāns *n.* tyrant
tirdzniecība *n* commerce
tirdzniecība *n.* merchandise
tirdzniecība *n.* trade
tirdzniecības *a* commercial
tirdzniecības centrs *n.* mart
tīrelis *n.* moor
tirgotājs *n.* coper
tirgotājs *n* dealer
tirgotājs *n.* merchant
tirgotājs *n.* trader
tirgotājs *n.* tradesman
tirgoties *v.t* market
tirgoties *v.i* trade
tirgus *n* market
tīrība *n* cleanliness
tīrība *n.* purity
tīrība *n.* tidiness
tīrīšana (partijas) *n.* purgation
tīrīt *v. t* clean
tīrīt vai mazgāt ar šampūnu *v.t.* shampoo
tīrradnis *n.* nugget
tīrs *a* clean
tīrs *a* pure
tīrumā *adv.* afield
tīšs *a.* intentional
titānisks *a.* titanic
tītars *n.* turkey
toga *n.* toga
tolerance *n.* tolerance
tolerants *a.* tolerant
tomāts *n.* tomato
tomboy *n.* tomboy
tomēr *conj* however
tomēr *conj.* nevertheless
tomēr *adv.* nonetheless
tomēr *adv.* though
toniks *n.* tonic
tonis *n.* tint
tonis *n.* tone
tonizējošs *a.* tonic

tonna *n.* ton
tonzūra *n.* tonsure
topāzs *n.* topaz
topogrāfija *n.* topography
topogrāfiskā *a.* topographical
topogrāfs *n.* topographer
tops *n.* top
toreizējs *a* then
tornis *n.* steeple
tornis *n.* tower
torpēda *n.* torpedo
torpedēt *v.t.* torpedo
tosts *n.* toast
totāls *a.* total
tradīcija *n.* tradition
tradicionāls *a.* traditional
trafarets *n.* stencil
traģēdija *n.* tragedy
traģēdiju rakstnieks *n.* tragedian
traģisks *a.* tragic
traips *n.* blot
traips *n* blur
traips *n.* smear
traips *n.* stain
trakojošs *a.* uproarious
trakot *v.i.* rage
trakot *v.i.* rampage
traks *a* crazy
traks *n* tract
traktāts *n.* treatise
traktors *n.* tractor
trakums *n* craze
trakumsērga *n.* rabies
trallināšana *n* warble
trallināt *v.i.* warble
tramvajs *n.* tram
tranšeja *n* ditch
tranšeja *n.* trench
tranšejas *n.* retrenchment
transformācija *n.* transformation
transkribēt *v.t.* transcribe

transkripcija *n.* transcription
translēt *v. t* broadcast
transporta *a.* vehicular
transporta līdzeklis *n.* vehicle
transportēšana *n.* transportation
transportēt *v.t.* transport
transportkuģis *n.* trooper
transports *n.* transport
transs *n.* trance
tranzīts *n.* transit
trase *n.* track
traucējošs *a.* troublesome
traucēt *v. t* disturb
traucēt *v.t.* intrude
trauka mala *n* brim
trauks *n.* utensil
trauksmains *a.* impetuous
trauksmains *a.* turbulent
trauksme *n* alarm
traukties *v.i* race
trausls *a.* brittle
trausls *a.* fragile
trekns *a.* mellow
treneris *n* coach
trešais *a.* third
trešdaļa *n.* third
trešdiena *n.* Wednesday
treškārt *adv.* thirdly
tribīne *n.* rostrum
tribunāls *n.* tribunal
trīcēšana *n* quake
trīcēt *v.i.* quake
trīcēt *v.i.* shiver
trieciens *n.* impact
trieka *n.* stroke
triekt *v.i.* prattle
trikotāža *n.* jersey
triks *n* stunt
triks *n* trick
trimda *n.* exile
trio *n.* trio
trīs *n.* three

trīs eksemplāros *a.* triplicate
trīsas *n.* quiver
trīsas *n.* thrill
trīsas *n.* tremor
trīsdesmit *n.* thirty
trīsdesmitais *a.* thirtieth
trīsēt *v.i.* pulsate
trīskāršošana *n.* triplication
trīskāršot *v.t.,* triple
trīskārtējs *a.* triple
trīskrāsains *a.* tricolour
trīskrāsains karogs *n* tricolour
trīspadsmit *n.* thirteen
trīspadsmitais *a.* thirteenth
trīspusīgs *a.* tripartite
trīsreiz *adv.* thrice
trīsriteņu velosipēds *n.* tricycle
trīsstūrains *a.* triangular
trīsstūris *n.* triangle
trīsvienība *n.* trinity
triumfa *a.* triumphal
triumfējošs *a.* triumphant
triumfēt *v.i.* triumph
triumfs *n.* triumph
trofeja *n.* trophy
trokšņains *a.* noisy
troksnis *n* din
troksnis *n.* noise
trompete *n.* trumpet
tronis *n.* throne
tropisks *a.* tropical
trops *n.* tropic
tropu drudzis *n.* dengue
tropu palma *n* areca
trūce *n.* hernia
trūcīgs *a.* needy
trūcīgs *a.* scanty
trūcīgs *a.* scarce
trūdēt *v. i* decay
trūkt *v.t.* lack
trūkums *n* dearth
trūkums *n.* imperfection

trūkums *n.* lack
trūkums *n.* privation
trūkums *n.* scarcity
trūkums *n.* shortage
trūkums *n.* shortcoming
truls *a* blunt
trumpis *n.* trump
trumpot *v.t.* trump
trupa *n.* troupe
trusis *n.* rabbit
trušu rezervāts *n.* warren
tualete *n.* lavatory
tualete *n.* toilet
tuberkuloze *n.* tuberculosis
tukša vieta *n* blank
tuksnesis *n* desert
tukšs *a* blank
tukšs *a* devoid
tukšs *adj* empty
tukšs *a.* hollow
tukšs *a.* void
tūkstoš gadu *n.* millennium
tūkstotis *n.* thousand
tukšums *n.* void
tūļa *n.* laggard
tūlītējs *a.* instant
tūlītējs *a.* instantaneous
tulkojums *n.* translation
tulkot *v.t.* translate
tulzna *n* bleb
tulzna *n* blister
tumors *n.* tumour
tumsa *n.* obscurity
tumsa *n* dark
tumši sarkana krāsa *n* crimson
tumšs *a* dark
tumšs *a.* sombre
tumšs *a.* wan
tunelis *n.* tunnel
tupele *n.* slipper
tupēt *v.i.* squat
tupēt uz laktas *v.i.* roost

tūpļa [anat.] *adj.* anal
tūplis [anat.] *n.* anus
tur *adv.* there
turbāns *n.* turban
turbīna *n.* turbine
turbulence *n.* turbulence
turēšana *n.* hold
turēt *v.t* hold
turēt (vadāt) pavadā *v.i* lunge
turēt aizdomās *v. t.* distrust
tūrisms *n.* tourism
tūrists *n.* tourist
turklāt *adv* besides
turklāt *adv.* moreover
turnīrs *n.* tournament
turp *adv.* thither
turpinājums *n.* continuation
turpināt *v. i.* continue
turpināt *v.i.* proceed
turpināt *v.t.* pursue
turpmāk *adv* forward
turpmāk *adv.* henceforth
turpmāk *adv.* hereafter
turpretim *conj.* whereas
tuvākais (vietas, laika, uzskatu ziņā) *a.* proximate
tuvcīņa *n.* melee
tuvoties *v.t.* approach
tuvoties *v.i.* near
tuvredzība *n.* myopia
tuvredzīgs *a.* myopic
tuvs *a.* near
tuvu *adv.* anigh
tuvu *a.* close
tuvu *adv.* near
tuvu *adv.* nigh
tuvumā *adv.* thereabouts
tvaikonis *n.* steamer
tvaiks *n* steam
tvaiks *n.* vapour
tvaikveidīgs *a.* vaporous
tveicīgs *a.* sultry

ubagot *v. i* cadge
ubags *n* beggar
ubags *n.* pauper
ucināt *v.t.* dandle
ūdele *n.* mink
ūdeņains *a.* watery
ūdeņradis *n.* hydrogen
ūdens *n.* water
ūdenskritums *n.* waterfall
ūdensnecaurlaidīgs *a.* waterproof
ūdensnecaurlaidīgs *a.* watertight
ūdensvīrs *n.* merman
ūdensvīrs *n.* aquarius
ūdrs *n.* otter
ugunīgs *a* fiery
ugunīs *adv.* aflame
uguns *n* fire
ugunskurs *n* bonfire
ulāns *n.* lancer
ultimāts *n.* ultimatum
un *conj.* and
unce *n.* ounce
unikāls *a.* unique
unisons *n.* unison
universāls *a.* universal
universāls *a.* versatile
universitāte *n.* university
untums *n.* vagary
upe *n.* river
upes līkums *n* bight
upura *a.* sacrificial
upurēt *v.t.* sacrifice
upuris *n.* offering
upuris *n.* prey
upuris *n.* sacrifice
urā *interj.* hurrah
urbis *n* drill
urbis *n.* wimble

urbt *v. t* bore
urbt *v. t.* drill
urbums *n* bore
urīna *a.* urinary
urīnācija *n.* urination
urinēt *v.i.* urinate
urīns *n.* urine
urna *n* urn
ūsas *n.* moustache
ūsas *n.* mustache
ūsas *n.* whisker
utilitārs *a.* utilitarian
utopija *n .* utopia
utopisks *a.* utopian
ūtrupe *n* auction
uts *n.* louse
utt *adv* etcetera
uvertīra *n.* overture
uz *prep.* in
uz *prep.* on
uz *prep.* towards
uz (norāda virzienu) *prep.* into
uz āru *adv* outward
uz āru *adv* outwards
uz augšu *prep.* up
uz austrumiem *adv* east
uz borta *n.* mid-on
uz iekšu *adv.* inwards
uz klāja *adv* aboard
uz kurieni *adv.* whither
uz laiku *adv.* awhile
uz leju *adv* down
uz leju *adv* downward
uz leju *adv* downwards
uz nakti *adv* to-night
uz priekšu *n* forward
uz priekšu *adv.* on
uz priekšu *adv.* onwards
uz priekšu ejošs *a.* onward
uz redzēšanos *interj.* good-bye
uz rietumiem *adv.* west
uz rietumiem *adv.* westerly

uz to *conj.* whereat
uz visiem laikiem *adv* forever
uz ziemeļiem *adv.* north
uzacs *n* brow
uzaicinājums *v.* invitation
uzaicināt *v.t.* invite
uzaugums *adj.* adnascent
uzbāšanās *n.* molestation
uzbāzīgs *a.* officious
uzbāzties *v.t.* molest
uzbērt *v.t.* sift
uzbērt valni *v.t.* bank
uzbrukt *v.* assail
uzbrukt *v.t.* assault
uzbrukt *v.t.* attack
uzbrukt *v.t.* raid
uzbrukums *n.* assault
uzbrukums *n.* attack
uzbrukums *n* offensive
uzbrukums *n.* onslaught
uzbudinājums *n* agitation
uzbudinājums *n.* rampage
uzbudināms *a.* irritable
uzbudināt *v.t.* perturb
uzbudinošs līdzeklis *n.* stimulant
uzcelt *v. t* erect
uzcelt *v* erect
uzcelt sastatnes *v* scaffold
uzcelt sienu *v.t.* wall
uzdevums *n* errand
uzdevums *n.* task
uzdoties *v.t.* impersonate
uzdoties *v.t.* profess
uzdrīkstēties *v. i.* dare
uzdrošināties *v.t.* venture
uzdzīvot *v.i.* revel
uzdzīvotājs *n* debauchee
uzgalis *n.* nozzle
uzgalis *n.* thimble
uzglūnēt *v.i.* lurk
uzglūnēt *v.t.* waylay
uzgriežņatslēga *n.* wrench

uzgriežņu atslēga *n.* spanner
uzjautrināt *v.t.* amuse
uzkalniņš *n.* hillock
uzkāpšana *n.* ascent
uzkāpšana *n.* climb1
uzkāpt *v.t.* ascend
uzkāpt *v.t.* mount
uzkārsums *n* nap
uzklupt *v.i.* pounce
uzkodas *n.* snack
uzkrāšana *n* accumulation
uzkrāt *v.t.* accumulate
uzkrāt *v.t.* pile
uzkrītošs *a.* conspicuous
uzkūdīšana *n.* instigation
uzlabojums *n.* amelioration
uzlabošana *n.* improvement
uzlabošanās *n* betterment
uzlabot *v.t.* ameliorate
uzlabot *v.t.* improve
uzlabot *v.t.* perfect
uzlauzt (ar sviru, lauzni) *v.i.* pry
uzliesmojošs *a.* inflammable
uzliesmojums *n* flare
uzliesmojums *n.* outburst
uzliesmot *v.t* flash
uzliet (tēju) *v.t.* infuse
uzlikšana *n.* imposition
uzlikt *v.t.* impose
uzlikt cepuri *v. t.* cap
uzlikt ielāpu *v. t* botch
uzlikt roku dzelžus *v.t* handcuff
uzlikt uzgali *v.t.* tip
uzlikt uzpurni *v.t* muzzle
uzlīme *n.* sticker
uzlīmēt *v* post
uzlīmēt etiķeti *v.t.* label
uzlipināt plāksteri *v.t.* plaster
uzmācīgs *a.* shrill
uzmākšanas *n.* harassment
uzmanība *n.* attention

uzmanība *n.* regard
uzmanības parādīšana *n.* courtship
uzmanīgi apskatīt *v.t.* scrutinize
uzmanīgs *a.* attentive
uzmanīgs *a.* observant
uzmetums *n* draft
uzminēt *v.i* guess
uzmodināt *v.t.* wake
uzmundrināt *v. t.* cheer
uzņēmējs *n* boss
uzņemšana *n.* reception
uzņemt *v. t* enrol
uzņemties *v.t.* assume
uzņemties *v.t.* undertake
uzņēmums *n.* company
uzņēmums *v. t* enterprise
uzņēmums *n* establishment
uzņēmumu *adj.* corporate
uzpirkt preces *v.t* forestall
uzplūdi *n.* onrush
uzposies *a.* trim
uzpotēt *v.t* graft
uzpūtība *n* swagger
uzrādīšana *n.* presentation
uzraksts *n.* inscription
uzrakt *v.t.* trench
uzrāpties *v.i.* perch
uzraudzība *n.* supervision
uzraudzība *n.* surveillance
uzraudzīšana *n.* superintendence
uzraudzīt *v.t.* oversee
uzraudzīt *v.t.* supervise
uzraugs *n.* overseer
uzraugs *n.* supervisor
uzsākšana *n.* inception
uzsākt *v. t* embark
uzsākt *v* engage
uzsākt *v.t.* initiate
uzsaukt *v.t* hail
uzsaukums *n.* appeal
uzskaitīt *v. t* enumerate

uzskaņot *v.t.* tone
uzskatīt *v.t.* account
uzskatīt *v.i.* deem
uzskatīt *v. t* esteem
uzskatīt *v.t.* regard
uzskats *n.* opinion
uzslaucīt *v.t.* mop
uzslava *n* commendation
uzslava *n.* praise
uzspiest *v.t.* enforce
uzspraust ēsmu *v.t.* bait
uzspridzināt *v.i* blast
uzstādīšana *n.* adjustment
uzstādīšana *n.* installation
uzstādīt *v.t.* pitch
uzstādīt diagnozi *v. t* diagnose
uzstādīt kā noteikumu *v.t.*
  stipulate
uzstājīgs *a.* insistent
uzstāšanās *n.* performance
uzstāties *v.t.* perform
uzsvārcis *n.* overall
uzsvars *n* emphasis
uzsvars *n.* stress
uzsvērt *v* emphasize
uzsvērt *v.t* stress
uzteikt *v.i.* recede
uzticams *a.* reliable
uzticams partijas biedrs *n*
  stalwart
uzticēt *v* entrust
uzticēties *v. i* confide
uzticēties *v.t* trust
uzticība *n* fidelity
uzticība *n.* trust
uzticības cienīgs *a.* trustworthy
uzticīgs *a* faithful
uztraukt *v.t.* trouble
uztraukties *v.i.* worry

uzturēšana *n.* maintenance
uzturēšana *n* upkeep
uzturēšanās *n.* residence
uzturēšanās *n.* subsistence
uzturēšanās vieta *n* dwelling
uzturēt *v.t.* keep
uzturēt paaugstinātu spiedienu
  v.t. pressurize
uzturēties *v.i.* reside
uzturēties *v.i.* sojourn
uzturs *n.* nutrition
uzturs *n.* sustenance
uztveramība *n.* sentience
uztverams *adj* perceptible
uztvere *n* grasp
uztvere *n.* perception
uztveres *a.* perceptive
uztvert *v.t.* perceive
uzurpācija *n.* usurpation
uzurpēt *v.t.* usurp
uzvalks *n.* suit
uzvara *n* conquest
uzvara *n.* victory
uzvara *n* win
uzvārds *n.* surname
uzvarēt *v.t.* thrash
uzvarēt *v.t.* vanquish
uzvarēt *v.t.* win
uzvarētājs *n.* victor
uzvarētājs *n.* winner
uzvarošs *a.* victorious
uzvelt nastu *v. t* burden
uzvešanās *n* behaviour
uzvesties *v. i.* behave
uzvilkt *v.t.* hoist
uzziest *v.t.* smear
uzziest sviestu *v. t* butter
uzzīmēt *v.t* draw

vabole *n* beetle
vadība *n.* guidance
vadība *n.* leadership
vadība *n.* management
vadīt *v. t* conduct
vadīt *v. t* drive
vadīt *v.t.* guide
vadīt *v.t.* pilot
vadīt *v.i.* preside
vadīt *v.t.* steer
vadīt *v.t.* wield
vadītājs *n* driver
vadītājs *n.* superintendent
vads *n.* platoon
vaga *n.* furrow
vai *conj.* whether
vaidēt *v.i.* moan
vaids *n* groan
vaids *n.* moan
vaigs *n* cheek
vaimanas *n.* lamentation
vaimanāt *v.i.* lament
vaimanāt *v.i.* wail
vaina *n* blame
vaina *n* blemish
vaina *n* demerit
vaina *n* fault
vaina *n.* guilt
vainagots ar lauru vainagu *a.*
  laureate
vainags *n* anadem
vainags *n.* garland
vainags *n.* wreath
vainīgs *a* culpable
vainīgs *a.* guilty
vaininieks *n* culprit
vainot *v. t* blame
vairāk *adv.* more

vairāk *adv* over
vairāk nekā *prep.* over
vairākas *a* several
vairākkārt atkārtot *v.t.* reiterate
vairākkārtēja atkārtošana *n.*
  reiteration
vairākums *n.* majority
vairākums *n* most
vairogs *n.* shield
vairošanās *n* reproduction
vairošanās (skaitliska) *n.* prolif-
  eration
vairoties *v.i.* proliferate
vairums *n* bulk
vairumtirdzniecība *n.* wholesale
vairumtirgotājs *n.* wholesaler
vāja gaisma *n* taper
vajadzēt *v.* must
vajadzēt *v.t.* need
vajadzība *n.* need
vajadzība *n* want
vajāšana *n.* persecution
vajāšana *n.* pursuance
vajāt *v.t.* persecute
vajāt *v.t.* victimize
vājprātīgs *adj.* demented
vājprātīgs *a.* lunatic
vājprāts *n.* lunacy
vājš *a* faint
vājš *a.* weak
vājums *n* debility
vājums *n.* weakness
vakance *n.* vacancy
vakar *adv.* yesterday
vakardiena *n.* yesterday
vakariņas *n* dinner
vakariņas *n.* supper
vakariņot *v.i.* sup
vakars *n* evening
vakcīna *n.* vaccine
vakcinācija *n.* vaccination
vāks *n.* cover

vāks *n.* lid
vākt *v.t.* amass
vākt balsis *v. t.* canvass
vakuums *n.* vacuum
vāļāties *v.i.* loll
valdījums *n.* tenure
valdīšana *n* dominion
valdīšana *n.* governance
valdīšanas laiks *n.* innings
valdīšanas laiks *n* reign
valdīt *v.i.* reign
valdnieks *n.* ruler
valdošs *a.* prevalent
valdzinājums *n.* fascination
valdzināt *v.t.* attract
valdzināt *v. t.* captivate
valgs *n.* tether
vaļīgs *a.* loose
valis *n.* whale
valka *n.* portage
valkāt *v.t.* wear
valnis *n* bulwark
valnis *n.* rampart
valoda *n.* language
valodniecība *n.* linguistics
vaļsirdīgs *a.* outspoken
valsts *n.* country
Valsts *a.* national
valsts *n.* state
valsts iekārta *n.* polity
valstsvīrs *n.* statesman
vaļu bārda *n.* baleen
valūta *n* currency
valzirgs *n.* walrus
vanags *n* hawk
vanna *n* bath
vara *n* copper
vara *n.* might
varavīksne *n* bow
varbūtība *n.* probability
varbūtība *n.* verisimilitude
vārdamāsa *n.* namesake

vardarbība *n.* violence
varde *n.* frog
vārdnīca *n* dictionary
vārdos neizteikts *a.* tacit
vārds *n.* name
vārds *n.* word
vārdu krājums *n.* vocabulary
vārdu pa vārdam *adv.* verbatim
vārdu spēle *n.* pun
varens *adj.* mighty
varēt *v* may
vārgt *v.i.* pine
vārgulis *n.* weakling
vārgums *n.* infirmity
vārgums *n.* malaise
variācija *n.* variation
vārīgs *a.* frail
vārīšanās *n* boil
vārīt *v.i.* boil
varmācība *n.* outrage
varmācīgs *a.* violent
vārna *n* crow
varoņa *a.* heroic
varoņdarbs *n* exploit
varoņdarbs *n* feat
varone *n.* heroine
varonība *n.* heroism
varonība *n.* valour
varonis *n.* hero
vārpa *n* spike
vārpsta *n.* shaft
vārpsta *n.* spindle
vārsts *n.* valve
vārti *n.* gate
vārtiņi *n.* wicket
vārtsargs *n.* usher
vasara *n.* summer
vasaras vidus *n.* midsummer
vaskot *v.t.* wax
vasks *n.* wax
vatēta sega *n.* quilt
vāts *n.* watt

vaukšķēšana *n* yap
vāvere *n.* squirrel
važas *n* fetter
važas *n.* shackle
vazektomija *n.* vasectomy
vazelīns *n.* vaseline
vecākais *a* elder
vecākais *n.* senior
vecāks *n.* parent
vecāks *a.* senior
vecāku *a.* parental
vecene *n* elder
vecene *n.* hag
vecmāte *n.* midwife
vecmeita *n.* spinster
vecmodīgs *a.* outmoded
vecpuisis *n.* bachelor
vecs *a.* old
vecums *n.* age
vēdera [anat.] *a.* abdominal
vēdera dobums [anat.] *n* abdomen
vēders *n* stomach
vēdināt *v.t.* ventilate
veģetācija *n.* vegetation
veģetārietis *n.* vegetarian
veģetārs *a* vegetarian
veicināt *v. i* encourage
veicināt *v.t.* foster
veicināt *v.t* further
veicināt *v.t.* promote
veicinošs *a* coefficient
veidlapa *n* form
veidošana *n* formation
veidot *v.t.* form
veidot arku *v.t.* arch
veidot kvadrātu *v.t.* square
veids *n.* kind
veids *n.* mode
veids *n.* sort
veids *n.* way
veikalniecisks *a.* mercantile

veikals *n.* shop
veikals *n.* store
veiklība *n.* agility
veiklība *n.* sleight
veikls *a.* agile
veikls *a* crafty
veiksme *n.* success
veiksmīgs *a.* prosperous
veiksmīgs *a* successful
veikt *v.t.* make
vējains *a.* windy
vējdzirnavas *n.* windmill
vējš *n.* wind
vēl *adv* else
vēl *adv* more
vēl *adv.* yet
veļa *n.* linen
vēlāk *adv* after
vēlāk *adv.* afterwards
vēlams *a* desirable
vēlams *a.* welcome
veļas mazgātāja *n.* laundress
veļas mazgātava *n.* laundry
veldzēt *v.t.* slake
velēna *n.* sod
vēlēšanas *n* election
vēlēšanās *n* desire
vēlēšanās *n.* volition
vēlēšanās *n.* wish
vēlēšanu biļetens *n* ballot
vēlēšanu iecirknis *n* constituency
vēlēšanu tiesības *n.* suffrage
vēlētāji *n* electorate
vēlētājs *n.* constituent
vēlētājs *n.* voter
vēlētāju *adj.* constituent
vēlēties *v.t.* want
vēlēties *v.t.* wish
vēlēties *v.t* desire
vēlmi *n.* willingness
velns *n* fiend
velns *n* devil

velosipēdists *n* cyclist
vēls *a.* late
veltīgi *adv.* vainly
veltīgs *a.* vain
veltīgums *n.* futility
veltījums *n* dedication
veltīt *v.t.* consecrate
veltīt *v. t.* dedicate
veltīt *v. t* devote
veltnis *n.* roller
velts *a.* futile
vēlu *adv.* late
velve *n.* vault
velvēt *v.i.* vault
vemšana *n* vomit
vemt *v.t.* vomit
vēna *n.* vein
vens *n.* van
ventilācija *n.* ventilation
ventilators *n* fan
ventilators *n.* ventilator
veranda *n.* verandah
verdzība *n* bondage
verdzība *n.* servility
verdzība *n.* slavery
verdzība *n.* thraldom
verdzināt *v.i* enslave
verdziski izdabāt *v. i.* cringe
verdzisks *a.* menial
verdzisks *a.* servile
verdzisks *a.* slavish
vergot *v.i.* slave (away)
vergs *n.* slave
vergs *n.* thrall
vērīgs *adj* accipitral
vērīgs *a.* watchful
vērmeles *n.* wormwood
vērot *v. t* contemplate
vērpējs *n.* spinner
versija *n.* version
vērsis *n.* ox
vērst uzmanību *v.* advert

vērsties *v.i.* turn
vērsts uz iekšpusi *a.* inward
vērtējums *n.* valuation
vērtēt *v.t.* poise
vērtēt *v.t.* rate
vērtība *n.* asset
vērtība *n.* merit
vērtība *n.* value
vērtība *n.* worth
vērtīgs *a.* precious
vērtīgs *a.* valuable
vertikāls *a.* vertical
vērts *a* worth
vervēt *v.t.* recruit
vervētājs *n* crimp
veselība *n.* health
veselīgs *a.* hale
veselīgs *a.* healthy
veselīgs *a.* sturdy
veselīgs *a.* wholesome
vesels saprāts *n.* sanity
veselu gadu ilgstošs *a* perennial
veselums *n.* integrity
veseris *n.* maul
vēss *a* cool
vest *v. t.* carry
vest *v.t.* lead
vest *v.t.* wage
vest rēķinus *v.t.* tally
vest sarunas *v.i* parley
veste *n.* vest
veste *n.* waistcoat
vēstis *n. pl.* tidings
vēstīt *v.t* herald
vēstīt *v* omen
vēstnesis *n.* ambassador
vēstnesis *n.* herald
vēstnesis *n.* messenger
vēstniecība *n* embassy
vēstule *n* letter
vēsture *n.* history
vēsturisks *a .* historic

vēsturisks *a.* historical
vēsturnieks *n.* historian
vēsums *n.* chill
veterāns *n.* veteran
veterinārs *a.* veterinary
vētīt *v.t.* winnow
veto *n.* veto
vētra *n.* storm
vētra *n.* tempest
vētrains *a.* stormy
vētrains *a.* tempestuous
vēziens *n* waft
vēzis *n.* cancer
vēžu zupa *n* bisque
vibrācija *n.* vibration
vibrēt *v.i.* vibrate
vica *n.* withe
vicekaralis *n.* viceroy
vicināt *v.t.* wave
vide *n* environment
vidējais *a.* average
vidējais lielums *n.* average
vidējs *a* medium
vidējs *a.* middle
vidējs *a.* middling
vidū *prep.* among
vidū *n* midst
viduklis *n.* waist
vidus *a.* median
vidus *a.* mid
viduslaiku *a.* medieval
viduslaiku *a.* medieval
vidusskolas *a.* secondary
viduvējība *n.* mediocrity
viduvējs *a* mean
viduvējs *a.* mediocre
viedoklis *n* angle
viedoklis *n* complexion
viedoklis *n.* standpoint
viegli *adv* easy
viegli *adv.* lightly
viegli ievainojams *a.* vulnerable

viegli pieskarties *v.t.* tip
viegli uzsist *v.t.* pat
vieglprātība *n* flippancy
vieglprātība *n.* levity
vieglprātīgs *a.* frivolous
viegls *adj* easy
viegls *a* facile
viegls *a* light
viegls *a.* slight
viegls vējš *n* breeze
vieglums *n* ease
viela *n.* stuff
viela *n.* substance
viena no fosilo sveķu šķirnem *n.* amberite
viena no Protestantu kustībam *n* anabaptism
vienādojums *n* equation
vienādot *v. t* equate
vienādranga *n.* peer
vienāds *a.* same
vienādsānu *a* equilateral
vienaldzība *n.* indifference
vienaldzīgs *a.* indifferent
vienaldzīgs *a.* nonchalant
vienalga *adv.* however
vienība *n.* unit
vienīgais *a.* only
vienkāršās tautas pārstāvis *n.* commoner
vienkāršība *n.* simplicity
vienkāršošana *n.* simplification
vienkāršot *v.t.* simplify
vienkāršs *adj* elementary
vienkāršs *a.* simple
vienkāršs *a.* straightforward
vienlaicīgs *a.* simultaneous
vienlaulība *n.* monogamy
vienlīdzība *n* equality
vienlīdzīgs *a* equal
vienmēr *adv* always
vienmērīgs *a* even

vienošanās *n.* agreement
vienošanās *n.* collusion
vienošanās *n.* compact
vienošanās *n.* settlement
vienotība *n.* unity
vienoties *v. t* concert2
vienpadsmit *n* eleven
vienprātība *n.* consensus
vienprātība *n.* unanimity
vienprātīgs *a.* unanimous
vienreiz *adv.* once
viens *n.* a
viens *a.* one
viens *a.* single
viens pats *a.* alone
viens vienīgs *a* sole
viensievība *n* monogyny
vienspēle *n.* single
vientiesis *n.* simpleton
vientulība *n.* loneliness
vientulība *n.* solitude
vientulīgs *a.* lonesome
vientuļnieks *n.* recluse
vientuļš *a.* lone
vientuļš *a.* lonely
vientuļš *a.* solitary
vienzilbes vārds *n.* monosyllable
vienzilbīgs *a.* monosyllabic
viesis *n.* guest
viesistaba *n* drawing-room
viesistaba *n.* parlour
viesmīle *n.* waitress
viesmīlība *n.* hospitality
viesmīlīgs *a.* hospitable
viesmīlis *n.* waiter
viesnīca *n.* hostel
viesnīca *n.* hotel
viesulis *n.* whirlwind
viesuļvētra *n.* tornado
vieta *n.* place
vieta *n* post
vieta *n.* space

vietējais iedzīvotājs *n* native
vietējo varas orgānu lēmums *n* bylaw, bye-law
vietējs *a.* local
vietniekvārds *n.* pronoun
vīģe *n* fig
vigvams *n.* wigwam
vijole *n* fiddle
vijole *n.* violin
vijolīte *n.* violet
vijolnieks *n.* violinist
vikārs *n.* vicar
viktorīna *n.* quiz
vilciens *n.* train
vilcināšanās *n.* hesitation
vilcināties *v.i.* hesitate
vilcināties *v.i.* loiter
vīle *n* file
vilinājums *n* allurement
vilinājums *n.* seduction
vilināt *v.t.* allure
vilināt *v. t* dangle
vilinošs *a* seductive
vilkābele *n.* hawthorn
vilks *n.* wolf
vilkšana *n.* traction
vilkt *v. t* drag
vilkt *v.t.* pull
vilkt kontūras *v.t.* outline
vilkt līniju *v.t.* line
vilkt paralēli *v.t.* parallel
vilkt zigzaglīniju *v.i.* zigzag
vilku bedre *n.* pitfall
villa *n.* villa
vilna *n.* wool
viļņains *v.i.* undulate
vilnas *a.* woollen
vilnis *n.* wave
viļņošanās *n* swell
vilšanās *n.* frustration
viltība *n.* artifice
viltība *n* cunning

viltība *n.* guile
viltība *n.* ruse
viltība *n.* wile
viltīgs *a* arch
viltīgs *a.* artful
viltīgs *a* cunning
viltīgs *a.* sly
viltošana *n* forgery
viltot *v.t.* counterfeit
viltot *v. t.* debase
viltot *v.t* forge
viltotājs *n.* counterfeiter
viltots *a* bogus
viltots *a.* counterfeit
viltvārdis *n.* impostor
vimpelis *n.* streamer
viņa *pron.* his
viņa *pron.* she
viņa (viņas, jūsu) augstība
 interj. Highness
vīna koks *n.* vine
viņas *pron.* her
vinča *v.t.* windlass
vinda *n.* winch
viņējais *pron.* theirs
vingrinājums *n.* exercise
vingrošana *n.* gymnastics
vingrošanas *a.* gymnastic
vingrotājs *n.* gymnast
viņiem *pron.* them
vīnoga *n.* grape
viņš *pron.* he
vīns *n.* vintage
vīns *n.* wine
viņu *pron.* him
viņu *pron* their
violeta *adj./n.* purple
vīpsnāšana *n* sneer
vira *n.* pivot
vira *n.* slum
vīraka kvēpināmais trauk *n*
 censer

vīraks *n.* incense
vīrieša *a.* masculine
vīriešu *a.* male
vīrietis *n* male
vīrišķība *n.* manhood
vīrišķība *n* manliness
vīrišķība *n.* virility
vīrišķīgs *a.* manful
vīrišķīgs *a.* manly
vīrišķīgs *a.* virile
virma *n.* ripple
virpa *n.* lathe
virpotājs *n.* turner
virpulis *n.* whirlpool
virpuļot *v* whirl
virs *prep.* above
vīrs *n* husband
virs darba laika *adv.* overtime
virsaitis *n.* chieftain
virsgrāmata *n.* ledger
virsnieks *n.* officer
virsnormas *a* excess
virsotne *n.* apex
virsotne *n.* peak
virsotne *n.* summit
virspeļņas nodoklis *n.* supertax
virspuse *n.* surface
virspuses *a.* superficial
virsraksts *n.* heading
virsskaņas *a.* supersonic
virsstundas *n* overtime
virtuāls *a* virtual
virtuve *n.* cuisine
virtuve *n.* kitchen
virulence *n.* virulence
virulents *a.* virulent
vīruss *n.* virus
virve *n* cord
virve *n.* rope
virves cilpa *n* bigot
virziens *n* direction
virzīšanās uz priekšu *n.* advance

virzīt *v. t* direct
virzīties *v.t* head
virzīties turp un atpakaļ *v.t.*
  shuttle
virzīties uz dienvidiem *v* south
virzīties uz priekšu *v.t.* advance
virzulis *n.* piston
visā garumā *adv.* along
visapkārt *adv* around
visattālākais *a.* inmost
visaugstākā pakāpe *n* utmost
visaugstākais *a.* superlative
visbiežāk *adv.* most
viscaur *adv.* throughout
visdziļākais *a.* innermost
visi *pron* all
viskijs *n.* whisky
vislabākie apstākļi *n.* optimum
vismaz *adv.* least
vispārākā pakāpe *n.* superlative
vispārējs *a.* general
vispārīgs *a* overall
vispārīgums *n.* universality
vispirms *adv* first
vispirms *adv* foremost
viss *a.* all
viss *n* all
viss *a.* whole
viss nepieciešamais *n* requisite
vissliktāk *adv* worst
vissliktākais *a.* worst
visspēcīgs *a.* almighty
vista *n.* hen
vīstoklis *n.* scroll
visuresme *n.* omnipresence
visuresošs *a.* omnipresent
visvairāk *a.* most
visvarenība *n.* omnipotence
visvarens *a.* omnipotent
viszemākais līmenis *n.* low
viszinošs *a.* omniscient
vitalitāte *n.* vitality

vitamīns *n.* vitamin
vītne *n* festoon
vītne *n.* thread
vītols *n.* willow
vizla *n.* mica
vizulis *n.* tinsel
vokāls *a.* vocal
volāns *n.* frill
voltāža *n.* voltage
volts *n.* volt
vraks *n.* wreck
vraks *n.* wreckage
vulgaritāte *n.* vulgarity
vulgārs *a.* vulgar
vulkāna *a.* volcanic
vulkāns *n.* volcano

wellington *n.* wellington

zābaks *n* boot
zādzība *n* burglary
zādzība *n.* theft
žagas *n.* hiccup
žagata *n.* magpie
zāģēt *v.t.* saw
zāģis *n.* saw
zaglis *n.* thief
zagšus *adv.* stealthily
zagt *v.t.* pilfer
zaimojošs *a.* sacrilegious
zaimošana *n.* sacrilege
zaķis *n.* hare

zāle *n* grass
zāle *n.* hall
zāles *n* drug
zāles *n.* medicine
zaļš *a.* green
zalve *n.* volley
žargons *n.* jargon
zariņš *n.* sprig
zariņš *n.* twig
zārks *n* coffin
zarnas *n.* bowels
zarnas *n.* intestine
zarnu *a.* intestinal
zars *n* bough
zars *n* branch
zaudējums *n* forfeiture
zaudējums *n.* loss
zaudēt *v.t* forfeit
zaudēt *v.t.* lose
zaudēt savaldīšanos
   adv. amuck
zaudēt vērtību *v.t.i.* depreciate
žāvas *n.* yawn
žāvāties *v.i.* yawn
žāvēšanas stāvoklis *n* arefaction
žāvēta plūme *n* prune
zebra *n.* zebra
zefīrs *n.* zephyr
zeķe *n.* sock
zeķe *n.* stocking
zeķes *n.* hosiery
žēla gaudošana *n* whine
želeja *n.* jelly
zelēt *v.t.* munch
žēlīgs *a.* gracious
žēlošanās *n* lament
žēlot *v.t.* pity
žēls *a.* piteous
žēls *a.* pitiful
žēlsirdība *n.* mercy
žēlsirdīgs *a.* charitable
žēlsirdīgs *a.* merciful

zelt *v.i.* thrive
zelta *a.* golden
zeltījums *n* gilt
zeltkalis *n.* goldsmith
zelts *n.* gold
žēlums *n.* pity
zem *prep* below
zem *prep* beneath
zem *prep.* underneath
zemākā muižniecība *n.* gentry
zeme *n* earth
zeme *n.* ground
zeme *n.* land
zemene *n.* strawberry
zemes *adj* earthly
zemes gabals *n* parcel
zemes iekšiene *n.* midland
zemes platība akros *n.* acreage
zemes vidienē *adv.* inland
zemestrīce *n* earthquake
zemisks *a.* base
zemisks *a.* ignoble
zemisks *a.* nefarious
zemkopis *n.* agriculturist
zemniecība *n.* peasantry
zemniecisks *a.* rustic
zemnieks *n* carl
zemnieks *n.* peasant
zems *a.* low
zemu *adv.* low
zemūdene *n.* submarine
zemūdens *a* submarine
zēna gadi *n* boyhood
zenīts *n.* zenith
zēns *n* boy
zēns *n.* lad
žests *n.* gesture
žetons *n.* token
zibens *n.* lightening
zibsnīšana *n.* twinkle
zibspuldze *n* flash
zīda *a.* silken

zīdainis *n.* baby
zīdainis *n.* infant
zīdains *a.* silky
zīdīt *v.t.* suckle
zīdītājs *n.* mammal
zīdkoks *n.* mulberry
zīds *n.* silk
ziede *n.* ointment
ziedēšana *n* blossom
ziedēt *v.i* blossom
ziedēt *v.i.* bloom
ziedlapa *n.* petal
ziedojums *n.* donation
ziedonis *n.* heyday
ziedošana *n.* oblation
ziedot *v. t* donate
zieds *n* bloom
zieds *n* flower
ziedu kāposti *n.* cauliflower
ziedu pušķis *n.* nosegay
ziema *n.* winter
ziemas *a.* wintry
Ziemassvētki *n* Christmas
Ziemassvētki *n.* Xmas
ziemcietis *n* perennial
ziemeļi *n.* north
ziemeļu *a* north
ziemeļu *a.* northerly
ziemeļu *a.* northern
ziemeļu pusē *adv.* northerly
ziepains *a.* soapy
ziepes *n.* soap
zigzaglīnija *n.* zigzag
zila krāsa *n* blue
zilbe *n.* syllable
žilbināt *v.i* glare
žilbinoša gaisma *n* dazzle
zīle *n.* acorn
zīlnieks *n.* prophet
zilonis *n* elephant
ziloņkauls *n.* ivory
ziloņu dzinējs *n.* mahout

zils *a* blue
zilums *n* bruise
zīme *n.* badge
zīme *n.* mark
zīme *n.* sign
zīmējums *n* drawing
zīmēt profilā *v.t.* profile
zīmogs *n* cachet
zīmogs *n.* seal
zīmogs *n.* stamp
zīmulis *n.* pencil
ziņa *n.* message
zināšanas *n.* knowledge
zināt *v.t.* know
zinātne *n.* science
zinātnieks *n.* scholar
zinātnieks *n.* scientist
zinātnisks *a.* scientific
ziņkārība *n* curiosity
ziņkārīgs *a.* inquisitive
ziņkārīgs *a.* nosey
ziņkārīgs *a.* nosy
ziņojums *n.* report
zinošs *a* conversant
ziņot *v.t.* report
žirafe *n.* giraffe
zirga bruņas *n.* bard
zirgs *n.* horse
žirgts *a.* sprightly
žirgts *a.* vivacious
žirgtums *n.* vivacity
zirnekļa tīkls *n* cobweb
zirneklis *n.* spider
zirnis *n.* pea
zīšana *n.* suck
zīst *v.t.* suck
zivs *n* fish
zizlis *n.* verge
zizlis *n.* wand
žņaugšana *n.* strangulation
žņaugt *v.t* suffocate
zobārsts *n* dentist

zobens *n.* sabre
zobens *n.* steed
zobens *n.* sword
zobgalība *n* dig
zobošanās *n.* raillery
zoboties *v.t.* gird
zobs *n.* tooth
zobu sāpes *n.* toothache
zodiaks *n* zodiac
zods *n.* chin
žogs *n* fence
zole *n.* sole
zona *n.* zone
zonāls *a.* zonal
zondēšana *n* probe
zondēt *v.t.* probe
žonglēt *v.t.* juggle
žonglieris *n.* juggler
zoodārzs *n.* zoo
zooloģija *n.* zoology
zooloģijas *a.* zoological
zoologs *n.* zoologist
zoss *n.* goose
žultainums *n* jaundice
zupa *n* broth
zupa *n.* soup
žūpošana *n* burst
žūrija *n.* jury
žurka *n.* rat

žurnālistika *n.* journalism
žurnālists *n.* journalist
žurnāls *n.* journal
zušana *n.* slump
zust *v.i.* lapse
žvadzēt *v.i.* jingle
zvaigznājs *n.* constellation
zvaigzne *n.* star
zvaigznīte *n.* asterisk
zvaigžņots *a.* starry
zvaigžņu *a.* stellar
zvana skaņas *n* toll
zvanīt *v.t.* ring
zvanīt *v.t.* toll
zvans *n* bell
zvejnieks *n* fisherman
zvejot sūkļus *v.t.* sponge
zvēresta laušana *n.* perjury
zvērests *n.* oath
zvērests *n.* sacrament
zvērests *n.* vow
zvērēt *v.t.* swear
zvērinātais *n.* juror
zvērinātais *n.* juryman
zvēriskums *n* atrocity
zviedziens *n.* neigh
zviegt *v.i.* neigh
zvilkts no maksts *v.t.* unsheathe
zvirbulis *n.* sparrow